백점 국어 무료 스마트러닝

첫째 QR코드 스캔하여 1초 만에 바로 강의 시청

둘째 최적화된 강의 커리큘럼으로 학습 효과 UP!

❶ 교과서 핵심 개념을 짚어 주는 개념 강의
❷ 단원별 중요 어휘와 문법을 쉽게 이해할 수 있는 **어휘·문법 강의**
❸ 다양한 수행 평가에 대비할 수 있는 **수행 평가 문제 풀이 강의**

개념학습

① 편지를 읽고 마음을 나타내는 말 익히기
  · 편지를 읽고 누가 어떤 마음을 나타내는지 알아 봅니다.
  · 편지에서 마음을 나타내는 말을 찾습니다.
  · 마음을 나타내는 말을 넣어 편지를 바꾸어

#백점 #초등국어 #무료

백점 초등국어 4학년 강의 목록

단원명	강의명	교재 쪽수	단원명	강의명	교재 쪽수
1. 이어질 장면을 생각해요	개념 강의	8쪽	**6.** 본받고 싶은 인물을 찾아봐요	개념 강의	102쪽
	어휘·문법 강의	9쪽		어휘·문법 강의	103쪽
	수행 평가 문제 풀이 강의	19쪽		수행 평가 문제 풀이 강의	123쪽
2. 마음을 전하는 글을 써요	개념 강의	22쪽	**7.** 독서 감상문을 써요	개념 강의	126쪽
	어휘·문법 강의	23쪽		어휘·문법 강의	127쪽
	수행 평가 문제 풀이 강의	37쪽		수행 평가 문제 풀이 강의	143쪽
3. 바르고 공손하게	개념 강의	40쪽	**8.** 생각하며 읽어요	개념 강의	146쪽
	어휘·문법 강의	41쪽		어휘·문법 강의	147쪽
	수행 평가 문제 풀이 강의	57쪽		수행 평가 문제 풀이 강의	159쪽
4. 이야기 속 세상	개념 강의	60쪽	**9.** 감동을 나누며 읽어요	개념 강의	162쪽
	어휘·문법 강의	61쪽		어휘·문법 강의	163쪽
	수행 평가 문제 풀이 강의	81쪽		수행 평가 문제 풀이 강의	175쪽
5. 의견이 드러나게 글을 써요	개념 강의	84쪽			
	어휘·문법 강의	85쪽			
	수행 평가 문제 풀이 강의	99쪽			

백점 국어

초등국어 4학년

학습 계획표

학습 계획표를 따라
차근차근 국어 공부를
시작해 보세요.
백점 국어와 함께라면
국어 공부, 어렵지 않습니다.

단원명	교재 쪽수		학습한 날		단원명	교재 쪽수		학습한 날	
1. 이어질 장면을 생각해요	8~11쪽	1일차	월	일	5. 의견이 드러나게 글을 써요	93~95쪽	19일차	월	일
	12~15쪽	2일차	월	일		96~100쪽	20일차	월	일
	16~20쪽	3일차	월	일	6. 본받고 싶은 인물을 찾아봐요	102~108쪽	21일차	월	일
2. 마음을 전하는 글을 써요	22~25쪽	4일차	월	일		109~113쪽	22일차	월	일
	26~29쪽	5일차	월	일		114~119쪽	23일차	월	일
	30~33쪽	6일차	월	일		120~124쪽	24일차	월	일
	34~38쪽	7일차	월	일	7. 독서 감상문을 써요	126~129쪽	25일차	월	일
3. 바르고 공손하게	40~44쪽	8일차	월	일		130~134쪽	26일차	월	일
	45~48쪽	9일차	월	일		135~139쪽	27일차	월	일
	49~53쪽	10일차	월	일		140~144쪽	28일차	월	일
	54~58쪽	11일차	월	일	8. 생각하며 읽어요	146~149쪽	29일차	월	일
4. 이야기 속 세상	60~65쪽	12일차	월	일		150~152쪽	30일차	월	일
	66~70쪽	13일차	월	일		153~155쪽	31일차	월	일
	71~74쪽	14일차	월	일		156~160쪽	32일차	월	일
	75~77쪽	15일차	월	일	9. 감동을 나누며 읽어요	162~164쪽	33일차	월	일
	78~82쪽	16일차	월	일		165~167쪽	34일차	월	일
5. 의견이 드러나게 글을 써요	84~88쪽	17일차	월	일		168~171쪽	35일차	월	일
	89~92쪽	18일차	월	일		172~176쪽	36일차	월	일

백점

BOOK 1 개념북

국어 4·2

구성과 특징

BOOK ❶ 개념북 '개념 + 어휘·문법 + 독해'로 국어 학습을 완벽하게!

1 교과서 개념 학습

단원 학습 목표 익히기

쉽고 빠르게 교과서 핵심 개념을 익히고 개념 확인 문제로 바로 확인할 수 있습니다. QR을 통한 개념 강의로 개념을 탄탄히 하세요.

2 교과서 어휘·문법 학습

국어 지식 넓히기

어휘와 문법은 국어의 중요 영역입니다. 핵심 개념 어휘와 작품 속 어휘, 초등 필수 문법으로 국어의 기초를 다집니다. QR을 통한 어휘·문법 강의로 국어의 기초를 다지세요.

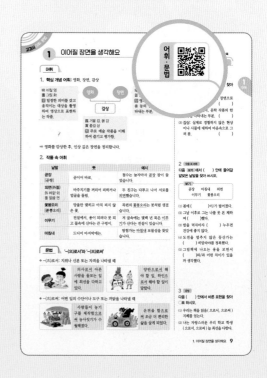

백점 국어는 교과서에 있는 **개념, 어휘, 문법, 읽기, 쓰기, 듣기·말하기** 등 다양한 학습 요소를 정리하여 개념 학습, 어휘·문법 학습, 독해 학습을 쉽고 알차게 할 수 있도록 구성하였습니다.

3 교과서 독해 학습

교과서 지문 완벽 소화하기

국어 교과서에서 가장 중요한 것은 지문입니다. 다양한 유형의 문제를 제시하고 지문의 내용을 표 형태로 정리하여 학습 목표 이해는 물론 지문 독해 실력을 향상시킬 수 있습니다.

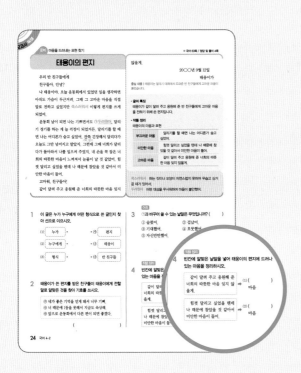

BOOK ② 평가북

4 학교 평가 대비

단원 평가와 수행 평가

단원에서 꼭 나오는 중요한 문제만 엄선한 단원 평가로 수시 단원 평가에 대비하고, 학교에서 제시하는 실제 수행 평가와 유사한 형태의 문제로 수행 평가에 대비합니다.

➕ 단원 평가

➕ 수행 평가

교과서에 실린 작품 소개

단원	교과서	제재 이름	지은이	나온 곳	백점 쪽수
2단원	국어	안창호 선생이 아들에게 쓴 편지	오주영 엮음	『세상에서 가장 유명한 위인들의 편지』, 채우리, 2014.	27~28쪽
	국어 활동	「좋은 사람과 사귀려면 좋은 인상을 주어라」	필립 체스터필드 글, 박은호 엮음	『아들아, 너는 미래를 이렇게 준비하렴』, 도서출판 글고은, 2006.	29쪽
4단원	국어	「사라, 버스를 타다」	윌리엄 밀러 글, 박찬석 옮김	『사라, 버스를 타다』, (주)사계절출판사, 2004.	62~65쪽
		「우진이는 정말 멋져!」	강정연	『콩닥콩닥 짝 바꾸는 날』, 시공주니어, 2009.	67~70쪽
		「젓가락 달인」	유타루	『젓가락 달인』, 바람의아이들, 2014.	71~74쪽
	국어 활동	「주인 잃은 옷」	원유순	『100년 후에도 읽고 싶은 한국 명작 동화 Ⅱ』, (주)예림당, 2015.	66쪽
		「비 오는 날」 (원제목: 「초코파이」)	김자연	『두고두고 읽고 싶은 한국 대표 창작 동화 3』, (주)계림북스, 2006.	75쪽
5단원	국어 활동	「함께 사는 다문화, 왜 중요할까요?」	홍명진	『함께 사는 다문화 왜 중요할까요?』, 나무생각, 2012.	92쪽
6단원	국어	「김만덕」	신현배	『5000년 한국 여성 위인전 1』, 홍진피앤엠, 2007.	105~108쪽
		「정약용」	김은미	『정약용』, (주)비룡소, 2010.	110~112쪽
		「헬렌 켈러」 (원제목: 「사흘만 볼 수 있다면 그리고 헬렌 켈러 이야기」)	신여명	『사흘만 볼 수 있다면 그리고 헬렌 켈러 이야기』, 두레아이들, 2013.	114~117쪽
	국어 활동	「임금님을 공부시킨 책벌레」	마술연필	『우리 조상들은 얼마나 책을 좋아했을까?』, 보물창고, 2015.	109쪽
		「시인 허난설헌」 (원제목: 「글방 동무」)	장성자	『초희의 글방 동무』, 도서출판 개암나무(주), 2014.	113쪽
		「중국에서 먼저 주목받은 『난설헌집』」	장성자	『초희의 글방 동무』, 도서출판 개암나무(주), 2014.	122쪽

단원	교과서	제재 이름	지은이	나온 곳	백점 쪽수
7단원	국어	「어머니의 이슬 털이」	이순원	『어머니의 이슬 털이』, 북극곰, 2013.	130~132쪽
		「투발루에게 수영을 가르칠 걸 그랬어!」	유다정	『투발루에게 수영을 가르칠 걸 그랬어!』, 미래아이, 2008.	135~137쪽
	국어 활동	「멋진 사냥꾼 잠자리」	안은영	『멋진 사냥꾼 잠자리』, 길벗어린이(주), 2005.	141쪽
8단원	국어 활동	「자유가 뭐예요?」	오스카 브르니피에 글, 양진희 옮김	『자유가 뭐예요?』, 상수리, 2008.	153쪽
9단원	국어	「온통 비행기」	김개미	『쉬는 시간에 똥 싸기 싫어』, 토토북, 2017.	164쪽
		「지하 주차장」	김현욱	『지각 중계석』, (주)문학동네, 2015.	165쪽
		「김밥」	한국교육방송공사	「TV로 보는 원작 동화: 김밥」, 한국교육방송공사, 2011.	167쪽
		「멸치 대왕의 꿈」	천미진	『멸치 대왕의 꿈』, 도서출판 (주)키즈엠, 2015.	168~169쪽
	국어 활동	「제기차기」	김형경	『고학년을 위한 동요 동시집』, 상서각, 2008.	166쪽
		「기찬 딸」	김진완	『기찬 딸』, 시공주니어, 2011.	173쪽

차례

1 이어질 장면을 생각해요

▶ 학습을 완료하면 V표를 하면서 학습 진도를 체크해요.

1 이어질 장면을 생각해요

● 정답 및 풀이 1쪽

1 영화를 감상하는 방법

● 제목, 광고지, 예고편 등을 보고 내용을 미리 상상합니다.
● 기억에 남는 대사나 인상 깊은 장면을 생각합니다. 사람마다 생각이나 느낌이 다를 수 있음.
● 영화 내용을 떠올려 보고 느낀 점을 글로 씁니다.

  예 「우리들」을 감상하고 생각이나 느낌 말하기

나는 윤이 김치볶음밥 만드는 방법을 설명하는 말이 재미있었어. "섞어! 간단해."라고 하자 다 같이 웃었잖아.

피구를 하려고 편을 나눌 때 선의 표정이 점점 변해 가는 것이 가장 인상 깊었어.

2 만화 영화 감상하기

● 광고지와 등장인물을 보고 어떤 내용이 펼쳐질지 상상합니다.
● 등장인물이 겪은 일을 생각하며 만화 영화를 감상합니다.
● 만화 영화의 장면을 떠올리고, 일이 일어난 차례를 생각하며 내용을 간추립니다.
● 등장인물의 표정, 몸짓, 말투를 바탕으로 성격을 짐작합니다.
● 등장인물의 행동 가운데에서 본받고 싶은 행동을 찾고, 본받고 싶은 까닭을 생각합니다.
● 인상 깊은 장면을 골라 그 까닭을 이야기해 봅니다.

> 예 「오늘이」에서 인상 깊은 장면
>
> | 인상 깊은 장면 | 매일이가 책을 많이 쌓아 놓고 읽는 모습 |
> | --- | --- |
> | 인상 깊은 까닭 | 매일이가 책을 많이 읽는 것이 무척 부러웠다. 책을 읽으면서 매일이가 행복했으면 하는 생각을 했다. |

3 만화 영화를 감상하고 이어질 내용 쓰기

● 등장인물들의 고민과 관련지어 이어질 이야기를 계획합니다.

> ┌ 어떤 사건의 중심이 되는 인물
> 예 이어질 이야기를 계획할 때 생각할 내용
> ─ 중심인물을 누구로 하고 싶나요?
> ─ 중심인물에게 어떤 일이 생기나요?
> ─ 중심인물은 그 일을 어떻게 해결하나요?

● 만화 영화의 앞 내용과 자연스럽게 이어지도록 상상해 쓰고, 새로운 인물을 등장시켜 사건을 전개하거나 제목을 새로 지어 볼 수도 있습니다.
● 모둠 친구들이 쓴 이어질 이야기 가운데 역할극을 하기에 가장 적절한 것을 골라 역할극을 만듭니다.
● 자신이 맡은 역할을 충분히 이해하고, 적절한 표정, 몸짓, 말투로 정성을 다해 연기합니다.

개념 확인 문제

1 영화를 감상하는 방법

영화를 감상하는 방법으로 알맞은 것은 무엇입니까? ( )

① 대사를 전부 외운다.
② 예고편을 보지 않는다.
③ 친구와 이야기하며 감상한다.
④ 끝부분만 주의 깊게 살펴본다.
⑤ 제목을 보고 내용을 미리 상상한다.

2 만화 영화 감상하기

만화 영화 속 등장인물의 성격을 짐작할 때 살펴볼 것을 모두 찾아 기호를 쓰시오.

> ㉮ 등장인물의 수
> ㉯ 등장인물의 말투
> ㉰ 등장인물의 몸짓
> ㉱ 등장인물의 표정
> ㉲ 등장인물이 나오는 횟수
> ㉳ 비슷한 내용의 다른 만화 영화

( )

3 만화 영화를 감상하고 이어질 내용 쓰기

만화 영화의 이어질 이야기를 계획하는 방법으로 알맞은 것을 모두 찾아 ○표 하시오.

⑴ 새로운 인물은 등장시키지 않는다.
( )
⑵ 중심인물의 이름은 모두 새로 짓는다.
( )
⑶ 중심인물을 누구로 하고 싶은지 정한다.
( )
⑷ 중심인물에게 어떤 일이 생길지, 그 일을 어떻게 해결할지 생각한다.
( )

1 이어질 장면을 생각해요

어휘·문법

● 정답 및 풀이 1쪽

어휘

1. 핵심 개념 어휘: 영화, 장면, 감상

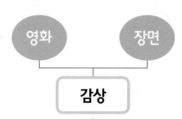

映 비칠 영
畵 그림 화
뜻 일정한 의미를 갖고 움직이는 대상을 촬영하여 영상으로 표현하는 작품.

場 마당 장
面 낯 면
뜻 영화, 연극, 문학 작품 등의 한 광경을 나타내는 부분.

鑑 거울 감, 볼 감
賞 즐길 상
뜻 주로 예술 작품을 이해하여 즐기고 평가함.

➡ 영화를 감상한 후, 인상 깊은 장면을 정리합니다.

2. 작품 속 어휘

낱말	뜻	예시
곧장 [곧짱]	곧이어 바로.	철수는 눕자마자 곧장 잠이 들었습니다.
외면(外面) 外 바깥 외 面 얼굴 면	마주치기를 꺼리어 피하거나 얼굴을 돌림.	두 친구는 다투고 나서 서로를 외면했습니다.
꽃봉오리 [꼳뽕오리]	망울만 맺히고 아직 피지 않은 꽃.	목련의 꽃봉오리는 붓처럼 생겼습니다.
이무기	전설에서, 용이 되려다 못 되고 물속에 산다는 큰 구렁이.	저 굴속에는 몇백 년 묵은 이무기가 산다는 전설이 있습니다.
마침내	드디어 마지막에는.	탐험가는 마침내 보물섬을 찾았습니다.

문법 '-(으)로서'와 '-(으)로써'

◆ -(으)로서: 지위나 신분 또는 자격을 나타낼 때

의사로서 아픈 사람을 돌보는 일에 최선을 다하고 있다.

양반으로서 해야 할 일, 하인으로서 해야 할 일이 달랐다.

◆ -(으)로써: 어떤 일의 수단이나 도구 또는 까닭을 나타낼 때

사람들이 농기구를 제작함으로써 농사짓기가 수월해졌다.

운전을 함으로써 조금 더 편리한 삶을 살게 되었다.

어휘·문법 확인 문제

1
핵심 개념 어휘

다음 낱말의 뜻풀이가 바른 것을 찾아 ○표 하시오.

⑴ 영화: 이야기 등을 여러 장면으로 그린 그림. (　　　)
⑵ 장면: 영화, 연극, 문학 작품의 한 광경을 나타내는 부분. (　　　)
⑶ 감상: 실제로 경험하지 않은 현상이나 사물에 대하여 마음속으로 그려 봄. (　　　)

2
작품 속 어휘

다음 보기 에서 (　　　) 안에 들어갈 알맞은 낱말을 찾아 쓰시오.

보기
곧장　　마침내　　외면
이무기　　꽃봉오리

⑴ 봄에 (　　　　)이/가 벌어졌다.
⑵ 그날 이후로 그는 나를 못 본 체하며 (　　　)했다.
⑶ 밥을 먹자마자 (　　　) 누우면 건강에 좋지 않다.
⑷ 도전을 멈추지 않은 등산가는 (　　　) 히말라야를 정복했다.
⑸ 그림책에 나오는 용을 보면서 (　　　)와/과 어떤 차이가 있을까 생각했다.

3
문법

다음 (　　　) 안에서 바른 표현을 찾아 ○표 하시오.

⑴ 우리는 책을 읽음(으로서, 으로써) 지혜를 얻는다.
⑵ 나는 자랑스러운 우리 학교 학생 (으로서, 으로써) 늘 최선을 다한다.

만화 영화나 영화를 본 경험

❶ 학교 다녀오겠습니다.
학교 끝나면 곧장 집으로 오렴.

❷ 학교 수업 끝나고 친구들하고 놀기로 했어요.
어디에서 누구랑 언제까지 놀 거니?

지난번에 같이 본 만화 영화 「니모를 찾아서」에 나오는 아빠 물고기처럼 너를 무척 사랑한다는 말이지?

❸ 한꺼번에 너무 많이 물으시는데요? 꼭 「니모를 찾아서」에 나오는 아빠 물고기 같아요.

❹ 사랑하기도 하지만 걱정이 많다는 뜻이에요.
그래, 알았다. 즐겁게 놀고 너무 늦지 않게 들어오면 좋겠구나. 아빠도 이제 걱정을 덜 하도록 노력하마.

• 특징

아버지와 딸이 만화 영화 「니모를 찾아서」에 나오는 등장인물을 떠올리며 대화를 나누고 있습니다.

• 활동 정리

「니모를 찾아서」 속 아빠 물고기에 대한 생각

 딸

아빠 물고기가 니모를 많이 걱정함.

 아버지

아빠 물고기가 니모를 무척 사랑함.

곧장 곧이어 바로.

1 이 그림을 보고 알 수 있는 내용으로 알맞은 것을 두 가지 고르시오. (   )

① 딸은 곧 학원으로 갈 것이다.
② 딸은 영화 보는 것을 싫어한다.
③ 아버지와 딸이 대화를 나누고 있다.
④ 아버지는 딸과 영화를 보러 가고 싶어 한다.
⑤ 아버지가 딸에게 너무 늦지 않게 들어오라고 당부하고 있다.

2 딸은 아버지가 누구와 비슷하다고 말했는지 쓰시오.

(   )

3 다음 빈칸을 채워 「니모를 찾아서」의 아빠 물고기에 대한 딸과 아버지의 생각을 정리하시오.

딸	아버지
아빠 물고기가 니모를 사랑하기도 하지만 많이 (1)_____ 한다.	아빠 물고기가 니모를 무척 (2)_____ 한다.

4 만화 영화나 영화를 본 경험을 알맞게 말한 것을 찾아 기호를 쓰시오.

㉮ 「나무 그늘을 산 총각」의 전체 이야기가 궁금해서 서점에서 책을 사서 읽었어.
㉯ 영화관에서 「마당을 나온 암탉」을 봤는데 잎싹이 알을 정성스럽게 품는 장면이 감동적이었어.

(   )

우리들

앞부분

❶ 체육 시간에 피구를 하려고 편을 가르는데 ㉠선은 맨 마지막까지 선택을 받지 못한다.

↓

❷ 언제나 혼자인 외톨이 선은 여름 방학을 시작하는 날, 전학생인 지아를 만나 친구가 된다.

↓

❸ 지아와 선은 봉숭아 꽃물을 들이며 여름 방학을 함께 보내고 순식간에 세상 누구보다 친한 사이가 된다.

뒷부분

❹ 개학을 하고 학교에서 선을 만난 지아는 선을 따돌리는 보라 편에 서서 선을 ㉡외면한다.

↓

❺ 선은 지아와 예전처럼 친해지려고 노력했지만 결국 크게 싸우고 만다.

↓

❻ 피구를 할 때 선은 지아가 금을 밟지 않았다고 용기를 내어 친구들에게 말한다.

• **종류**

영화

• **특징**

사이좋던 선과 지아에게 생긴 갈등과 해결 과정을 통해 진정한 우정과 왕따 문제에 대해 생각하게 하는 영화입니다.

• **작품 정리**

앞부분	여름 방학을 하는 날부터 여름 방학 동안에 있었던 일로, 선과 지아가 친하게 지내는 내용임.
뒷부분	개학식을 하고 나서 일어난 일로, 선과 지아의 사이가 나빠져 힘들어하는 내용임.

갈등과 화해

선 ⟷ 지아

따돌림을 받던 선은 전학생인 지아와 친한 친구가 되지만 개학을 하고 지아의 배신으로 다시 혼자가 된다. 선은 지아와 크게 싸우지만 피구를 할 때 용기를 내어 지아의 편을 든다.

외면(外 바깥 외, 面 얼굴 면)한다 마주치기를 꺼리어 피하거나 얼굴을 돌린다.
예전처럼 꽤 오래된 지난날처럼.

중요 독해

5 이 영화의 내용으로 알맞지 <u>않은</u> 것은 무엇입니까?
( )

① 개학을 하자 지아는 선을 외면한다.
② 지아와 선은 여름 방학을 함께 보낸다.
③ 선은 지아와 예전처럼 친해지려고 노력한다.
④ 선은 자신을 무시하는 할머니와 크게 싸운다.
⑤ 선은 여름 방학을 시작하는 날에 전학생인 지아를 만난다.

서술형

6 ㉠에서 선의 마음이 어떠했을지 쓰시오.

_____

_____

어휘

7 ㉡'외면하다'와 바꾸어 쓸 수 있는 낱말은 무엇입니까? ( )

① 만나다　　　　② 피하다
③ 노력하다　　　④ 선택하다
⑤ 친해지다

8 이와 같은 영화를 감상하는 방법으로 알맞지 <u>않은</u> 것은 무엇입니까? ( )

① 느낀 점을 글로 쓴다.
② 기억에 남는 대사를 떠올린다.
③ 제목을 보고 내용을 미리 상상한다.
④ 비슷한 내용의 영화를 미리 감상한다.
⑤ 예고편을 보고 내용을 미리 짐작한다.

오늘이

❶ 오늘이, 야아, 여의주가 원천강에서 행복하게 산다.

❷ 수상한 뱃사람들이 야아 몰래 오늘이를 데려가다가 화살로 야아를 쏜 뒤에 원천강이 얼어붙는다.

❸ 오늘이는 원천강으로 돌아가는 길에 행복을 찾겠다며 책만 읽는 매일이를 만난다.

❹ 꽃봉오리를 많이 가졌지만 꽃이 한 송이밖에 피지 않는 연꽃나무를 만난다.

❺ 오늘이는 사막에서 비와 구름을 벗어나고 싶어 하는 구름이를 만난다.

❻ 여의주를 많이 가지고도 용이 되지 못한 이무기를 만난다.

❼ 이무기는 갈라진 얼음 사이로 떨어지는 오늘이를 구해 마침내 용이 되고, 용이 불을 뿜어 원천강이 빛을 되찾는다.

❽ 구름이는 연꽃을 꺾어서 매일이에게 주고, 둘은 행복한 시간을 보낸다.

❾ 야아와 다시 만난 오늘이는 행복하게 산다.

• 종류
만화 영화

• 특징
주인공 오늘이가 원천강으로 돌아가는 길에 만난 인물들의 고민과 해결 과정을 그린 만화 영화입니다.

• 작품 정리

오늘이에게 일어난 일	원천강에서 행복하게 삶. → 뱃사람들에게 잡혀감. → 원천강을 다시 찾아 가는 길에 매일이, 연꽃나무, 구름이, 이무기를 만남. → 힘을 합쳐 원천강의 빛을 되찾음. → 다시 원천강으로 돌아와 행복하게 삶.

이무기   전설에서, 용이 되려다 못 되고 물속에 산다는 큰 구렁이.
마침내   드디어 마지막에는.

---

9 행복을 찾겠다며 책만 읽는 인물은 누구인지 쓰시오.

(   )

10 ❷에 어울리는 장면을 알맞게 떠올린 친구의 이름을 쓰시오.

> 영준: 야아와 오늘이가 미소를 지으며 원천강에서 놀고 있는 장면이 떠올라.
> 지우: 깜깜한 밤, 여러 인물이 굳은 표정으로 배를 타고 어디론가 향하는 장면이 떠올라.
> 채은: 오늘이가 뱃사람들과 함께 깊은 산속으로 들어가 편안하게 잠을 자는 장면이 떠올라.

(   )

중요 독해

11 다음과 같은 행동을 통해 알 수 있는 이무기의 성격은 어떠합니까? (   )

> 갈라진 얼음 사이로 떨어지는 오늘이를 구함.

① 게으르다.   ② 용기가 있다.
③ 욕심이 많다.   ④ 흥분을 잘한다.
⑤ 질투심이 많다.

작품 정리

12 빈칸에 알맞은 낱말을 넣어 만화 영화에서 오늘이가 겪은 일을 정리하시오.

뱃사람에게 잡히고 (1)( )이/가 얼어붙음.	➡	원천강으로 돌아가는 길에 (2)( ), 연꽃나무, 구름이, 이무기를 만남.	➡	힘을 합쳐 원천강의 (3)( )을/를 되찾음.

「오늘이」의 이어질 내용 쓰기

* 「오늘이」에 나오는 등장인물의 고민과 해결 과정을 살펴보고, 이어질 이야기 상상하기

등장인물	고민	해결
오늘이	원천강으로 가야 하는데 가는 길을 모른다.	매일이, 연꽃나무, 구름이, 이무기를 만나 원천강으로 가게 된다.
연꽃나무	㉠꽃봉오리를 많이 가지고 있는데, 이상하게도 하나만 꽃이 핀 까닭을 알고 싶다.	연꽃이 꺾어지자마자 송이송이 다른 꽃들이 피기 시작했다.
이무기	㉡	위험에 빠진 오늘이를 구하려고 품고 있던 여의주를 모두 버려 마침내 용이 되었다.
매일이	행복이 무엇인지 알고 싶다.	㉢

• 특징
만화 영화에서 등장인물의 고민이 어떻게 해결되었는지 알아보고, 이어질 이야기를 계획하여 써 봅니다.

• 활동 정리

이어질 내용 계획하기
- 중심인물을 누구로 할지 정하기
- 중심인물에게 일어날 일 생각하기
- 중심인물이 그 일을 어떻게 해결할지 생각하기

꽃봉오리 망울만 맺히고 아직 피지 않은 꽃.
여의주 용의 턱 아래에 있는 영묘한 구슬. 이것을 얻으면 무엇이든 뜻하는 대로 만들어 낼 수 있다고 함.

어휘

13 ㉠'꽃봉오리'에 해당하는 것을 찾아 ○표 하시오.

(1) (　　) (2) (　　) (3) (　　)

14 ㉡에서 이무기의 고민은 무엇이겠습니까? (　　)

① 여의주를 모으기 어렵다.
② 여의주를 자주 잃어버린다.
③ 계속해서 이무기로 살고 싶다.
④ 원천강이 어디에 있는지 알고 싶다.
⑤ 여의주를 많이 가졌는데도 용이 되지 못한 까닭을 모른다.

15 ㉢에 들어갈 매일이의 고민 해결 방법으로 가장 알맞은 것을 찾아 기호를 쓰시오.

> ㉮ 원천강으로 가는 길을 알려 준다.
> ㉯ 슬픔은 중요하지 않다고 알려 준다.
> ㉰ 책에서 벗어나 구름이와 행복한 시간을 보낸다.

(　　　　　　)

활동 정리

16 등장인물의 고민과 해결 과정을 바탕으로 하여 「오늘이」 뒤에 이어질 이야기를 계획하시오.

중심인물	(1)

▼

중심인물에게 생기는 일	(2)

▼

중심인물이 그 일을 해결하는 방법	(3)

[1~2] 다음 그림을 보고, 물음에 답하시오.

1 두 사람이 본 만화 영화의 제목은 무엇인지 쓰시오.

( )

2 딸은 만화 영화에 나오는 아빠 물고기를 어떻게 생각하고 있습니까? ( )

① 화를 자주 낸다.
② 니모를 많이 걱정한다.
③ 궁금한 것이 너무 많다.
④ 니모를 사랑하지 않는다.
⑤ 니모를 위해 요리를 많이 한다.

3 기억에 남는 만화 영화나 영화를 본 경험을 말할 때 생각할 내용으로 알맞은 것을 모두 찾아 ○표 하시오.

(1) 주인공이 몇 번 등장했나요? ( )

(2) 등장인물은 누구누구인가요? ( )

(3) 가장 기억에 남는 장면은 무엇인가요? ( )

[4~5] 「우리들」의 간추린 내용을 보고, 물음에 답하시오.

❶	체육 시간에 피구를 하려고 편을 가르는데 선은 맨 마지막까지 선택을 받지 못한다.
❷	언제나 혼자인 외톨이 선은 여름 방학을 시작하는 날, 전학생인 지아를 만나 친구가 된다.
❸	지아와 선은 봉숭아 꽃물을 들이며 여름 방학을 함께 보내고 순식간에 세상 누구보다 친한 사이가 된다.

4 ❶에서 마지막까지 이름이 불리지 않았을 때 선의 마음으로 알맞은 것을 두 가지 고르시오. ( )

① 고맙다.
② 속상하다.
③ 미안하다.
④ 뿌듯하다.
⑤ 실망스럽다.

5 다음에서 유진이가 이 영화를 감상한 방법은 무엇입니까? ( )

> 유진: 피구를 하려고 편을 나눌 때 선의 표정이 점점 변해 가는 것이 가장 인상 깊었어.

① 등장인물에게 편지를 썼다.
② 인상 깊은 장면을 생각했다.
③ 기억에 남는 대사를 떠올렸다.
④ 뒷이야기를 상상하여 글로 썼다.
⑤ 예고편을 보고 기대되는 부분을 떠올렸다.

6 만화 영화 「임금님 귀는 당나귀 귀」의 줄거리를 보고, 느낀 점을 알맞게 말한 친구의 이름을 쓰시오.

①	임금님이 자고 일어났더니 귀가 커져 있었다. 그래서 임금님은 의관을 만드는 노인에게 귀를 감출 수 있는 큰 왕관을 만들게 했다.
②	노인은 임금님의 귀가 길어졌다는 것을 말하지 못하고 끙끙 앓다가 병이 들고, 마침내 죽기 전에 아무도 없는 대나무 숲에 가서 "임금님 귀는 당나귀 귀."라고 말했다.
③	대나무 숲에서 "임금님 귀는 당나귀 귀."라는 소리가 들리자 임금님은 대나무를 모두 베어 버렸다.
④	임금님은 큰 귀를 백성의 소리에 귀를 기울이는 어진 임금이 되라는 뜻으로 받아들였다.

> 민아: 노인이 왜 큰 왕관을 쓰게 되었는지 궁금해.
> 태희: 끝까지 큰 귀를 부끄럽게 생각한 임금님이 안타까워.
> 규현: 임금님이 큰 귀를 어진 임금이 되라는 뜻으로 받아들이는 모습을 보고 훌륭하다고 생각했어.

(   )

7 만화 영화의 이어질 이야기를 계획할 때 생각할 내용으로 알맞은 것을 모두 고르시오. (   )

① 중심인물을 누구로 하고 싶나요?
② 중심인물의 얼굴은 누가 그릴까요?
③ 중심인물에게 어떤 일이 생기나요?
④ 중심인물의 목소리는 누가 녹음할까요?
⑤ 중심인물은 그 일을 어떻게 해결하나요?

8 만화 영화를 감상하고 이어질 내용을 역할극으로 나타낼 때 주의할 점을 두 가지 고르시오. (   )

① 연기에 필요한 소품은 생략한다.
② 적절한 표정, 몸짓, 말투로 연기한다.
③ 자신이 맡은 역할을 충분히 이해한다.
④ 실감 나게 연기하기 위해 한 번만 연습한다.
⑤ 다른 모둠이 발표할 때에는 눈을 감고 조용히 듣는다.

문법

9 다음 (   ) 안에서 바른 표현을 찾아 ○표 하시오.

(1) 	의사(로서, 로써) 아픈 사람을 돌보는 일에 최선을 다하고 있다.
(2) 	운전을 함(으로서, 으로써) 조금 더 편리한 삶을 살게 되었다.

문법

10 다음 빈칸에 '–(으)로서'와 '–(으)로써' 중 알맞은 말을 써넣으시오.

(1) 우리는 책을 읽음(   ) 지혜를 얻는다.

(2) 친구와 다투었지만 대화(   ) 풀 수 있었다.

(3) 언니는 자신이 아버지의 딸(   ) 부족하지 않다고 생각했다.

[1~4] 「우리들」의 간추린 내용을 보고, 물음에 답하시오.

①	체육 시간에 피구를 하려고 편을 가르는데 선은 맨 마지막까지 선택을 받지 못한다.
②	언제나 혼자인 외톨이 선은 여름 방학을 시작하는 날, 전학생인 지아를 만나 친구가 된다.
③	지아와 선은 봉숭아 꽃물을 들이며 여름 방학을 함께 보내고 순식간에 세상 누구보다 친한 사이가 된다.
④	개학을 하고 학교에서 선을 만난 지아는 선을 따돌리는 보라 편에 서서 선을 외면한다.
⑤	선은 지아와 예전처럼 친해지려고 노력했지만 결국 크게 싸우고 만다.
⑥	선은 지아가 금을 밟지 않았다고 용기를 내어 친구들에게 말한다.

1 이 영화에서 중심인물은 누구와 누구인지 쓰시오.

(   )

2 이 영화에서 일어난 일로 알맞지 <u>않은</u> 것은 무엇입니까? (   )

① 선은 지아를 만나기 전에 외톨이였다.
② 선은 지아가 다니는 학교로 전학을 왔다.
③ 지아와 선은 봉숭아 꽃물을 들이며 놀았다.
④ 지아와 선은 개학을 하고 사이가 멀어졌다.
⑤ 지아와 선은 여름 방학을 함께 보내며 친한 사이가 되었다.

3 장면 ①~③에서 선의 마음 변화를 알맞게 나타낸 것은 무엇입니까? (   )

① 실망함 → 기쁨
② 즐거움 → 외로움
③ 행복함 → 서글픔
④ 뿌듯함 → 부러움
⑤ 느긋함 → 속상함

서술형

4 다음은 이 영화를 보고 느낀 점을 어떤 방법으로 표현한 것인지 쓰시오.

> 선에게
> 선아, 안녕? 나는 4학년 정유진이야.
> 지금은 지아랑 잘 지내? 지아가 너한테 속상하게 한 행동을 생각하면 화가 나. 그렇지만 지아가 너를 싫어해서 그렇게 한 게 아니라 전에 다녔던 학교에서처럼 또 힘든 시간을 보내게 될까 봐 걱정돼서 그랬던 거 같아. 지아와 다시 잘 지내기 바랄게. 안녕!
>
> ○월 ○일 / 유진이가

_____

_____

5 영화를 감상하는 방법에 맞게 빈칸에 들어갈 알맞은 말을 보기 에서 찾아 써넣으시오.

> 보기
> 인상, 느낀 점, 예고편

(1) 제목, 광고지, (   ) 등을 보고 내용을 미리 상상한다.

(2) 기억에 남는 대사나 (   ) 깊은 장면을 생각한다.

(3) 영화 내용을 떠올려 보고 (   )을/를 글로 써 본다.

[6~10] 「오늘이」의 각 장면을 보고, 물음에 답하시오.

1 오늘이, 야아, 여의주가 원천강에서 행복하게 산다.

2 수상한 뱃사람들이 야아 몰래 오늘이를 데려가다가 화살로 야아를 쏜 뒤에 원천강이 얼어붙는다.

3 오늘이는 원천강으로 돌아가는 길에 행복을 찾겠다며 책만 읽는 매일이를 만난다.

4 오늘이는 꽃봉오리를 많이 가졌지만 꽃이 한 송이밖에 피지 않는 연꽃나무를 만난다.

5 오늘이는 사막에서 비와 구름을 벗어나고 싶어 하는 구름이를 만난다.

6 오늘이는 여의주를 많이 가지고도 용이 되지 못한 이무기를 만난다.

7

　　　　㉠

8 구름이는 연꽃을 꺾어서 매일이에게 주고, 둘은 행복한 시간을 보낸다.

6 오늘이, 야아, 여의주가 살고 있던 곳은 어디인지 쓰시오.

(　　　　　　　)

7 이 만화 영화의 내용으로 알맞은 것은 무엇입니까? (　)

① 연꽃나무의 모든 꽃이 시들었다.
② 이무기는 여의주를 한 개 가지고 있다.
③ 오늘이가 화살에 맞자 원천강이 얼어붙었다.
④ 구름이는 사막에서 이무기를 만나고 싶어 한다.
⑤ 오늘이는 매일이, 연꽃나무, 구름이, 이무기를 차례대로 만났다.

8 만화 영화의 앞뒤 내용으로 보아, ㉠에 들어갈 내용으로 알맞은 것을 찾아 기호를 쓰시오.

㉮ 오늘이가 용이 된다.
㉯ 오늘이와 구름이가 원천강에서 멀리 떠나 행복하게 산다.
㉰ 이무기는 오늘이를 구해 마침내 용이 되고, 용이 불을 뿜어 원천강이 빛을 되찾는다.

(　　　　　　　)

9 오늘이의 성격을 짐작하여 말할 때 빈칸에 알맞은 말은 무엇입니까? (　)

오늘이가 어려움을 이겨 내고 원천강으로 돌아간 걸 보면 □□□□□□

① 용기가 있다고 생각해.
② 걱정이 많다고 생각해.
③ 어린아이답다고 생각해.
④ 부끄러움이 많다고 생각해.
⑤ 솔직하지 못하다고 생각해.

서술형

10 이 만화 영화에서 가장 인상 깊은 장면과 그렇게 생각한 까닭을 쓰시오.

인상 깊은 장면	(1)
인상 깊은 까닭	(2)

11 다음은 만화 영화 「독도 수비대 강치」의 한 장면을 정리한 것입니다. ㉠~㉢이 각각 무엇과 관련 있는지 찾아 선으로 이으시오.

㉠	아무르, 부하, 갈매기들
㉡	잠수함
㉢	아무르와 부하는 불타는 얼음을 차지하려고 독도로 가는 길에 갈매기에게 공격을 당함.

(1) ㉠ •   • ㉮ 장소

(2) ㉡ •   • ㉯ 등장인물

(3) ㉢ •   • ㉰ 일어난 일

12 「오늘이」에서 등장인물의 고민이 어떻게 해결되었는지 보기 에서 찾아 기호를 쓰시오.

등장인물	고민
오늘이	원천강으로 가야 하는데 가는 길을 모른다.
매일이	행복이 무엇인지 알고 싶다.
연꽃나무	꽃봉오리를 많이 가지고 있는데, 이상하게도 하나만 꽃이 핀 까닭을 알고 싶다.
이무기	여의주를 많이 가졌는데도 용이 되지 못한 까닭을 모른다.

보기
㉮ 책에서 벗어나 구름이와 행복한 시간을 보낸다.
㉯ 연꽃이 꺾어지자마자 송이송이 다른 꽃들이 피기 시작했다.
㉰ 매일이, 연꽃나무, 구름이, 이무기를 만나 원천강으로 가게 된다.
㉱ 위험에 빠진 오늘이를 구하려고 품고 있던 여의주를 모두 버려 마침내 용이 되었다.

(1) 오늘이: (   )   (2) 매일이: (   )

(3) 연꽃나무: (   )   (4) 이무기: (   )

13 만화 영화의 이어질 이야기를 상상해 이야기책을 만드는 방법으로 알맞지 <u>않은</u> 것은 무엇입니까?

(   )

① 이야기책에 앞부분의 내용을 모두 쓴다.
② 중심인물에게 어떤 일이 생길지 상상한다.
③ 이어질 이야기에 새로운 인물을 등장시킬 수 있다.
④ 이어질 이야기를 대표할 만한 제목을 새로 지을 수 있다.
⑤ 앞부분의 내용과 자연스럽게 어울리도록 이어질 이야기를 짓는다.

[14~15] 다음 글을 읽고, 물음에 답하시오.

나는 태윤이가 쓴 내용으로 역할극을 했으면 좋겠어. 야아가 시름시름 앓다가 죽자 오늘이는 깊은 슬픔에 빠졌지. 오늘이에게 웃음을 찾아 주고자 용이 된 이무기가 오늘이를 등에 태우고 여행을 떠난다는 내용이 마음에 들어.

14 태윤이가 쓴 내용으로 역할극을 할 때 연기할 장면이 <u>아닌</u> 것은 무엇입니까? (   )

① 야아가 앓다가 죽는 모습
② 오늘이가 매우 슬퍼하는 모습
③ 용이 다시 이무기로 변하는 모습
④ 용이 오늘이를 위로해 주는 모습
⑤ 오늘이와 용이 여행을 떠나는 모습

서술형
15 역할극을 만들어 발표할 때 실감 나게 연기하는 방법을 한 가지 쓰시오.

_____

_____

1. 이어질 장면을 생각해요

◉ 정답 및 풀이 3쪽

평가 주제	만화 영화나 영화를 본 경험 말하기
평가 목표	기억에 남는 만화 영화나 영화를 떠올려 소개하는 글을 쓸 수 있다.

1 기억에 남는 만화 영화나 영화의 제목을 떠올려 쓰고, 그 까닭을 쓰시오.

기억에 남는 만화 영화나 영화의 제목	(1)
기억에 남는 까닭	(2)

2 문제 1번에서 답한 기억에 남는 만화 영화나 영화에 대한 내용을 정리하시오.

언제, 누구와 보았나요?	(1)
등장인물은 누구누구인가요?	(2)
가장 기억에 남는 장면은 무엇인가요?	(3)
어떤 친구에게 소개하고 싶나요?	(4)

3 문제 2번에서 쓴 내용을 바탕으로 친구에게 만화 영화나 영화를 소개하는 글을 쓰시오.

조건
1. 소개하는 까닭이 잘 드러나도록 쓴다.
2. 친근한 표현을 사용하여 쓴다.

숨은 그림을 찾아보세요.

● 정답 및 풀이 3쪽

2 마음을 전하는 글을 써요

▶ 학습을 완료하면 V표를 하면서 학습 진도를 체크해요.

2 마음을 전하는 글을 써요

개념 강의

● 정답 및 풀이 4쪽

1 글쓴이가 전하려는 마음을 파악하는 방법

● 누가 누구에게 쓴 글인지 생각합니다.
● 무슨 일에 대해 썼는지 알아봅니다.
● 글쓴이가 마음을 전하려고 사용한 표현을 찾습니다.
● 글쓴이가 전하려는 마음이 무엇인지 생각합니다.

「지우의 편지」에서 지우가 마음을 전하려고 사용한 표현

선생님, 제 마음에 드는 그릇을 만들도록 도와주셔서 고맙습니다. 안녕히 계세요.
└ 고마운 마음을 전함.

2 마음을 전하는 글을 쓰는 방법

● 마음을 전하고 싶은 일을 떠올립니다.
● 글에서 전하려는 마음을 생각합니다.
● 마음을 잘 나타낼 수 있는 표현을 사용하고, 어떤 형식으로 쓸지 생각합니다.
● 읽는 사람의 마음이 어떠할지 짐작하며 씁니다.

예 「안창호 선생의 편지」에서 글쓴이가 마음을 전한 방법

사랑하는 아들 필립
어머니의 편지를 받아 보았다. 네가 넘어져 팔을 다쳤다는 소식이 들어 있어 매우 걱정되는구나. 팔이 낫거들랑 내게 바로 알려라.

마음을 잘 나타낼 수 있는 표현을 사용함. → 걱정하는 마음을 전함.

3 마음을 전하는 글 쓰기

● 마음을 전하고 싶은 일을 떠올립니다.

예 마음을 전하고 싶은 일 떠올리기

● 마음을 전하는 글을 쓰는 데 필요한 내용을 정리합니다.
● 글의 내용을 자세히 쓰고, 마음을 잘 드러낼 수 있는 표현을 사용하여 마음을 전하는 글을 씁니다.

개념 확인 문제

1 글쓴이가 전하려는 마음을 파악하는 방법

글을 읽고 글쓴이의 마음을 파악할 때 생각할 점을 두 가지 찾아 기호를 쓰시오.

㉮ 무슨 일에 대해 썼을까?
㉯ 글을 쓴 정확한 시간은 언제일까?
㉰ 글쓴이가 마음을 전하려고 사용한 표현은 무엇일까?
㉱ 읽는 이가 글쓴이에게 전할 수 있는 마음은 무엇일까?

(   )

2 마음을 전하는 글을 쓰는 방법

마음을 전하는 글을 쓰는 방법으로 알맞은 것에 모두 ○표를 하시오.

(1) 객관적인 사실만 쓴다. (   )
(2) 읽는 사람의 마음을 고려한다.
(   )
(3) 마음을 전하고 싶은 일을 떠올린다. (   )
(4) 글을 쓰는 목적이 드러나는 표현은 쓰지 않는다. (   )

3 마음을 전하는 글 쓰기

마음을 전하는 글에 들어갈 내용을 모두 찾아 밑줄을 그으시오.

마음을 전할 사람	전하려는 마음
먼 미래에 일어날 일	마음을 나타내는 표현

2 마음을 전하는 글을 써요

● 정답 및 풀이 4쪽

어휘

1. 핵심 개념 어휘: 마음, 전하기, 편지

뜻 사람이 다른 사람이나 사물에 대하여 감정이나 의지, 생각 등을 느끼는 것.

마음 → 전하기 → 편지

뜻 어떤 소식이나 생각, 마음 등을 상대에게 알리기.

便 소식 편
紙 종이 지
뜻 안부, 소식, 용무 등을 적어 보내는 글.

➡ 편지와 같은 마음을 전하는 글을 써 봅니다.

2. 작품 속 어휘

낱말	뜻	예시
두렵다	어떤 대상을 무서워하여 마음이 불안하다.	거짓말이 들킬까 봐 두렵습니다.
시범(示範) 示 보일 시 範 본보기 범	모범을 보임.	지금부터 어린이들의 태권도 시범이 있겠습니다.
실감(實感) 實 실제 실 感 느낄 감	실제로 체험하는 느낌.	이 영화는 큰 화면에서 보면 더 실감 나게 볼 수 있습니다.
진실하다 眞 참 진 實 참될 실	마음에 거짓이 없이 순수하고 바르다.	어린이의 마음은 순수하고 진실합니다.
낮설다 [낟썰다]	전에 본 기억이 없어 익숙하지 아니하다.	밤에 보니까 거리가 참 낯설게 느껴집니다.

문법 받침 'ㄺ'의 발음

◆ 겹받침 'ㄺ'은 뒤에 오는 자음자가 무엇인지에 따라 다르게 발음해요. 겹받침 'ㄺ' 다음에 자음자 'ㄱ'이 오면 겹받침 'ㄺ'은 [ㄹ]로 소리 나고, 'ㄱ'을 뺀 나머지 자음자와 만나면 겹받침 'ㄺ'은 [ㄱ]만 소리 납니다. 그러므로 '맑기도'는 겹받침 'ㄺ' 뒤에 'ㄱ'이 왔으므로 [말끼도]로 발음하고, '맑지'는 겹받침 'ㄺ' 뒤에 'ㅈ'이 왔으므로 [막찌]로 발음합니다.

어휘·문법 확인 문제

1 핵심 개념 어휘

다음 뜻에 알맞은 낱말을 보기 에서 찾아 쓰시오.

보기
마음, 편지

사람이 다른 사람이나 사물에 대하여 감정이나 의지, 생각 등을 느끼는 것.

(   )

2 작품 속 어휘

다음 빈칸에 들어갈 말로 알맞은 것에 ○표 하시오.

내 동생의 검도 (1)[   ]을 보니 늠름한 모습이 평소와 달라서 (2)[   ] 느껴진다.

(1) (시범, 규범)

(2) (낯설게, 익숙하게)

3 작품 속 어휘

다음 밑줄 친 낱말과 비슷한 뜻을 가진 낱말에 ○표 하시오.

용서를 구하려면 먼저 참된 마음으로 사과를 해야 한다.

(1) 두려운   (   )

(2) 진실한   (   )

4 문법

다음 밑줄 친 낱말의 발음을 쓰시오.

달이 뜨니 한밤중인데도 정말 밝다.

[   ]

2
단원

태웅이의 편지

우리 반 친구들에게

친구들아, 안녕?

나 태웅이야. 오늘 운동회에서 있었던 일을 생각하면 아직도 가슴이 두근거려. 그때 그 고마운 마음을 직접 말로 전하고 싶었지만 쑥스러워서 이렇게 편지를 쓰게 되었어.

운동회 날이 되면 나는 기쁘면서도 ㉠두려웠어. 달리기 경기를 하는 게 늘 걱정이 되었거든. 달리기를 할 때면 나는 어디론가 숨고 싶었어. 잔뜩 긴장해서 달리다가 오늘도 그만 넘어지고 말았지. 그런데 그때 너희가 달리다가 돌아와서 나를 일으켜 주었지. 내 손을 꼭 잡은 너희의 따뜻한 마음이 느껴져서 눈물이 날 것 같았어. 힘껏 달리고 싶었을 텐데 나 때문에 참았을 것 같아서 미안한 마음이 들어.

고마워, 친구들아!

같이 달려 주고 응원해 준 너희의 따뜻한 마음 잊지

않을게.

20○○년 9월 12일

태웅이가

중심 내용 | 태웅이는 달리기 대회에서 도와준 반 친구들에게 고마운 마음이 들었습니다.

• **글의 특징**

태웅이가 같이 달려 주고 응원해 준 반 친구들에게 고마운 마음을 전하기 위해 쓴 편지입니다.

• **작품 정리**

태웅이의 마음과 표현

부끄러운 마음	달리기를 할 때면 나는 어디론가 숨고 싶었어.
미안한 마음	힘껏 달리고 싶었을 텐데 나 때문에 참았을 것 같아서 미안한 마음이 들어.
고마운 마음	같이 달려 주고 응원해 준 너희의 따뜻한 마음 잊지 않을게.

쑥스러워서 하는 짓이나 모양이 자연스럽지 못하여 우습고 싱거운 데가 있어서.

두려웠어 어떤 대상을 무서워하여 마음이 불안했어.

---

1 이 글은 누가 누구에게 어떤 형식으로 쓴 글인지 찾아 선으로 이으시오.

(1) 누가 •

(2) 누구에게 •

(3) 형식 •

• ㉮ 편지

• ㉯ 태웅이

• ㉰ 반 친구들

2 태웅이가 쓴 편지를 받은 친구들이 태웅이에게 전할 말로 알맞은 것을 찾아 기호를 쓰시오.

㉮ 네가 좋은 기억을 얻게 돼서 너무 기뻐.
㉯ 너 때문에 1등을 못해서 지금도 속상해.
㉰ 앞으로 운동회에서 다른 편이 되면 좋겠다.

(   )

어휘

3 ㉠과 바꾸어 쓸 수 있는 낱말은 무엇입니까? (   )

① 슬펐어.
② 겁났어.
③ 기대했어.
④ 흐뭇했어.
⑤ 자신만만했어.

작품 정리

4 빈칸에 알맞은 낱말을 넣어 태웅이의 편지에 드러나 있는 마음을 정리하시오.

같이 달려 주고 응원해 준 너희의 따뜻한 마음 잊지 않을게.	➡	(1) ( ) 마음
힘껏 달리고 싶었을 텐데 나 때문에 참았을 것 같아서 미안한 마음이 들어.	➡	(2) ( ) 마음

지우의 편지

존경하는 김하영 선생님께

선생님, 안녕하세요? 저는 전지우입니다. 그동안 잘 지내셨습니까? 선생님께 고마운 마음을 전하려고 이렇게 글을 쓰게 되었습니다.

지난 체험학습에서 도자기를 만들 때였습니다. 저는 진흙 반죽을 물레 위에 놓고 그릇 모양을 만들려고 했습니다. 그런데 생각처럼 잘되지 않았습니다. 만들고 나니 상상했던 모양과 너무 달라서 당황스러웠습니다.

제가 속상해서 어찌할 바를 모를 때 선생님께서 오셨습니다. 그리고 어떻게 모양을 내는지 시범을 보여 주셨습니다. 저는 선생님을 따라서 다시 해 보았습니다. 그랬더니 신기하게도 그릇 모양이 잘 만들어졌습니다.

그날 만든 그릇은 지금도 제 책상 위에 놓여 있습니다. 이 그릇을 보면 친절하게 가르쳐 주시던 선생님 모습이 생각납니다.

선생님, 제 마음에 드는 그릇을 만들도록 도와주셔서

고맙습니다. 안녕히 계세요.

20○○년 9월 24일

제자 전지우 올림

중심 내용 | 지우는 도자기를 만들 때 도와주신 선생님께 고마운 마음을 전했습니다.

- **글의 특징**
  지우가 도자기 만드는 것을 도와주신 김하영 선생님께 고마운 마음을 전하기 위해 쓴 편지입니다.

- **작품 정리**

지우가 선생님께 전하려는 마음	고마운 마음
마음을 전하려고 사용한 표현	고맙습니다. 등
마음을 전하고 싶었던 까닭	체험학습에서 도자기 만드는 것을 선생님께서 도와주셨기 때문에

물레 도자기를 만들 때, 흙을 빚거나 무늬를 넣는 데 사용하는 돌림판.

시범(示 보일 시, 範 본보기 범) 모범을 보임.

예 오늘 체육관에서 태권도 시범 경기가 열립니다.

▲ 물레

---

5 지난 체험학습 때 지우가 당황했던 까닭은 무엇입니까? (　　　)

① 선생님께 혼이 나서
② 친구가 만든 도자기를 깨뜨려서
③ 물레 위에 진흙 반죽을 올리기 힘들어서
④ 친구들이 그릇 만드는 일을 도와주지 않아서
⑤ 자신이 만든 도자기가 상상했던 모양과 너무 달라서

서술형

6 이 글에서 제자를 생각하는 선생님의 마음이 느껴지는 모습은 무엇인지 쓰시오.

_____

_____

_____

중요 독해

7 이 글의 특징으로 알맞지 <u>않은</u> 것을 두 가지 고르시오. (　　　)

① 인사말을 썼다.
② 읽는 사람이 정해져 있다.
③ 쓴 사람이 누구인지 밝혔다.
④ 어떤 대상을 설명하기 위해 쓴 글이다.
⑤ 글쓴이가 부모님께 감사한 마음을 전했다.

작품 정리

8 지우가 선생님께 전하려는 마음과 마음을 전하려고 사용한 표현을 찾아 쓰시오.

전하려는 마음	(1)
마음을 전하려고 사용한 표현	(2)

엄마의 편지

딸들에게

피아노와 춤을 사랑하는 큰딸 시연아! 십 년 전 막 태어난 너를 처음 안았을 때의 느낌이 아직도 생생한데 벌써 4학년이 되었구나. 친구들과 어울려 놀러 다니는 너를 보며 우리 딸이 많이 컸다는 사실을 새삼 실감하곤 한단다. 언제나 바르게 생활하고, 하고 싶은 것도 많고 꿈도 많은 시연이가 엄마는 항상 자랑스럽단다. 앞으로도 지금처럼 건강하고, 좋아하는 일을 열심히 하는 시연이가 되면 좋겠구나.

우리 집 애교쟁이 작은딸 정연아! 퇴근해서 집으로 돌아오면 가장 먼저 현관으로 뛰어나오는 귀염둥이! 엄마를 세상에서 가장 좋아한다는 것을 온몸으로 느끼게 해 주는 딸, 네가 현관에서 나를 맞아 줄 때 하루의 피로가 모두 없어진단다. 언제나 밝고 씩씩하게 자라길 바란다. 주변 사람 모두가 행복을 느끼게 하는 너의 미소를 언제까지나 보고 싶구나.

<small>귀여운 태도가 많은 사람</small>

우리 딸들의 깔깔대는 웃음소리를 들을 때마다 엄마는 힘이 솟고 행복감을 느낀단다. 엄마에게 너희는 세상 무엇과도 바꿀 수 없는 소중한 보물이야. 엄마는 너희가 건강하고 훌륭하게 자랄 수 있도록 도울게. 언제나 사랑한다.

20○○년 9월 3일

엄마가

중심 내용 | 엄마에게 두 딸은 세상 무엇과도 바꿀 수 없는 소중한 보물이고 사랑하는 존재이다.

- **글의 종류**
  편지

- **글의 특징**
  엄마가 딸들에게 전하는 사랑하는 마음이 잘 드러나 있는 글입니다.

- **작품 정리**

글쓴이가 전하려는 마음	엄마가 딸들을 사랑하는 마음
마음을 전하려고 사용한 표현	항상 자랑스럽단다. / 행복감을 느낀단다. / 언제나 사랑한다. 등

생생한데 바로 눈앞에 보는 것처럼 명백하고 또렷한데.
새삼 이전의 느낌이나 감정이 다시금 새롭게.
실감(實 실제 실, 感 느낌 감)하곤 실제로 체험하는 느낌을 받곤.
예 우리는 여행을 와서야 방학임을 실감하였습니다.

중요 독해

9 이 글의 내용으로 알맞지 <u>않은</u> 것은 무엇입니까?
( )

① 큰딸은 꿈이 많다.
② 작은딸은 애교쟁이이다.
③ 글쓴이에게 두 딸이 있다.
④ 작은딸의 이름은 '시연'이다.
⑤ 큰딸은 십 년 전에 태어났다.

11 문제 10번에서 답한 마음이 드러난 표현으로 알맞지 <u>않은</u> 것은 무엇입니까? ( )

① 언제나 사랑한다.
② 항상 자랑스럽단다.
③ 새삼 실감하곤 한단다.
④ 너의 미소를 언제까지나 보고 싶구나.
⑤ 세상 무엇과도 바꿀 수 없는 소중한 보물이야.

10 엄마가 딸들에게 전하고 싶은 마음은 무엇입니까?
( )

① 속상한 마음   ② 사랑하는 마음
③ 미워하는 마음   ④ 안쓰러운 마음
⑤ 공경하는 마음

서술형

12 편지를 읽은 딸들의 마음은 어떠하겠는지 쓰시오.

_____

_____

안창호 선생의 편지

❶ 사랑하는 아들 필립

어머니의 편지를 받아 보았다. 네가 넘어져 팔을 다쳤다는 소식이 들어 있어 매우 걱정되는구나. 팔이 낫거들랑 내게 바로 알려라. 한 학년 올라가게 된 것을 축하한다. 아버지는 무척 기쁘구나. 나는 이곳에 편안히 잘 있다. 미국 국회 의원들이 동양에 온다고 해 홍콩으로 왔다만 그들이 이곳에 들르지 않아 만나지는 못했단다. 나는 곧 상하이로 돌아갈 거란다.

▲ 도산 안창호 선생의 가족사진

중심 내용 | 네가 넘어져 팔을 다쳤다는 소식을 들어 걱정되고, 한 학년 올라간 것을 축하한다.

❷ 내 아들 필립아. 키가 크고 몸이 커지는 만큼 스스로 좋은 사람이 되려고 힘써야 한단다. 네가 어리고 몸이 작았을 때보다 더욱더 힘써야 하지. 스스로 좋은 사람이 되려고 노력하는 네 모습을 내 눈으로 직접 보고 싶구나. 너는 워낙 남을 속이지 않는 ⓐ 사람이라 좋은 사람이 되기도 쉬울 거란다.

중심 내용 | 스스로 좋은 사람이 되려고 힘쓰길 바란다.

필립 '반드시 독립을 이룬다.'는 뜻으로, 안창호 선생이 아들에게 지어 준 이름.
국회 의원 국민의 대표로서 국회를 이루는 구성원. 국민의 선거에 의하여 선출됨.
동양(東 동녘 동, 洋 큰 바다 양) 유라시아 대륙의 동부 지역. 아시아의 동부 및 남부를 이르는데 한국, 중국, 일본, 인도, 미얀마, 타이 등이 있음.
힘써야 힘을 들여 일을 해야.
워낙 두드러지게 아주. 본디부터.

---

13 이 편지를 받는 사람은 누구인지 이름을 쓰시오.

( )

14 글쓴이가 편지를 쓴 곳은 어디입니까? ( )

① 미국 ② 홍콩
③ 일본 ④ 상하이
⑤ 우리나라

15 글쓴이가 이 편지를 쓴 목적은 무엇이겠습니까?

( )

① 안부를 묻고 당부할 말을 전하기 위해서
② 외국에서 살면 좋은 점을 알려 주고 싶어서
③ 키가 크고 몸이 커지는 방법을 알려 주고 싶어서
④ 훌륭한 국회 의원들의 이야기를 전해 주고 싶어서
⑤ 자신이 한 학년 올라가게 된 일을 가족에게 축하받고 싶어서

어휘

16 ⓐ에 들어갈 낱말의 뜻이 다음과 같을 때 알맞은 낱말은 무엇입니까? ( )

마음에 거짓이 없이 순수하고 바른.

① 총명한 ② 잘생긴
③ 소중한 ④ 진실한
⑤ 씩씩한

중요 독해

17 글쓴이가 마음을 전하기 위해 사용한 표현을 모두 고르시오. ( )

① 축하한다.
② 걱정되는구나.
③ 힘써야 한단다.
④ 만나지는 못했단다.
⑤ 편지를 받아 보았다.

2
단원

안창호 선생의 편지

❸ 좋은 사람이 되려면 진실하고 깨끗해야 해. 또 좋은 친구를 가려 사귀어야 한단다. 그게 좋은 사람이 되는 첫 번째 조건이지. 더욱 부지런해져라. 어려운 일도 열심히 견디거라. 책은 부지런히 보고 있니? 아무 책이나 읽지 말고, 좋은 책을 골라 꾸준히 읽어라. 좋은 책을 가려 보는 것이 좋은 사람이 되는 두 번째 조건이란다. 좋은 친구를 사귀고 좋은 책을 읽는 일을 멈추지 말아라. 책은 두 종류를 택하렴. 첫째는 좋은 사람들의 이야기가 담겨 있어 본받을 수 있는 책이고, 둘째는 너의 공부에 필요한 지식을 얻기 위한 책이다. 또 우리글과 책을 잘 익혀라. 즐거운 마음으로 내 말을 따라 주겠지? 너를 믿는다.

1920년 8월 3일 홍콩에서

아버지가

중심 내용 | 좋은 사람이 되려면 진실하고 깨끗해야 하며 좋은 친구를 가려 사귀고 좋은 책을 가려 읽어야 한다.

- **글의 특징**
안창호 선생이 아들을 생각하며 걱정하는 마음, 축하하는 마음, 당부하는 마음 등을 표현하여 쓴 편지입니다.

- **작품 정리**

글을 쓸 때 고려한 점
• 읽는 사람: 아들
• 목적: 안부를 묻고 당부할 말을 전하기 위해서

전하는 마음	사용한 표현
• 다친 일을 걱정하는 마음	• 걱정되는구나.
• 한 학년 올라간 일을 축하하는 마음	• 축하한다.
• 좋은 사람이 되기 위해 힘쓰기를 당부하는 마음	• 힘써야 한단다.

견디거라 일정한 기간 동안 어려운 환경에 굴복하지 않고 계속해서 버티거라.
꾸준히 한결같이 부지런하고 끈기가 있는 태도로.
가려 잘잘못이나 좋은 것과 나쁜 것 등을 따져서 분간하여.

서술형

18 좋은 사람이 되기 위한 조건은 무엇인지 쓰시오.

_____

_____

19 글쓴이가 편지를 받는 사람에게 읽기를 권한 책을 두 가지 고르시오. (   )

① 외국어로 번역된 책
② 그림이 많이 들어간 책
③ 좋은 친구를 사귀는 방법이 쓰인 책
④ 공부에 필요한 지식을 얻기 위한 책
⑤ 좋은 사람들의 이야기가 담겨 있어 본받을 수 있는 책

20 이 글을 바르게 이해하여 말한 친구의 이름을 쓰시오.

> 서진: 글쓴이가 어린 시절에 쓴 일기야.
> 도영: 제자의 앞날을 걱정하는 마음이 드러나 있어.
> 미연: 글쓴이는 "열심히 견디거라", "꾸준히 읽어라"와 같은 표현으로 아들에게 당부했어.

(   )

작품 정리

21 빈칸에 알맞은 낱말을 넣어 글쓴이가 이 글을 쓴 방법을 정리하시오.

글을 쓸 때 고려한 점	• 읽는 사람: (1)( ) • (2)( ): 안부를 묻고 당부할 말을 전하기 위해

전하는 마음과 사용한 표현
• 다친 일을 (3)(   )하는 마음 → 걱정되는구나.
• 좋은 사람이 되기 위해 힘쓰기를 (4)(   )하는 마음 → 힘써야 한단다.

좋은 사람과 사귀려면 좋은 인상을 주어라

필립 체스터필드

가 아들아!

좋아하는 사람이나 존경하는 사람에게는 자신도 모르게 신경이 쓰이지. 그리고 어떻게 하면 그 사람을 기쁘게 해 줄까 고민도 하고 말이야.

사람을 사귀는 데 가장 기본이 되는 것이 그런 마음이란다. 상대를 기쁘게 해 주고 싶은 마음, 그것을 어떻게 해야 하는지 모르겠다고? 주위에 너를 기쁘게 해 주는 사람들이 있잖니. 너도 그 사람들의 마음 그대로 하면 돼. 어렵지 않단다.

중심 내용 | 사람을 사귀는 데 가장 기본이 되는 것은 상대를 기쁘게 해 주고 싶은 마음이다.

나 사람은 동전과 같단다. 앞면과 뒷면이 같이 있어. 나쁘기만 한 사람도, 착하기만 한 사람도 없단다. ⊙단점과 장점을 모두 갖고 있어. 그러므로 한 면만 보고 그 사람 전체를 평가하는 것은 옳지 않아. 그리고 그 사람의 단점을 발견했다고 해서 일부러 멀리할 필요는 없어. 너 역시 장점과 단점을 다 가지고 있잖니.

중심 내용 | 사람은 동전과 같아서 단점과 장점을 모두 갖고 있다.

다 상대에게 좋은 인상을 주려면 넓은 지식과 올바른 태도 못지않게 옷차림과 말투, 행동에도 신경 써야 한단다. 때로는 외모를 단정히 하는 것도 필요해.

그리고 친해지고 싶다면 혼자서 모든 이야기를 하려고 하지 마. 대화는 서로 주고받는 거야. 혼자만 말하는 것은 연설이란다. 네가 묻고 대답하는, 여러 사람의 몫을 한꺼번에 할 필요는 없어. 너 자신도 힘들고 상대도 유쾌하지 않단다.

중심 내용 | 좋은 인상을 주려면 옷차림과 말투, 행동에도 신경 쓰고 친해지기 위해서는 혼자서 모든 이야기를 하려고 하지 않는다.

- **글의 종류**
  편지

- **글의 특징**
  아들이 좋은 인상을 주는 사람이 되기를 바라는 아빠의 마음이 잘 드러나 있습니다.

- **작품 정리**

글을 쓸 때 고려한 점	전하는 마음
• 읽는 사람: 아들 • 목적: 아들이 좋은 친구를 사귀기를 바라는 마음을 전하기 위해서	• 아들이 좋은 친구를 사귀기를 바라는 마음 • 아들이 좋은 인상을 주는 사람이 되기를 바라는 마음

---

22 사람을 사귀는 데 가장 기본이 되는 마음이 무엇이라고 하였는지 쓰시오.

( )

중요 독해

23 글쓴이가 사람을 동전에 빗대어 표현한 까닭은 무엇입니까? ( )

① 동전과 사람은 멀리할수록 좋아서
② 동전과 사람은 좋은 인상을 주어서
③ 동전과 사람은 값을 따질 수 없어서
④ 동전의 모습처럼 사람의 성격도 둥글어야 해서
⑤ 동전의 양면처럼 사람도 단점과 장점이 있어서

어휘

24 ⊙'단점과 장점'의 낱말 관계와 다르게 짝 지은 것은 무엇입니까? ( )

단점 – 장점

① 국가 – 나라   ② 아이 – 어른
③ 고음 – 저음   ④ 소년 – 소녀
⑤ 길다 – 짧다

25 글쓴이가 이 글을 읽는 사람에게 전하고 싶은 마음을 두 가지 고르시오. ( )

① 연설을 잘하기를 바라는 마음
② 좋은 친구를 사귀기를 바라는 마음
③ 넓은 지식을 자랑하기를 바라는 마음
④ 착하기만 한 사람이 되기를 바라는 마음
⑤ 좋은 인상을 주는 사람이 되기를 바라는 마음

기본 마음을 전하는 글 쓰기

● 국어 74쪽 / 정답 및 풀이 4쪽

마음 전하기

• 특징
친구 사이에 미안한 마음, 축하하는 마음, 위로하는 마음, 그리운 마음 등을 표현해야 하는 상황을 나타낸 그림입니다.

• 활동 정리

그림 ㉮~㉰에서 전해야 할 마음	
그림 ㉮	미안한 마음
그림 ㉯	축하하는 마음
그림 ㉰	위로하는 마음
그림 ㉱	그리운 마음

26 그림 ㉮에서 말하는 아이가 미안한 마음을 표현한 까닭은 무엇인지 쓰시오.

( )

27 그림 ㉯에서 남자아이가 여자아이에게 전해야 할 마음은 무엇입니까? ( )

① 꾸짖는 마음
② 쓸쓸한 마음
③ 미안한 마음
④ 축하하는 마음
⑤ 조마조마한 마음

28 그림 ㉰에서 병문안을 간 남자아이가 친구에게 할 말로 알맞은 것을 두 가지 고르시오. ( )

① 괜찮아?
② 쌤통이다.
③ 빨리 낫기를 바랄게.
④ 내가 너 이럴 줄 알았어.
⑤ 병문안 와 줘서 고맙다고 해.

서술형
29 그림 ㉱의 여자아이에게 있었던 일과 그에 알맞은 마음을 나타내는 표현을 쓰시오.

있었던 일	(1)
마음을 나타내는 표현	(2)

재환이가 겪은 일

재환이는 새로운 동네로 이사를 왔습니다. 재환이는 이웃들에게 인사를 하기로 했습니다. 그래서 재환이가 사는 아파트 승강기 안에 편지를 붙였답니다.

안녕하세요? 저는 12층에 이사 온 열한 살 이재환입니다.

새로 만난 이웃들에게 인사를 드리고 싶어 편지를 씁니다. 저희 가족은 엄마, 아빠, 귀여운 동생 그리고 저, 이렇게 넷입니다. 저희는 아직 이사 온 지 얼마 되지 않아 다니는 길도, 사람들도 ㉠낯설기만 합니다. 그래도 저는 나무도 많고 놀이터가 있는 이곳이 마음에 듭니다. 앞으로 여러분과 좋은 이웃이 되고 싶습니다.

이재환 올림

하루, 이틀이 지날수록 재환이의 편지에는 신기한 일이 생겼어요.

승강기를 탄 이웃 사람들이 편지를 보고 마음을 담은 쪽지를 붙인 것이었어요. 재환이도, 쪽지를 써서 붙인 이웃도 모두 **훈훈한** 마음이 한가득했습니다.

• **활동 정리**
재환이와 이웃 사람들이 글을 써서 전한 마음

재환이	이웃 사람들
이웃과 잘 지내고 싶은 마음	재환이를 환영하는 마음, 이사 온 재환이가 반가운 마음

낯설기만 사물이 눈에 익지 않기만.
㉠ 이사 간 집은 모든 게 낯설었습니다.
훈훈한 마음을 부드럽게 녹여 주는 따스함이 있는.
㉠ 친구의 선행은 우리의 마음을 훈훈하게 만들었습니다.

---

30 재환이가 승강기 안에 편지를 붙인 까닭으로 알맞은 것에 ○표 하시오.

(1) 이웃의 소식을 들으려고 ( )

(2) 이사 와서 이웃에게 인사를 하려고 ( )

(3) 다른 동네에서 이사 온 친구를 만나려고 ( )

어휘

32 ㉠'낯설다'와 반대되는 뜻의 낱말을 모두 고르시오.
( )

① 낯익다 ② 어색하다
③ 친숙하다 ④ 익숙하다
⑤ 생소하다

31 재환이가 쓴 편지를 본 이웃 사람들이 한 일은 무엇입니까? ( )

① 재환이의 편지를 떼어 갔다.
② 재환이의 부모님을 찾아갔다.
③ 마음을 담은 쪽지를 써서 붙였다.
④ 재환이의 편지를 노랫말로 만들었다.
⑤ 재환이에게 이사 온 기념으로 선물을 사 주었다.

활동 정리

33 빈칸에 알맞은 낱말을 넣어 재환이와 이웃 사람들이 글을 써서 전한 마음을 정리하시오.

재환이	(1)( )와/과 잘 지내고 싶은 마음
이웃 사람들	재환이를 환영하는 마음, 이사 온 재환이가 (2)( ) 마음

[1~2] 다음 글을 읽고, 물음에 답하시오.

우리 반 친구들에게

친구들아, 안녕?

나 태웅이야. 오늘 운동회에서 있었던 일을 생각하면 아직도 가슴이 두근거려. 그때 그 고마운 마음을 직접 말로 전하고 싶었지만 쑥스러워서 이렇게 편지를 쓰게 되었어.

운동회 날이 되면 나는 기쁘면서도 두려웠어. 달리기 경기를 하는 게 늘 걱정이 되었거든. ㉠달리기를 할 때면 나는 어디론가 숨고 싶었어. 잔뜩 긴장해서 달리다가 오늘도 그만 넘어지고 말았지. 그런데 그때 너희가 달리다가 돌아와서 나를 일으켜 주었지. 내 손을 꼭 잡은 너희의 따뜻한 마음이 느껴져서 눈물이 날 것 같았어. ㉡힘껏 달리고 싶었을 텐데 나 때문에 참았을 것 같아서 미안한 마음이 들어.

고마워, 친구들아!

㉢같이 달려 주고 응원해 준 너희의 따뜻한 마음 잊지 않을게.

20○○년 9월 12일

태웅이가

1 ㉠~㉢의 표현에 드러난 태웅이의 마음을 찾아 선으로 이으시오.

(1) ㉠ •   • ㉮ 고마운 마음

(2) ㉡ •   • ㉯ 미안한 마음

(3) ㉢ •   • ㉰ 부끄러운 마음

2 이 글에서 글쓴이의 마음을 나타내는 낱말을 모두 고르시오. (   )

① 고마워   ② 미안한
③ 넘어지고   ④ 운동회 날
⑤ 쑥스러워서

[3~4] 다음 글을 읽고, 물음에 답하시오.

지난 체험학습에서 도자기를 만들 때였습니다. 저는 진흙 반죽을 물레 위에 놓고 그릇 모양을 만들려고 했습니다. 그런데 생각처럼 잘되지 않았습니다. 만들고 나니 상상했던 모양과 너무 달라서 당황스러웠습니다.

제가 속상해서 어찌할 바를 모를 때 선생님께서 오셨습니다. 그리고 어떻게 모양을 내는지 시범을 보여 주셨습니다. 저는 선생님을 따라서 다시 해 보았습니다. 그랬더니 신기하게도 그릇 모양이 잘 만들어졌습니다.

그날 만든 그릇은 지금도 제 책상 위에 놓여 있습니다. 이 그릇을 보면 친절하게 가르쳐 주시던 선생님 모습이 생각납니다.

선생님, 제 마음에 드는 그릇을 만들도록 도와주셔서 고맙습니다. 안녕히 계세요.

20○○년 9월 24일

제자 전지우 올림

3 지우가 이 글을 쓴 까닭은 무엇인지 빈칸에 알맞은 말을 써넣으시오.

• 선생님께 (   )을/를 전하기 위해서이다.

4 제자를 생각하는 선생님의 마음이 느껴지는 모습을 두 가지 고르시오. (   )

① 지우에게 답장을 써 주셨다.
② 지우에게 도자기를 선물해 주셨다.
③ 지우가 따라 해 볼 수 있도록 시범을 보이셨다.
④ 지우가 만든 도자기가 예쁘다고 칭찬해 주셨다.
⑤ 곤란해하는 지우를 보고 직접 찾아와 도와주셨다.

[5~6] 다음 글을 읽고, 물음에 답하시오.

사랑하는 아들 필립

어머니의 편지를 받아 보았다. 네가 넘어져 팔을 다쳤다는 소식이 들어 있어 매우 걱정되는구나. 팔이 낫거들랑 내게 바로 알려라. 한 학년 올라가게 된 것을 축하한다. 아버지는 무척 기쁘구나. 나는 이곳에 편안히 잘 있다. 미국 국회 의원들이 동양에 온다고 해 홍콩으로 왔다만 그들이 이곳에 들르지 않아 만나지는 못했단다. 나는 곧 상하이로 돌아갈 거란다.

5 글쓴이가 걱정하는 마음이 든 까닭은 무엇입니까?

( )

① 고향에 갈 수가 없어서
② 아내가 힘들게 살고 있어서
③ 아들이 혼자 홍콩을 가게 되어서
④ 미국 국회 의원들을 처음 만나게 되어서
⑤ 아들이 넘어져 팔을 다쳤다는 소식을 들어서

6 글쓴이가 마음을 전하기 위해 사용한 표현을 찾아 ○표 하시오.

(1) 받아 보았다. ( )
(2) 걱정되는구나. ( )
(3) 돌아갈 거란다. ( )

7 다음 그림에서 병문안을 간 남자아이가 전해야 할 마음을 두 가지 고르시오. ( )

괜찮아?

① 걱정하는 마음
② 질투하는 마음
③ 위로하는 마음
④ 미워하는 마음
⑤ 자랑스러워하는 마음

8 학급 친구가 온라인 게시판에 쓴 소식을 읽고 댓글을 쓸 때 주의할 점을 두 가지 고르시오. ( )

① 유행어로만 쓴다.
② 남에게 나쁜 말을 하지 않는다.
③ 댓글을 읽는 사람의 처지를 생각한다.
④ 글쓴이의 별명을 부르며 친근하게 쓴다.
⑤ 다른 친구가 쓴 댓글 내용과 비슷하게 쓴다.

문법

9 다음에서 파란색으로 쓰인 낱말을 바르게 발음한 것에 ○표 하시오.

(1) 내가 아침에 물을 갈았어. 물이 참 맑지?

[막찌 , 말찌]

(2) 달이 참 밝기도 하다.

[박끼도 , 발끼도]

문법

10 다음 밑줄 친 낱말의 발음을 쓰시오.

(1) 찰흙 반죽이 묽고 부드럽다.
→ [ ]

(2) 가을 산에 붉지 않은 단풍이 드물다.
→ [ ]

(3) 눈이 나빠져서 작게 쓰인 글자를 읽기 힘들다.
→ [ ]

2. 마음을 전하는 글을 써요

1 다음에서 남자아이는 전시 해설사 선생님께 어떤 마음을 전할지 쓰시오.

> 전시 해설사 선생님 덕분에 많은 것을 알게 되었어.

(   )

[2~4] 다음 글을 읽고, 물음에 답하시오.

우리 반 친구들에게

친구들아, 안녕?

나 태웅이야. 오늘 운동회에서 있었던 일을 생각하면 아직도 가슴이 두근거려. 그때 그 고마운 마음을 직접 말로 전하고 싶었지만 쑥스러워서 이렇게 편지를 쓰게 되었어.

운동회 날이 되면 나는 기쁘면서도 두려웠어. 달리기 경기를 하는 게 늘 걱정이 되었거든. 달리기를 할 때면 나는 어디론가 숨고 싶었어. 잔뜩 긴장해서 달리다가 오늘도 그만 넘어지고 말았지. 그런데 그때 너희가 달리다가 돌아와서 나를 일으켜 주었지. 내 손을 꼭 잡은 너희의 따뜻한 마음이 느껴져서 눈물이 날 것 같았어. 힘껏 달리고 싶었을 텐데 나 때문에 참았을 것 같아서 미안한 마음이 들어.

고마워, 친구들아!

같이 달려 주고 응원해 준 너희의 따뜻한 마음 잊지 않을게.

2 태웅이가 이 편지를 쓴 까닭은 무엇입니까? (   )

① 처음 만난 친구를 응원하기 위해서
② 전학 온 친구와 사이좋게 지내기 위해서
③ 친구에게 운동회 종목을 소개하기 위해서
④ 반 친구들에게 자신의 마음을 전하기 위해서
⑤ 친구에게 달리기를 잘하는 방법을 물어보기 위해서

3 태웅이가 친구들에게 전하고 싶은 마음은 무엇입니까? (   )

① 얄미운 마음
② 고마운 마음
③ 섭섭한 마음
④ 당황하는 마음
⑤ 위로하는 마음

서술형

4 태웅이가 쓴 편지를 받은 친구들이 태웅이에게 전할 말을 쓰시오.

_____

_____

5 다음에서 글쓴이가 선생님께 전하려는 마음을 생각하여 ㉠에 들어갈 알맞은 말을 쓰시오.

> 제가 속상해서 어찌할 바를 모를 때 선생님께서 오셨습니다. 그리고 어떻게 모양을 내는지 시범을 보여 주셨습니다. 저는 선생님을 따라서 다시 해 보았습니다. 그랬더니 신기하게도 그릇 모양이 잘 만들어졌습니다.
>
> 그날 만든 그릇은 지금도 제 책상 위에 놓여 있습니다. 이 그릇을 보면 친절하게 가르쳐 주시던 선생님 모습이 생각납니다.
>
> 선생님, 제 마음에 드는 그릇을 만들도록 도와주셔서 ㉠ . 안녕히 계세요.

(   )

[6~7] 다음 글을 읽고, 물음에 답하시오.

언제나 바르게 생활하고, 하고 싶은 것도 많고 꿈도 많은 시연이가 엄마는 항상 자랑스럽단다. 앞으로도 지금처럼 건강하고, 좋아하는 일을 열심히 하는 시연이가 되면 좋겠구나.

우리 집 애교쟁이 작은딸 정연아! 퇴근해서 집으로 돌아오면 가장 먼저 현관으로 뛰어나오는 귀염둥이! 엄마를 세상에서 가장 좋아한다는 것을 온몸으로 느끼게 해 주는 딸, 네가 현관에서 나를 맞아 줄 때 하루의 피로가 모두 없어진단다. 언제나 밝고 씩씩하게 자라길 바란다. 주변 사람 모두가 행복을 느끼게 하는 너의 미소를 언제까지나 보고 싶구나.

우리 딸들의 깔깔대는 웃음소리를 들을 때마다 엄마는 힘이 솟고 행복감을 느낀단다. 엄마에게 너희는 세상 무엇과도 바꿀 수 없는 소중한 보물이야. 엄마는 너희가 건강하고 훌륭하게 자랄 수 있도록 도울게. 언제나 사랑한다.

20○○년 9월 3일
엄마가

6 이 글은 누가 누구에게 쓴 것인지 쓰시오.

( )이/가 ( )에게

7 이 글을 읽고 알맞게 말한 친구의 이름을 쓰시오.

서현: 큰딸이 작은딸처럼 주변 사람들에게 잘해 주길 당부하는 글이야.
세진: 편지를 받는 사람의 마음이 무엇인지 알고 싶어 답장을 바라고 쓴 글이야.
수연: "너희는 세상 무엇과도 바꿀 수 없는 소중한 보물이야."라는 표현으로 보아, 글쓴이는 사랑하는 마음을 전하고 싶은 것 같아.

( )

[8~10] 다음 글을 읽고, 물음에 답하시오.

㉮ 사랑하는 아들 필립

어머니의 편지를 받아 보았다. 네가 넘어져 팔을 다쳤다는 소식이 들어 있어 매우 걱정되는구나. 팔이 낫거들랑 내게 바로 알려라. 한 학년 올라가게 된 것을 축하한다. 아버지는 무척 기쁘구나.

㉯ 내 아들 필립아, 키가 크고 몸이 커지는 만큼 스스로 좋은 사람이 되려고 힘써야 한단다. 네가 어리고 몸이 작았을 때보다 더욱더 힘써야 하지. 스스로 좋은 사람이 되려고 노력하는 네 모습을 내 눈으로 직접 보고 싶구나. 너는 워낙 남을 속이지 않는 진실한 사람이라 좋은 사람이 되기도 쉬울 거란.

8 이 글에 대한 설명으로 알맞은 것은 무엇입니까?

( )

① 일기 형식의 글이다.
② 받는 사람이 여러 명이다.
③ 글쓴이가 아들에게 쓴 글이다.
④ 글쓴이가 여행을 가서 쓴 감상문이다.
⑤ 가족 간에 지켜야 할 예절을 설명한 글이다.

서술형

9 글 ㉯에서 글쓴이가 아들에게 당부하는 것은 무엇인지 쓰시오.

( )

10 이 글에서 알 수 있는 글쓴이의 마음을 모두 고르시오. ( )

① 다친 일을 걱정하는 마음
② 편지를 빨리 쓰지 못해 미안한 마음
③ 한 학년 올라간 일을 축하하는 마음
④ 좋은 사람이 되기 위해 힘쓰기를 당부하는 마음
⑤ 친구와 어울리지 못하는 것을 안쓰러워하는 마음

[11~12] 다음 그림을 보고, 물음에 답하시오.

11 그림 **가**~**다**에서 ♬표 표시한 친구들이 전해야 할 마음으로 알맞은 것을 찾아 선으로 이으시오.

(1) 그림 **가** •　　　• ㉮ 미안한 마음

(2) 그림 **나** •　　　• ㉯ 위로하는 마음

(3) 그림 **다** •　　　• ㉰ 축하하는 마음

서술형

12 그림 **라**의 민하처럼 친구와 함께한 일을 떠올려 보고, 친구에게 어떤 마음을 전하고 싶은지 정리하여 쓰시오.

_____

_____

13 마음을 전하는 글을 쓰는 방법으로 알맞지 <u>않은</u> 것은 무엇입니까? (　　)

① 글의 내용을 자세히 쓴다.
② 읽는 사람이 누구인지 쓴다.
③ 읽는 사람의 마음을 잘 고려해 쓴다.
④ 마음을 잘 드러낼 수 있는 표현을 사용한다.
⑤ 일어난 일은 빼고 마음을 나타내는 말만 쓴다.

[14~15] 다음 글을 읽고, 물음에 답하시오.

안녕하세요? 저는 12층에 이사 온 열한 살 이재환입니다.

새로 만난 이웃들에게 인사를 드리고 싶어 편지를 씁니다. 저희 가족은 엄마, 아빠, 귀여운 동생, 그리고 저, 이렇게 넷입니다. 저희는 아직 이사 온 지 얼마 되지 않아 다니는 길도, 사람들도 낯설기만 합니다. 그래도 저는 나무도 많고 놀이터가 있는 이곳이 마음에 듭니다. 앞으로 여러분과 좋은 이웃이 되고 싶습니다.

이재환 올림

하루, 이틀이 지날수록 재환이의 편지에는 ㉠신기한 일이 생겼어요.

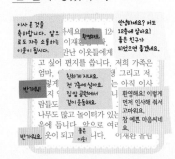

승강기를 탄 이웃 사람들이 편지를 보고 마음을 담은 쪽지를 붙인 것이었어요.

14 ㉠'신기한 일'이 가리키는 것은 무엇입니까? (　　)

① 재환이가 이사를 온 일
② 재환이가 편지를 쓴 일
③ 재환이의 편지가 사라진 일
④ 이웃 사람들이 재환이와 소통하지 않은 일
⑤ 재환이의 편지에 이웃 사람들이 쪽지를 붙인 일

15 재환이의 편지를 읽은 이웃 사람들의 마음으로 알맞은 것을 두 가지 고르시오. (　　)

① 화난 마음　　　② 부러운 마음
③ 반가운 마음　　④ 고마운 마음
⑤ 서운한 마음

2. 마음을 전하는 글을 써요

 수행평가

● 정답 및 풀이 7쪽

평가 주제	마음을 전하는 글을 쓰는 방법 알기
평가 목표	마음을 전하는 글을 쓰는 방법을 생각하며 마음을 전하는 글을 쓸 수 있다.

내 아들 필립아, 키가 크고 몸이 커지는 만큼 스스로 좋은 사람이 되려고 힘써야 한단다. 네가 어리고 몸이 작았을 때보다 더욱더 힘써야 하지. 스스로 좋은 사람이 되려고 노력하는 네 모습을 내 눈으로 직접 보고 싶구나. 너는 워낙 남을 속이지 않는 진실한 사람이라 좋은 사람이 되기도 쉬울 거란다.

좋은 사람이 되려면 진실하고 깨끗해야 해. 또 좋은 친구를 가려 사귀어야 한단다. 그게 좋은 사람이 되는 첫 번째 조건이지. 더욱 부지런해져라. 어려운 일도 열심히 견디거라. 책은 부지런히 보고 있니? 아무 책이나 읽지 말고, 좋은 책을 골라 꾸준히 읽어라. 좋은 책을 가려 보는 것이 좋은 사람이 되는 두 번째 조건이란다. 좋은 친구를 사귀고 좋은 책을 읽는 일을 멈추지 말아라.

1 글쓴이가 편지를 쓸 때 고려한 점은 무엇인지 쓰시오.

읽는 사람	(1)
목적	(2)

2 글쓴이가 말한, 좋은 사람이 되기 위한 조건은 무엇인지 쓰시오.

3 이 편지를 받은 아들이 되어 다음 조건 에 맞게 글쓴이에게 답장을 쓰시오.

조건
1. 편지를 쓰고 있는 자신을 '필립'으로 가정하여 쓴다.
2. '고맙습니다.'라는 표현을 사용하여 쓴다.
3. 편지 형식으로 쓰되, 전하고 싶은 말만 간단히 쓴다.

미로를 따라 길을 찾아보세요.

● 정답 및 풀이 7쪽

3 바르고 공손하게

▶ 학습을 완료하면 V표를 하면서 학습진도를 체크해요.

3 바르고 공손하게

개념 강의

●정답 및 풀이 8쪽

1 대화 예절을 지키며 대화하는 방법

- 대화 도중에 끼어들지 않습니다.
- 예의 바른 말을 사용합니다.
- 남이 하는 말을 끝까지 듣고 말합니다.
- 눈을 마주치며 인사합니다.
- 친구 앞에서 귓속말을 하지 않습니다.
- 바르게 인사합니다.
- 이름을 따뜻하게 불러 줍니다.
- 알맞은 높임말을 사용합니다.

예 교통 봉사 활동을 하시는 아저씨께 바르게 인사하기

2 예절을 지키며 회의하기

- 다른 사람이 발표할 때 끼어들지 않습니다.
- 회의와 같은 공식적인 상황에서는 높임말을 사용합니다.
- 의견을 말할 때에는 손을 들어 말할 기회를 얻고 발표합니다.
- 다른 사람 의견을 경청합니다.

예 「우리 반 회의 시간」에서 예절에 어긋난 부분

●말할 기회를 얻지 않고, 높임 말을 사용하지 않고 말함.

3 온라인 대화를 할 때 지켜야 할 예절

- 신중하게 생각하여 쓰고 예의를 지킵니다.
- 상대가 보이지 않더라도 대화 전에 인사를 하고 끝날 때에도 인사합니다.
- 바른 말을 사용합니다.
- 적절한 대화명을 사용합니다.
- 줄임 말이나 그림말을 꼭 필요한 경우에만 사용합니다.

예 지혜가 친구들과 나눈 온라인 대화에서 온라인 대화의 특징 알기

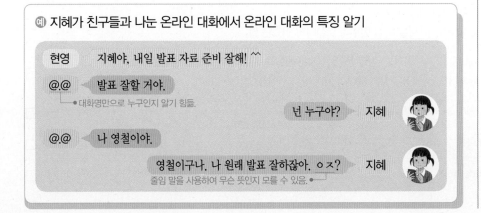

개념 확인 문제

1 대화 예절을 지키며 대화하는 방법

대화 예절을 지키며 대화한 친구의 이름을 쓰시오.

> 우진: 친구 앞에서 다른 친구와 계속 귓속말로 말했어.
> 아현: 앞집 아저씨께서 인사하셨는데 어색해서 모른 척했어.
> 소민: 아픈 나를 부축해 준 친구에게 "고마워."라고 말했어.

(   )

2 예절을 지키며 회의하기

회의를 하면서 지켜야 할 예절로 알맞은 것에 모두 ○표를 하시오.

(1) 다른 사람 의견을 경청한다.
(   )

(2) 손을 들어 말할 기회를 얻고 발표한다.
(   )

(3) 친근함을 표현하기 위해 예사말을 사용한다.
(   )

(4) 좋은 의견이 생각나면 남이 말할 때 끼어들어 말한다.
(   )

3 온라인 대화를 할 때 지켜야 할 예절

다음은 온라인 대화를 할 때 지켜야 할 예절을 설명한 것입니다. 빈칸에 알맞은 말을 보기 에서 찾아 써넣으시오.

> **보기**
> 신중, 예의, 그림말

(1) (   )을/를 갖추어 바른 말을 사용한다.

(2) 상대방이 오해할 수 있으므로 (   )하게 생각하고 쓴다.

(3) 상대가 잘 이해할 수 있도록 줄임 말이나 (   )을/를 지나치게 사용하지 않는다.

3 바르고 공손하게

● 정답 및 풀이 8쪽

어휘·문법 확인 문제

어휘

1. 핵심 개념 어휘: 예절, 대화, 회의

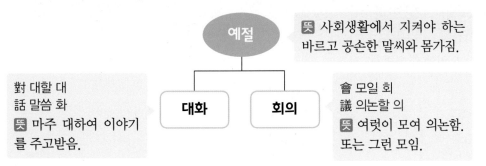

예절

뜻 사회생활에서 지켜야 하는 바르고 공손한 말씨와 몸가짐.

對 대할 대
話 말씀 화
뜻 마주 대하여 이야기를 주고받음.

대화   회의

會 모일 회
議 의논할 의
뜻 여럿이 모여 의논함. 또는 그런 모임.

➡ 대화를 하거나 회의를 할 때에는 예절을 지켜야 합니다.

2. 작품 속 어휘

낱말	뜻	예시
건성	정성을 들이거나 주의를 하지 않고 대강 하는 것.	내가 말을 걸어도 어머니께서는 건성으로 대꾸하셨습니다.
성급(性急)하다 性 성품 성 急 급할 급	성질이 급하다.	횡단보도는 성급하게 건너면 안 됩니다.
서운하다	(무엇이) 생각했던 것만큼 되지 않아서 아쉬운 느낌이 있다.	친구들이 나만 빼고 놀이공원에 다녀와 너무 서운했습니다.
다수결(多數決) 多 많을 다 數 셈 수 決 결단할 결	다수의 찬성이나 반대에 따라 어떤 일을 하거나 하지 않기로 결정하는 일.	민주주의 사회는 다수결의 원칙을 존중합니다.
주의(注意) 注 부을 주 意 뜻 의	경고나 충고하기 위하여 일깨워 주는 것.	내 짝은 수업 시간에 떠들어서 선생님께 주의를 받았습니다.

문법   높임 표현 바르게 사용하기

◆ 높임 표현은 웃어른을 공경하는 마음을 담은 표현으로, 주로 웃어른께 사용합니다. 행동으로 예절을 표현하는 것처럼 말을 할 때에도 예의를 지켜 말해야 하므로 높임 표현을 사용하는 방법을 잘 알아 둡니다.

밥 / 진지
높임의 뜻이 있는 특별한 낱말 사용하기

보다 / 보시다
높임을 나타내는 '-시-'를 넣기

그립다 / 그립습니다
'-습니다' 또는 '요'를 써서 문장을 끝맺기

1 핵심 개념 어휘

다음은 '예절'의 뜻입니다. 빈칸에 알맞은 말을 쓰시오.

사회생활에서 지켜야 하는 바르고 공손한 (   )와/과 몸가짐.

(   )

2 작품 속 어휘

다음 내용이 바르면 ○표, 틀리면 ×표 하시오.

⑴ '다수결의 원칙'은 민주주의 사회에서 매우 중요하다. (   )

⑵ 경고나 충고하기 위하여 일깨워 주는 것을 '성급하다'라고 한다. (   )

⑶ 동생이 방 청소를 대강 하는 것을 보고 "건성으로 하면 안 돼."라고 말했다. (   )

3 작품 속 어휘

다음 밑줄 친 낱말과 비슷한 뜻을 가진 낱말에 ○표 하시오.

단짝 친구 서현이가 전학을 가게 되어 무척 서운하다.

(섭섭하다 , 솔직하다)

4 문법

다음 밑줄 친 낱말을 높임말로 바꾸어 쓰시오.

⑴ 밥을 드시다.
→ (   )

⑵ 할아버지께서 왔어요.
→ (   )

⑶ 할머니, 물어볼 것이 있어요.
→ (   )

박바우와 박 서방

해설: 옛날, 어느 마을에 고기 파는 일을 하던 '박바우'라는 노인이 있었다. 어느 날, 젊은 양반 두 사람이 거의 같은 시간에 고기를 사러 왔다. 윗마을 양반은 박 노인에게 이렇게 말했다.

윗마을 양반: 바우야, 쇠고기 한 근만 줘라.

박 노인: (건성으로 대답하며) 알겠습니다.

해설: 이번에는 아랫마을 양반이 고기를 주문했다.

아랫마을 양반: (깍듯이 부탁하는 말투로) 박 서방, 쇠고기 한 근만 주게.

박 노인: (웃으면서 대답하며) 아이고, 네, 조금만 기다리시지요.

해설: 박 노인은 젊은 양반들에게 각각 고기를 주는데 둘의 크기가 한눈에 봐도 다르게 보였다. 윗마을 양반이 가만히 보니 자기가 받은 고기보다 아랫마을 양반이 받은 고기가 더 좋아 보이고 양도 훨씬 많아 보였다.

윗마을 양반: 야, 바우야! 똑같은 한 근인데, 어째서 이렇게 다르게 주느냐?

박 노인: (태연하게) 그러니까 손님 것은 바우 놈이 자른 것이고, 이분 것은 박 서방이 자른 것이기 때문이랍니다.
아무렇지도 않은 듯이

중심 내용 | 박 노인은 자신을 존중하며 예의 바르게 말한 아랫마을 양반에게만 좋은 고기를 많이 주었습니다.

· 글의 특징
대화 예절의 중요성을 일깨워 주는 이야기입니다.

· 작품 정리
박 노인을 부르는 말

바우	박 서방
윗마을 양반의 말에 박 노인은 기분이 나빠서 고기를 적게 줌.	아랫마을 양반의 말에 박 노인은 기분이 좋아서 고기를 많이 줌.

➡ 똑같은 이야기라도 말하는 사람의 말투에 따라 듣는 사람의 태도가 달라짐.

양반 고려·조선 시대에, 지배층을 이루던 신분.
근(斤 근 근) 무게의 단위. 한 근은 고기나 한약재의 무게를 잴 때는 600그램에 해당함.
건성으로 정성을 들이거나 주의를 하지 않고 대강.

---

1 고기를 사러 온 젊은 양반들이 박 노인을 어떻게 불렀는지 찾아 선으로 이으시오.

(1) 윗마을 양반 •

(2) 아랫마을 양반 •

• ㉮ 바우

• ㉯ 박 서방

중요 독해

2 박 노인이 아랫마을 양반에게 고기를 더 많이 준 까닭은 무엇입니까? (　　　)

① 아랫마을 양반이 돈을 더 주어서
② 아랫마을 양반의 신분이 더 높아서
③ 두 양반이 원하는 고기 부위가 달라서
④ 윗마을 양반이 높임말을 사용하여 말해서
⑤ 아랫마을 양반이 자신을 더 존중해 주는 느낌이 들게 말해서

어휘

3 이 글의 내용에 어울리는 속담을 찾아 ○표 하시오.

(1) 나는 새도 떨어뜨린다. (　　　)

(2) 낫 놓고 기역자도 모른다. (　　　)

(3) 말 한마디에 천 냥 빚도 갚는다. (　　　)

작품 정리

4 빈칸에 알맞은 말을 넣어 대화 예절의 중요성을 정리하시오.

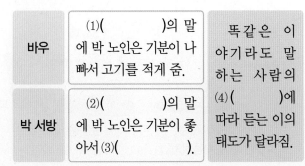

바우	(1)(　　　)의 말에 박 노인은 기분이 나빠서 고기를 적게 줌.	똑같은 이야기라도 말하는 사람의
박 서방	(2)(　　　)의 말에 박 노인은 기분이 좋아서 (3)(　　　).	(4)(　　　)에 따라 듣는 이의 태도가 달라짐.

오늘 아침 민수네 교실에서 있었던 일

(효과음) 드르륵 덜컥

영철: (교실로 들어오는 민수를 보며) 어이, 키다리! 왔냐?

민수: 뭐야, 아침부터 듣기 싫은 별명을 부르고…….

채은: (밝은 목소리로) 민수야, 안녕?

민수: (밝은 목소리로) 안녕, 채은아? 어제 네가 빌려준 책 참 재미있더라. 고마워.

(마음속으로) 교실에 들어오는 친구들을 보니, 들어올 때 큰 소리로 인사하는 친구, 장난으로 인사하는 친구, 상대를 배려하며 인사하는 친구, 반갑게 인사하는 친구, 아무런 인사도 하지 않는 친구 …… 참 다양한 모습이구나. 저학년일 때는 친구들과 손을

흔들며 반갑게 인사를 잘했는데 지금은 왜 이렇게 되었을까?

중심 내용 | 민수는 영철이, 채은이와 인사를 나누며 친구들이 인사할 때의 다양한 모습을 생각하였습니다.

- **글의 특징**

민수가 친구들과 인사를 주고받으며 다양한 인사 모습을 생각하는 내용으로, 상대를 배려하며 인사하는 것의 필요성을 알려 줍니다.

- **활동 정리**

영철이와 채은이가 민수에게 인사한 방법

영철	"어이, 키다리! 왔냐?" → 민수가 듣기 싫어하는 별명을 부름.
채은	"민수야, 안녕?" → 밝은 목소리로 민수의 이름을 바르게 부름.

효과음 장면의 실감을 더하기 위하여 넣는 소리.
배려하며 도와주거나 보살펴 주려고 마음을 쓰며.
⑩ 몸이 아픈 이웃에게 관심과 배려를 보여 주세요.

---

5 교실로 들어오는 민수에게 인사한 친구는 누구와 누구인지 이름을 쓰시오.

( )

6 영철이의 말을 듣고 민수의 기분이 나빠진 까닭은 무엇입니까? ( )

① 영철이가 민수의 자리에 앉겠다고 해서
② 영철이가 민수의 말을 그대로 따라 해서
③ 영철이가 채은이에게만 다정하게 말해서
④ 영철이가 듣기 싫은 별명으로 민수를 불러서
⑤ 영철이가 채은이보다 작은 목소리로 이야기해서

7 민수가 다음과 같이 말할 때, 영철이의 대답으로 알맞은 것은 무엇입니까? ( )

① 왜? 좋은 별명이잖아.
② 키다리니까 키다리라고 하지.
③ 내 별명이 무엇인지 궁금하지?
④ 네가 싫어해도 계속 별명으로 부를래.
⑤ 미안해. 다음부터는 네 이름으로 부를게.

서술형

8 자신이 민수의 친구라면 민수에게 어떤 인사말을 할지 쓰시오.

( )

대화 예절을 지키며 대화하는 방법

· 특징

일상생활에서 잘못 사용하기 쉬운 높임말이 쓰인 상황을 그림으로 나타내어 대화할 때 지켜야 할 예절이 무엇인지 알려 줍니다.

· 활동 정리

예의 바르지 않은 말 고쳐 쓰기	
그림 ㉮	상황: 두 아이가 아버지와 식사를 준비함. "아버지, 내가 수저를 놓을게요." → 제가
그림 ㉯	상황: 두 아이가 교통 봉사 활동을 하시는 아주머니와 아저씨께 인사함. "수고하셨어요." → 고맙습니다.

서술형

9 그림 ㉮에서 대화 예절에 어긋난 부분은 무엇입니까? (   )

① 남자아이가 '내가'라고 말한 부분
② 여자아이가 '제가'라고 말한 부분
③ 두 아이가 식사 준비를 돕지 않은 부분
④ 아버지께서 당황한 표정을 지으신 부분
⑤ 두 아이가 아버지를 보지 않고 말한 부분

11 그림 ㉯에서 여자아이와 남자아이 중 어떤 아이의 말이 예절에 맞는지 그 까닭과 함께 쓰시오.

_____

_____

10 다음 상황에서 할머니께 드릴 말씀으로 알맞은 것에 ○표 하시오.

> 무거운 물건을 들고 가시는 할머니를 도와드리고 싶을 때

(1) 내가 도와줄까요?   (   )

(2) 제가 도와주겠습니다.   (   )

(3) 제가 도와드리겠습니다.   (   )

12 다음 말풍선에 대화 예절에 맞는 인사말을 써넣으시오.

신유의 생일잔치

신유: 원우야, 내 생일에 우리 집에서 같이 놀자.

원우: (쾌활하게) 당연하지. 우리 사 총사가 오랜만에 모여서 신나게 놀 기회인데!

(효과음) 딩동딩동

(효과음) 문 열리는 소리

신유 어머니: (밝은 목소리로) 안녕? 어서 와라. 신유 친구들이구나. 반갑다.

❶ 현관

지혜: (㉠성급하게) 안녕하세요? 그런데 신유는 어디 갔나요? 어? 신유야, 생일 축하해!

원우: 야! 신유야, 생일 축하해! 하하하.

(효과음) 삐리리링
예절에 어긋난 부분에 나오는 효과음

원우, 지혜, 현영: 아주머니, 안녕하세요? 생일잔치에 초

대해 주셔서 감사합니다.

중심 내용 | 신유의 생일잔치에 친구들이 초대를 받아 왔습니다.

❷ 식탁

신유 어머니: (따뜻한 목소리로) 이렇게 신유의 생일을 축하하러 우리 집에 와 줘서 고맙구나. 손 씻고 식탁에 앉으렴.

원우, 지혜, 현영: 야, 맛있겠다!

원우: 내가 닭 다리 먹어야지!

(효과음) 삐리리링

지혜: 아주머니, 맛있는 음식을 준비해 주셔서 고맙습니다. 맛있게 먹겠습니다.

원우, 현영: 아주머니, 맛있는 음식을 준비해 주셔서 고맙습니다. 잘 먹겠습니다.

신유 어머니: 그렇게 말해 주니 고맙구나. 천천히 많이 먹으렴.

중심 내용 | 친구들이 신유 어머니께서 준비해 주신 생일잔치 음식을 맛있게 먹었습니다.

쾌활(快 쾌할 쾌, 活 살 활)하게 명랑하고 활발하게.
성급(性 성품 성, 急 급할 급)하게 성질이 급하게.

---

13 누구의 생일잔치를 하고 있는지 쓰시오.

( )

중요 독해

14 대화 ❶에서 지혜와 원우가 <u>잘못한</u> 점은 무엇입니까? ( )

① 신유를 심하게 놀렸다.

② 신유의 별명을 불렀다.

③ 생일을 축하한다고 말하지 않았다.

④ 초대를 받지 않고 신유의 집에 갔다.

⑤ 신유 어머니께 대충 인사하고 뛰어들어 갔다.

15 문제 14번에서 친구들이 대화 예절을 지키기 위해 할 일은 무엇인지 빈칸에 알맞은 말을 써넣으시오.

(1)( )의 얼굴을 바라보며
(2)( ) 자세로 인사한다.

어휘

16 ㉠'성급하다'와 반대되는 뜻의 낱말을 두 가지 고르시오. ( )

① 빠르다 ② 바쁘다

③ 여유롭다 ④ 조급하다

⑤ 느긋하다

신유의 생일잔치

③ 신유 방

원우: 신유야, 이제 네 방으로 가서 놀자.

신유: 여기야.

원우: 신유야, 여기는 책이 정말 많구나.

현영: (귓속말로) 신유는 이 많은 책을 다 봤나 봐.

지혜: (귓속말로) 정말 많다. 그래서 공부를 잘하나 봐.

원우: (귓속말로) 역시 책을 좋아하는 신유답다.

(효과음) 삐리리링

신유: (　ㄱ　목소리로) 얘들아, 나만 빼고 너희끼리 귓속말로 비밀 이야기를 하는 것 같아 기분이 나빠.

현영: (미안한 목소리로) 미안해, 신유야. 아무 생각 없이 우리끼리 그냥 한 말인데, 앞으로는 귓속말하지 않을게.

신유: 그래, 앞으로는 절대 귓속말을 하지 말아 줘. 나만 따돌리는 것 같아 속상하단 말이야.

원우: 신유야, 오늘은 네 생일이니까 이제 재미있게 놀자.

지혜: 그래, 뭐부터 할까?

다 같이: 하하하. 호호호.

중심 내용 | 친구들이 귓속말을 하여 신유의 기분이 상했지만 친구들의 사과를 받고 다시 즐겁게 놀았습니다.

- **글의 특징**

생일잔치에 초대받은 친구들이 대화 예절을 지키지 않은 상황이 먼저 나타나 있고, 그 상황에서 해야 할 바른 말이 차례로 나타나 있습니다.

- **활동 정리**

대화 예절을 지키며 대화하기

장소	예절을 지키지 않은 부분	바른 대화 예절
현관	신유 어머니께 인사를 제대로 하지 않음.	얼굴을 바라보며 바른 자세로 인사함.
식탁	음식을 준비해 주셔서 고맙다는 말을 하지 않음.	"고맙습니다."라고 말함.
신유 방	친구 앞에서 귓속말을 함.	친구 앞에서 귓속말을 하지 않음.

귓속말　남의 귀 가까이에 입을 대고 소곤거리는 말.
따돌리는　밉거나 싫은 사람을 따로 떼어 멀리하는.

---

17 대화 ③에서 신유의 기분이 나빠진 까닭은 무엇입니까? (　　)

① 현영이가 혼잣말을 계속해서

② 친구들이 신유에게 거친 말을 해서

③ 친구들이 빨리 집에 가야 한다고 해서

④ 지혜가 자신이 한 질문에 대답을 하지 않아서

⑤ 친구들이 귓속말을 하며 자신을 따돌리는 것 같아서

중요 독해

18 대화 ③에서 친구들이 지켜야 할 예절은 무엇입니까? (　　)

① 거친 말 하지 않기

② 방에서 뛰어다니지 않기

③ 큰 소리로 이야기하지 않기

④ 친구 앞에서 귓속말하지 않기

⑤ 친구의 물건을 함부로 만지지 않기

어휘

19 신유의 마음을 생각할 때, ㄱ에 알맞은 낱말은 무엇이겠습니까? (　　)

① 활기찬　　　　② 서운한

③ 우쭐대는　　　④ 후회하는

⑤ 자랑스러워하는

20 일상생활에서 지켜야 할 바른 대화 예절을 찾아 기호를 쓰시오.

> ㉮ 친구의 부모님을 만나면 인사를 잘한다.
> ㉯ 어른께서 준비해 주신 음식을 먹을 때 마음속으로 감사하다고 한다.
> ㉰ 친구 앞에서 다른 친구와 중요한 이야기를 나눌 때에는 귓속말을 한다.

(　　　　　)

역할극을 하며 상대의 기분 알기

• 특징

토끼, 사슴, 거북, 사자로 역할을 나누어 역할극을 하는 내용의 그림으로, 예절을 지키며 대화를 주고받으면 좋은 점에 대해 생각해 보게 합니다.

• 활동 정리

대화 예절을 지키며 대화하기	
사슴	"미안해. 네 말이 끝날 때까지 기다릴게."
	→ 토끼가 말하는 도중에 끼어들지 않기
거북	"기분을 상하게 해서 미안해. 이제 그만할게."
	→ 토끼에게 거친 말 하지 않기
사자	"그래, 다른 친구부터 하고 나서 할게."
	→ 친구가 하는 말 잘 듣고 자기 말만 하지 않기

3 단원

---

21 그림 ㉮~㉰의 상황에 맞게 선으로 이으시오.

(1) [㉮] •

(2) [㉯] •

(3) [㉰] •

• ㉮ 거북이 거친 말을 함.

• ㉯ 사슴이 대화 도중에 끼어듦.

• ㉰ 사자가 남의 말은 듣지 않고 자기 말만 함.

22 그림 ㉮와 ㉯에서 토끼의 기분은 어떠하겠습니까? ( )

① 유쾌한 기분
② 편안한 기분
③ 뿌듯한 기분
④ 존중받는 기분
⑤ 무시당하는 기분

23 친구와 예절을 지키며 대화를 주고받으면 좋은 점을 찾아 ○표 하시오.

(1) 친구와 사이가 더 좋아진다. ( )

(2) 친구를 배려하지 않아도 된다. ( )

(3) 요즘 유행하는 말을 많이 배우게 된다. ( )

활동 정리

24 ㉠~㉢을 예의 바른 말로 고쳐 쓰시오.

㉠	(1)
㉡	(2)
㉢	(3)

예절에 맞게 말하기

가

민우야, 영수네 집에 이걸 가져다드려라.

네, 다녀오겠습니다.

안녕하세요?

민우구나! 어서 와.

그래, 고맙다고 전해 드려라.

㉠

나

앗!

현지

미안해. 다리는 괜찮아?

앞으로는 조심할게.

㉡

- **특징**

㉮는 웃어른과 대화할 때, ㉯는 친구들과 대화할 때의 상황을 나타낸 그림으로, 듣는 사람의 마음을 헤아려 말할 내용을 생각해 보게 하는 그림입니다.

- **활동 정리**

예절에 맞게 말하기		
그림 ㉮	상황	웃어른께 어머니께서 주신 것을 전달하는 상황
	알맞은 높임말 사용하기	"어머니께서 이것을 가져다드리라고 하셨어요."
그림 ㉯	상황	친구가 찬 공에 다리를 맞은 상황
	듣는 사람의 마음 배려하기	"괜찮아. 다음에는 더 조심해 주면 좋겠다."

---

25 ㉠에 들어갈 가장 알맞은 말은 무엇입니까? (   )

① 자, 여기요.

② 이것 좀 받아요.

③ 안녕히 주무셨지요?

④ 맛이 없어도 드셔야 해요.

⑤ 어머니께서 이것을 가져다드리라고 하셨어요.

26 그림 ㉯의 상황을 알맞게 설명한 것은 무엇입니까?

(   )

① 운동장에서 현지가 팔을 다쳤다.

② 현지가 친구들과 함께 축구를 하였다.

③ 친구들이 현지를 보고 모른 척하였다.

④ 수업이 끝나서 현지와 친구들이 집으로 갔다.

⑤ 현지가 운동장을 지나다가 축구공에 맞아 친구에게 사과를 받았다.

서술형

27 ㉡에 들어갈 알맞은 말을 생각하여 쓰시오.

_____

_____

28 이와 같이 다른 사람과 대화를 주고받을 때 지켜야 할 예절로 알맞지 않은 것은 무엇입니까? (   )

① 상대를 바라보며 말한다.

② 고운 말, 바른 말을 사용한다.

③ 듣는 사람의 기분을 고려하며 말한다.

④ 다른 사람이 하는 말을 끝까지 듣는다.

⑤ 항상 큰 소리로 말해서 잘 듣도록 한다.

우리 반 회의 시간

내용 듣기

❶ 사회자: 지금부터 제8회 학급 회의를 시작하겠습니다. 오늘 회의 주제를 무엇으로 정하면 좋을지 말씀해 주십시오. 고경희 친구가 의견을 발표해 주십시오.

고경희: 저는 "친구들과 사이좋게 지내자."를 주제로 제안합니다. 왜냐하면 요즘 우리 반 친구들이 자주 다투는 것을 봤기 때문입니다.

사회자: 김찬민 친구도 의견을 발표해 주십시오.

김찬민: 청소를 하고 나서도 교실이 깨끗하지 않습니다. 그래서 "교실을 깨끗이 사용하자."를 주제로 제안합니다.

사회자: 회의 주제는 다수결로 정하겠습니다. 첫 번째 주제에 찬성하시는 분은 손을 들어 주십시오. 두 번째 주제에 찬성하시는 분은 손을 들어 주십시오. 29명 가운데에서 19명이 첫 번째 주제를 선택했습니다. 오늘 회의 주제는 다수결의 원칙에 따라 "친구들과 사이좋게 지내자."로 정하겠습니다.

중심 내용 | 경희네 반 친구들이 회의 주제를 정하였습니다.

❷ 사회자: 친구들과 사이좋게 지내려면 실천해야 할 일이 무엇인지 발표해 주십시오. 박태영 친구가 의견을 발표해 주십시오.

박태영: 제 의견은 "듣기 싫은 별명으로 부르지 말자."입니다. 기분이 나빠지면 서로 사이좋게 지내기가 어려워지기 때문입니다.

사회자: 좋은 의견입니다. 다른 의견이 더 있습니까? 이희정 친구가 의견을 발표해 주십시오.

이희정: 저는 고운 말을……

강찬우: (끼어들며) 잠깐만. "심한 장난을 하지 말자."가 좋겠습니다. 왜냐하면 장난이 심해져서 싸우는 경우가 많기 때문입니다.

사회자: 강찬우 친구, 좋은 의견 감사합니다. 하지만 다른 사람이 의견을 발표할 때 끼어드는 것은 잘못입니다. 다음부터는 꼭 손을 들어 말할 기회를 얻고 나서 발표해 주시기 바랍니다. 이희정 친구는 계속 발표해 주십시오.

> 다수결 다수의 찬성이나 반대에 따라 어떤 일을 하거나 하지 않기로 결정하는 일.
> 원칙 어떤 행동이나 이론 등에서 일관되게 지켜야 하는 기본적인 규칙이나 법칙.

29 회의에서 다음 역할을 하는 사람은 누구인지 쓰시오.

> • 회의 참여자에게 말할 기회를 준다.
> • 회의가 원활히 이루어지도록 진행한다.

(   )

어휘
30 다음 빈칸에 들어갈 알맞은 낱말을 찾아 쓰시오.

> 많은 사람이 찬성했다고 ☐☐☐로 결정하는 것이 항상 옳은 것은 아니기 때문에 소수 의견 역시 존중되어야 한다.

(   )

31 학급 회의 주제는 무엇인지 쓰시오.

(   )

중요 독해
32 희정이가 자신의 의견을 끝까지 말하지 못한 까닭은 무엇입니까? (   )

① 말할 내용이 생각나지 않아서
② 찬우가 말하는 도중에 끼어들어서
③ 친구가 앞에서 말한 내용과 같아서
④ 찬우의 의견이 더 좋다고 판단해서
⑤ 사회자가 희정이의 의견을 반대해서

우리 반 회의 시간

이희정: 네, 제 의견은 "고운 말을 사용하자."입니다. 친구들이 나쁜 말을 주고받으면 사이가 안 좋아지는 것을 자주 봤기 때문입니다.

고경희: (비아냥거리며) 쳇, 친할 때 그런 말로 장난치는 것도 모르나?

이희정: (짜증 내며) 너는 그래서 날마다 친구들과 다투냐?

사회자: 모두 조용히 해 주십시오. 말할 기회도 얻지 않고 높임말도 사용하지 않은 고경희 친구 그리고 마찬가지로 말할 기회를 얻지 않고 거친 말을 사용한 이희정 친구에게 'ㄱ주의'를 한 번씩 드립니다.

(효과음) 칠판에 쓰는 소리

사회자: 지금부터 주제에 대한 실천 내용을 정하도록 하겠습니다. 표결을 하기 전에 추가로 의견을 이야기할 친구는 발표해 주시기 바랍니다. 김찬민 친구가 의견을 발표해 주십시오.

김찬민: (자신 없게) 고운 말? 뭐였지? 아무튼 그 의견보다는 '이름 부르지 않기'로 정하면 좋겠습니다. 왜냐하

면 우리 반 모두가 싫어할 것 같기 때문입니다.

사회자: "고운 말을 사용하자."는 의견이 있었고, 이름이 아니라 "듣기 싫은 별명으로 부르지 말자."라는 의견이 있었습니다. 다른 사람 의견을 잘 들어 주시면 고맙겠습니다. 표결을 시작하겠습니다.

중심 내용 | 학급 회의 주제와 관련하여 친구들이 의견을 발표하였습니다.

• 활동 정리

| 다른 사람이 말할 때 끼어들지 않기 | 말할 기회를 얻어 말하고 높임말 쓰기 | 다른 사람의 의견 경청하기 |

비아냥거리며 얄밉게 빈정거리며 자꾸 놀리며.
주의 경고나 충고하기 위하여 일깨워 주는 것.
표결 회의에서 어떤 안건에 대하여 의사를 표시하여 결정함.

---

33 경희가 주의를 받은 까닭을 두 가지 찾아 기호를 쓰시오.

> ㉮ 높임말을 사용하지 않아서
> ㉯ 다른 사람의 별명을 불러서
> ㉰ 말할 기회를 얻지 않고 말해서
> ㉱ 회의 시간 내내 친구와 떠들어서

( )

34 찬민이가 회의할 때 예절에 어긋나게 행동한 것은 무엇입니까? ( )

① 거친 말을 사용한 것
② 자신의 의견만 맞다고 말한 것
③ 말할 기회를 얻지 않고 말한 것
④ 다른 사람의 의견을 잘 듣지 않은 것
⑤ 친구가 듣기 싫어하는 별명으로 부른 것

어휘

35 밑줄 친 부분이 ㉠'주의'와 같은 뜻으로 쓰이지 <u>않은</u> 것은 무엇입니까? ( )

① 어제 지각한 일로 선생님께 <u>주의</u>를 들었다.
② 축구 시합에서 몸싸움을 하다 <u>주의</u>를 받았다.
③ 게임을 너무 오래 해서 엄마께 <u>주의</u>를 들었다.
④ 동생은 부모님께 <u>주의</u>를 받은 이후 얌전해졌다.
⑤ 항상 성실해야 한다는 것이 아버지의 <u>주의</u>이다.

활동 정리

36 빈칸에 보기 에서 찾은 알맞은 말을 넣어 회의하면서 지켜야 할 예절을 정리하시오.

> **보기**
> 경청, 높임말, 끼어들지, 말할 기회

• 다른 사람 의견을 (1)( )한다.
• 다른 사람이 발표할 때 (2)( ) 않는다.
• 의견을 말할 때에는 손을 들어 (3)( )을/를 얻고 (4)( )을/를 사용해 발표한다.

온라인 대화

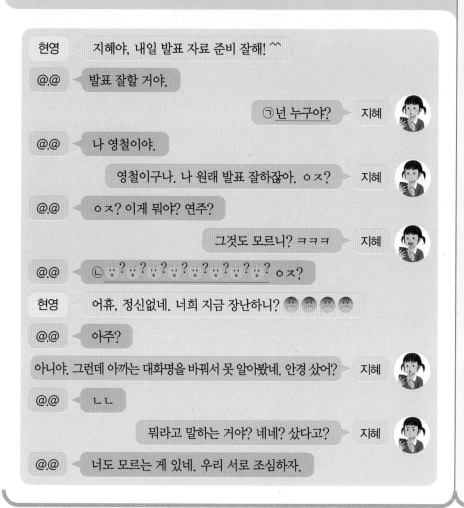

| 현영 | 지혜야, 내일 발표 자료 준비 잘해! ^^ |
| @.@ | 발표 잘할 거야. |

지혜 ㉠넌 누구야?

| @.@ | 나 영철이야. |

지혜 영철이구나. 나 원래 발표 잘하잖아. ㅇㅈ?

| @.@ | ㅇㅈ? 이게 뭐야? 연주? |

지혜 그것도 모르니? ㅋㅋㅋ

@.@	㉡ :?:?:?:?:?:?:? ㅇㅈ?
현영	어휴, 정신없네. 너희 지금 장난하니?
@.@	아주?

지혜 아니야. 그런데 아까는 대화명을 바꿔서 못 알아봤네. 안경 샀어?

| @.@ | ㄴㄴ |

지혜 뭐라고 말하는 거야? 네네? 샀다고?

| @.@ | 너도 모르는 게 있네. 우리 서로 조심하자. |

• 특징
내일 있을 발표 준비에 대해 지혜와 친구들이 온라인 대화를 나눈 것으로, 온라인 대화의 특징이 잘 나타나 있습니다.

• 활동 정리

예절에 맞게 말하기	
대화명을 사용할 때	자신을 잘 표현하는 대화명 사용하기
줄임 말을 사용할 때	상대가 모를 수 있으므로 줄임 말 사용 줄이기
그림말을 사용할 때	꼭 필요한 경우에만 적절하게 사용하기

37 지혜가 ㉠과 같이 영철이를 못 알아본 까닭은 무엇입니까? (　　　)

① 영철이가 새로운 줄임말을 써서
② 영철이가 그림말을 너무 많이 사용해서
③ 영철이가 온라인 대화를 거의 하지 않아서
④ 현영이가 영철이와 같은 대화명을 사용해서
⑤ 영철이가 대화명을 이름이 아닌 다른 것으로 써서

38 ㉡에 대한 설명으로 알맞은 것에 ○표 하시오.

(1) 중요한 내용을 잘 풀어서 설명해 준다. (　　　)

(2) 온라인 대화에서 볼 수 있는 그림말이다. (　　　)

(3) 온라인 대화에서 예의 바르게 말할 때 필요하다.
　　　　　　　　　　　　　　　　　　　　(　　　)

서술형

39 온라인 대화를 할 때 'ㅇㅈ', 'ㄴㄴ'와 같은 줄임 말을 지나치게 쓰면 어떤 일이 일어날지 쓰시오.

_____

_____

활동 정리

40 빈칸에 알맞은 낱말을 넣어 온라인 대화 예절을 완성하시오.

대화명을 사용할 때	자신을 잘 표현하는 (1)(　　　) 사용하기
줄임 말이나 그림말을 사용할 때	상황이나 상대에 따라 되도록 사용을 줄이거나 꼭 필요한 경우에만 (2)(　　　) 사용하기

[1~3] 다음 글을 읽고, 물음에 답하시오.

> 윗마을 양반: 바우야, 쇠고기 한 근만 줘라.
> 박 노인: (건성으로 대답하며) 알겠습니다.
> 해설: 이번에는 아랫마을 양반이 고기를 주문했다.
> 아랫마을 양반: (깍듯이 부탁하는 말투로) 박 서방, 쇠고기 한 근만 주게.
> 박 노인: (웃으면서 대답하며) 아이고, 네, 조금만 기다리시지요.
> 해설: 박 노인은 젊은 양반들에게 각각 고기를 주는데 둘의 크기가 한눈에 봐도 다르게 보였다. 윗마을 양반이 가만히 보니 자기가 받은 고기보다 아랫마을 양반이 받은 고기가 더 좋아 보이고 양도 훨씬 많아 보였다.

1 박 노인을 각각 무엇이라고 불렀는지 쓰시오.

⑴ 윗마을 양반: (   )

⑵ 아랫마을 양반: (   )

2 박 노인은 양반들을 어떻게 대하였습니까? (   )

① 윗마을 양반에게 웃으면서 대답하였다.
② 윗마을 양반에게 고기를 더 싸게 팔았다.
③ 윗마을 양반에게 고기를 훨씬 빨리 주었다.
④ 아랫마을 양반에게 좋은 고기를 더 많이 주었다.
⑤ 아랫마을 양반에게 고기를 내일 주겠다고 하였다.

3 이 이야기를 통해 알 수 있는 것을 찾아 기호를 쓰시오.

> ㉮ 말하는 사람의 말투에 따라 듣는 사람의 태도가 달라질 수 있다.
> ㉯ 말하는 사람의 나이에 따라 듣는 사람의 태도가 달라질 수 있다.
> ㉰ 말하는 사람의 생김새에 따라 듣는 사람의 태도가 달라질 수 있다.

(   )

[4~5] 다음 글을 읽고, 물음에 답하시오.

> 신유 방
> 원우: 신유야, 이제 네 방으로 가서 놀자.
> 신유: 여기야.
> 원우: 신유야, 여기는 책이 정말 많구나.
> 현영: (귓속말로) 신유는 이 많은 책을 다 봤나 봐.
> 지혜: (귓속말로) 정말 많다. 그래서 공부를 잘하나 봐.
> 원우: (귓속말로) 역시 책을 좋아하는 신유답다.
> (효과음) 삐리리링

> 신유: (서운한 목소리로) 얘들아, 나만 빼고 너희끼리 귓속말로 비밀 이야기를 하는 것 같아 기분이 나빠.

4 신유 방에 들어간 친구들이 말한 내용은 무엇입니까? (   )

① 신유 방에 책이 매우 많다.
② 신유 방에서 놀기 답답하다.
③ 신유보다 공부를 잘하고 싶다.
④ 신유는 책을 좋아하지 않는다.
⑤ 현영이보다 신유가 공부를 잘한다.

5 이 대화에서 친구들이 지켜야 할 예절은 무엇입니까? (   )

① 친구에게 장난을 치지 않는다.
② 친구 앞에서 귓속말을 하지 않는다.
③ 부모님께 높임말을 알맞게 사용한다.
④ 친구의 물건을 함부로 가져가지 않는다.
⑤ 친구가 싫어하는 별명으로 부르지 않는다.

6 ㉠을 예의 바른 말로 고친 것은 무엇입니까? ( )

① 너나 차례를 지켜.
② 왜 기분 나쁘게 말하니?
③ 말하는 데 순서가 어디 있어?
④ 그래도 내가 먼저 말해야겠어.
⑤ 미안해. 네 말이 끝날 때까지 기다릴게.

[7~8] 다음 글을 읽고, 물음에 답하시오.

사회자: 친구들과 사이좋게 지내려면 실천해야 할 일이 무엇인지 발표해 주십시오. 박태영 친구가 의견을 발표해 주십시오.
박태영: 제 의견은 "듣기 싫은 별명으로 부르지 말자."입니다. 기분이 나빠지면 서로 사이좋게 지내기가 어려워지기 때문입니다.
사회자: 좋은 의견입니다. 다른 의견이 더 있습니까? 이희정 친구가 의견을 발표해 주십시오.
이희정: 저는 고운 말을……
강찬우: (끼어들며) 잠깐만. "심한 장난을 하지 말자."가 좋겠습니다. 왜냐하면 장난이 심해져서 싸우는 경우가 많기 때문입니다.
사회자: 강찬우 친구, 좋은 의견 감사합니다. 하지만 다른 사람이 의견을 발표할 때 끼어드는 것은 잘못입니다. 다음부터는 꼭 손을 들어 말할 기회를 얻고 나서 발표해 주시기 바랍니다.

7 다음 의견은 회의에서 누가 말한 것인지 찾아 친구의 이름을 쓰시오.

(1) "심한 장난을 하지 말자." ( )

(2) "듣기 싫은 별명으로 부르지 말자." ( )

8 학급 회의가 잘 이루어지도록 하기 위해 친구들이 할 일로 알맞지 <u>않은</u> 것은 무엇입니까? ( )

① 말할 기회를 얻고 발표한다.
② 다른 사람의 의견을 존중한다.
③ 다른 사람이 발표할 때 끼어들지 않는다.
④ 공식적인 상황이므로 높임말을 사용한다.
⑤ 다른 사람이 평소 잘못 행동한 예를 들어 비난한다.

문법

9 보기 의 낱말을 예사말과 높임말로 나누어 쓰시오.

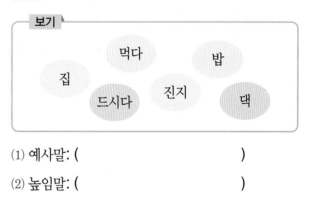

(1) 예사말: ( )
(2) 높임말: ( )

문법

10 다음 문장을 높임 표현에 맞게 고쳐 쓰시오.

선생님이 정우를 감싸 주었습니다.

( )

[1~2] 다음 글을 읽고, 물음에 답하시오.

> 해설: 옛날, 어느 마을에 고기 파는 일을 하던 '박바우'
> 라는 노인이 있었다. 어느 날, 젊은 양반 두 사람이
> 거의 같은 시간에 고기를 사러 왔다. 윗마을 양반은
> 박 노인에게 이렇게 말했다.
> 윗마을 양반: 바우야, 쇠고기 한 근만 줘라.
> 박 노인: (건성으로 대답하며) ㉠알겠습니다.
> 해설: 이번에는 아랫마을 양반이 고기를 주문했다.
> 아랫마을 양반: (깍듯이 부탁하는 말투로) 박 서방, 쇠고
> 기 한 근만 주게.
> 박 노인: (웃으면서 대답하며) 아이고, ㉡네, 조금만 기
> 다리시지요.
> 해설: 박 노인은 젊은 양반들에게 각각 고기를 주는데
> 둘의 크기가 한눈에 봐도 다르게 보였다. 윗마을 양
> 반이 가만히 보니 자기가 받은 고기보다 아랫마을
> 양반이 받은 고기가 더 좋아 보이고 양도 훨씬 많아
> 보였다.

1 이 글의 내용으로 알맞은 것은 무엇입니까? (   )

① 박바우와 박 노인은 서로 다른 사람이다.
② 젊은 양반들은 박 노인에게 돈을 받으러 왔다.
③ 윗마을 양반은 박 노인에게 높임말을 사용하였다.
④ 박 노인은 아랫마을 양반에게 고기를 더 많이 주
   었다.
⑤ 박 노인은 젊은 양반들이 주문을 하기 전에 고기
   를 다 팔았다.

2 ㉠과 ㉡의 말에 어울리는 박 노인의 표정을 찾아 선
으로 이으시오.

(1) ㉠ •   • ㉮ 즐거운 표정

(2) ㉡ •   • ㉯ 짜증 난 표정

서술형

3 자신이 만약 민수처럼 듣기 싫은 별명으로 불렸다면
어떤 대답을 할지 쓰시오.

> 영철: (교실로 들어오는 민수를 보며) 어이, 키다
>   리! 왔냐?
> 민수: 뭐야, 아침부터 듣기 싫은 별명을 부르고…….

_____

_____

[4~5] 다음 그림을 보고, 물음에 답하시오.

아버지, 내가
수저를 놓을게요.

아버지, 제가
물을 가져올게요.

가

나

4 그림 ㉮에서 두 아이가 한 말 중 대화 예절에 어긋나
는 표현을 찾아 쓰고, 바르게 고쳐 쓰시오.

(   ) → (   )

5 그림 ㉯와 같은 상황에서 여자아이가 예절을 지키며
말하는 방법으로 알맞은 것에 ○표 하시오.

(1) 못 본 척 눈을 살짝 감는다.   (   )

(2) 눈짓으로 하고 싶은 말을 대신한다.   (   )

(3) 아저씨께 "고맙습니다."라고 직접적으로 표현한
   다.   (   )

[6~7] 다음 글을 읽고, 물음에 답하시오.

> **가** 신유 어머니: (밝은 목소리로) 안녕? 어서 와라. 신유 친구들이구나. 반갑다.
> ① 현관
> 지혜: (성급하게) 안녕하세요? 그런데 신유는 어디 갔나요? 어? 신유야, 생일 축하해!
> 원우: 야! 신유야, 생일 축하해! 하하하.
> **나** ② 식탁
> 신유 어머니: (따뜻한 목소리로) 이렇게 신유의 생일을 축하하러 우리 집에 와 줘서 고맙구나. 손 씻고 식탁에 앉으렴.
> 원우, 지혜, 현영: ㉠야, 맛있겠다!
> 원우: 내가 닭 다리 먹어야지!

6 **가**에서 친구들이 예절을 지키기 위해 해야 할 일을 찾아 기호를 쓰시오.

> ㉮ 신유에게 생일을 축하한다는 말을 한다.
> ㉯ 신유 어머니께 준비한 음식을 빨리 차려 달라고 부탁드린다.
> ㉰ 신유 어머니께 "아주머니, 안녕하세요? 초대해 주셔서 감사합니다."라고 말씀드린다.

( )

서술형

7 **나**에서 친구들이 ㉠ 대신 해야 할 말을 쓰시오.

_____

_____

8 다른 사람의 말을 들을 때 지켜야 할 예절로 알맞은 것을 두 가지 고르시오. ( )

① 적절히 반응하며 듣는다.
② 책을 읽으며 이야기를 듣는다.
③ 다른 사람이 하는 말을 끝까지 듣는다.
④ 들은 내용을 똑같이 반복하여 대답한다.
⑤ 자신이 관심이 없는 이야기면 듣지 않는다.

[9~10] 다음 글을 읽고, 물음에 답하시오.

> 사회자: 다른 의견이 더 있습니까? 이희정 친구가 의견을 발표해 주십시오.
> 이희정: 저는 고운 말을……
> 강찬우: (끼어들며) 잠깐만. "심한 장난을 하지 말자."가 좋겠습니다. 왜냐하면 장난이 심해져서 싸우는 경우가 많기 때문입니다.
> 사회자: 강찬우 친구, 좋은 의견 감사합니다. 하지만 다른 사람이 의견을 발표할 때 끼어드는 것은 잘못입니다. 다음부터는 꼭 손을 들어 말할 기회를 얻고 나서 발표해 주시기 바랍니다. 이희정 친구는 계속 발표해 주십시오.
> 이희정: 네, 제 의견은 "고운 말을 사용하자."입니다. 친구들이 나쁜 말을 주고받으면 사이가 안 좋아지는 것을 자주 봤기 때문입니다.
> 고경희: (비아냥거리며) 쳇, 친할 때 그런 말로 장난치는 것도 모르나?

9 찬우가 예절에 어긋나게 행동한 것은 무엇입니까?
( )

① 거친 말을 사용하였다.
② 근거를 제시하지 않았다.
③ 친구가 말하는데 끼어들었다.
④ 다른 친구의 의견과 똑같이 말했다.
⑤ 사회자의 말을 다 듣지 않고 말했다.

10 경희에게 회의를 하면서 지켜야 할 예절을 알맞게 설명한 친구는 누구인지 모두 쓰시오.

> 민혁: 회의 시간에 친구와 장난을 치면 안 돼.
> 설윤: 회의와 같은 공식적인 상황에서는 높임말을 사용해야 해.
> 준호: 의견을 말할 때에는 손을 들어 말할 기회를 얻고 말해야 해.

( )

[11~13] 다음을 보고, 물음에 답하시오.

현영	지혜야, 내일 발표 자료 준비 잘해! ^^
@.@	발표 잘할 거야.
지혜	넌 누구야?
@.@	나 영철이야.
지혜	영철이구나. 나 원래 발표 잘하잖아. ㅇㅈ?
@.@	ㅇㅈ? 이게 뭐야? 연주?
지혜	그것도 모르니? ㅋㅋㅋ
@.@	.¡?.¡?.¡?.¡?.¡?.¡?.¡? ㅇㅈ?
현영	어휴, 정신없네. 너희 지금 장난하니? ㉠
@.@	아주?
지혜	아니야. 그런데 아까는 대화명을 바꿔서 못 알아봤네. 안경 샀어?
@.@	ㄴㄴ
지혜	뭐라고 말하는 거야? 네네? 샀다고?

11 영철이의 대화명을 찾아 쓰시오.

(   )

12 현영이가 ㉠과 같은 그림말을 사용한 까닭은 무엇입니까? (   )

① 새로운 그림말을 사용하기로 해서
② 영철이와 지혜가 대화명을 계속 바꾸어서
③ 지혜가 그림말을 사용하지 말라고 말해서
④ 친구들이 줄임 말을 사용하지 않아 당황해서
⑤ 친구들이 그림말을 정신없이 너무 많이 사용해서

13 온라인 대화를 할 때 지켜야 할 예절로 알맞지 <u>않은</u> 것은 무엇입니까? (   )

① 주제에 맞는 대화를 한다.
② 사실과 다른 내용을 올리지 않는다.
③ 대화를 시작하고 끝낼 때 인사를 한다.
④ 상대의 정보를 다른 곳에서 이야기하지 않는다.
⑤ 시간과 상황에 맞지 않더라도 재미있는 대화를 하며 흥미를 이끈다.

[14~15] 다음을 보고, 물음에 답하시오.

㉠	공익 광고 영상 「너의 목소리가 들려」
㉡	보이지 않는다고 나쁜 말을 해서는 안 된다.
㉢	온라인 대화를 할 때에도 말조심을 해야 한다고 생각했다. "낮말은 새가 듣고 밤말은 쥐가 듣는다."라는 속담이 떠올랐다.

14 이 표는 대화할 때 지켜야 할 예절을 조사하고 정리한 것입니다. ㉠~㉢에 들어갈 내용으로 알맞은 것을 보기 에서 찾아 쓰시오.

> **보기**
>
> 느낀 점, 조사한 대상, 조사한 내용

(1) ㉠: (   )
(2) ㉡: (   )
(3) ㉢: (   )

서술형

15 이 표의 내용을 바탕으로 대화 예절과 관련된 표어를 한 가지 만들어 쓰고, 그렇게 만든 까닭을 쓰시오.

(1) 만든 표어: _____

_____

(2) 그렇게 만든 까닭: _____

_____

3. 바르고 공손하게

● 정답 및 풀이 11쪽

평가 주제	대화 예절을 지키며 대화하는 방법 알기
평가 목표	일상생활에서 대화할 때 예절을 지키며 말할 수 있다.

원우: 신유야, 이제 네 방으로 가서 놀자.

신유: 여기야.

원우: 신유야, 여기는 책이 정말 많구나.

현영: (귓속말로) 신유는 이 많은 책을 다 봤나 봐.

지혜: (귓속말로) 정말 많다. 그래서 공부를 잘하나 봐.

원우: (귓속말로) 역시 책을 좋아하는 신유답다.

(효과음) 삐리리링

신유: (서운한 목소리로) 얘들아, 나만 빼고 너희끼리 귓속말로 비밀 이야기를 하는 것 같아 기분이 나빠.

현영: (미안한 목소리로) 미안해, 신유야. 아무 생각 없이 우리끼리 그냥 한 말인데, 앞으로는 귓속말하지 않을게.

신유: 그래, 앞으로는 절대 귓속말을 하지 말아 줘. 나만 따돌리는 것 같아 속상하단 말이야.

1 신유의 기분이 나빠진 까닭은 무엇인지 쓰시오.

2 신유의 친구들이 대화 예절을 지키려면 어떻게 해야 할지 쓰시오.

3 대화할 때 예절을 잘 지켜 말한 경험을 떠올려 다음 조건 에 맞게 쓰시오.

조건

1. 그때의 상황과 자신이 한 말이 잘 드러나게 쓴다.

2. 대화 예절을 지켰을 때 어떤 마음이 들었는지 쓴다.

다른 그림을 찾아보세요.

● 정답 및 풀이 11쪽

다른 곳이 15군데 있어요.

4 이야기 속 세상

▶ 학습을 완료하면 ∨표를 하면서 학습 진도를 체크해요.

4 이야기 속 세상

개념 강의

● 정답 및 풀이 12쪽

1 인물, 사건, 배경을 생각하며 이야기 읽기

- 인물, 사건, 배경은 이야기의 구성 요소입니다.
- 이야기에 등장하는 인물이 누구인지 알아봅니다.
- 이야기에서 일어난 사건이 무엇인지 알아봅니다.
- 이야기의 배경(시간적 배경, 공간적 배경)을 알아봅니다.

인물 이야기에서 어떤 일을 겪는 사람이나 사물	사건 이야기에서 일어나는 일	배경 이야기가 펼쳐지는 시간과 장소

이야기의 구성 요소

1 인물, 사건, 배경을 생각하며 이야기 읽기

다음 빈칸에 공통으로 들어갈 알맞은 말을 쓰시오.

- 인물, 사건, ☐☐☐은/는 이야기를 구성하는 데 꼭 필요한 요소이다.
- '언제'에 해당하는 것을 시간적 ☐☐☐(이)라고 하고, '어디에서'에 해당하는 것을 공간적 ☐☐☐(이)라고 한다.

(   )

2 인물의 성격을 짐작하며 이야기 읽기

- 인물의 말과 행동을 찾습니다.
- 인물의 말과 행동으로 인물의 성격을 짐작합니다.

> 예 「우진이는 정말 멋져!」에서 우진이의 성격 짐작하기
>
> | 인물 | 말이나 행동 | 인물의 성격 |
> | --- | --- | --- |
> | 우진 | 자를 들고 와 사물함 밑을 더듬거려 공기 알을 빼냈다.
"여기 공기 알. 그리고 이 핀 가질래?" | • 적극적이다.
• 다정다감하다. |
> | | "너 왜 자꾸 여자애들 괴롭혀? 아까 일도, 지금 일도 얼른 사과해." | • 의롭다. |

2 인물의 성격을 짐작하며 이야기 읽기

다음 행동을 통해 알 수 있는 인물의 성격에 ○표 하시오.

> 창훈이는 미안하다는 소리 대신 혀만 쏙 내밀고는 휙 도망가 버렸다.

(1) 정의롭다.   (   )
(2) 장난스럽다.   (   )
(3) 다정다감하다.   (   )

3 사건의 흐름을 생각하며 이야기 읽기

- 사건이 일어난 차례를 살펴봅니다.
- 인물의 성격에 따라 인물의 행동이 어떻게 달라지는지 살펴봅니다.
- 인물의 행동에 따라 이어질 이야기가 어떻게 달라질지 예측합니다.

> 예 「젓가락 달인」에서 우봉이의 성격에 따른 사건의 흐름
>
> | 우봉이의 성실한 성격 때문에 일어난 사건 | 우봉이는 젓가락 달인 대회에서 이기려고 할아버지와 함께 열심히 젓가락질을 연습함. |
> | --- | --- |
> | 사건의 결과 | 우봉이가 젓가락 달인 결승전에서 주은이와 겨루게 됨. |
> | 우봉이가 게으른 성격이었다면 일어났을 일 | 우봉이가 젓가락질 연습을 게을리해 주은이와 겨루지 못했을 것임. |

3 사건의 흐름을 생각하며 이야기 읽기

사건의 흐름을 생각하며 이야기를 읽는 방법을 모두 찾아 기호를 쓰시오.

> ㉮ 등장인물의 이름 바꾸기
> ㉯ 인물의 행동 변화 살펴보기
> ㉰ 사건이 일어난 차례 살펴보기
> ㉱ 인물의 행동에 따라 달라질 이야기 예측하기

(   )

4 이야기 속 세상

어휘·문법

● 정답 및 풀이 12쪽

어휘

1. 핵심 개념 어휘: 인물, 사건, 배경

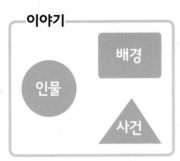

이야기

배경

인물

사건

人 사람 인
物 만물 물
뜻 이야기에서 어떤 일을 겪는 사람이나 사물.

뜻 이야기가 펼쳐지는 시간과 장소.

事 일 사
件 사건 건
뜻 이야기에서 일어나는 일.

➡ 이야기는 인물, 사건, 배경으로 이루어집니다.

2. 작품 속 어휘

낱말	뜻	예시
자격(資格) 資 재물 자 格 격식 격	일정한 신분이나 지위를 가지거나 일정한 일을 하는 데 필요한 조건이나 능력.	나는 학급의 발전을 위해 노력했으므로 회장이 될 자격이 있습니다.
심통	마땅치 않게 여기는 나쁜 마음.	동생은 자기 뜻대로 일이 안 되면 나에게 심통을 부립니다.
억울하다	아무 잘못 없이 꾸중을 듣거나 벌을 받거나 하여 분하고 답답하다.	잘못도 없이 아버지께 꾸중을 듣기가 너무 억울했습니다.
작정(作定) 作 지을 작 定 정할 정	일을 어떻게 하기로 결정함.	나는 내일부터 아침마다 운동을 할 작정입니다.
갸웃하다	고개나 몸 등을 한쪽으로 조금 갸울이다.	운전사 아저씨는 나를 어디선가 본 듯하다며 고개를 갸웃했습니다.

문법   뜻이 비슷한 낱말

◆ '얼큰하다', '매콤하다', '맵다'는 매운맛을 나타낼 때 쓰는 말로 서로 뜻이 비슷합니다. 이처럼 뜻이 비슷한 낱말에는 또 무엇이 있을까요?

뛰다│달음질치다

무덥다│후텁지근하다

키우다│가꾸다

시원하다│선선하다

이 낱말들은 뜻이 서로 비슷하지만 항상 바꾸어 쓸 수 있는 것은 아닙니다. 상황에 따라 다르지요. 예를 들어 '키우다'와 '가꾸다'는 뜻이 비슷하지만 '가꾸다'는 동물한테 쓰기에는 자연스럽지 않답니다.

어휘·문법 확인 문제

1 핵심 개념 어휘

다음 낱말의 뜻풀이가 바른 것에 ○표 하시오.

⑴ 사건: 이야기에서 일어나는 일.
( )

⑵ 인물: 이야기가 펼쳐지는 시간과 장소. ( )

⑶ 배경: 이야기에서 어떤 일을 겪는 사람이나 사물. ( )

2 작품 속 어휘

보기 에서 알맞은 낱말을 찾아 다음 문장을 완성하시오.

보기

자격 작정 억울하다 갸웃하였다

⑴ 나는 아침마다 10분씩 독서를 할 ( )이다.

⑵ 의사 ( ) 없이 환자를 진료해서는 안 된다.

⑶ 내가 잘못한 일도 아닌데 혼이 나면 ( ).

⑷ 강아지가 내 표정을 보며 이해가 안 간 듯이 ( ).

3 작품 속 어휘

'심통'의 뜻을 찾아 ○표 하시오.

심통이 나서 짜증을 내며 말했다.

⑴ 기분이 좋아짐. ( )
⑵ 마땅치 않게 여기는 나쁜 마음. ( )

4 문법

뜻이 서로 비슷한 낱말을 찾아 선으로 이으시오.

⑴ 선선하다 • • ㉮ 뛰다

⑵ 달음질치다 • • ㉯ 시원하다

4 단원

사라, 버스를 타다

글: 윌리엄 밀러
옮김: 박찬석

㉮ 아침마다 사라는 어머니와 함께 버스를 탔습니다. 언제나 백인들이 앉는 자리와 구분된 뒷자리에 앉았습니다. 고개를 돌려 자기를 쳐다보는 백인 아이들에게 사라는 얼굴을 찡그렸습니다. 백인 아이들도 얼굴을 찡그리며 웃어 댔습니다.

중심 내용 | 흑인인 사라와 어머니는 버스에서 백인들이 앉는 자리와 구분된 뒷자리에 앉았습니다.

㉯ 어느 날 아침, 사라는 버스 앞쪽 자리가 얼마나 좋은 곳인지 알아보기로 마음먹었습니다. 사라는 자리에서 일어나 좁은 통로로 걸어 나갔습니다. 별다른 것도 없어 보였습니다. 창문은 똑같이 지저분했고, 버스의 시끄러운 소리도 똑같았습니다. 앞쪽 자리가 뭐가 그리 대단하다는 것일까요?

한 백인 아주머니께서 물으셨습니다.

"왜 그리 두리번거리니, 꼬마야?"

"뭐 특별한 게 있는지 알아보고 싶어서요."

아주머니께서 말씀하셨습니다.

"네 자리로 돌아가는 게 좋겠구나."

모두가 사라를 쳐다보았습니다.

사라는 계속 나아갔습니다. 앞쪽 끝까지 가서 운전사 옆자리에 앉았습니다. 사라는 운전사가 기어를 바꾸고 두 손으로 커다란 핸들을 돌리는 것을 지켜보았습니다. 운전사가 성난 얼굴로 사라를 쏘아보았습니다. 날카롭게 노려보았습니다.

"꼬마 아가씨, 뒤로 가서 앉아라. 너도 알다시피 늘 그래 왔잖니?"

사라는 그대로 앉은 채 마음속으로 말했습니다.

'뒷자리로 돌아갈 아무런 이유가 없어!'

운전사는 뭐라고 중얼거리더니 브레이크를 밟았습니다. 버스가 '끼익' 소리를 내며 갑자기 멈춰 섰습니다.

"규칙을 따르지 못하겠다면 이제부터는 걸어가거라."

운전사가 '덜컹' 소리를 내며 문을 당겨 열었습니다. 사라는 외롭고 무서웠습니다. 사라 생각에 버스에서 내리는 것도, 학교까지 걸어가는 것도 그리 어려운 일은 아니었습니다. ☐㉮☐ 걷기에는 꽤 먼 길이었습니다.

사라는 작지만 당당한 목소리로 말했습니다.

㉠"문 닫으셔도 돼요. 저는 학교까지 타고 가겠어요."

중심 내용 | 어느 날 아침, 사라는 버스 앞자리에 당당하게 앉았습니다.

중요 독해

1 이 글의 내용으로 알맞지 <u>않은</u> 것은 무엇입니까?
( )

① 사라는 백인이 아니다.
② 사라는 어머니와 함께 버스를 탄다.
③ 운전사가 사라를 옆자리에 앉게 하였다.
④ 버스에 백인과 흑인이 앉는 자리가 구분되어 있다.
⑤ 버스 앞쪽 자리도 뒷자리처럼 창문이 지저분하고, 소리가 시끄러웠다.

2 글 ㉯에서 시간을 나타내는 표현을 찾아 쓰시오.
( )

어휘

3 ㉮에 들어갈 이어 주는 말로 알맞은 것은 무엇입니까? ( )

① 그리고   ② 그래서
③ 하지만   ④ 그러므로
⑤ 왜냐하면

4 ㉠에서 알 수 있는 사라의 성격을 두 가지 고르시오.
( )

① 당당하다.
② 게으르다.
③ 용감하다.
④ 다정다감하다.
⑤ 수줍음이 많다.

사라, 버스를 타다

다 잠시 뒤, 운전사는 경찰관과 함께 돌아왔습니다.

경찰관이 물었습니다.

"오늘, 무슨 일이 있니?"

사라는 가슴이 콩닥거렸습니다.
_{가슴이 세차게 뛰었습니다.}

"아무 일도 없어요."

"법이 뭔지 너도 알 거다. 그렇지?"

"그럼요. 학교에서 배웠어요."

경찰관이 살짝 웃으며 말했습니다.

"아무렴. 법에는 말이다. ⓐ너희 같은 사람은 버스 뒷자리에 앉아야 한다고 나와 있단다. 그래서 말인데, 법을 어기고 싶지 않다면 네 자리로 돌아가거라."

밖에 사람들이 모여들기 시작했습니다. 사람들이 흥분하여 사라에게 큰 소리를 질렀지만, 몇몇은 사라를 응원했습니다. / 한 아저씨께서 소리치셨습니다.

"일어나지 마라. 그 자리는 네 피부색과 아무 상관이 없어."

경찰관이 안타깝다는 듯 고개를 절레절레 흔들더니
_{머리를 좌우로 자꾸 흔드는 모양.}
사라를 번쩍 안아 올렸습니다. 그러고는 사람들 사이를 지나 경찰서로 향했습니다.

중심 내용 | 사라는 흑인은 뒷자리에 앉아야 하는 법을 어겼고, 경찰관과 함께 경찰서로 갔습니다.

라 경찰관이 어머니께 전화를 하는 동안, 사라는 커다란 책상 앞에 앉아 있었습니다. 키가 큰 아저씨께서 사진기를 들고 와 사라를 찍으셨습니다.

"신문사에서 왔단다. 용기 있는 행동을 한 사람에 대한 기사를 쓰고 있어."

아저씨의 말씀에 경찰관이 크고 거친 손으로 사라의 등을 토닥이며 대꾸했습니다.

"꼬맹이가 잠시 헷갈렸을 뿐이오."

사라의 이야기는 빠르게 퍼져 나갔습니다. 많은 사람이 여기저기에서 사라를 보러 왔습니다. 누구인가 사라에게 초콜릿 과자를 가져다주었습니다. 사라는 과자를 한 입 베어 물고 나서야 자기가 얼마나 배가 고픈지 깨달았습니다.

과자를 반쯤 먹었을 때 어머니께서 오셨습니다. 어머니께서 손을 내밀며 말씀하셨습니다.

"가자, 경찰관들이 진짜 범죄자들을 잡으러 가야 할 때인 것 같구나."

경찰관이 사라와 어머니의 뒤에 대고 소리쳤습니다.

"앞으로 당신 딸이 어디에 앉아야 하는지 단단히 일러 주시오!"
_{잘 깨닫도록 말하여.}

중심 내용 | 신문사에서 온 기자가 용기 있는 행동을 한 사라의 사진을 찍었고, 사라의 이야기는 빠르게 퍼졌습니다.

5 ⓐ은 어떤 사람을 말합니까? (   )

① 백인   ② 학생

③ 흑인   ④ 운전사

⑤ 경찰관

서술형

6 사라가 어긴 법의 내용은 무엇인지 쓰시오.

_____

_____

7 글 라의 공간적 배경은 어디인지 쓰시오.

(   )

8 글 라에서 일어난 일을 두 가지 고르시오. (   )

① 많은 사람이 사라를 보러 왔다.

② 경찰관이 사라에게 사과하였다.

③ 경찰관이 버스 운전사를 잡아 왔다.

④ 어머니께서 오셔서 사라를 데려가셨다.

⑤ 사라가 친구와 초콜릿 과자를 나누어 먹었다.

4
단원

사라, 버스를 타다

마 그날 밤, 어머니께서는 사라의 방으로 들어와 사라를 안아 주셨습니다.

"사라야, 엄마는 너한테 화나지 않았어. 너는 세상의 어떤 백인 아이 못지않게 착한 아이란다. 너는 특별한 아이야."

사라는 몹시 혼란스러웠습니다.

"그런데 왜 저는 버스 앞자리에 타면 안 되나요?"

"법이 그렇기 때문이야. 법이라고 다 좋은 것은 아니지만 말이다."

중심 내용 | 그날 밤, 어머니는 사라를 위로해 주셨습니다.

바 이튿날 아침, 어머니께서 사라에게 버스를 타는 대신 걸어가는 것이 어떻겠느냐고 물으셨습니다. 어머니께서는 웃으려고 애를 쓰셨지만, 사라는 어머니의 눈에 고인 눈물을 보았습니다.

"어쨌든 날씨가 그리 춥지는 않구나. 하느님은 우리에게 낡은 버스가 아니라 두 다리를 주셨어. 그렇지?"

"그럼요, 어머니. 저는 걷는 것이 좋아요. 얼마든지요."

사라와 어머니는 버스 정류장을 천천히 지나갔습니다.

사람들이 고개를 돌려 수군거렸습니다. 사라 또래의 남자아이 하나가 신문과 연필을 가지고 뛰어왔습니다.

"사인 좀 해 줄래? 오랫동안 간직하고 싶어."

어머니께서는 소년한테서 신문을 받아 들고 싱긋 웃으셨습니다.

"우리 딸이 영웅이라도 된 것 같구나."

사라는 신문 첫 장에 난 자신의 사진을 보고 몹시 쑥스러웠습니다.

"어머니, 얼른 가요."

사라가 어머니를 재촉했지만 이미 늦은 뒤였습니다. 흑인이고 백인이고 할 것 없이 많은 사람이 몰려와 사라에게 악수를 청했습니다. 신문 기자가 또다시 사진을 찍으려고 왔습니다. 사람들은 사라를 뒤따라 걸었습니다.

사라는 마음이 뿌듯했습니다.

중심 내용 | 이튿날 아침, 사라와 어머니는 버스를 타지 않고 걸어갔고 사람들이 사라를 뒤따라 걸었습니다.

> **수군거렸습니다** 남이 알아듣지 못하도록 낮은 목소리로 자꾸 가만가만 이야기하였습니다.
>
> **재촉했지만** 어떤 일을 빨리하도록 졸랐지만.

9 글 **마**에서 알 수 있는 어머니의 생각을 찾아 ○표 하시오.

(1) 법은 모두 훌륭하다. ( )

(2) 사라는 백인 아이처럼 착하지 않다. ( )

(3) 사라에게 화나지 않았으며 사라는 특별하다. ( )

10 글 **바**의 구성 요소를 찾아 선으로 이으시오.

(1) 인물 ・ ・㉮ 이튿날 아침

(2) 시간적 배경 ・ ・㉯ 버스 정류장 앞

(3) 공간적 배경 ・ ・㉰ 사라, 사라의 어머니, 소년, 기자

서술형

11 글 **바**에서 일어난 사건을 정리하여 쓰시오.

_____

_____

중요 독해

12 사라와 어머니가 버스를 타지 않고 걸어간 까닭은 무엇이겠습니까? ( )

① 버스가 오지 않아서

② 버스 요금이 많이 올라서

③ 잘못된 법을 따르고 싶지 않아서

④ 평소에 사라가 산책하는 것을 좋아해서

⑤ 경찰관이 사라가 버스 타는 것을 막아서

사라, 버스를 타다

🔥 ⊙그날은 어떤 흑인도 버스를 타지 않았습니다. 그다음 날도 마찬가지였습니다. 버스 회사는 당황했습니다. 시장도 어쩔 줄 몰라 했습니다. 그리하여 사람들은 **마침내** 법을 바꾸었습니다.

운전사가 문을 열어 주며 말했습니다.

"타시죠, 꼬마 아가씨."

사라는 자리에 앉기 전에 뒤돌아서 어머니를 쳐다보았습니다. 평소와 똑같은 외투와 똑같은 신발이었습니다. 그런데 오늘 어머니께서는 무엇인가 달라 보이셨습니다. 자랑과 행복이 두 눈에 가득했습니다.

어머니께서 말씀하셨습니다.

"사라야, 왜 머뭇거리니? 그 자리에 앉을 ⊙ 이 있는 사람은 바로 우리 딸인데……."

운전사가 사라를 쳐다보았습니다. 버스에 있는 모든 사람이 사라를 쳐다보았습니다.

"아니에요, 어머니. 이 자리는 바로 어머니의 자리예요! 앞으로 어머니께서 계속 앉으실 수 있어요."

어머니께서 활짝 웃으셨습니다. 사라와 어머니는 함께 자리에 앉았습니다.

버스가 도시를 **가로지르며** 달리기 시작했습니다.

중심 내용 | 사람들이 버스를 타지 않자 법이 바뀌었고, 사라와 어머니는 버스 앞자리에 앉을 수 있게 되었습니다.

• **글의 특징**
사라가 흑인을 차별하는 법을 바꾸게 된 과정이 잘 나타나 있는 이야기입니다.

• **작품 정리**

	장소	일어난 일
1	버스 안	사라가 버스 앞자리에 앉았다.
2	경찰서	사라가 경찰서에 잡혀갔다. 기자가 사라의 사진을 찍어 가고 많은 사람이 사라를 보러 왔다.
3	사라의 방	사라의 어머니께서 법은 언젠가는 바뀐다며 사라를 위로하셨다.
4	버스 정류장 앞	사라는 버스를 타지 않기로 하고, 사람들도 사라와 함께 버스를 타지 않았다.
5	버스 안	사람들이 마침내 법을 바꾸고 사라는 버스에 올라 앞자리에 앉을 수 있게 되었다.

마침내 드디어 마지막에는.
가로지르며 어떤 곳을 가로 등의 방향으로 질러서 지나며.

---

13 ⊙으로 인해 생긴 결과는 무엇입니까? (   )

① 사람들이 법을 바꾸었다.
② 버스 회사가 새로 생겼다.
③ 버스 정류장 위치가 바뀌었다.
④ 운전사가 사라에게 사과하였다.
⑤ 시장이 기자들을 만나 설득하였다.

어휘

14 ⊙에 들어갈 낱말의 뜻이 다음과 같을 때, 알맞은 낱말은 무엇입니까? (   )

> 일정한 신분이나 지위를 가지는 데에 필요한 조건 또는 능력.

① 성격   ② 성적   ③ 자격
④ 소원   ⑤ 이름

작품 정리

15 빈칸에 알맞은 낱말을 넣어 이 이야기에서 일어난 중요한 사건을 장소에 따라 정리하시오.

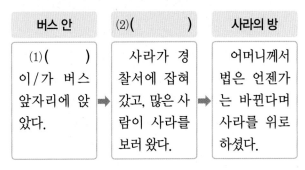

버스 안	(2)( )	사라의 방
(1)( ) 이/가 버스 앞자리에 앉았다.	사라가 경찰서에 잡혀 갔고, 많은 사람이 사라를 보러 왔다.	어머니께서 법은 언젠가는 바뀐다며 사라를 위로하셨다.

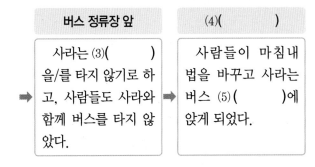

버스 정류장 앞	(4)( )
사라는 (3)( ) 을/를 타지 않기로 하고, 사람들도 사라와 함께 버스를 타지 않았다.	사람들이 마침내 법을 바꾸고 사라는 버스 (5)( )에 앉게 되었다.

4
단원

주인 잃은 옷

원유순

가 밤하늘에 빛나는 별님처럼 신비로움을 간직한 세모시 한복이 되리라 기대했습니다. 그래서 기품 있는 여인네의 옷이 되어 뽐내며 나들이하는 꿈을 꾸기도 했고, 고운 신부의 옷이 되는 꿈을 꾸면서 늘 행복하였답니다.

올이 가늘고 고운 모시.

고상한

하지만 나는 꿈꾸었던 것과는 달리 어느 할아버지의 손에 팔려 갔습니다.

세모시 옷감

중심 내용 | 어느 할아버지께서 세모시 옷감인 '나'를 사셨습니다.

나 할아버지는 나를 아주 소중하게 품고 가서 한복 만드는 집에 맡겼습니다.

"아주머니, 세상에서 제일 곱게 지어 주시라요. 태어나서 처음으로 오마니한테 드리는 선물이야요."

'어머니'의 방언(평안)

한복 짓는 아주머니는 금방 할아버지의 말씀을 알아듣는 눈치였습니다.

"그러지요. 얼마나 기쁘시겠어요? 오십 년 만에 꿈에 그리던 어머니를 뵙게 되었으니. 이렇게 길이 열릴 줄 누가 알았겠어요?"

"기쁘다마다요. 우리 오마니가 일백 하고도 일곱 해를 더 살고 계시답니다. 이 아들 보려고 아직도 눈을 못 감고 계시답니다."

할아버지는 어린아이처럼 들뜬 목소리로 말하였습니다. 그제야 나는 내가 백칠 세 되는 노인의 옷이 된다는 것을 알아차렸습니다.

'세상에, 저 노인의 옷도 아니고 백 살이 넘은 꼬부랑 할머니의 옷이 되고 말다니⋯⋯. 후유, 꿈은 사라졌구나.'

⊙나도 모르게 한숨이 푸욱 나왔습니다. 동시에 눈물도 글썽여지고 말았지요. / 한복 짓는 아주머니는 나를 마름질하여 날렵한 솜씨로 옷을 지었습니다.

옷감을 치수에 맞도록 재거나 잘라.

중심 내용 | '나'는 백칠 세 되는 할머니의 옷이 되었습니다.

다 할아버지는 마치 하루를 몇십 년이라도 되는 듯 지루하게 여기는 것 같았습니다. 밖으로 나갔다 들어갔다, 달력을 들여다보고 또 들여다보고, 나를 꺼냈다 넣었다, 마치 실성한 사람처럼 안절부절못하였습니다.

정신에 이상이 생겨 본정신을 잃은.

그동안 나의 마음속에는 작은 물결이 일었습니다.

'도대체 무슨 일로 아들이 어머니를 저토록 그리워하고 있는가?' 하는 물음과 함께 바로 내 주인이 될, 백 살이 넘었다는 할머니에 대한 궁금증이었지요.

중심 내용 | '나'는 할아버지의 어머니가 궁금해졌습니다.

- **글의 특징**
한 할아버지의 이야기를 통해 이산가족의 아픔을 알 수 있습니다.

- **작품 정리**

옷감 파는 집	한복 만드는 집	할아버지 집
'나'는 어느 할아버지에게 팔림.	'나'는 백칠 세 되는 할머니의 옷이 됨.	'나'는 할아버지의 어머니가 궁금해짐.

---

16 이 글에서 공간적 배경이 어떻게 바뀌었는지 생각하여 빈칸에 알맞은 장소를 써넣으시오.

- 옷감 파는 집 →

→ 할아버지 집

17 '나'는 누구의 옷이 되었습니까? (   )

① 아기
② 고운 신부
③ 할아버지
④ 백칠 세 되는 노인
⑤ 한복 짓는 아주머니

서술형

18 ⊙에서 '내'가 속상해하는 까닭은 무엇인지 쓰시오.

중요 독해

19 '나'에게 일어난 사건은 무엇입니까? (   )

① 백칠 년 동안 팔리지 않았다.
② 기품 있는 여인네의 옷이 되었다.
③ 할아버지가 직접 '나'로 옷을 만들었다.
④ 할아버지와 함께 할아버지의 어머니를 만났다.
⑤ 할아버지에게 팔려 한복 만드는 집에 맡겨졌다.

우진이는 정말 멋져!   강정연

❶ 교실에 들어서니 나 말고도 다섯 명의 친구가 있었어요. 그중에는 윤아도 있었어요. 윤아와 나는 선생님이 오기 전까지 공기놀이를 하기로 했어요.

한참을 신나게 놀고 있는데 뒷문이 드르륵 열렸어요. 우진이예요.

"너희 뭐 해? 또 공기놀이하는구나."

우진이가 생글생글 웃으며 우리끼리 노는 데 참견했어요. 내가 놀고 있으면 우진이가 꼭 구경하러 오더라고요. 어쩌면 우진이도 나랑 짝이 되고 싶은지도 모르겠어요.

"우아, 윤아 공기 되게 잘한다!"

아이참, 정말 이상해요. 조금 전까지만 해도 윤아보다 내가 훨씬 더 잘했는데, 우진이가 나타나자마자 자꾸만 실수하는 거예요. ㉠우진이 칭찬을 듣고 헤벌쭉 웃는 윤아가 참 얄미웠어요.

"나 공기놀이 그만할래."

나는 공기 알들을 주섬주섬 챙기며 일어섰어요. 공기 알 주인도 나고, 공기놀이도 내가 훨씬 더 잘하는데 윤아만 기분이 좋은 것 같아 ㉡심통이 난 거죠, 뭐.

그런데 그때 우진이가 내 옷자락을 잡으며 말렸어요.

"승연아, 우리 셋이 공기놀이하자. 나도 공기놀이할 줄 알거든."

"어? 그, 그래."

우진이가 커다란 눈을 끔뻑이며 부탁하는데 어떻게 안 들어줄 수 있겠어요?

나는 다시 자리에 앉아 공기 알을 바닥에 내려놓았어요. 우리는 가위바위보를 해서 순서를 정했죠. 우진이와 함께 공기놀이를 한다고 생각하니 가슴이 두근거렸어요.

중심 내용 | 공기놀이를 그만하려던 '나'는 우진이가 함께 하고 싶다고 말해서 다시 공기놀이를 하기로 했습니다.

참견 자기와 별로 관계없는 일이나 말 등에 끼어들어 쓸데없이 아는 체하거나 이래라저래라 함.
주섬주섬 여기저기 널려 있는 물건을 하나하나 주워 거두는 모양.
㉾ 민지는 바닥에 흩어져 있는 책을 주섬주섬 가방에 챙겨 넣었습니다.
심통 마땅치 않게 여기는 나쁜 마음.
끔뻑이며 큰 눈을 갑자기 잠깐 감았다 떴다 하며.
㉾ 번개에 놀라 눈을 끔뻑이며 창밖을 보았습니다.

---

20 윤아와 '나'는 교실에서 어떤 놀이를 했는지 쓰시오.

(   )

중요 독해
21 '나'에 대한 설명으로 알맞지 않은 것은 무엇입니까?

(   )

① 이름이 '승연'이다.
② 윤아와 공기놀이를 했다.
③ 우진이와 짝이 되고 싶어 한다.
④ 우진이 앞에서 자꾸만 실수를 했다.
⑤ 우진이 칭찬을 듣고 기분이 좋아졌다.

22 ㉠에서 알 수 있는 '나'의 성격은 어떠합니까?

(   )

① 다정하다.   ② 샘이 많다.
③ 용기가 있다.   ④ 의심이 많다.
⑤ 양보를 잘한다.

어휘
23 ㉡과 바꾸어 쓸 수 있는 낱말은 무엇입니까? (   )

① 용기   ② 기분
③ 심술   ④ 슬픔
⑤ 웃음

● 국어 129~131쪽 / 정답 및 풀이 12쪽

우진이는 정말 멋져!

❷ 가장 먼저 윤아가 공기 알을 잡았어요. 윤아는 입을 앙다물고 무척 침착하게 공기 알을 던지고 잡기를 계속했어요. 웬일인지 다른 때보다 훨씬 잘하는 것 같았어요. 어느새 윤아는 손등에 공기 알 네 개를 올려 두고 가느다란 손가락을 꼼지락거리며 공기 알을 잡으려고 했지요.

'떨어져라, 떨어져라, 떨어져라……'

나도 모르게 마음속으로 빌고 있는데 갑자기 윤아가 앞으로 폭 고꾸라지지 뭐예요. 장난꾸러기 창훈이가 다른 아이들이랑 장난치며 뛰다가 윤아와 부딪친 거죠. 그 바람에 윤아 손등에 있던 공기 알이 와르르 떨어져 두 개는 책상 밑으로, 한 개는 우진이 다리 밑으로, 나머지 한 개는 사물함 밑으로 굴러 들어갔어요.

"김창훈! 너 때문에 죽었잖아!"

"김창훈! 너 때문에 내 공기 알이 사물함 밑으로 들어갔잖아!"

윤아는 공기 알을 못 잡은 게 억울해서, 나는 사물함

밑으로 굴러 들어간 내 공기 알이 걱정돼서 소리쳤어요. 우리 목소리에 놀랐는지 창훈이는 온몸을 움찔하더라고요. 그것도 잠시뿐, 창훈이는 미안하다는 소리 대신 혀만 쏙 내밀고는 휙 도망가 버리는 거 있죠.

중심 내용 | 창훈이가 장난치며 뛰다가 윤아와 부딪친 바람에 공기 알이 곳곳으로 굴러 들어갔습니다.

❸ 윤아와 나는 교실 바닥에 엎드려 사물함 밑을 들여다봤지만, 사물함 밑은 너무 깜깜해서 아무것도 보이지 않았어요.

"손을 넣어 볼까?"

"싫어. 그러다가 벌레라도 손에 닿으면 어떡해?"

㉠나는 윤아 입에서 '벌레'라는 말이 나오자마자 사물함 밑으로 반쯤 넣었던 손을 얼른 뺐어요.

윤아와 나는 서로 울상이 되어 마주 보았어요.

침착하게 행동이 들뜨지 않고 차분하게.
고꾸라지지 앞으로 휘어져 쓰러지지.
억울해서 아무 잘못 없이 꾸중을 듣거나 벌을 받거나 하여 분하고 답답해서.
울상 울려고 하는 얼굴 표정.

---

24 공기 알이 사물함 밑으로 굴러 들어간 까닭은 무엇입니까? (　　　)

① 윤아가 공기 알을 망가뜨려서
② 윤아가 공기를 하다가 한 개를 놓쳐서
③ '내'가 공기 알을 사물함 밑으로 던져서
④ 창훈이가 뛰다가 공기놀이하던 윤아와 부딪쳐서
⑤ '나'와 창훈이가 공기 알을 가지고 싸우다가 놓쳐서

25 윤아와 '내'가 창훈이에게 소리친 까닭을 찾아 선으로 이으시오.

(1) 윤아 •　　• ㉮ 공기 알을 못 잡은 게 억울해서

(2) '나' •　　• ㉯ 사물함 밑으로 굴러간 공기 알이 걱정되어서

26 창훈이의 행동을 보고 창훈이에 대해 알 수 있는 점을 두 가지 고르시오. (　　　)

① 장난스럽다.
② '나'에게 다정하다.
③ 우진이를 싫어한다.
④ 잘못했을 때 사과를 잘한다.
⑤ 친구를 배려하는 마음이 부족하다.

서술형

27 ㉠에서 짐작할 수 있는 '나'의 성격과 그렇게 짐작한 까닭을 쓰시오.

(1) '나'의 성격: _____

(2) 그렇게 짐작한 까닭: _____

_____

우진이는 정말 멋져!

"이걸로 꺼내 보자."

우진이는 어디서 가져왔는지 기다란 자를 들고 나타났어요. 그러고는 바닥에 납작 엎드려 자로 사물함 밑을 더듬거렸어요. 사물함 밑에서 자가 빠져나올 때마다 먼지 뭉치가 잔뜩 붙은 10원짜리 동전, 연필, 지우개 들이 따라 나왔어요. 자가 다섯 번째쯤 사물함 밑을 더듬거리다가 나왔을 때에야 윤아와 내가 손뼉 치며 소리쳤어요.

"어! 나왔다!" / 자 끝에는 분홍색 꽃 모양의 작은 공기 알이 살짝 걸려 있었어요. 작은 물방울무늬가 있는 빨간색 나비 핀도요. 우진이는 공기 알과 나비 핀을 손에 들고 먼지를 툴툴 털어 냈어요. 그러고는 우리에게 공기 알과 나비 핀을 쑥 내밀었어요.

㉠"여기 공기 알. 그리고 이 핀 가질래?"

나는 선뜻 손을 내밀지 못했어요. 어떻게 하면 좋을지 몰랐거든요. / 그때 윤아가 얼굴을 찡그리며 말했어요.

㉡"아유, 더러워! 그 핀을 어떻게 쓰냐?"

그러자 우진이는 공기 알만 나에게 건네주고 나비 핀은 쓰레기통에 넣어 버렸어요.

"그래, 더러울 거야."

중심 내용 | 우진이는 사물함 밑에서 공기 알과 나비 핀을 꺼내 '나'와 윤아에게 내밀었다가, 공기 알만 '나'에게 주고 나비 핀은 쓰레기통에 버렸습니다.

4 우진이의 목소리에는 [㉮] 마음이 묻어 있었어요. 마음 같아서는 윤아를 한 대 콩 쥐어박고 싶었지만 참았어요. 그런데 그때, ㉢창훈이가 다시 나타나 윤아와 나를 또 밀치고 지나가는 거예요. 윤아와 나는 하마터면 같이 넘어질 뻔했지요. 그런데 우진이가 갑자기 창훈이 팔을 꽉 잡아채더니 윤아와 내 앞으로 창훈이를 돌려세웠어요.

㉣"너 왜 자꾸 여자애들 괴롭혀? 아까 일도, 지금 일도 얼른 사과해."

우진이는 작정한 듯이 굳은 얼굴로 창훈이를 다그쳤고, 창훈이는 싱글싱글 웃으며 우진이 손을 억지로 떼어 내려 했어요. 하지만 키가 한 뼘이나 더 큰 우진이를 창훈이가 어떻게 이겨 낼 수 있겠어요?

*일이나 행동 등을 요구하며 몰아붙였고.

중심 내용 | 우진이는 '나'와 윤아를 밀치고 지나가는 창훈이를 돌려세웠습니다.

뭉치   한데 뭉치거나 말리거나 감은 덩이.
하마터면   조금만 잘못하였더라면.
작정(作 지을 작, 定 정할 정)한   일을 어떻게 하기로 결정한.

---

28 우진이의 말인 ㉠을 표현하는 방법으로 알맞은 것은 무엇입니까? (   )

① 화난 목소리로
② 슬픈 표정으로
③ 다정한 목소리로
④ 겁에 질린 목소리로
⑤ 귀찮아하는 표정으로

29 '내'가 윤아를 한 대 콩 쥐어박고 싶었던 까닭을 찾아 빈칸에 알맞은 말을 쓰시오.

> (1)(   )(이)의 성의를 무시하고 우진이가 건넨 핀을 더럽다고 말한 (2)(   )이/가 얄미웠기 때문이다.

어휘

30 이 글에서 우진이에게 일어난 일을 생각할 때, ㉮에 들어갈 알맞은 낱말은 무엇이겠습니까? (   )

① 지루한   ② 부끄러운
③ 기뻐하는   ④ 자랑스러운
⑤ 싫증이 난

중요 독해

31 ㉡~㉣의 말과 행동에서 알 수 있는 인물의 성격을 알맞게 말한 친구의 이름을 쓰시오.

> 인후: ㉡에서 윤아의 친절한 성격을 알 수 있어.
> 세아: ㉢의 행동에서 창훈이가 사과를 잘하는 예의 바른 성격임을 알 수 있어.
> 성민: ㉣에서 우진이가 창훈이에게 사과하라고 말하는 것을 보면 우진이 성격은 의로운 것 같아.

(   )

우진이는 정말 멋져!

❺ "너 지금 사과 안 하면 선생님한테 다 이를 거야."

㉠일이 이쯤 되자 창훈이는 슬슬 웃기기 작전을 쓰기 시작했어요. 보일 듯 말 듯한 작은 새우 눈으로 눈웃음을 살살 지으며, 콧구멍을 벌름거리고 입을 펭귄처럼 쭉 내밀고는, "우진아, 한 번만 봐줘잉. 난 선생님이 제일 무서웡." 하고 콧소리를 내며 말하는 거지요. 아무리 화
<small>코가 막힌 듯이 내는 소리.</small>
난 사람도 창훈이의 이런 우스꽝스러운 얼굴을 보면 웃지 않고는 못 견딜 거예요. 나와 윤아도 웃지 않으려고 억지로 참았지만 쿡쿡 웃음이 새어 나오고 말았어요.

결국 우진이도 웃는 바람에 손에 힘이 풀려 창훈이를 놓아주었어요. 창훈이는 기다렸다는 듯이 엉덩춤을 실룩실룩 추더니 휭 하고 자리를 떴어요. 그러고는 또다시 친구들이랑 어울려 장난치며 놀기 시작했지요.

우진이는 우리를 돌아보고 씩 웃고는 자리로 가 앉았어요. 윤아와 나도 자리로 돌아와 앉았고요.

나는 아까 우진이가 주려고 했던 머리핀이 자꾸만 생

각났어요.

'우진이는 나한테 주고 싶었을까, 윤아한테 주고 싶었을까? 윤아만 아니면 내가 그냥 가졌을 텐데…….'

우진이는 생각하면 할수록 참 멋진 아이예요. 이런 우진이를 어떻게 안 좋아할 수 있겠어요? 이런 우진이와 어떻게 짝이 되고 싶지 않을 수 있겠어요?

중심 내용 | 창훈이는 웃기기 작전으로 빠져나갔고, '나'는 우진이를 멋진 아이라고 생각했습니다.

- **글의 특징**
  공기놀이를 하다가 겪은 일을 쓴 글로, 등장인물의 다양한 성격이 잘 나타나 있는 이야기입니다.

- **작품 정리**

'나'는 공기놀이를 그만두려다 우진이의 부탁에 함께 공기놀이를 함. →	창훈이가 윤아와 부딪치면서 공기 알이 사물함 밑으로 굴러감.

↓

'나'는 창훈이의 잘못을 바로잡으려는 우진이를 보며 멋진 아이라고 생각함. ←	우진이가 공기 알과 나비 핀을 꺼냈고, 공기 알은 '나'에게 주고 나비 핀은 버림.

32 ㉠에서 알 수 있는 창훈이의 성격은 어떠합니까?

( )

① 순하다.
② 소심하다.
③ 화를 잘 낸다.
④ 부끄러움이 많다.
⑤ 장난을 좋아한다.

33 '나'는 우진이에게 어떤 마음입니까? ( )

① 우진이를 좋아한다.
② 우진이를 부러워한다.
③ 우진이를 부끄러워한다.
④ 우진이와 짝이 되고 싶지 않다.
⑤ 우진이와 윤아를 화해시키고 싶다.

<small>서술형</small>

34 자신이 '나'라면 우진이가 머리핀을 주려고 했을 때 어떻게 행동했을지 상상하여 쓰시오.

_____

_____

<small>작품 정리</small>

35 빈칸에 알맞은 낱말을 넣어 일어난 일을 정리하시오.

> '나'는 (1)( )을/를 그만두려다 우진이의 부탁으로 함께 공기놀이를 하였고, 창훈이가 윤아와 부딪치면서 (2)( )이/가 사물함 밑으로 굴러감.
>
> ▼
>
> 우진이가 공기 알과 (3)( )을/를 꺼냈고, 공기 알은 '나'에게 주고 나비 핀은 버림.
>
> ▼
>
> '나'는 창훈이의 잘못을 바로잡으려는 우진이를 보며 참 (4)( )(이)라고 생각함.

젓가락 달인

유타루

가 우봉이는 가방에서 책을 꺼내 책상에 탁 올려놓았어요.

이때 드르륵 문 열리는 소리가 났어요. 선생님이 웬 여자아이를 데리고 교실로 들어왔어요. 우봉이는 여자아이에게서 눈을 떼지 못했어요. 약간 가무잡잡한 피부색 때문이 아니었어요. 크고 맑은 눈! 우봉이는 여자아이 눈이 참 예쁘다고 생각했어요.

"우리 반에 새로 전학 온 친구가 있어요. 자기 이름을 직접 소개해 보겠어요?"

선생님이 여자아이의 어깨를 한 손으로 가볍게 감싸 주었어요.

"안녕? 나는, 아니 아니, 내 성은 김해 김씨이고 이름은 주은이야. 김해 김씨, 김주은. 잘 부탁해."

주은이가 또랑또랑 말했어요. '김해 김씨'를 말할 때는 목에 힘까지 주었어요. 아이들이 "김해 김씨?" 하며 고개를 ⊙갸웃했어요. 그러다 누군가가 "아아, 김해 김치!"라고 하자 깔깔거렸어요.

"조용! 여러분, 주은이 친구하고 사이좋게 지내도록 해요. 가만있자, 주은이가 어디 앉으면 좋을까? 아,

저기, 우봉이 옆에 가 앉을래?"

중심 내용 | 우봉이는 새로 전학 온 주은이와 짝이 되었습니다.

나 할아버지가 손목시계를 보며 준비하라는 눈짓을 했어요. 우봉이는 알았다고 고개를 끄덕였어요.

"준비, 시작!"

우봉이는 나무젓가락으로 바둑알을 집어 옆 접시로 옮기기 시작했어요. 하나, 둘, 셋, 넷, 그리고 다섯 개째 옮기려고 할 때 할아버지 목소리가 들렸어요. / "땡!"

"벌써 삼십 초가 지났어요? 하나만 더 옮겼으면 초급 합격인데." / 우봉이가 몹시 아쉬워했어요.

할아버지가 우봉이 등을 다독이며 말씀하셨어요.

"우리 우봉이 아주 잘하는구먼. 젓가락을 바르게 사용할 줄 아니까, 조금만 더 연습하면 거뜬하겠구먼."

우봉이는 할아버지 말씀에 용기가 났어요. 할아버지는 접시 한쪽에 바둑알을 수북이 놓았어요. ⓒ우봉이는 나무젓가락으로 바둑알을 집어 빈 접시로 옮기는 연습을 계속했어요.

중심 내용 | 우봉이는 할아버지의 도움을 받아 젓가락질 연습을 하였습니다.

가무잡잡한 얼굴 빛깔이 조금 짙게 검은.
초급(初 처음 초, 級 등급 급) 맨 처음 또는 최저의 등급이나 단계.

---

36 주은이는 자기를 어떻게 소개했는지 빈칸에 알맞은 말을 써넣으시오.

• (1)( ) 목소리로 성은 (2)( )(이)고 이름은 주은이라고 말하며 잘 부탁한다고 하였다.

중요 독해

37 글 **가**의 중심 사건은 무엇입니까? ( )

① 아이들이 결석을 하였다.
② 선생님께서 교실로 들어오셨다.
③ 우봉이가 가방에서 책을 꺼냈다.
④ 우봉이가 전학 온 친구와 짝이 되었다.
⑤ 선생님께서 사이좋게 지내라고 하셨다.

어휘

38 ⊙'갸웃하다'가 알맞게 쓰인 문장을 찾아 ○표 하시오.

(1) 어디에서 봤는지 잘 기억이 나지 않아 고개를 갸웃했다. ( )

(2) 승민이는 최우수상을 받은 것이 기뻐서 고개를 갸웃했다. ( )

(3) 강아지가 내 공책을 물어뜯은 것을 보고 화가 나서 고개를 갸웃했다. ( )

39 ⓒ에서 알 수 있는 우봉이의 성격을 두 가지 고르시오. ( )

① 친절하다. ② 예민하다.
③ 성실하다. ④ 조심성이 없다.
⑤ 지기 싫어한다.

젓가락 달인

🄳 "엄마 심부름 좀 해 줄래? 두부 사는 걸 깜빡했어."

엄마가 시장바구니에서 물건들을 꺼내다 말고 말씀하셨어요. 할아버지랑 바둑알로 알 까기를 하던 우봉이가 "네." 하고 자리에서 일어났어요.

"나도 바람 좀 쐬고 싶구면."

우봉이는 할아버지랑 집을 나섰어요. 우봉이는 집 가까운 마트로 가려고 했어요. 그런데 할아버지가 시장에 가자고 했어요.

우봉이는 시장 골목으로 들어갔어요. 할아버지는 구경하느라 느릿느릿 걸으며 가다 서다를 반복했어요. 우봉이는 할아버지보다 앞서가며 눈을 굴렸어요. 두부 가게가 어디 있나 하고요. / '어, 주은이잖아!'

주은이가 채소 가게 안에서 젓가락질 연습을 하고 있었어요. 나무젓가락으로 강낭콩을 들었다 놓았다 하고 있었어요. 주은이 옆에는 한 아줌마가 있었는데 생김새가 좀 남달랐어요. 얼굴도 가무잡잡했어요. 아줌마가 대나무로 만든 작은 그릇에서 뭔가를 꺼내 조몰락조몰락했어요. / "그렇게 먹지 마. 정말 싫어."

주은이가 아줌마에게 화를 내듯 크게 말했어요.

"카오리아오는 이렇게 쏜으로 먹는 꺼야. 우리 꼬향
라오스 전통 음식. 찹쌀 찐 것을 손으로 뭉쳐 먹음.
에선 다 끄래."

아줌마는 목소리도 컸어요. 그렇다고 주은이처럼 화난 건 아니었어요. 웃고 있었으니까요.

그런데 말투가 이상했어요. 사투리도 아닌데 아주 어색하게 들렸어요.

아줌마가 조몰락조몰락하던 것을 입에 쏙 넣었어요. 밥 덩어리 비슷했어요.

'왝! 저걸 먹다니!' / 우봉이는 속이 메스꺼웠어요.

"아유, 정말 창피해."

㉠주은이가 콩 집던 나무젓가락을 아줌마한테 얼른 내밀었어요. 그러고는 주위를 두리번거렸어요.

지켜보던 우봉이는 다른 사람 뒤로 얼른 몸을 숨겼어요.

중심 내용 | 우봉이가 시장에서 주은이 어머니께서 손으로 음식 드시는 것을 우연히 보게 되었습니다.

조몰락조몰락했어요 작은 동작으로 물건 등을 자꾸 주물렀어요.
메스꺼웠어요 속이 울렁거려 토할 것 같은 느낌이 있었어요.
🄰 생선 비린내를 맡았더니 속이 메스꺼웠어요.

---

40 글 🄳에서 공간적 배경이 어디에서 어디로 바뀌었습니까? ( )

① 우봉이의 집 → 마트
② 우봉이의 집 → 시장
③ 시장 → 할아버지의 고향
④ 주은이의 집 → 두부 가게
⑤ 우봉이의 집 → 두부를 만드는 공장

[어휘]

41 이 글에 쓰인 '채소', '가게'와 뜻이 비슷한 낱말을 보기 에서 모두 찾아 쓰시오.

> **보기**
>
> 점포, 밭, 야채, 울타리, 상점, 대회

(1) 채소: ( )

(2) 가게: ( )

42 우봉이가 시장에서 겪은 일을 두 가지 고르시오.
( )

① 주은이를 만나 대화를 나누었다.
② 주은이 어머니께 인사를 드렸다.
③ 주은이에게 새 젓가락을 사 주었다.
④ 주은이가 젓가락질 연습하는 모습을 보았다.
⑤ 주은이 어머니께서 손으로 음식 드시는 모습을 보았다.

43 ㉠에서 주은이의 마음은 어떠하겠습니까? ( )

① 신기하다.   ② 창피하다.
③ 재미있다.   ④ 감격스럽다.
⑤ 만족스럽다.

젓가락 달인

라 메추리알을 집으려던 우봉이는 문득 생각난 게 있어 젓가락질을 멈췄어요.

"궁금한 게 있는데요, 손으로 밥을 조몰락조몰락해서 먹는 건 나쁜 거죠? 그런 사람 야만인이죠? 원시인이죠?"

우봉이가 묻자 아빠가 말씀하셨어요.

"왜? 아는 사람 중에 그런 사람이라도 있어?"

"아, 아니요. 그냥 어디서 봤는데, 우리나라 사람은 아니에요." / "손으로 밥 먹는 사람들도 있긴 있지. 인도라는 나라 알지? 그 나라에도 그냥 맨손으로 밥을 먹는 사람들이 있어."

"정말요? 인도는 내가 좋아하는 카레의 나라인데. 그런 나라에 야만인이 많다니."

뜻밖이어서 우봉이는 고개를 갸우뚱했어요. 그걸 보고 할아버지가 말씀하셨어요.

"손으로 먹는 걸 두고 나쁘다고, 또 야만인이라고 해서는 안 되는겨. 그게 그 나라 풍습이고 문화인겨. 할아버지가 된장찌개 좋아하는데, 외국 사람이 냄새나는 된장 먹는다고 나를 야만인이라고 부르면 기분 나

쁠겨. 할아버지 말 알아듣겠능겨?"

"그래도 맨손으로 밥을 조몰락거리는 건 더러워요. 병 걸릴 것 같아요."

중심 내용 | 저녁 식사를 하며 우봉이네 가족은 손으로 음식 먹는 것에 대해 이야기하였습니다.

마 우봉이는 물을 마시고 화장실로 가서 오줌을 누었어요. 긴장이 돼서 오줌이 쫄쫄 나왔어요.

교실로 돌아왔을 때, 책상이 칠판 앞으로 옮겨져 있었어요. 주은이 책상도 마찬가지였어요. 그 두 책상 사이에는 교탁이 있었고, 교탁 위에는 스티커가 가득 든 유리병과 상품권이 든 파란 봉투가 놓여 있었어요.

"젓가락왕을 가리는 거니까 아이들이 잘 봐야겠지? 그래서 옮겼어."

선생님 말씀을 듣고 우봉이는 앞으로 나가 앉았어요. 주은이도 자기 책상을 찾아가 앉았어요.

중심 내용 | 우봉이와 주은이가 젓가락 달인 결승에 올랐습니다.

> **문득** 생각이나 느낌 등이 갑자기 떠오르는 모양.
> **야만인** 미개하여 문화 수준이 낮은 사람.
> **풍습**(風 풍속 풍, 習 익힐 습) 오래전부터 지켜 내려오는 사회적 풍속이나 관습.

44 우봉이네 가족은 무엇에 대하여 이야기를 나누었습니까? (   )

① 된장찌개의 효능
② 야만인이 많은 까닭
③ 손으로 밥을 먹는 것
④ 우리나라의 전통 악기
⑤ 인도가 카레의 나라인 까닭

서술형

45 손으로 음식을 먹는 것에 대한 우봉이와 할아버지의 생각을 각각 쓰시오.

우봉이의 생각	할아버지의 생각
(1)	(2)

중요 독해

46 우봉이가 한 말과 행동에서 짐작할 수 있는 우봉이의 성격으로 알맞은 것은 무엇입니까? (   )

① 사려 깊다.　　　② 개방적이다.
③ 편견이 없다.　　④ 배려심이 많다.
⑤ 융통성이 없다.

47 글 **마**에서 일어난 일을 찾아 ○표 하시오.

(1) 주은이가 젓가락왕을 포기했다. (   )

(2) 젓가락왕을 가리는 대회가 미뤄졌다. (   )

(3) 우봉이와 주은이가 결승전에서 젓가락왕을 가리게 되었다. (   )

젓가락 달인

(바) 선생님이 우봉이와 주은이 접시에 콩을 각각 한 주 먹씩 더 올려놓았어요.

이때 성규가 "구리구리 딱따구리 권법 파이팅!" 하고 소리쳤어요. 그러자 이에 질세라 민지가 "김해 김씨 김 주은, 쏙쏙 족집게 수법 짱!" 하고 맞받아쳤어요. 두 패로 갈린 아이들은 '딱따구리'와 '족집게'를 각각 목 터져라 응원했어요. 교실은 금세 후끈 달아올랐어요.

"자, 이제 그만."

선생님이 손을 들자 응원 소리가 ㉠잠잠해졌어요.

"준비…… 시작."

주은이와 우봉이는 동시에 쇠젓가락을 집어 들었어요.

우봉이가 콩을 세 개 옮겼을 때, 귓바퀴에 저번처럼 감기는 말이 있었어요.

'더 좋은 것은 따로 있는데. 그냥 달인만 되는 거. 동무들 이길 생각일랑 말고.'

우봉이는 무시하듯 콩을 더 빨리 집어 옮겼어요. 그러자 할아버지 말씀이 귓바퀴에 더 칭칭 감겼어요. 그뿐

만이 아니었어요. 주은이 일기도 눈앞에서 아른거리기 시작했어요. 상품권을 타서 젓가락과 머리핀을 사고 싶다던.

'아, 싫은데. 져 주기 싫은데……'

우봉이는 젓가락질을 하면서 다른 손으로 옆통수를 벅벅 긁었어요.

중심 내용 | 우봉이는 결승전에서 만난 주은이를 이겨야 할지 말아야 할지 고민하였습니다.

・**글의 특징**

젓가락 달인 뽑기 대회에 참여한 우봉이가 겪은 일과 우봉이의 마음을 재미있게 나타낸 이야기입니다.

・**작품 정리**

> 우봉이가 전학 온 주은이와 짝이 됨.

↓

> 우봉이가 할아버지의 도움을 받아 젓가락질 연습을 열심히 함.

↓

> 우봉이가 시장에서 주은이 어머니께서 손으로 음식 드시는 것을 보고, 가족과 손으로 음식 먹는 것에 대해 이야기함.

↓

> 우봉이와 주은이가 젓가락 달인 결승전에서 겨루게 됨.

---

48 우봉이가 결승전에서 머뭇거린 까닭은 무엇입니까?

( )

① 손가락이 아파서
② 주은이가 져 달라고 부탁해서
③ 선생님께서 그만하라고 하셔서
④ 친구들이 응원을 해 주지 않아서
⑤ 할아버지의 말씀과 주은이의 일기가 생각나서

[어휘]

49 ㉠'잠잠하다'의 뜻을 찾아 ○표 하시오.

(1) 소리가 없이 조용하다. ( )

(2) 물속 깊숙이 가라앉거나 숨다. ( )

(3) 분위기나 감정이 몹시 거세다. ( )

[서술형]

50 결승전에서 보인 우봉이의 인정 많은 성격에 어울리게 이어질 이야기를 상상하여 쓰시오.

_____

_____

[작품 정리]

51 빈칸에 알맞은 낱말을 넣어 이야기 속 사건의 흐름을 정리하시오.

> 우봉이가 전학 온 (1)( )와/과 짝이 되고, 할아버지의 도움을 받아 (2)( ) 연습을 함.

↓

> 우봉이가 주은이 어머니께서 (3)( )으로 음식 드시는 것을 봄. ➡ 우봉이네 가족이 손으로 음식 먹는 것에 대해 이야기함.

↓

> (4)( )와/과 주은이가 젓가락 달인 결승전에서 겨루게 됨.

비 오는 날

김자연

㉮ "아버지가 우리 딸 이뻐서 자전거에 태우고 다니는데 그게 무슨 숭여? 누가 뭐라고 헐 사람 있으면 나오라고 혀."
'흥'을 뜻하는 방언

아버지는 벌컥 화를 냈다. 사실 영란이가 아버지에게 한 말은 핑계였다. 영란이는 아이들 앞에서 할아버지 같은 아버지 모습을 보이고 싶지 않았다. 그래서 아버지와 얼른 헤어지고 싶었던 것이다.

"아버지, 나 여기서 내려야 한다니까 그러네."

"허, 그것참. 우리 영란이가 그렇다면 할 수 없제."

아버지는 영란이를 학교 정문까지 태워다 주지 못한 점이 못내 섭섭한 눈치다.

중심 내용 | 아버지께서 자전거로 영란이를 학교에 데려다주셨습니다.

㉯ 잔뜩 찌푸린 하늘이 3교시가 끝나자 드디어 비를 쏟아 냈다. 영란이는 집에 갈 일이 은근히 걱정되었다. 아버지가 오기로 되어 있지만 비 오는 날은 자전거도 별 도움이 되지 않는다. 영란이는 아버지가 이런 날에도 빗속을 뚫고 어김없이 학교 앞으로 영란이를 데리러 올
틀림이 없이.

것이라는 것을 알고 있다. / 오늘은 별다른 숙제도 없이 학교 수업이 끝났다. 교실을 나오자 읍내 사는 아이들이 우산을 들고 온 자기 엄마와 함께 교문을 빠져나갔다. 미나도 혜란이도 정혜도 하나둘 교문 밖으로 빠져나갔다. 몇몇 엄마는 아예 승용차를 몰고 왔다.

영란이는 슬쩍 교문 앞을 보았다. 얼핏 담 모퉁이에 빛바랜 우산을 삐뚜름하게 쓰고 서 있는 아버지가 보였다.
언뜻.

중심 내용 | 수업이 끝나고 아버지께서 영란이를 데리러 학교에 오셨습니다.

- **글의 종류**
  이야기

- **글의 특징**
  비 오는 날, 아버지의 모습을 친구들에게 보이고 싶지 않은 영란이의 마음과 행동이 잘 드러나 있습니다.

- **작품 정리**

사건	영란이의 마음
아침에 아버지께서 자전거로 영란이를 학교에 데려다주심.	할아버지 같은 아버지가 부끄러움.
아버지께서 영란이를 데리러 학교에 오심.	아버지와 함께 집에 가고 싶지 않음.

52 글 ㉮의 구성 요소를 찾아 선으로 이으시오.

(1) 인물 •　　• ㉮ 아침, 학교 가는 길

(2) 사건 •　　• ㉯ 영란이, 영란이 아버지

(3) 배경 •　　• ㉰ 아버지께서 자전거로 영란이를 데려다주심.

53 영란이가 아버지께 자전거에서 빨리 내려 달라고 말한 까닭을 찾아 ○표 하시오.

(1) 아버지가 힘드실 것 같아서 　　(　　)

(2) 친구와 만나기로 약속을 해서 　　(　　)

(3) 친구들에게 할아버지 같은 아버지를 보이기 싫어서 　　(　　)

중요 독해

54 글 ㉯에 이어질 내용을 알맞게 짐작한 친구의 이름을 쓰시오.

> 혜준: 영란이가 아버지를 향해 뛰어갈 것 같아.
> 진희: 영란이가 아버지께 친구를 소개할 것 같아.
> 영우: 영란이가 아버지 몰래 혼자 집에 갈 것 같아.

(　　　　)

작품 정리

55 빈칸에 알맞은 낱말을 넣어 영란이에게 일어난 일과 그때의 마음을 정리하시오.

일어난 일	아버지께서 (1)(　　)(으)로 영란이를 데려다주심.	아버지께서 영란이를 데리러 (3)(　　)에 오심.
영란이의 마음	늙은 (2)(　　)이/가 부끄러움.	아버지와 집에 가고 싶지 않음.

1 다음은 이야기를 읽고 정리한 표입니다. ㉠에 들어갈 내용은 무엇입니까? (   )

제목	「황금 감나무」
인상 깊은 장면	까마귀가 동생을 금 산으로 데려다주는 장면이 가장 인상 깊었다.
㉠	베트남 이야기인데 우리나라의 「흥부 놀부」 이야기와 비슷해서 재미있었다.

① 이야기를 쓴 때
② 출판사에 대한 정보
③ 글쓴이에 대한 소개
④ 장면에 대한 생각이나 느낌
⑤ 이야기를 읽을 때 주의할 점

[2~3] 다음 글을 읽고, 물음에 답하시오.

사라는 신문 첫 장에 난 자신의 사진을 보고 몹시 쑥스러웠습니다. / "어머니, 얼른 가요."

사라가 어머니를 재촉했지만 이미 늦은 뒤였습니다. 흑인이고 백인이고 할 것 없이 많은 사람이 몰려와 사라에게 악수를 청했습니다. 신문 기자가 또다시 사진을 찍으려고 왔습니다. 사람들은 사라를 뒤따라 걸었습니다.

사라는 마음이 뿌듯했습니다.

어머니께서 말씀하셨습니다.

"웃어도 괜찮아. 넌 특별한 아이잖니?"

그날은 어떤 흑인도 버스를 타지 않았습니다. 그다음 날도 마찬가지였습니다. 버스 회사는 당황했습니다. 시장도 어쩔 줄 몰라 했습니다. 그리하여 사람들은 마침내 법을 바꾸었습니다.

2 사람들이 사라를 뒤따라 걸었을 때 사라의 마음은 어떠했습니까? (   )

① 외롭다.   ② 뿌듯하다.
③ 울적하다.   ④ 의문스럽다.
⑤ 실망스럽다.

3 흑인들이 버스를 타지 않은 까닭은 무엇이겠습니까?
(   )

① 버스 회사에서 시켜서
② 잘못된 법을 바꾸고 싶어서
③ 시장이 법을 지키지 않아서
④ 버스 회사를 응원하고 싶어서
⑤ 운전사가 버스 문을 열어 주지 않아서

[4~5] 다음 글을 읽고, 물음에 답하시오.

나도 모르게 마음속으로 빌고 있는데 갑자기 윤아가 앞으로 폭 고꾸라지지 뭐예요. 장난꾸러기 창훈이가 다른 아이들이랑 장난치며 뛰다가 윤아와 부딪친 거죠. 그 바람에 윤아 손등에 있던 공기 알이 와르르 떨어져 두 개는 책상 밑으로, 한 개는 우진이 다리 밑으로, 나머지 한 개는 사물함 밑으로 굴러 들어갔어요.

"김창훈! 너 때문에 죽었잖아!"

"김창훈! 너 때문에 내 공기 알이 사물함 밑으로 들어갔잖아!"

윤아는 공기 알을 못 잡은 게 억울해서, 나는 사물함 밑으로 굴러 들어간 내 공기 알이 걱정돼서 소리쳤어요. 우리 목소리에 놀랐는지 창훈이는 온몸을 움찔하더라고요. 그것도 잠시뿐, ㉠창훈이는 미안하다는 소리 대신 혀만 쏙 내밀고는 휙 도망가 버리는 거 있죠.

윤아와 나는 교실 바닥에 엎드려 사물함 밑을 들여다 봤지만, 사물함 밑은 너무 깜깜해서 아무것도 보이지 않았어요.

"손을 넣어 볼까?"

㉡"싫어. 그러다가 벌레라도 손에 닿으면 어떡해?"

4 윤아와 '내'가 교실 바닥에 엎드려 사물함 밑을 들여다 본 까닭은 무엇인지 빈칸에 알맞은 말을 써넣으시오.

• (1)(   ) 밑으로 굴러 들어간 (2)(   ) 을/를 찾으려고

5 ㉠은 창훈이의 행동, ㉡은 윤아의 말입니다. 이에 알맞은 창훈이와 윤아의 성격을 찾아 선으로 이으시오.

(1) ┌─ ㉠ ─┐ •　　　　　• ㉮ 조심성이 많다.

(2) ┌─ ㉡ ─┐ •　　　　　• ㉯ 장난스럽다.

[6~8] 다음 글을 읽고, 물음에 답하시오.

저녁때 우봉이는 반찬으로 콩장과 메추리알과 묵만 먹었어요.
"우봉아, 김치랑 콩나물도 좀 먹어 봐."
엄마가 우봉이에게 말씀하셨어요.
"그래, 젓가락 달인도 좋지만 골고루 먹어야지."
아빠도 우봉이에게 한마디 하셨어요. 그래도 우봉이는 젓가락 연습이 되는 것만 골라서 반찬으로 먹었어요. 엄마, 아빠가 "정말 못 말려." 하는 표정을 지었어요.
메추리알을 집으려던 우봉이는 문득 생각난 게 있어 젓가락질을 멈췄어요.
"궁금한 게 있는데요, 손으로 밥을 조몰락조몰락해서 먹는 건 나쁜 거죠? 그런 사람 야만인이죠? 원시인이죠?"
우봉이가 묻자 아빠가 말씀하셨어요.
"왜? 아는 사람 중에 그런 사람이라도 있어?"
"아, 아니요. 그냥 어디서 봤는데, 우리나라 사람은 아니에요."
"손으로 밥 먹는 사람들도 있긴 있지. 인도라는 나라 알지? 그 나라에도 그냥 맨손으로 밥을 먹는 사람들이 있어."
"정말요? 인도는 내가 좋아하는 카레의 나라인데. 그런 나라에 야만인이 많다니."
뜻밖이어서 우봉이는 고개를 갸우뚱했어요. 그걸 보고 할아버지가 말씀하셨어요.
"손으로 먹는 걸 두고 나쁘다고, 또 야만인이라고 해서는 안 되는겨. 그게 그 나라 풍습이고 문화인겨. 할아버지가 된장찌개 좋아하는데, 외국 사람이 냄새나는 된장 먹는다고 나를 야만인이라고 부르면 기분 나쁠겨. 할아버지 말 알아듣겠능겨?"
"그래도 맨손으로 밥을 조몰락거리는 건 더러워요. 병 걸릴 것 같아요."

6 이 글에서 우봉이와 함께한 인물은 누구누구인지 모두 쓰시오.

(　　　　　　　　　　　)

7 저녁 식사를 할 때 우봉이가 반찬으로 콩장, 메추리알, 묵만 먹은 까닭을 찾아 ○표 하시오.

(1) 살을 빼고 싶어서　　　　　　　(　　　)

(2) 젓가락 연습이 되는 반찬만 먹고 싶어서 (　　　)

(3) 아버지께서 콩장과 메추리알을 먹어 보라고 권하셔서　　　　　　　　　(　　　)

8 이 글에서 다른 문화에 대한 편견을 가진, 융통성 없는 성격의 인물을 찾아 쓰시오.

(　　　　　　　　　　　)

문법

9 다음 보기 에서 뜻이 비슷한 낱말끼리 짝을 지어 쓰시오.

> 보기
> 맵다, 무덥다, 후텁지근하다, 얼큰하다

• (　　　　　　　　　　　)
• (　　　　　　　　　　　)

문법

10 다음 낱말 중 뜻이 완전히 다른 것을 하나씩 찾아 ○표 하시오.

(1) │ 시원하다, 무덥다, 선선하다, 서늘하다 │

(2) │ 매콤하다, 달콤하다, 달다, 달착지근하다 │

1 이야기의 구성 요소인 인물, 사건, 배경의 뜻을 찾아 선으로 이으시오.

(1) 인물 •

(2) 사건 •

(3) 배경 •

• ㉮ 이야기에서 일어나는 일

• ㉯ 이야기가 펼쳐지는 시간과 장소

• ㉰ 이야기에서 어떤 일을 겪는 사람이나 사물

[2~5] 다음 글을 읽고, 물음에 답하시오.

㉮ 아침마다 사라는 어머니와 함께 버스를 탔습니다. 언제나 백인들이 앉는 자리와 구분된 뒷자리에 앉았습니다.

㉯ ㉠어느 날 아침, 사라는 ㉡버스 앞쪽 자리가 얼마나 좋은 곳인지 알아보기로 마음먹었습니다. ㉢사라는 자리에서 일어나 좁은 통로로 걸어 나갔습니다. 별다른 것도 없어 보였습니다. 창문은 똑같이 지저분했고, 버스의 시끄러운 소리도 똑같았습니다. 앞쪽 자리가 뭐가 그리 대단하다는 것일까요?

한 백인 아주머니께서 물으셨습니다.

"왜 그리 두리번거리니, 꼬마야?"

"뭐 특별한 게 있는지 알아보고 싶어서요."

아주머니께서 말씀하셨습니다.

"네 자리로 돌아가는 게 좋겠구나."

모두가 사라를 쳐다보았습니다.

사라는 계속 나아갔습니다. 앞쪽 끝까지 가서 운전사 옆자리에 앉았습니다. 사라는 운전사가 기어를 바꾸고 두 손으로 커다란 핸들을 돌리는 것을 지켜보았습니다. ㉣운전사가 성난 얼굴로 사라를 쏘아보았습니다.

"꼬마 아가씨, 뒤로 가서 앉아라. 너도 알다시피 늘 그래 왔잖니?"

사라는 그대로 앉은 채 마음속으로 말했습니다.

'뒷자리로 돌아갈 아무런 이유가 없어!'

2 사람들이 사라에게 뒷자리로 돌아가라고 한 까닭은 무엇입니까? (   )

① 앞자리는 위험하기 때문에

② 운전에 방해가 되기 때문에

③ 흑인은 버스를 탈 수 없기 때문에

④ 운전사가 아이를 싫어하였기 때문에

⑤ 흑인은 늘 뒷자리에 앉아야 하기 때문에

3 ㉠~㉣을 이야기의 구성 요소에 맞게 구분하여 기호를 쓰시오.

(1) 인물: (   )

(2) 시간적 배경: (   )

(3) 공간적 배경: (   )

4 이 글의 중심 사건은 무엇입니까? (   )

① 운전사가 사라를 쏘아보았다.

② 백인 아주머니가 버스에 탔다.

③ 사라가 버스 앞자리에 앉았다.

④ 버스의 창문이 앞뒤 똑같이 지저분했다.

⑤ 운전사가 기어를 바꾸고 핸들을 돌렸다.

서술형

5 이 글을 읽고 다음 친구와 같이 자신이 생각한 내용을 자유롭게 쓰시오.

자신이 옳다고 생각한 바를 굽히지 않은 사라는 정말 용감한 아이야.

_____

_____

[6~7] 다음 글을 읽고, 물음에 답하시오.

가 이튿날, 할아버지는 북녘땅이 보이는 곳으로 ⊙나를 데리고 갔습니다. 할아버지는 들판에 작은 모닥불을 지폈습니다.

"어머니, 저세상에 가실 때 못난 불효자가 드리는 이 옷을 입고 가세요."

나 드디어 나는 모닥불에 던져졌습니다. 곱디고운 세모시 한복으로 태어나서 사람의 몸에 한 번 걸쳐지지도 못하고 후르르 단번에 타고야 말았습니다.

다 바람은 나를 가벼이 몸에 얹더니 휘익 날아올랐습니다. 어디론가 바람을 따라 한없이 날아갔습니다.

얼마만큼 갔을까요? 어디선가 왁자지껄한 소리에 반짝 눈을 떴습니다. 흰옷을 입은 사람이 많이 모여 있는 것으로 보아 장례식이 벌어지고 있는 것 같았습니다. 내가 내려앉은 곳은 그곳의 나무 울타리 밑이었습니다. 속으로 이제 꼼짝없이 썩어서 거름이나 되어야겠다고 생각하고 눈을 꼭 감았습니다. 그런데 그때 딸그락거리는 소리가 들렸습니다.

"누구야?"

나는 퉁명스럽게 소리쳤습니다. 딸그락거리는 것은 바로 놋쇠로 만든 주발이 바람에 스쳐 나는 소리였습니다.

6 ⊙'나'는 누구입니까? (   )

① 바람
② 모닥불
③ 불효자
④ 할아버지
⑤ 세모시 한복

7 이 글의 공간적 배경과 사건이 어떻게 변하였는지 쓰시오.

공간적 배경	사건
(1)	'나'는 불에 탐.

▼

하늘	'나'는 바람을 따라감.

▼

나무 울타리 밑	(2)

[8~10] 다음 글을 읽고, 물음에 답하시오.

가 우진이는 공기 알과 나비 핀을 손에 들고 먼지를 툴툴 털어 냈어요. 그러고는 우리에게 공기 알과 나비 핀을 쑥 내밀었어요.

⊙"여기 공기 알. 그리고 이 핀 가질래?"

나는 선뜻 손을 내밀지 못했어요. 어떻게 하면 좋을지 몰랐거든요.

나 그런데 그때, 창훈이가 다시 나타나 윤아와 나를 또 밀치고 지나가는 거예요. 윤아와 나는 하마터면 같이 넘어질 뻔했지요. 그런데 우진이가 갑자기 창훈이 팔을 팍 잡아채더니 윤아와 내 앞으로 창훈이를 돌려세웠어요.

⊙"너 왜 자꾸 여자애들 괴롭혀? 아까 일도, 지금 일도 얼른 사과해."

다 일이 이쯤 되자 창훈이는 슬슬 웃기기 작전을 쓰기 시작했어요. 보일 듯 말 듯한 작은 새우 눈으로 눈웃음을 살살 지으며, 콧구멍을 벌름거리고 입을 펭귄처럼 쭉 내밀고는, "우진아, 한 번만 봐줘잉. 난 선생님이 제일 무서웡." 하고 콧소리를 내며 말하는 거지요.

8 이 글에 나오는 인물은 누구누구인지 모두 쓰시오.

(   )

9 ⊙과 ⓒ을 통해 알 수 있는 우진이의 성격을 알맞게 정리한 것은 무엇입니까? (   )

	⊙	ⓒ
①	거만하다.	섬세하다.
②	인색하다.	순진하다.
③	능청스럽다.	엉뚱하다.
④	다정다감하다.	정의롭다.
⑤	배려심이 없다.	상냥하다.

서술형

10 창훈이의 말과 행동을 보고, 성격을 짐작하여 쓰시오.

창훈이의 말과 행동	창훈이의 성격
(1)	(2)

[11~13] 다음 글을 읽고, 물음에 답하시오.

> **가** 주은이가 채소 ㉠가게 안에서 젓가락질 연습을 하고 있었어요. 나무젓가락으로 강낭콩을 들었다 놓았다 하고 있었어요. 주은이 옆에는 한 아줌마가 있었는데 생김새가 좀 남달랐어요. 얼굴도 가무잡잡했어요. 아줌마가 대나무로 만든 작은 그릇에서 뭔가를 꺼내 조몰락조몰락했어요.
>
> "그렇게 먹지 마. 정말 싫어."
>
> 주은이가 아줌마에게 화를 내듯 크게 말했어요.
>
> "카오리아오는 이렇게 쏜으로 먹는 꺼야. 우리 꼬향에선 다 끄래."
>
> **나** 아줌마가 조몰락조몰락하던 것을 입에 쏙 넣었어요. 밥 덩어리 비슷했어요.
>
> '왝! 저걸 먹다니!' / 우봉이는 속이 메스꺼웠어요.
>
> "아유, 정말 창피해."
>
> 주은이가 콩 집던 나무젓가락을 아줌마한테 얼른 내밀었어요.

11 ㉠'가게'와 뜻이 비슷한 낱말을 모두 고르시오.

( )

① 점포   ② 집안   ③ 상점
④ 점방   ⑤ 농사

12 이 글에서 우봉이가 한 일은 무엇입니까? ( )

① 두부 가게에서 선생님을 만났다.
② 대나무로 작은 그릇을 만들었다.
③ 주은이에게 이상한 말투로 말했다.
④ 아줌마께서 손으로 음식 드시는 것을 보았다.
⑤ 할아버지께서 화를 내며 말씀하시는 것을 보았다.

13 우봉이와 주은이의 생각으로 알맞은 것은 무엇입니까? ( )

① 우리말을 바르게 사용해야 한다.
② 손으로 밥을 먹는 것은 좋지 않다.
③ 채소 가게 밖으로 빨리 나오고 싶다.
④ 외국 음식을 먹는 일은 창피한 일이다.
⑤ 카오리아오는 숟가락으로 먹어야 더 맛있다.

14 다음 글에서 영란이에게 있었던 일 중 가장 나중에 일어난 일은 무엇입니까? ( )

> **가** 오늘같이 아이들이 많은 곳에서 아버지와 함께 고물 자전거를 타고 집으로 가긴 정말 싫었다. 영란이는 아버지가 서 있는 정문이 아닌 뒷문으로 얼른 발길을 옮겼다. 가슴이 콩콩거렸다. 뒤꼭지가 뜨끔했다. 그러나 한편으로는 괜히 부아가 나기도 했다.
>
> **나** "아니, 어쩌다 이렇게 비를 흠씬 맞고 온대요."
>
> "그냥저냥 자전거랑 같이 걸어왔지."
>
> "요즘 잘 안 드는 술까지 드셨어요?"
>
> "그냥 한잔했어."
>
> 아버지는 온몸에 비를 몽땅 맞았다. 마치 방금 목욕을 한 것처럼.
>
> "우리 영란이는 집에 잘 왔제."
>
> 대문을 들어서자마자 아버지는 영란이가 잘 왔는지 물었다.

① 아버지께서 학교에 오심.
② 영란이가 뒷문으로 발길을 옮김.
③ 영란이가 정문에 서 계신 아버지를 봄.
④ 아버지께서 술을 마시고 집으로 돌아오심.
⑤ 영란이가 아버지 몰래 혼자 집으로 돌아옴.

서술형

15 자신이 읽었던 이야기 중 인물의 성격을 바꾸어 새로 꾸미고 싶은 이야기를 정해 쓰시오.

(1) 꾸며 쓸 이야기: _____

(2) 성격을 바꾸고 싶은 인물: _____

(3) 인물의 원래 성격: _____

_____

(4) 인물의 새로운 성격: _____

_____

4. 이야기 속 세상

● 정답 및 풀이 16쪽

평가 주제	인물의 성격을 짐작하며 이야기 읽기
평가 목표	인물의 성격을 비교해 보고, 자신이 어떻게 행동할지 쓸 수 있다.

그런데 그때, 창훈이가 다시 나타나 윤아와 나를 또 밀치고 지나가는 거예요. 윤아와 나는 하마터면 같이 넘어질 뻔했지요. 그런데 우진이가 갑자기 창훈이 팔을 팍 잡아채더니 윤아와 내 앞으로 창훈이를 돌려세웠어요.

"너 왜 자꾸 여자애들 괴롭혀? 아까 일도, 지금 일도 얼른 사과해."

우진이는 작정한 듯이 굳은 얼굴로 창훈이를 다그쳤고, 창훈이는 싱글싱글 웃으며 우진이 손을 억지로 떼어 내려 했어요. 하지만 키가 한 뼘이나 더 큰 우진이를 창훈이가 어떻게 이겨 낼 수 있겠어요?

"너 지금 사과 안 하면 선생님한테 다 이를 거야."

일이 이쯤 되자 창훈이는 슬슬 웃기기 작전을 쓰기 시작했어요. 보일 듯 말 듯한 작은 새우 눈으로 눈웃음을 살살 지으며, 콧구멍을 벌름거리고 입을 펭귄처럼 쭉 내밀고는, "우진아, 한 번만 봐줘잉. 난 선생님이 제일 무서웡." 하고 콧소리를 내며 말하는 거지요.

1 이 이야기의 구성 요소 중, 인물과 사건을 쓰시오.

인물	(1)
사건	(2)
배경	수업 시작 전의 교실

2 우진이와 창훈이의 성격을 비교하여 쓰시오.

3 자신이 우진이라면 어떻게 행동했을지 쓰시오.

조건
자신의 성격을 쓰고, 우진이의 상황에서 어떻게 행동했을지 쓴다.

숨은 그림을 찾아보세요.

● 정답 및 풀이 16쪽

5

의견이 드러나게 글을 써요

▶ 학습을 완료하면 ∨표를 하면서 학습 진도를 체크해요.

5 의견이 드러나게 글을 써요

● 정답 및 풀이 17쪽

1 문장의 짜임에 맞게 말하기

- 문장은 '누가/무엇이'에 해당하는 부분과 '무엇이다/어찌하다/어떠하다'에 해당하는 부분으로 나눌 수 있습니다.
- '어찌하다'는 움직임을 나타내고, '어떠하다'는 '누가/무엇이'의 성질이나 상태를 나타냅니다.
  예) 달리다, 먹는다   예) 빨갛다, 둥글다

> **예** 문장의 짜임을 생각하며 문장 나누기
>
> 늙은 농부의 세 아들은 게을렀습니다.
>
> ⬇   ⬇
>
> | 늙은 농부의 세 아들은 누가 | 게을렀습니다. 어떠하다 |

2 문장의 짜임을 알면 좋은 점

- 문장을 두 부분으로 끊어 읽을 수 있어 이해하기 쉽습니다.
- 문장을 두 부분으로 나누어서 앞뒤 연결이 자연스러운지 생각하며 글을 쓸 수 있습니다.
- 문장의 뒷부분을 살피면서 앞부분을 보면 어색한 문장을 자연스럽게 고칠 수 있습니다.

3 문장의 짜임을 생각하며 의견 표현하기

- 이야기의 흐름을 생각하며 내용을 간추려 봅니다.
- 간추린 문장을 문장의 짜임에 맞게 나누어 봅니다.

> **예** 「목홧값을 누가 물어야 하나?」를 읽고 이야기의 흐름을 생각하며 문장 나누기
>
> | 목화 장수들이 고양이를 샀다. | |
> |---|---|
> | 목화 장수들이 누가 | 고양이를 샀다. 어찌하다 |
>
> ⬇
>
> | 목화 장수들은 고양이 때문에 큰 손해를 입어 투덜거렸다. | |
> |---|---|
> | 목화 장수들은 누가 | 고양이 때문에 큰 손해를 입어 투덜거렸다. 어찌하다 |
>
> ⬇
>
> | 목화 장수들은 사또에게 판결을 부탁했다. | |
> |---|---|
> | 목화 장수들은 누가 | 사또에게 판결을 부탁했다. 어찌하다 |

4 자신의 의견을 제시하는 글 쓰기

- 문제 상황을 자세히 씁니다.
- 자신의 의견을 제시하고, 의견을 뒷받침하는 까닭을 씁니다.
- 읽는 사람을 생각하며 예의 바르게 글을 씁니다.
- 문장의 짜임이 자연스럽게 씁니다.

개념 확인 문제

1 문장의 짜임에 맞게 말하기

'누가/무엇이＋어찌하다'에서 '어찌하다'에 대한 알맞은 설명을 찾아 ○표 하시오.

(1) 움직임을 나타낸다. (   )

(2) '누가/무엇이'의 성질을 나타낸다. (   )

(3) '누가/무엇이'의 상태를 나타낸다. (   )

2 문장의 짜임을 알면 좋은 점

다음 빈칸에 알맞은 말을 쓰시오.

- 문장의 ☐☐을/를 알면 문장을 두 부분으로 끊어 읽을 수 있어 ☐☐하기 쉽다.

3 문장의 짜임을 생각하며 의견 표현하기

다음 문장을 '누가＋어찌하다'로 나누어 쓰시오.

> 목화 장수들이 고양이를 샀다.

누가	어찌하다
(1)	(2)

4 자신의 의견을 제시하는 글 쓰기

자신의 의견을 제시하는 글에 들어갈 내용이 아닌 것을 찾아 기호를 쓰시오.

> ㉠ 문제 상황
> ㉡ 자신의 의견
> ㉢ 본받고 싶은 사람
> ㉣ 의견을 뒷받침하는 까닭

(   )

5 의견이 드러나게 글을 써요

● 정답 및 풀이 17쪽

어휘

1. 핵심 개념 어휘: 문장, 짜임

文 글월 문, 章 글 장
뜻 생각이나 감정을 말과 글로 표현할 때 완결된 내용을 나타내는 최소의 단위.

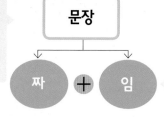

문장

짜 + 임

뜻 여러 가지가 모여 하나를 이루는 것.

➡ '누가/무엇이+무엇이다/어찌하다/어떠하다'와 같은 문장의 짜임을 알면 글을 읽을 때 이해하기 좀 더 쉽습니다.

2. 작품 속 어휘

낱말	뜻	예시
장수	장사하는 사람. 비 상인	과일 장수에게서 사과 몇 알을 샀습니다.
토종(土種) 土 흙 토 種 씨 종	본디부터 그곳에서 나는 종자.	이 강에는 토종 물고기가 많이 살고 있습니다.
폭우(暴雨) 暴 사나울 폭 雨 비 우	갑자기 세차게 쏟아지는 비.	한 치 앞이 보이지 않을 정도로 폭우가 쏟아졌습니다.
관용(寬容) 寬 너그러울 관 容 받아들일 용	남의 잘못 등을 너그럽게 받아들이거나 용서함. 또는 그런 용서.	다문화 사회에서는 관용의 자세가 필요합니다.

문법 '어찌하다'와 '어떠하다'

◆ 문장의 짜임 중 '어찌하다'는 사람이나 사물의 움직임을 나타내는 말이고, '어떠하다'는 사람이나 사물의 성질이나 상태를 나타내는 말입니다.

'어찌하다'에 해당하는 말	'어떠하다'에 해당하는 말

먹다 공부하다	귀엽다 차갑다

'어찌하다'와 '어떠하다'를 쉽게 구별하여 쓰려면 명령하거나 함께하기를 요청하는 말로 쓰일 수 있을지 생각해 보면 됩니다. '어찌하다'는 '움직임'을 나타내기 때문에 '앉아라', '앉자'와 같이 쓰일 때 어색하지 않지만, '어떠하다'의 경우 '작아라', '작자'처럼 어색합니다.

어휘·문법 확인 문제

1 핵심 개념 어휘

다음 뜻에 알맞은 낱말을 보기 에서 찾아 쓰시오.

여러 가지가 모여 하나를 이루는 것.

보기

문장   짜임   낱말   의견

(   )

2 작품 속 어휘

다음 낱말의 뜻풀이가 바른 것에 모두 ○표를 하시오.

⑴ 장수: 장사하는 사람. (   )

⑵ 폭우: 아주 가늘게 내리는 비.
(   )

⑶ 토종: 본디부터 그곳에서 나는 종자. (   )

3 작품 속 어휘

(   ) 안의 낱말 중 알맞은 것에 ○표 하시오.

• 다른 사람의 실수에 (상상, 관용)을 베풀 줄 알아야 한다.

4 문법

다음 중 '어찌하다'에 해당하는 말을 모두 찾아 ○표 하시오.

먹다   자다   작다   귀엽다
차갑다   노랗다   공부하다

문장의 짜임

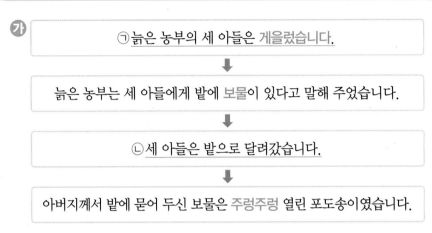

가

㉠늙은 농부의 세 아들은 게을렀습니다.

⬇

늙은 농부는 세 아들에게 밭에 보물이 있다고 말해 주었습니다.

⬇

㉡세 아들은 밭으로 달려갔습니다.

⬇

아버지께서 밭에 묻어 두신 보물은 주렁주렁 열린 포도송이였습니다.

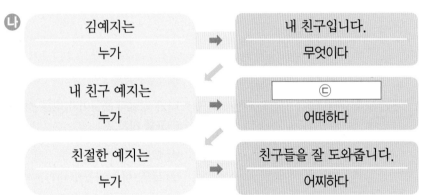

나

| 김예지는 | ➡ | 내 친구입니다. |
| 누가 | | 무엇이다 |

| 내 친구 예지는 | ➡ | ㉢ |
| 누가 | | 어떠하다 |

| 친절한 예지는 | ➡ | 친구들을 잘 도와줍니다. |
| 누가 | | 어찌하다 |

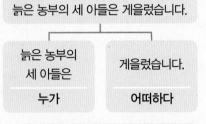

• 특징
문장의 짜임을 생각하며 주어진 문장을 나누거나, 짧은 글을 쓸 수 있습니다.

• 활동 정리

늙은 농부의 세 아들은 게을렀습니다.

| 늙은 농부의 세 아들은 | 게을렀습니다. |
| 누가 | 어떠하다 |

김예지는 내 친구입니다.

| 김예지는 | 내 친구입니다. |
| 누가 | 무엇이다 |

게을렀습니다 행동이 느리고 움직이거나 일하기를 싫어하는 성질이나 버릇이 있었습니다.
보물(寶 보배 보, 物 만물 물) 썩 드물고 귀한 가치가 있는 소중한 물건.
주렁주렁 열매 등이 많이 달려 있는 모양.

---

1 ㉠에 대한 설명으로 알맞지 <u>않은</u> 것은 무엇입니까?
( )

① '누가＋어떠하다'로 나눌 수 있다.
② '어떠하다'에 해당하는 부분은 '게을렀습니다.'이다.
③ '누가'에 해당하는 부분은 '늙은 농부의 세 아들은'이다.
④ '늙은 농부의'와 '세 아들은 게을렀습니다.'로 나눌 수 있다.
⑤ '게을렀습니다.'는 늙은 농부의 세 아들이 어떠한지를 알려 주는 부분이다.

2 ㉡을 문장의 짜임에 따라 다음과 같이 나누어 쓰시오.

누가	어찌하다
(1)	(2)

3 ㉢에 들어갈 말로 알맞은 것은 무엇입니까? ( )

① 친절합니다.   ② 김예지입니다.
③ 내 친구입니다.   ④ 열심히 공부합니다.
⑤ 운동을 규칙적으로 합니다.

서술형

4 나처럼 문장의 짜임을 생각하며 빈칸에 알맞은 말을 쓰시오.

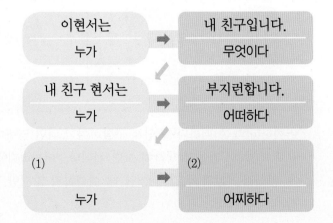

| 이현서는 | ➡ | 내 친구입니다. |
| 누가 | | 무엇이다 |

| 내 친구 현서는 | ➡ | 부지런합니다. |
| 누가 | | 어떠하다 |

| (1) | ➡ | (2) |
| 누가 | | 어찌하다 |

목홧값을 누가 물어야 하나?

❶ 옛날 어느 마을에 목화 ㉠장수 네 사람이 살았다. 그들은 싼 목화가 있으면 함께 사서 큰 광 속에 보관해 두었다가 값이 오르면 팔았다. 그런데 그 광에는 쥐가 많아 목화를 어지럽히기도 하고 오줌을 싸기도 했다. 목화 장수들은 궁리 끝에 광에 고양이를 기르기로 하고 똑같이 돈을 내어 고양이를 샀다. 그러고는 공동 책임을 지려고 고양이의 다리 하나씩을 각자 몫으로 정하고 보살피기로 했다.

중심 내용 | 목화 장수 네 사람은 광 속의 목화를 지키려고 고양이를 샀고, 고양이의 다리 하나씩을 각자 몫으로 정해 보살피기로 했다.

▲ 목화

❷ 어느 날, 고양이가 다리 하나를 다쳤다. 그 다리를 맡은 목화 장수는 고양이 다리에 산초기름을 발라 주었다. 그런데 마침 추운 겨울철이라, 아궁이 곁에서 불을 쬐던 고양이의 다리에 불이 붙고 말았다. 고양이는 얼른 시원한 광 속으로 도망을 쳐서 목화 더미 위에서 굴렀다. 순식간에 목화 더미에 불이 번져 광 속의 목화가 몽땅 타 버리고 말았다.

중심 내용 | 목화 장수 한 명이 고양이의 다친 다리에 산초기름을 발라 주었는데, 그 다리에 불이 붙어서 목화가 불에 타 버렸다.

목홧값 '목홧값'은 '목화'와 '값'이 합해진 말로, 앞말이 'ㅘ' 모음으로 끝나고 뒷말의 첫소리 'ㄱ'이 'ㄲ'으로 소리 나기 때문에 사이시옷을 받치어 적음.
광 살림살이에 필요한 여러 가지 물건을 넣어 두는 곳.
궁리(窮 다할 궁, 理 다스릴 리) 마음속으로 이리저리 따져 깊이 생각함. 또는 그런 생각.
공동(共 함께 공, 同 같을 동) 둘 이상의 사람이나 단체가 함께 일을 하거나, 같은 자격으로 관계를 가짐.
예 공동으로 이용하는 시설이므로 깨끗하게 사용해야 합니다.
산초기름 산초나무 열매로 짠 기름.

5 단원

어휘

5 다음 중 ㉠과 뜻이 비슷한 낱말은 무엇입니까? ( )

① 농부　　　　② 어부
③ 상인　　　　④ 작가
⑤ 의사

6 목화 장수들이 광 속의 목화를 지키려고 생각해 낸 방법은 무엇입니까? ( )

① 목화를 싼값에 팔아 버렸다.
② 목화를 다른 장소에 숨겨 두었다.
③ 날마다 광에 쥐가 있는지 살펴보았다.
④ 목화를 더 튼튼한 광 속에 보관해 두었다.
⑤ 광에 고양이를 기르기로 하고 고양이를 사서 다리 하나씩을 각자 몫으로 정했다.

7 한 목화 장수가 고양이의 다친 다리에 발라 준 것은 무엇입니까? ( )

① 쑥　　　　② 연고　　　　③ 된장
④ 소독약　　⑤ 산초기름

중요 독해

8 다음 일의 결과는 무엇입니까? ( )

> 다리에 불이 붙은 고양이가 광 속으로 도망을 쳐서 목화 더미 위에서 굴렀다.

① 고양이가 다리를 다쳤다.
② 광 속의 목화가 몽땅 타 버렸다.
③ 목화 장수가 목화를 싼값에 팔았다.
④ 고양이가 아궁이 곁에서 불을 쬐었다.
⑤ 목화 장수가 고양이 다리에 산초기름을 발라 주었다.

목홧값을 누가 물어야 하나?

❸ 목화 장수 네 명은 뜻하지 않게 큰 손해를 보게 되었다. 그러자 고양이의 성한 다리를 맡았던 목화 장수 세 명이 투덜투덜 불평을 늘어놓았다.

"이번 불은 순전히 고양이의 아픈 다리를 맡았던 저 사람 때문이야. 하필이면 불이 잘 붙는 산초기름을 발라 줄 게 뭐야?"

"맞아, 그러니 목홧값을 그 사람에게 물어 달라고 하자."

세 사람은 고양이의 아픈 다리를 맡았던 사람에게 목홧값을 물어내라고 했다. 억울한 그 목화 장수는 절대 목홧값을 물어 줄 수 없다며 큰 싸움을 벌였다.

"불이 붙은 고양이가 광으로 도망칠 때는 성한 세 다리로 도망쳤잖아? 그러니까 광에 불이 난 것은 순전히 너희가 맡은 세 다리 때문이야."

아무리 싸워도 해결이 나지 않자, 네 사람은 고을 사또를 찾아가 판결을 해 달라고 부탁했다.

중심 내용 | 목화 장수들은 서로 목홧값을 물어야 한다고 싸우다가 고을 사또를 찾아가 판결을 부탁했다.

- **글의 종류**
  옛이야기

- **글의 특징**
  누가 목홧값을 물어야 하는지에 대한 등장인물의 의견과 까닭이 잘 드러나 있습니다.

- **작품 정리**

등장인물의 의견

목화 장수 세 명	나머지 목화 장수
고양이의 아픈 다리를 맡은 목화 장수가 목홧값을 물어야 한다.	고양이의 성한 다리를 맡은 목화 장수 세 명이 목홧값을 물어야 한다.

손해(損 덜 손, 害 해할 해) 물질적으로나 정신적으로 밑짐.
예 반찬 가게 아주머니께서는 값을 깎아 주면 손해라고 하셨습니다.
성한 몸에 병이나 탈이 없는.
해결(解 풀 해, 決 결단할 결) 사건이나 문제를 풀거나 처리하는 것. 예 폭력으로 문제를 해결하려고 해서는 안 됩니다.
판결(判 판단할 판, 決 결단할 결) 재판에서 옳고 그름을 법률적으로 따져서 결정하는 것.

---

9 다음 문장을 '누가+어찌하다'로 나누어 쓰시오.

> 목화 장수들은 고양이 때문에 큰 손해를 입어 투덜거렸다.

(1)	(2)
누가	어찌하다

중요 독해

10 목화 장수 네 사람이 고을 사또를 찾아간 까닭은 무엇입니까? (   )

① 고을 사또가 원래 목화 주인이어서
② 고을 사또가 목화 장수들을 불러서
③ 목화 장수 네 사람의 의견이 똑같아서
④ 고을 사또가 고양이를 보살피고 있어서
⑤ 목화 장수들이 서로 의견이 달라 아무리 싸워도 해결이 나지 않아서

서술형

11 자신이 고을 사또라면 어떤 판결을 내릴지 쓰시오.

목홧값을 물어야 할 사람	(1)
그렇게 생각한 까닭	(2)

작품 정리

12 빈칸에 알맞은 낱말을 넣어 등장인물의 의견을 정리하시오.

목화 장수 세 명	나머지 목화 장수
이번 불은 순전히 고양이의 아픈 다리에 불이 잘 붙는 (1)( )을/를 발라 준 목화 장수 때문이다. 그러니 (2)( )은/는 그 사람이 물어야 한다.	다리에 불이 붙은 고양이가 (3)( )(으)로 도망칠 때는 성한 세 다리로 도망쳤으니 광에 불이 난 것은 순전히 세 목화 장수가 맡은 세 다리 때문이다.

효은이의 편지

댐 건설 기관 담당자님께

안녕하세요? / 저는 산 깊고 물 맑은 상수리에 사는 김효은입니다. 우리 마을은 앞으로 만강이 흐르고, 뒤로는 우뚝 솟은 산봉우리들이 병풍처럼 둘러싸여 한 폭의 그림처럼 아름답습니다.

> 바람을 막거나 무엇을 가리거나 또는 장식용으로 방 안에 치는 물건.

숲에는 천연기념물인 황조롱이, 까막딱따구리 같은 새들과 하늘다람쥐가 삽니다. 그리고 만강에는 쉬리나 배가사리, 금강모치 같은 우리나라의 ㉠토종 물고기가 많이 삽니다.

그런데 어제 만강에 댐을 건설할 수 있는지 알아보려고 담당자들께서 우리 마을을 방문하셨습니다. 담당자들께서는 작년에 비가 많이 와서 만강 하류에 있는 도시에 물난리가 났다고 말씀하셨습니다. 그래서 홍수를 막으려면 우리 마을에 댐을 건설해야 한다고 하셨습니다.

하지만 저는 댐을 건설하는 것에 반대합니다. 우리 상수리에 댐을 건설하면 숲에 사는 동물들이 살 곳을 잃고, 우리는 만강의 물고기들을 다시는 볼 수 없게 될 것

입니다. 그리고 마을 어른들께서는 평생 살아온 고향을 떠나야 한다고 말씀하십니다. 우리 마을에 댐을 건설하기로 한 계획을 취소해 주시기를 부탁합니다.

20○○년 10월 ○○일 / 김효은 올림

• 글의 종류

편지글

• 글의 특징

효은이가 댐 건설 기관 담당자에게 쓴 편지로, 댐 건설에 반대하는 의견이 잘 나타나 있습니다.

• 글의 구조

의견	상수리에 댐을 건설하는 것을 반대한다.

까닭 1	까닭 2	까닭 3
숲에 사는 동물들이 살 곳을 잃기 때문이다.	만강의 물고기들을 다시는 볼 수 없기 때문이다.	마을 어른들께서 평생 살아온 고향을 떠나셔야 하기 때문이다.

방문 어떤 사람이나 장소를 찾아가서 만나거나 봄.
하류(下 아래 하, 流 흐를 류) 강이나 내의 아래쪽 부분.

5
단원

---

13 상수리에 대한 설명으로 알맞지 <u>않은</u> 것은 무엇입니까? ( )

① 만강에는 토종 물고기가 많이 산다.
② 하루에도 수십 명의 관광객이 방문한다.
③ 숲에는 천연기념물인 새들과 하늘다람쥐가 산다.
④ 앞으로는 만강이 흐르고 뒤로는 산봉우리들이 둘러싸여 있다.
⑤ 만강 하류에 있는 도시의 물난리를 막기 위해 댐 건설이 계획되어 있다.

어휘

14 ㉠'토종'과 반대되는 뜻의 낱말은 무엇입니까?

( )

① 멸종 ② 어류 ③ 토박이
④ 외래종 ⑤ 재래종

중요 독해

15 글쓴이가 이 편지를 쓴 까닭에 ○표 하시오.

(1) 상수리에 댐을 건설하려는 계획을 취소해 주기를 부탁하려고 ( )

(2) 만강에 사는 토종 물고기가 멸종의 위기에 처했다는 것을 알리려고 ( )

글의 구조

16 빈칸에 알맞은 말을 넣어 글쓴이의 의견을 정리하시오.

의견	상수리에 댐을 건설하는 것을 (1)( ) 한다.
까닭	• (2)( )에 사는 동물들이 살 곳을 잃기 때문이다. • 만강의 (3)( )을/를 다시는 볼 수 없기 때문이다. • 마을 어른들께서 평생 살아온 (4)( ) 을/를 떠나셔야 하기 때문이다.

● 국어 172쪽 / 정답 및 풀이 17쪽

댐 건설 기관 담당자의 편지

김효은 학생에게

안녕하세요?

김효은 학생의 편지를 잘 읽었습니다.

아름다운 상수리가 댐 건설로 겪게 될 어려움을 잘 압니다. 하지만 상수리 주변에 사는 주민들이 홍수로 겪는 정신적 · 물질적 피해는 해마다 늘어나고 있습니다.

만강에 댐을 건설하면 여름철에 ㉠폭우로 생기는 문제를 막을 수 있습니다. 비가 내리는 대로 내버려 두면, 강 하류에서는 강물이 넘쳐서 논밭이 빗물에 잠기기도 합니다.

그리고 집과 길이 부서지고 심지어 사람이 목숨까지 잃을 만큼 위험합니다. 하지만 댐을 건설하면 홍수로 인한 이런 피해를 막을 수 있습니다.

상수리에 댐을 건설해야 합니다. 우리는 상수리 마을 주민들에게 피해가 가지 않도록 주민들이 이사하는 데 모든 지원을 아끼지 않을 것입니다. 댐 건설에는 상수리 마을 주민들의 협조가 필요합니다. 김효은 학생도 이러

한 점을 잘 이해해 주시기를 바랍니다.

20○○년 10월 ○○일

댐 건설 기관 담당자 드림

• **글의 종류**

편지글

• **글의 특징**

댐 건설 기관 담당자가 김효은 학생에게 쓴 편지로, 댐 건설에 찬성하는 의견이 잘 나타나 있습니다.

• **글의 구조**

의견	상수리에 댐을 건설해야 한다.

까닭 1	까닭 2
폭우로 생기는 문제를 막을 수 있다.	홍수로 인한 피해를 막을 수 있다.

물질적(物 만물 물, 質 바탕 질, 的 과녁 적) 물질과 관련된. 또는 그런 것.
지원(支 지탱할 지, 援 도울 원) 지지하여 도움.
협조(協 화합할 협, 助 도울 조) 힘을 보태어 도움.
㉫ 깨끗한 동네를 만들기 위해서는 주민들의 협조가 필요합니다.

어휘

17 ㉠의 뜻으로 알맞은 것은 무엇입니까? (　　　)

① 갑자기 세차게 쏟아지는 비.
② 오랫동안 계속하여 비가 내리지 않아 메마른 날씨.
③ 비가 많이 와서 강이나 개천에 갑자기 크게 불은 물.
④ 물을 모아 두기 위하여 하천이나 골짜기를 막아 만든 큰 못.
⑤ 폭우나 지진, 화산 등으로 산 중턱의 바윗돌이나 흙이 갑자기 무너져 내리는 현상.

18 이 글에 나타난 문제 상황을 찾아 기호를 쓰시오.

> ㉮ 주민들이 이사하는 데 모든 지원을 아끼지 않을 것이다.
> ㉯ 상수리 주변에 사는 주민들이 홍수로 겪는 정신적 · 물질적 피해가 해마다 늘어나고 있다.

(　　　　　　　)

서술형

19 댐 건설에 대한 자신의 의견은 어떠한지 쓰고, 그렇게 생각한 까닭도 함께 쓰시오.

_____

_____

글의 구조

20 빈칸에 알맞은 말을 넣어 글쓴이의 의견을 정리하시오.

의견	상수리에 댐을 (1)(　　　)해야 한다.
까닭	• (2)(　　　)(으)로 생기는 문제를 막을 수 있기 때문이다. • 홍수로 인한 (3)(　　　)을/를 막을 수 있기 때문이다.

자신의 의견을 제시하는 글 쓰기

가

나

다

라

• 특징

주변에서 의견을 제시할 필요가 있는 문제 상황을 나타낸 그림으로, 문제를 해결하기 위한 의견을 떠올려 볼 수 있습니다.

• 활동 정리

그림에 나타난 문제 상황	
가	꽃밭에 쓰레기가 버려져 있는 상황
나	인터넷에서 검색한 내용을 그대로 베껴 쓰는 상황
다	휴대 전화를 보며 횡단보도를 건너는 상황

5
단원

21 그림 ②와 ④에 나타난 문제 상황을 찾아 각각 선으로 이으시오.

(1) 가 •
(2) 나 •

• ㉠ 꽃밭에 쓰레기가 버려져 있는 상황

• ㉡ 인터넷에서 검색한 내용을 그대로 베껴 쓰는 상황

22 그림 ④에 나타난 문제 상황을 해결하기 위해 제시할 수 있는 의견으로 알맞은 것에 ◯표 하시오.

(1) 길을 건널 때는 횡단보도를 이용해야 한다.
( )

(2) 횡단보도를 건널 때는 휴대 전화를 보지 말아야 한다.
( )

(3) 횡단보도를 건널 때는 친구와 손을 잡고 건너야 한다.
( )

23 주변에서 의견을 제시할 필요가 있는 문제 상황으로, ④에 들어가기에 알맞은 것을 찾아 기호를 쓰시오.

㉠ 교실을 깨끗하게 청소하는 상황
㉡ 이웃 어른께 공손하게 인사하는 상황
㉢ 어떤 아이가 거친 말을 자주 하여 다른 사람의 마음을 상하게 하는 상황

( )

24 의견을 제시하는 글을 쓸 때 주의할 점으로 알맞지 않은 것은 무엇입니까? ( )

① 문제 상황이 잘 드러나게 쓴다.
② 의견에 알맞은 까닭을 제시한다.
③ 문장의 짜임이 자연스럽게 쓴다.
④ 자신의 의견을 분명하게 제시한다.
⑤ 읽는 사람이 한 명인 경우에만 높임말을 쓴다.

함께 사는 다문화, 왜 중요할까요? 홍명진

㉮ 우리는 지금부터 다문화 사회를 준비하는 마음가짐을 가져야 해요. 노르웨이가 그랬듯이 ⓐ 의 자세로 다른 문화와 민족을 받아들이고 화합하는 법을 배워야겠지요. 그렇다면 어떻게 관용의 마음을 보여 줄 수 있을까요? / 다문화를 받아들이는 방법은 나와 다른 사람을 특별 대우 하는 것이 아니에요. 그들을 관심, 교육, 온정의 대상이 아니라 길거리에서 만나도 신기하지 않은 평범한 이웃이나 친구로 대하는 것이지요.
따뜻한 사랑이나 인정.

중심 내용 | 우리는 관용의 자세로 다른 문화와 민족을 받아들이고 화합하는 법을 배워야 합니다.

㉯ 특히 외국인 노동자들은 낯선 땅에 살며 자신들의 권리조차 당당히 주장하기 힘들어요. 대한민국이 이들을 피부색으로 차별하거나 혹은 가난한 나라 출신이라고 무시하는 나라라는 말을 듣는다면 정말 부끄러운 일이겠지요. / 하지만 사회의 발전을 함께 이끄는 구성원으로 이들을 받아들인다면 한국은 주변 국가로부터 본받을 만한 나라로 인정받을 겁니다.

"우리는 한 공동체의 구성원이야."

라고 손을 내밀 수 있는 국가야말로 열려 있는 사회이며 ⓑ우리가 만들어 가야 할 선진 국가의 모습이랍니다.

중심 내용 | 진정한 선진 국가가 되기 위해서는 외국인 노동자들도 한 공동체의 구성원으로 받아들이고 그들에게 손을 내밀어야 합니다.

• 글의 종류

의견을 제시하는 글

• 글의 특징

다문화 사회를 준비하는 우리의 올바른 자세에 대한 글쓴이의 의견이 잘 나타나 있습니다.

• 글의 구조

의견	까닭
우리는 다문화 사회를 준비하며 관용의 자세로 다른 문화와 민족을 받아들이고 화합하는 법을 배워야 한다.	다른 문화와 민족을 구성원으로 받아들이는 국가야말로 열려 있는 사회이며 우리가 만들어 가야 할 선진 국가의 모습이기 때문이다.

화합(和 화목할 화, 合 합할 합)   화목하게 어울림.
공동체   생활이나 행동 또는 목적 등을 같이 하는 집단.

어휘

25 다음 뜻을 지닌, ㉠에 들어갈 낱말을 두 글자로 쓰시오.

> • 자신과 다른 사람의 차이를 인정하고 그 차이를 너그럽게 이해함.
> • 남의 잘못을 너그럽게 받아들이거나 용서함.

(   )

중요 독해

26 ⓑ이 무엇인지 알맞게 말한 친구의 이름을 쓰시오.

> 기주: 수출을 많이 하고 국민 소득이 높은 나라야.
> 규연: 외국인 노동자들도 사회의 발전을 함께 이끄는 구성원으로 받아들이는 나라야.

(   )

서술형

27 글쓴이가 말한, 다문화를 받아들이는 방법은 무엇인지 쓰시오.

_____

_____

글의 구조

28 빈칸에 알맞은 말을 넣어 글쓴이의 의견을 정리하시오.

의견	우리는 (1)( ) 사회를 준비하며 관용의 자세로 다른 문화와 민족을 받아들이고 (2)( )하는 법을 배워야 한다.
까닭	다른 문화와 민족을 받아들이는 국가야말로 열려 있는 사회이며 우리가 만들어 가야 할 (3)( ) 국가의 모습이기 때문이다.

학급 신문에 의견을 제시하는 글 쓰기

❶ 학급 신문의 주제를 정한다.

❷ 학급 신문의 이름을 정한다.

❸ 자신의 의견을 뒷받침할 자료를 찾는다.

❹ 자신의 의견과 의견을 뒷받침하는 까닭을 종이에 적는다.

❺ 각자가 적은 종이를 모둠별로 학급 신문에 붙인다.

❻ 학급 신문을 완성한다.

· 특징

학급 신문에 자신의 의견을 제시하는 글을 쓰는 방법을 차례대로 나타낸 그림입니다.

· 활동 정리

학급 신문의 주제 정하기

↓

학급 신문의 이름 정하기

↓

자신의 의견을 뒷받침할 자료 찾기

↓

자신의 의견과 의견을 뒷받침하는 까닭 종이에 적기

↓

각자가 적은 종이를 모둠별로 학급 신문에 붙이기

↓

학급 신문 완성하기

각자(各 각각 각, 自 스스로 자) 각각의 자기 자신.
완성(完 완전할 완, 成 이룰 성) 완전히 다 이룸.

---

29 그림 ❶에서 친구들이 말한 학급 신문의 주제를 두 가지 고르시오. ( )

① 경제 　　② 환경 　　③ 교통

④ 건강 　　⑤ 교육

30 학급 신문에 의견을 제시하는 글을 쓰려고 할 때 생각해야 할 내용으로 알맞지 <u>않은</u> 것은 무엇입니까? ( )

① 학급 신문의 이름

② 학급 신문의 주제

③ 학급 신문을 만든 장소

④ 학급 신문의 주제를 정한 까닭

⑤ 학급 신문에 실을 자신의 의견과 까닭

31 학급 신문의 이름을 정할 때 생각할 점으로 알맞은 것에 ○표 하시오.

⑴ 어려운 낱말을 사용했는가? ( )

⑵ 학급 신문의 주제와 어울리는가? ( )

⑶ 학급 신문의 내용과 관련이 없어도 친구들의 관심을 끌 만한가? ( )

32 학급 신문에 의견을 제시하는 글을 쓸 때 주의해야 할 점이 <u>아닌</u> 것은 무엇입니까? ( )

① 알맞은 까닭을 든다.

② 자신의 의견을 분명히 밝힌다.

③ 문제 상황을 최대한 짧게 쓴다.

④ 읽는 사람을 생각해 예의를 갖춘다.

⑤ 읽는 사람이 들어줄 수 있는 의견을 제시한다.

[1~2] 다음 글을 읽고, 물음에 답하시오.

늙은 농부의 세 아들은 게을렀습니다. ㉠늙은 농부는 세 아들에게 밭에 보물이 있다고 말해 주었습니다. 세 아들은 밭으로 달려갔습니다. 아버지께서 밭에 묻어 두신 보물은 주렁주렁 열린 포도송이였습니다.

1 늙은 농부의 세 아들이 밭에서 발견한 것은 무엇입니까? ( )

① 금은보화
② 커다란 박
③ 동전 열 닢
④ 쌀 다섯 가마니
⑤ 주렁주렁 열린 포도송이

2 ㉠을 문장의 짜임을 생각하여 다음과 같이 나누어 쓰시오.

누가	어찌하다
(1)	(2)

3 다음 ㉮에 들어갈 말로 알맞은 것은 무엇입니까? ( )

김예지는	➡	㉮
누가		무엇이다

① 친절합니다.
② 내 친구입니다.
③ 열심히 공부를 합니다.
④ 친구들을 잘 도와줍니다.
⑤ 운동을 규칙적으로 합니다.

[4~5] 다음 글을 읽고, 물음에 답하시오.

목화 장수 네 명은 뜻하지 않게 큰 손해를 보게 되었다. 그러자 ㉠고양이의 성한 다리를 맡았던 목화 장수 세 명이 투덜투덜 불평을 늘어놓았다.

"이번 불은 순전히 고양이의 아픈 다리를 맡았던 저 사람 때문이야. 하필이면 불이 잘 붙는 산초기름을 발라 줄 게 뭐야?"

"맞아, 그러니 목홧값을 그 사람에게 물어 달라고 하자."

세 사람은 ㉡고양이의 아픈 다리를 맡았던 사람에게 목홧값을 물어내라고 했다. 억울한 그 목화 장수는 절대 목홧값을 물어 줄 수 없다며 큰 싸움을 벌였다.

"불이 붙은 고양이가 광으로 도망칠 때는 성한 세 다리로 도망쳤잖아? 그러니까 광에 불이 난 것은 순전히 너희가 맡은 세 다리 때문이야."

아무리 싸워도 해결이 나지 않자, 네 사람은 고을 사또를 찾아가 판결을 해 달라고 부탁했다.

4 다음 문장을 '누가＋어찌하다'로 나누어 쓰시오.

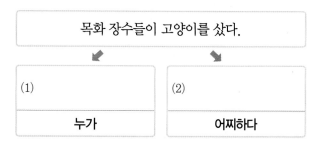

목화 장수들이 고양이를 샀다.	
(1)	(2)
누가	어찌하다

5 다음은 ㉠과 ㉡ 중 누구의 의견을 쓴 것인지 찾아 기호를 쓰시오.

고양이의 아픈 다리에 불이 잘 붙는 산초기름을 발라 준 사람 때문에 불이 났으므로 목홧값은 그 사람이 물어야 한다.

( )

6 다음 속담을 문장의 짜임에 맞게 나누어 쓰시오.

발 없는 말이 천 리 간다.	
누가/무엇이	무엇이다/어찌하다/어떠하다
(1)	(2)

[7~8] 다음 글을 읽고, 물음에 답하시오.

안녕하세요?

김효은 학생의 편지를 잘 읽었습니다.

아름다운 상수리가 댐 건설로 겪게 될 어려움을 잘 압니다. 하지만 상수리 주변에 사는 주민들이 홍수로 겪는 정신적·물질적 피해는 해마다 늘어나고 있습니다.

만강에 댐을 건설하면 여름철에 폭우로 생기는 문제를 막을 수 있습니다. 비가 내리는 대로 내버려 두면, 강 하류에서는 강물이 넘쳐서 논밭이 빗물에 잠기기도 합니다.

그리고 집과 길이 부서지고 심지어 사람이 목숨까지 잃을 만큼 위험합니다. 하지만 댐을 건설하면 홍수로 인한 이런 피해를 막을 수 있습니다.

상수리에 댐을 건설해야 합니다. 우리는 상수리 마을 주민들에게 피해가 가지 않도록 주민들이 이사하는 데 모든 지원을 아끼지 않을 것입니다. 댐 건설에는 상수리 마을 주민들의 협조가 필요합니다. 김효은 학생도 이러한 점을 잘 이해해 주시기를 바랍니다.

7 글쓴이의 의견은 무엇입니까? ( )

① 상수리에 댐을 건설해야 한다.
② 강 하류의 논밭을 없애야 한다.
③ 새로운 댐 건설 방식을 연구해야 한다.
④ 상수리에 댐을 건설하는 것을 반대한다.
⑤ 여름철에 폭우로 생기는 문제는 해결할 수 없다.

8 글쓴이의 의견을 뒷받침하는 까닭을 두 가지 고르시오. ( )

① 홍수로 인한 피해를 막을 수 있다.
② 폭우로 생기는 문제를 막을 수 있다.
③ 상수리 마을 주민들의 협조가 필요하다.
④ 상수리가 댐 건설로 인해 겪게 될 어려움이 많다.
⑤ 상수리 마을 주민들이 이사하는 데 도움을 줄 것이다.

문법
9 다음 밑줄 친 말이 '어찌하다'에 해당하면 '찌', '어떠하다'에 해당하면 '떠'라고 각각 쓰시오.

(1) 강아지가 뜁니다. ( )
(2) 날씨가 따뜻합니다. ( )
(3) 아기의 미소가 예쁩니다. ( )

문법
10 문장을 다음과 같이 나누었을 때 각각 무엇에 해당하는지 보기 에서 찾아 쓰시오.

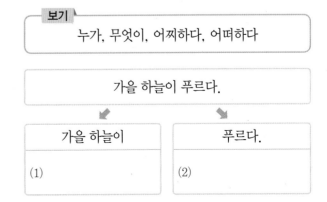

보기	
누가, 무엇이, 어찌하다, 어떠하다	

가을 하늘이 푸르다.	
가을 하늘이	푸르다.
(1)	(2)

5
단원

1 다음 문장의 밑줄 친 부분에 대한 설명으로 알맞은 것을 두 가지 고르시오. (   )

> 세 아들은 <u>밭으로 달려갔습니다.</u>

① 세 아들의 움직임을 나타낸다.
② '어떠하다'에 해당하는 부분이다.
③ '어찌하다'에 해당하는 부분이다.
④ '누가/무엇이'에 해당하는 부분이다.
⑤ 세 아들의 성질이나 상태를 나타낸다.

2 ㉠에 들어갈 말로 알맞지 <u>않은</u> 것은 무엇입니까?

(   )

내 친구 현서는	➡	㉠
누가		어찌하다

① 부지런합니다.
② 과학자를 꿈꿉니다.
③ 열심히 공부를 합니다.
④ 선생님께 인사를 합니다.
⑤ 친구들과 즐겁게 놉니다.

3 문장의 짜임을 알면 좋은 점을 모두 고르시오.

(   )

① 문장을 길게 쓸 수 있다.
② 문장의 뒷부분을 읽지 않아도 내용을 알 수 있다.
③ 문장을 두 부분으로 끊어 읽으면 이해하기 쉽다.
④ 문장을 두 부분으로 나눠서 앞뒤 연결이 자연스러운지 생각하며 글을 쓸 수 있다.
⑤ 문장의 뒷부분을 살피면서 앞부분을 보면 어색한 문장을 자연스럽게 고칠 수 있다.

[4~5] 다음 글을 읽고, 물음에 답하시오.

　고양이의 성한 다리를 맡았던 목화 장수 세 명이 투덜투덜 불평을 늘어놓았다.

　"이번 불은 순전히 고양이의 아픈 다리를 맡았던 저 사람 때문이야. 하필이면 불이 잘 붙는 산초기름을 발라 줄 게 뭐야?"

　"맞아, 그러니 목홧값을 그 사람에게 물어 달라고 하자."

　세 사람은 고양이의 아픈 다리를 맡았던 사람에게 목홧값을 물어내라고 했다. 억울한 그 목화 장수는 절대 목홧값을 물어 줄 수 없다며 큰 싸움을 벌였다.

　"불이 붙은 고양이가 광으로 도망칠 때는 성한 세 다리로 도망쳤잖아? 그러니까 광에 불이 난 것은 순전히 너희가 맡은 세 다리 때문이야."

　아무리 싸워도 해결이 나지 않자, 네 사람은 고을 사또를 찾아가 판결을 해 달라고 부탁했다.

서술형

4 고양이의 성한 다리를 맡았던 목화 장수 세 명의 의견과 까닭은 무엇인지 쓰시오.

의견	(1)
까닭	(2)

5 다음 문장을 '누가+어찌하다'의 짜임에 맞게 나눈 것은 무엇입니까? (   )

> 목화 장수들은 사또에게 판결을 부탁했다.

① 목화+장수들은 사또에게 판결을 부탁했다.
② 목화 장수들은+사또에게 판결을 부탁했다.
③ 목화 장수들은 사또에게+판결을 부탁했다.
④ 목화 장수들은 사또에게 판결을+부탁했다.
⑤ 목화 장수들은+사또에게 판결을+부탁했다.

6 ㉮, ㉯에 해당하는 속담을 찾아 각각 선으로 이으시오.

> ㉮ 실속 없는 사람이 겉으로 더 떠들어 댐을 비유적으로 이르는 말이다.
> ㉯ 말은 비록 발이 없지만 천 리 밖까지도 순식간에 퍼진다는 뜻으로, 말을 삼가야 함을 비유적으로 이르는 말이다.

(1) ㉮ •

(2) ㉯ •

• ㉠ 빈 수레가 요란하다.

• ㉡ 발 없는 말이 천 리 간다.

7 다음 뜻에 해당하는 속담을 보기 에서 찾아 문장의 짜임에 맞게 나누어 쓰시오.

> 바늘을 훔치던 사람이 계속 반복하다 보면 결국은 소까지도 훔친다는 뜻으로, 작은 나쁜 짓도 자꾸 하게 되면 큰 죄를 저지르게 됨을 비유적으로 이르는 말이다.

보기
• 바늘 가는 데 실 간다.
• 소 잃고 외양간 고친다.
• 바늘 도둑이 소도둑 된다.

누가/무엇이	무엇이다/어찌하다/어떠하다
(1)	(2)

[8~9] 다음 글을 읽고, 물음에 답하시오.

> 어제 만강에 댐을 건설할 수 있는지 알아보려고 담당자들께서 우리 마을을 방문하셨습니다. 담당자들께서는 작년에 비가 많이 와서 만강 하류에 있는 도시에 물난리가 났다고 말씀하셨습니다. 그래서 홍수를 막으려면 우리 마을에 댐을 건설해야 한다고 하셨습니다.
> 하지만 저는 댐을 건설하는 것에 반대합니다. 우리 상수리에 댐을 건설하면 숲에 사는 동물들이 살 곳을 잃고, 우리는 만강의 물고기들을 다시는 볼 수 없게 될 것입니다. 그리고 마을 어른들께서는 평생 살아온 고향을 떠나야 한다고 말씀하십니다. 우리 마을에 댐을 건설하기로 한 계획을 취소해 주시기를 부탁합니다.
> 　　　　　　　　　　　　20○○년 10월 ○○일
> 　　　　　　　　　　　　　　　　　김효은 올림

서술형
8 댐 건설 기관 담당자들이 상수리를 방문한 까닭은 무엇인지 쓰시오.

_____

_____

9 ㉮~㉰를 효은이의 의견과 그렇게 생각한 까닭으로 나누어 기호를 쓰시오.

> ㉮ 숲에 사는 동물들이 살 곳을 잃는다.
> ㉯ 만강의 물고기들을 다시는 볼 수 없다.
> ㉰ 상수리에 댐을 건설하는 것을 반대한다.
> ㉱ 마을 어른들께서 평생 살아온 고향을 떠나셔야 한다.

(1) 효은이의 의견: (　　　　　　　　　)

(2) 그렇게 생각한 까닭: (　　　　　　　　　)

[10~11] 다음 글을 읽고, 물음에 답하시오.

아름다운 상수리가 댐 건설로 겪게 될 어려움을 잘 압니다. 하지만 ㉠상수리 주변에 사는 주민들이 홍수로 겪는 정신적·물질적 피해는 해마다 늘어나고 있습니다.

만강에 댐을 건설하면 여름철에 폭우로 생기는 문제를 막을 수 있습니다. 비가 내리는 대로 내버려 두면, 강 하류에서는 강물이 넘쳐서 논밭이 빗물에 잠기기도 합니다.

그리고 집과 길이 부서지고 심지어 사람이 목숨까지 잃을 만큼 위험합니다. 하지만 댐을 건설하면 홍수로 인한 이런 피해를 막을 수 있습니다.

상수리에 댐을 건설해야 합니다. 우리는 상수리 마을 주민들에게 피해가 가지 않도록 주민들이 이사하는 데 모든 지원을 아끼지 않을 것입니다. 댐 건설에는 상수리 마을 주민들의 협조가 필요합니다.

10 의견을 제시하는 글에 들어가는 내용 중, ㉠은 무엇에 해당하는지 찾아 ○표 하시오.

(1) 문제 상황 ( )

(2) 자신의 의견 ( )

(3) 문제를 해결하는 방법 ( )

11 글쓴이의 의견에 맞게 빈칸에 알맞은 말을 쓰시오.

• 만강에 댐을 건설하면 여름철에 폭우로 생기는 문제와 ( )을/를 막을 수 있기 때문에 상수리에 댐을 건설해야 한다.

12 글쓴이가 의견을 잘 제시했는지 검토하는 기준을 알맞게 말한 친구의 이름을 모두 쓰시오.

> 제성: 문제 상황이 잘 드러나게 썼는지 살펴봐야 해.
> 민지: 다른 사람의 의견도 제시했는지 살펴봐야 해.
> 진규: 읽는 사람을 생각하며 예의 바르게 글을 썼는지 확인해야 해.

( )

[13~14] 다음 그림을 보고, 물음에 답하시오.

13 이 그림에 나타난 문제 상황은 무엇인지 생각하여 빈칸에 알맞은 말을 쓰시오.

• ( )을/를 보며 횡단보도를 걷는 상황

서술형

14 이 그림에 나타난 문제를 해결하기 위한 자신의 의견과 그렇게 생각한 까닭을 쓰시오.

(1) 의견: _____

_____

(2) 그렇게 생각한 까닭: _____

_____

15 의견을 제시하는 글을 실을 학급 신문을 만드는 차례에 맞게 기호를 쓰시오.

> ㉮ 학급 신문을 완성한다.
> ㉯ 학급 신문의 이름을 정한다.
> ㉰ 학급 신문의 주제를 정한다.
> ㉱ 자신의 의견을 뒷받침할 자료를 찾는다.
> ㉲ 각자가 적은 종이를 모둠별로 학급 신문에 붙인다.
> ㉳ 자신의 의견과 의견을 뒷받침하는 까닭을 종이에 적는다.

• ㉰ → ( ) → ( ) → ( ) → ( ) → ( )

5. 의견이 드러나게 글을 써요

● 정답 및 풀이 20쪽

평가 주제	의견을 제시하는 글을 쓰고 친구들과 의견 나누기
평가 목표	학급 신문에 실을 자신의 의견을 글로 쓸 수 있다.

1 우리 반에서 만들 학급 신문의 주제를 한 가지 정하고, 그렇게 정한 까닭을 쓰시오.

학급 신문의 주제	(1)
그렇게 정한 까닭	(2)

2 문제 1번에서 정한 주제와 관련하여 학급 신문에 실을 자신의 의견과 그렇게 생각한 까닭을 쓰시오.

의견	(1)
까닭	(2)

3 문제 2번에서 답한 내용을 바탕으로 하여 학급 신문에 실을 자신의 의견을 글로 쓰시오.

> **조건**
> 1. 알맞은 까닭을 들어 의견을 제시한다.
> 2. 문장의 짜임에 맞게 쓴다.

미로를 따라 길을 찾아보세요.

● 정답 및 풀이 20쪽

출발

도착

6 본받고 싶은 인물을 찾아봐요

▶ 학습을 완료하면 V표를 하면서 학습 진도를 체크해요.

6 본받고 싶은 인물을 찾아봐요

개념 강의

● 정답 및 풀이 21쪽

1 본받고 싶은 인물 소개하기

- 자신이 본받고 싶은 인물이 누구인지 말합니다.
- 그 인물을 본받고 싶은 까닭을 말합니다.
- 그 인물이 살았던 시대 상황을 중심으로 말합니다.
- 그 인물이 한 일을 말합니다.

> 예 본받고 싶은 인물에 대해 소개하기
>
>
> 세종 대왕
>
> 세종 대왕은 한자가 너무 어려워 많은 백성이 글로 자신의 생각을 표현하지 못하는 것을 안타깝게 여겨 여러 학자와 함께 훈민정음을 만들었습니다.

1 본받고 싶은 인물 소개하기

본받고 싶은 인물을 소개하는 방법을 알맞게 말한 친구의 이름을 쓰시오.

> 유경: 인물이 살면서 겪었던 모든 일을 말해야 해.
> 재호: 인물이 살았던 시대 상황을 중심으로 말해야 해.

( )

2 전기문의 특성

- 전기문은 인물의 삶을 사실에 근거해 쓴 글입니다.
- 전기문에는 인물이 살았던 시대 상황이 나타납니다.
- 전기문에는 인물이 한 일과 인물의 가치관이 나타납니다.

> 예 「김만덕」을 읽고 전기문의 특성을 생각하여 정리하기
>
> | 인물이 살았던 시대 상황 | • 조선 시대에는 양반과 양민에 대한 신분 차별이 있었음.
• 1790년부터 제주도에 4년 동안 흉년이 들었고, 이듬해 수확을 앞두고 태풍이 몰려와서 큰 피해를 입었음. |
> | --- | --- |
> | 인물이 한 일 | 제주도에 흉년이 들어 사람들이 굶어 죽을 위기에 처했을 때 전 재산을 들여 육지에서 곡식을 사 오게 했고, 그것을 굶주린 사람들에게 나누어 줌. |
> | 인물의 가치관 | 자신이 가진 것을 나누고 베푸는 삶을 중요하게 생각함. |

2 전기문의 특성

전기문의 특성으로 알맞은 것에 모두 ○표를 하시오.

(1) 인물이 살았던 시대 상황이 나타난다. ( )

(2) 예전부터 전해져 내려오는 이야기이다. ( )

(3) 인물이 한 일과 인물의 가치관이 나타난다. ( )

3 전기문의 특성을 생각하며 읽기

- 인물이 살아온 과정을 차례대로 정리해 봅니다.
- 인물의 생각과 인물이 한 일을 바탕으로 하여 인물의 가치관을 짐작해 봅니다.
- 전기문의 특성을 살려 내용을 요약해 봅니다.

> 예 「정약용」을 읽고 정약용이 살아온 과정을 차례대로 정리하기
>
> | 1762년 | 지금의 경기도 남양주에 있는 마재에서 태어남. |
> | --- | --- |
> | 열다섯 살 때 | 아버지를 따라 한양으로 가서 학문을 익힘. |
> | 서른한 살 때 | 임금의 명으로 거중기를 만들었음. |
> | 서른세 살 때 | 정조의 비밀 명령을 받고 암행어사가 되었음. |
> | 쉰일곱 살 때 | 『목민심서』라는 책을 펴냈음. |

3 전기문의 특성을 생각하며 읽기

전기문의 특성을 살려 내용을 요약할 때 들어가야 할 내용으로 알맞은 것의 기호를 모두 쓰시오.

> ㉠ 인물이 한 일
> ㉡ 인물의 가치관
> ㉢ 인물이 앞으로 겪을 일
> ㉣ 인물이 살았던 시대 상황

( )

6 본받고 싶은 인물을 찾아봐요

어휘·문법

● 정답 및 풀이 21쪽

어휘

1. 핵심 개념 어휘: 전기문, 가치관

傳 전할 전
記 기록할 기
文 글월 문
뜻 인물의 삶을 사실에 근거해 기록한 글.

전기문

가치관

價 값 가
値 값 치
觀 볼 관
뜻 사람이 어떤 행동이나 일을 선택하고 실천하는 데 바탕이 되는 생각.

➡ 전기문을 읽을 때에는 인물의 가치관을 짐작해 보도록 합니다.

2. 작품 속 어휘

낱말	뜻	예시
흥정	물건을 사거나 팔기 위하여 품질이나 가격 등을 의논함.	어머니께서는 시장에서 흥정을 하시곤 합니다.
광활(廣闊)하다 廣 넓을 광 闊 트일 활	막힌 데가 없이 트이고 넓다. 비 드넓다	저 언덕 너머에는 광활한 평원이 펼쳐져 있습니다.
오류(誤謬) 誤 그릇할 오 謬 그릇될 류	그릇되어 이치에 맞지 않는 일.	그가 둘러대는 말에는 오류가 많았습니다.
의사소통	가지고 있는 생각이나 뜻이 서로 통함.	그 사람과는 의사소통이 잘되지 않습니다.
사치스럽다	필요 이상의 돈이나 물건을 쓰거나 분수에 지나친 생활을 하는 데가 있다.	이 방은 사치스럽게 꾸며져 있습니다.

문법 쪼갤 수 있는 낱말

눈물 ➡ 눈 ⊙ + 물 💧 봄비 ➡ 봄 🌱 + 비 ☔

옷장 ➡ 옷 👗 + 장 🗄 나무껍질 ➡ 나무 🌳 + 껍질 🍂

◆ 낱말 중에는 더 작은 부분으로 나눌 수 있는 낱말인 '쪼갤 수 있는 낱말'과 더 작은 부분으로 나눌 수 없는 낱말인 '쪼갤 수 없는 낱말'이 있습니다. '쪼갤 수 있는 낱말'인지 알기 위해서는 더 작게 나눈 낱말이 뜻을 가지고 있는지 살펴보아야 합니다. '눈+물'과 같이 '혼자 쓸 수 있는 낱말+혼자 쓸 수 있는 낱말'로 이루어진 낱말이 '쪼갤 수 있는 낱말'에 해당합니다. '나무'와 같은 낱말이 쪼갤 수 없는 낱말입니다.

어휘·문법 확인 문제

1 핵심 개념 어휘

다음 낱말의 뜻풀이가 바른 것에 ○표 하시오.

⑴ 전기문: 인물의 삶을 상상하여 지어낸 글. (   )

⑵ 가치관: 사람이 어떤 행동이나 일을 선택하고 실천하는 데 바탕이 되는 생각. (   )

2 작품 속 어휘

보기 에서 알맞은 낱말을 찾아 다음 문장을 완성하시오.

보기
오류   흥정   의사소통

⑴ 생각보다 값이 비싸서 (   )을/를 했다.

⑵ 나는 영어로 기본적인 (   )은/는 할 수 있다.

⑶ 일을 할 때 (   )이/가 생기지 않도록 주의하자.

3 작품 속 어휘

(   ) 안의 낱말 중 알맞은 것에 ○표 하시오.

• 썰물 때 바닷물이 빠지면서 (광활한, 장황한) 갯벌이 드러났다.

4 문법

다음 중 쪼갤 수 있는 낱말을 모두 찾아 ○표 하시오.

눈물	거울	봄비
바닥	겨울	불빛

6
단원

본받고 싶은 인물 소개하기

• 특징
자신이 본받고 싶은 인물을 소개할 때 무엇을 중심으로 말하면 좋은지 알 수 있습니다.

• 활동 정리

본받고 싶은 인물 소개하기 예	
본받고 싶은 인물	주시경 선생님
인물이 살았던 시대 상황	백 년 전만 해도 글을 읽지 못하는 사람들이 대부분이었음.
인물이 한 일	우리글을 누구나 쉽게 배울 수 있도록 문법을 연구함.

외세(外 바깥 외, 勢 기세 세) 외국의 세력.
침략(侵 침노할 침, 略 다스릴 략) 정당한 이유 없이 남의 나라에 쳐들어감.

어휘

1 다음 뜻에 해당하는 낱말을 ⑦의 대화에서 찾아 쓰시오.

> 인물의 삶을 사실대로 기록한 글.

(   )

2 주시경 선생님이 살았던 시대 상황으로 알맞은 것에 ○표 하시오.

(1) 글을 읽지 못하는 사람들이 대부분이었다.
(   )

(2) 우리글이 없어서 사람들이 글로 자신의 생각을 표현하지 못했다. (   )

3 주시경 선생님이 우리글을 쉽게 배울 수 있도록 노력한 까닭은 무엇입니까? (   )

① 우리글이 너무 복잡해서
② 우리글로 하는 수업이 많아져서
③ 새로운 글자가 필요하다고 생각해서
④ 우리글을 배우는 외국인이 많아져서
⑤ 우리나라가 외세의 침략을 받지 않고 잘 살려면 우리글을 모두가 알아야 한다고 생각해서

4 자신이 본받고 싶은 인물을 소개할 때 말할 내용으로 알맞은 것을 모두 고르시오. (   )

① 인물이 한 일   ② 본받고 싶은 까닭
③ 인물이 한 모든 말   ④ 본받고 싶은 다른 인물
⑤ 인물이 살았던 시대 상황

김만덕

신현배

❶ "사또, 부탁드릴 일이 있어 왔습니다. 저는 본디 양민의 딸이었습니다. 그런데 어린 나이에 부모를 여의고 친척 집에 맡겨졌다가 어쩔 수 없이 기생이 되었습니다. 사또께서는 제 억울한 사정을 헤아리시어 저를 양민의 신분으로 되돌려 주시기 바랍니다."

원래 양민: 신분제 사회에서 지배 계급이 아닌 일반인을 뜻하는 말.

김만덕은 눈물을 흘리며 제주 목사에게 간절히 말하였다. 제주 목사는 김만덕의 말이 사실인지 관리를 불러

조선 시대에 지방에 파견했던 행정 관리.

조사하게 하였다. 그리고 김만덕의 억울한 사정이 밝혀지자 명을 내렸다. / "만덕의 이름을 기안에서 지우고 양민의 신분으로 되돌려 주어라."

관아에서 기생의 이름을 기록해 두던 책.

㉠김만덕은 뛸 듯이 기뻤다. 이제 자유의 몸이 되어 새로운 인생을 살게 된 것이다.

중심 내용 | 어린 나이에 부모를 여의고 기생이 된 김만덕은 제주 목사에게 양민의 신분으로 되돌려 달라고 부탁하여 새로운 인생을 살게 되었다.

❷ 김만덕은 1739년에 제주도의 가난한 선비 집안에서 태어났다. 비록 가난하였으나 사랑과 정이 깊은 부모님 밑에서 자랐다. 그러나 열두 살이 되던 해에 심한 흉년과 전염병 때문에 부모님을 차례로 여의고 말았다. 친척

집을 이리저리 옮겨 다니며 살던 김만덕은 기생의 수양딸이 되었다가 스물세 살이 되던 해에 드디어 기생의 신분에서 벗어났다.

자유의 몸이 된 김만덕은 제주도의 포구에 객줏집을 열었다. 객줏집은 상인의 물건을 맡아 팔기도 하고 물건

배가 드나드는 강이나 내에 바닷물이 드나드는 곳의 어귀.

을 사고파는 데 흥정을 붙이기도 하며, 상인들을 먹여 주고 재워 주기도 하는 집을 말하였다. 육지에서 온 상인들은 김만덕의 객줏집에서 묵어갈 뿐만 아니라 김만덕에게 육지의 물건을 맡기기도 하였다.

"쌀, 무명이오. 좋은 값에 팔아 주시오."

김만덕은 육지의 물건을 제주도 사람들에게 팔아 이익을 남길 수 있었다. 또 김만덕은 녹용, 약초, 귤, 미역, 전복 같은 제주도의 특산물에 눈길을 돌렸다. 이러한 물건들을 제주도 사람들에게 사들여 육지 상인들에게 팔았다. 육지 상인들은 제주도의 특산물을 적당한 가격에 사들일 수 있어 김만덕의 객줏집으로 몰려들었다.

중심 내용 | 자유의 몸이 된 김만덕은 객줏집을 열어 육지의 물건을 제주도 사람들에게 팔고, 제주도의 특산물을 육지 상인들에게 팔았다.

여의고 부모나 사랑하는 사람이 죽어서 이별하고.

6
단원

---

5 김만덕이 제주 목사에게 부탁한 것은 무엇입니까?

( )

① 양민의 신분으로 되돌려 달라는 것
② 부모님을 모실 수 있게 해 달라는 것
③ 제주 목사 밑에서 일하게 해 달라는 것
④ 여자도 과거를 볼 수 있게 해 달라는 것
⑤ 어릴 때 살았던 친척 집을 찾아 달라는 것

서술형

6 ㉠에서 김만덕이 뛸 듯이 기뻤던 까닭은 무엇인지 쓰시오.

_____

_____

7 김만덕이 객줏집을 열고 한 일로 알맞지 <u>않은</u> 것은 무엇입니까? ( )

① 육지 상인들을 재워 주었다.
② 육지 상인들에게 돈을 빌려주었다.
③ 육지 상인들의 물건을 맡아 주었다.
④ 육지의 물건을 제주도 사람들에게 팔았다.
⑤ 제주도의 특산물을 사들여 육지 상인들에게 팔았다.

중요 독해

8 이 글의 시대 상황은 어떠했습니까? ( )

① 신분 제도가 있었다.
② 여자는 장사를 할 수 없었다.
③ 부모를 여읜 아이는 나라에서 돌보았다.
④ 특별히 잘살거나 못사는 사람이 없었다.
⑤ 의학 기술이 발달해 사람들이 오래 살았다.

김만덕

❸ 김만덕은 장사를 하면서 세 가지 원칙을 지켰다. 첫째는 이익을 적게 남기고 많이 판다. 둘째는 적당한 가격에 물건을 사고판다. 그리고 셋째는 반드시 신용을 지키고 정직한 거래를 한다. 이러한 세 가지 원칙을 철저히 지켰기 때문에 김만덕의 사업은 나날이 번창하였다.

몇십 년이 흘렀다. 김만덕은 제주도에서 손꼽히는 큰 상인이 되었다. 많은 돈을 벌어들여 '제주도 부자 김만덕' 하면 모르는 사람이 없을 정도였다. 그러나 김만덕은 돈이 많다고 하여 함부로 돈을 낭비하지 않았다. 오히려 더 절약하고 검소한 생활을 하였다.

"풍년에는 흉년을 생각하여 더욱 절약해야 돼. 그리고 편안히 사는 사람은 어렵게 사는 사람을 생각하여 하늘의 은혜에 감사하며 검소하게 살아야 하고……."

김만덕은 주위 사람들에게 늘 이렇게 말하였다.

중심 내용 | 김만덕은 장사를 하면서 세 가지 원칙을 철저히 지켰고, 큰 상인이 된 뒤에도 검소한 생활을 하였다.

❹ 1790년부터 4년 동안 제주도에는 흉년이 계속되었다. 그 바람에 양식이 없어 굶주리는 사람들이 늘어났

다. 제주도 사람들은 모두 굶어 죽게 되었다며 근심에 잠겼다. 그러나 다행스럽게도 이듬해에는 농사가 잘되었다. 때맞추어 비가 내려 들판에는 곡식이 익어 갔다. 이대로라면 그해 농사는 대풍년이었다. 그런데 수확을 앞두고 제주도에 태풍이 몰려왔다. 그동안 애써 가꾸어 놓은 농산물이 모두 심한 피해를 입어 제주도 사람들은 이제 꼼짝없이 굶어 죽을 지경에 이르렀다. 제주 목사는 그해 9월에 이러한 사정을 편지로 써서 조정에 알렸다.

> 태풍으로 올해 농사를 망쳐 제주도 사람 모두가 굶어 죽을 위기에 처했습니다. 곡식 이만 석을 급히 보내 주십시오.

중심 내용 | 제주 목사는 태풍으로 농사를 망쳐 사람들이 굶어 죽을 위기에 처한 것을 조정에 알렸다.

신용(信 믿을 신, 用 쓸 용) 사람이나 사물이 틀림없다고 믿어 의심하지 아니함. 또는 그런 믿음성의 정도.
번창(繁 번성할 번, 昌 창성할 창) 단체·조직·사업 등의 규모가 커지고 일이나 활동이 활발해지는 것.
이듬해 바로 다음의 해.

9 김만덕이 장사를 하면서 지킨 원칙을 모두 고르시오.
( )

① 오래된 물건을 팔지 않는다.
② 이익을 적게 남기고 많이 판다.
③ 적당한 가격에 물건을 사고판다.
④ 반드시 신용을 지키고 정직한 거래를 한다.
⑤ 항상 물건을 사는 사람의 입장에서 생각한다.

10 제주 목사가 편지를 통해 조정에 알린 사정은 무엇입니까? ( )

① 제주도가 왜구의 침략을 받았다.
② 풍년이 계속되어 굶주리는 사람이 없다.
③ 임금이 보낸 곡식을 실은 배가 침몰했다.
④ 자신이 제주도 사람들을 위해 전 재산을 들여 곡식을 샀다.
⑤ 태풍으로 농사를 망쳐 제주도 사람 모두가 굶어 죽을 위기에 처했다.

11 제주 목사가 편지를 통해 부탁한 내용에 맞게 빈칸에 알맞은 말을 써넣으시오.

• ( )을/를 급히 보내 달라는 것

중요 독해

12 이 글을 읽고 김만덕에 대한 자신의 생각을 알맞게 말한 친구의 이름을 쓰시오.

> 진혁: 김만덕은 사람보다 돈을 더 중요하게 여긴 것 같아.
> 서연: 김만덕은 검소한 생활과 정직한 상거래를 중요하게 생각한 것 같아.

( )

김만덕

❺ 정조 임금은 이 편지를 받고 신하들과 회의를 하였다. 그리고 곡식 이만 석을 보내 제주도 사람들을 살리기로 결정하였다. 임금의 명으로 신하들은 곡식을 여러 배에 나누어 실어 제주도로 보냈다. 하지만 그 배들은 제주도에 닿지 못하였다. 갑자기 태풍이 불어닥쳐 배가 모두 바닷속으로 가라앉아 버린 것이다. 배가 침몰하였다는 소식을 들은 제주도 사람들은 이제는 굶어 죽을 수밖에 없다며 ㉠절망에 빠졌다. 이것을 보고 김만덕은 생각하였다. / '제주도 사람들을 굶어 죽게 내버려 둘 수는 없다. 내가 나서서 그들을 살려야겠다.'

김만덕은 전 재산을 들여 육지에서 곡식을 사 오게 하였다. 그 곡식은 총 오백여 석이었다.

"제가 전 재산을 들여 육지에서 사들인 곡식입니다. 굶주린 사람들에게 나누어 주십시오."

제주 목사는 김만덕의 말을 듣고 깜짝 놀랐다.

'양반도 아닌 상인이 ㉡피땀 흘려 모은 재산을 제주도 사람들을 구하겠다고 모두 내놓다니 정말 어진 사람이구나.'

관청 마당에는 곡식이 ㉢산더미같이 쌓여 있었다. 제주 목사는 곡식을 풀어 굶주린 사람들에게 나누어 주었다. 그리하여 제주도 사람들은 목숨을 건질 수 있었다.

"그분이 없었다면 우리는 어떻게 되었을까?"

"모두 굶어 죽었겠지. 그분은 제주도 사람들의 ㉣은인이야."

제주도 사람들은 모이기만 하면 김만덕의 업적과 어진 덕을 칭찬하였다. 제주 목사는 임금에게 김만덕의 행동을 칭찬하는 글을 올렸다. 임금은 제주 목사의 편지를 받고 눈이 ㉤화등잔만 해졌다.

"제주도에 사는 여인이 전 재산을 내놓아 굶주린 사람들을 살렸다고? 참으로 고마운 일이로구나. 김만덕의 소원을 들어주도록 하여라."

중심 내용 | 임금이 보낸 곡식을 실은 배가 태풍으로 침몰하자 김만덕은 자신이 사들인 곡식을 굶주린 사람들에게 나누어 주었고, 이를 알게 된 임금이 김만덕의 소원을 들어주라고 하였다.

침몰(沈 잠길 침, 沒 빠질 몰) 물속에 가라앉음.
어진 마음이 너그럽고 착하며 슬기롭고 덕이 높은.
예 세종 대왕은 어진 성품을 가진 임금이었습니다.
업적(業 일 업, 績 공적 적) 열심히 일하여 이룩해 놓은 결과.

어휘

13 ㉠~㉤ 중 다음의 뜻을 지닌 낱말을 찾아 기호를 쓰시오.

놀라거나 두려워 커다래진 눈을 비유적으로 이르는 말.

( )

중요 독해

14 김만덕이 배가 침몰하였다는 소식을 듣고 한 일은 무엇입니까? ( )

① 이웃 나라에 도움을 청했다.
② 평생 번 돈으로 새로운 배를 사들였다.
③ 바닷속으로 가라앉은 배를 찾으러 떠났다.
④ 배가 침몰한 소식을 편지로 써서 조정에 전했다.
⑤ 전 재산으로 곡식을 사서 굶주린 사람들에게 나누어 주었다.

15 임금이 김만덕의 소원을 들어주겠다고 한 까닭은 무엇입니까? ( )

① 제주도에서 가장 오래 살아서
② 우수한 성적으로 과거에 합격해서
③ 여자로서 모으기 힘든 큰돈을 모아서
④ 전 재산을 내놓아 굶주린 사람들을 살려서
⑤ 제주도에서 상업이 발전할 수 있는 기틀을 마련해서

서술형

16 자신이 김만덕이 처했던 상황에 놓인다면 어떻게 할 것 같은지 생각하여 쓰시오.

_____

_____

김만덕

❻ 제주 목사가 김만덕에게 소원을 묻자, 김만덕은 임금의 용안을 뵙는 것과 금강산 구경을 말하였다. 임금은 김만덕에게 벼슬을 내려 임금을 만날 수 있게 해 주었다. 양민의 신분으로는 임금을 만날 수 없었기 때문이다. 그리고 제주도 여자는 제주도를 떠날 수 없었던 그 당시의 규범을 깨고 김만덕에게 금강산을 구경하도록 해 주었다.

김만덕은 일 년여 동안 서울에서 지낸 뒤에 다시 고향 제주도로 돌아왔다. 그리고 예전과 다름없이 장사를 하며 어려운 사람들을 도왔다. 김만덕은 자신만 풍요롭게 살기보다는 자신이 가진 것을 사람들과 나누며 함께 살았다. 김만덕의 삶은 이웃과 더불어 살며 나누고 베푸는 따뜻한 마음이 무엇인지 우리에게 잘 보여 준다.

중심 내용 | 임금은 김만덕에게 벼슬을 내리고 금강산을 구경할 수 있게 해 주었으며, 이후에도 김만덕은 이웃과 더불어 살며 나누고 베푸는 삶을 살았다.

- **글의 특징**
이웃과 더불어 살며 나누고 베푸는 삶을 산 김만덕의 가치관이 잘 나타나 있는 전기문입니다.

- **작품 정리**

전기문의 특성	내용
인물이 살았던 시대 상황	• 조선 시대에는 양반과 양민에 대한 신분 차별이 있었다. • 1790년부터 제주도에 4년 동안 흉년이 들었고, 이듬해 수확을 앞두고 태풍이 몰려와서 큰 피해를 입었다.
인물이 한 일	제주도에 흉년이 들어 사람들이 굶어 죽을 위기에 처했을 때 전 재산을 들여 육지에서 곡식을 사 오게 했고, 그것을 굶주린 사람들에게 나누어 주었다.
인물의 가치관	자신이 가진 것을 나누고 베푸는 삶을 중요하게 생각한다.

용안(龍 임금 용, 顔 낯 안) 임금의 얼굴을 높여 이르는 말.
규범(規 법 규, 範 법 범) 마땅히 따라야 할 본보기.

 서술형

17 김만덕의 소원 두 가지를 이 글에서 찾아 쓰시오.

_____

_____

중요 독해

18 김만덕이 살았던 시대 상황으로 알맞은 것을 두 가지 고르시오. (   )

① 제주도 사람은 벼슬을 할 수 없었다.
② 제주도 사람은 임금을 만날 수 없었다.
③ 제주도 여자는 제주도를 떠날 수 없었다.
④ 양민의 신분으로는 임금을 만날 수 없었다.
⑤ 양민의 신분으로는 제주도를 떠날 수 없었다.

어휘

19 사람이 어떤 행동이나 일을 선택하고 실천하는 데 바탕이 되는 생각을 뜻하는 말을 세 글자로 쓰시오.

(   )

작품 정리

20 빈칸에 알맞은 낱말을 넣어 김만덕의 말과 행동을 통해 알 수 있는 김만덕의 가치관을 정리하시오.

말	"풍년에는 흉년을 생각하여 더욱 ⑴( )해야 돼. 그리고 편안히 사는 사람은 어렵게 사는 사람을 생각하여 하늘의 은혜에 감사하며 ⑵( )하게 살아야 하고……."
행동	김만덕은 전 재산을 들여 육지에서 ⑶( )을/를 사 오게 하였다.
↓	
가치관	자신이 가진 것을 나누고 ⑷( ) 삶을 중요하게 생각한다.

임금님을 공부시킨 책벌레

가 보좌에 앉은 선조가 고개를 조아린 신하들 앞에서 말했습니다.

"과인이 책을 잡고 어엿한 왕이 되려고 마음먹은 데는 유희춘의 공로가 크다. 어서 유배 가 있는 유희춘을 불러오너라!"

중심 내용 | 선조는 유희춘 덕분에 책을 잡고 어엿한 왕이 되려고 마음먹을 수 있었다며 유희춘을 불러오라고 명했습니다.

나 유희춘은 수많은 책 속에서 읽은 ⊙광활한 역사와 훌륭한 임금들의 이야기를 들려주었습니다.

선조는 그때부터 책의 재미를 깨닫고 스승을 따라 어딜 가나 책을 쥐고 다니게 되었습니다.

유희춘은 명종 대에 간신배들에 맞서서 바른 뜻을 굽히지 않다가 정적들의 모함으로 제주도에 유배를 가 있었습니다. 선조는 왕이 되자마자 유희춘을 한양으로 불러들이고 관직을 내주었습니다.

중심 내용 | 선조는 정적들의 모함으로 유배를 가 있었던 유희춘에게 관직을 내주었습니다.

다 선조는 유희춘에게 하고 싶은 일이 있는지 물었습니다. 긴 유배 생활로 퀭한 유희춘의 얼굴에 한 줄기 빛이 들었습니다.

"그동안 많은 책 속에서 여러 오류를 발견하였습니다. 소신에게 시간을 주신다면 그 책을 바로잡아 새로 편찬하고 싶습니다."

이후 유희춘은 선조의 전폭적인 지원 아래 이미 편찬된 책들의 오류를 바로잡고 새로이 찍어 냈습니다.

중심 내용 | 유배 생활을 마치고 돌아온 유희춘은 이미 편찬된 책들의 오류를 바로잡고 새로이 찍어 냈습니다.

- **글의 종류**
  전기문

- **글의 특징**
  선조에게 책의 재미를 깨닫게 하고, 편찬된 책들의 오류를 바로잡은 유희춘의 업적이 잘 나타나 있는 글입니다.

- **작품 정리**

```
            유희춘의 업적
        ┌──────────┴──────────┐
  선조에게 책의 재미를 깨      이미 편찬된 책들의 오류
  닫게 함.                    를 바로잡고 새로이 찍어 냄.
```

유배(流 내칠 유, 配 귀양 보낼 배) 죄인을 귀양 보내던 일.
간신배(奸 간사할 간, 臣 신하 신, 輩 무리 배) 간사한 신하의 무리.
정적(政 정사 정, 敵 대적할 적) 정치에서 대립되는 처지에 있는 사람.
오류(誤 그릇할 오, 謬 그릇될 류) 그릇되어 이치에 맞지 않는 일.

어휘

21 ⊙과 뜻이 비슷한 낱말은 무엇입니까? (   )

① 슬픈   ② 밝은   ③ 어려운
④ 드넓은   ⑤ 복잡한

중요 독해

22 선조가 유희춘을 불러오라고 한 까닭은 무엇입니까?
(   )

① 죄를 묻기 위해서
② 나라에 큰 전쟁이 터져서
③ 유배 생활을 너무 오래 해서
④ 이미 편찬된 책의 오류를 바로잡기 위해서
⑤ 자신이 책을 잡고 어엿한 왕이 되려고 마음먹은 데 공로가 커서

23 유희춘이 유배를 갔던 까닭은 무엇입니까? (   )

① 책을 너무 안 읽어서
② 선조의 뜻에 반대해서
③ 잘못된 지식을 퍼뜨려서
④ 나랏일에 신경 쓰지 않고 놀기만 좋아해서
⑤ 명종 대에 간신배들에 맞서다가 모함을 당해서

작품 정리

24 빈칸에 알맞은 말을 넣어 내용을 정리하시오.

유희춘의 업적	(1)( )에게 책의 재미를 깨닫게 했으며, 이미 (2)( )된 책들의 (3)( )을/를 바로잡고 새로이 찍어 냈다.

정약용

김은미

❶ 정약용은 1762년 지금의 경기도 남양주에 있는 마재에서 태어났어요. 지방 관리였던 아버지 덕분에 정약용은 어릴 때부터 백성의 삶을 가까이서 지켜볼 수 있었어요.

백성은 이른 아침부터 해가 떨어질 때까지 한시도 쉬지 않고 일했지요. 그런데도 백성은 늘 배불리 먹지 못했어요. 세금을 내지 못해 남의 집 머슴살이를 하는 사람도 많았어요. 어린 정약용의 눈에 그것은 참 이상한 일이었어요.

중심 내용 | 정약용은 지방 관리였던 아버지 덕분에 한시도 쉬지 않고 일하면서도 늘 배불리 먹지 못하는 백성의 삶을 가까이서 지켜볼 수 있었습니다.

❷ 열다섯 살 때, 아버지를 따라 한양으로 간 정약용은 많은 사람을 만나 학문을 배우고 익혔어요. 훗날 정약용에게 큰 영향을 준 이익의 책을 처음 본 것도 이즈음이었지요. 그때까지 정약용은 사람이 바르게 사는 도리를 따지는 성리학을 주로 공부했어요. 그런데 이익이 사물에 폭넓게 관심을 두고 해박한 지식을 쌓은 것을 보면서 정약용의 생각도 조금씩 달라졌어요. 백성이 잘 사는 데 도움이 되는 실학에 관심을 갖게 된 거예요.

중심 내용 | 열다섯 살 때 아버지를 따라 한양으로 간 정약용은 백성이 잘 사는 데 도움이 되는 실학에 관심을 갖게 되었습니다.

❸ 1792년 진주 목사로 있던 정약용의 아버지가 돌아가셨어요. 정약용은 벼슬을 그만두고 아버지의 무덤을 지키는 '시묘살이'를 했어요. 조선 시대에는 부모님이 돌아가시면 삼 년간 그 무덤 앞에 움막을 짓고 살면서 부모님의 명복을 빌었거든요.

하지만 정조는 시묘를 살던 정약용을 가만히 내버려 두지 않았어요. 그즈음 정조는 수원에 성을 크게 쌓을 계획을 세우고 있었어요. 정조는 정약용에게 책을 보내며 좋은 방법을 생각해 보라고 했어요.

관리(官 벼슬 관, 吏 벼슬아치 리) 관직에 있는 사람.
이익 조선 영조 때의 학자. 실학의 대가로 천문, 지리, 의학 등에 업적을 남김.
도리(道 길 도, 理 다스릴 리) 사람이 어떤 입장에서 마땅히 행하여야 할 바른길.
해박(該 갖출 해, 博 넓을 박)한 여러 방면으로 지식이 넓은.
움막 땅을 파서 거적 등을 얹고 흙을 덮은, 임시로 지은 집.
명복(冥 저승 명, 福 복 복) 죽은 뒤 저승에서 받는 복.

---

25 정약용은 언제, 어디에서 태어났는지 쓰시오.

(1) 언제: (   )

(2) 어디에서: (   )

중요 독해

26 정약용이 살았던 시대 상황으로 알맞은 것은 무엇입니까? (   )

① 머슴들도 세금을 냈다.
② 신분에 따른 차별이 없었다.
③ 누구나 학문을 배우고 익혔다.
④ 지방 관리들이 세금을 많이 냈다.
⑤ 백성은 한시도 쉬지 않고 일했지만 늘 배불리 먹지 못했다.

27 정약용이 열다섯 살 때 한 일은 무엇입니까? (   )

① 이익에게 공부를 배웠다.
② 세금을 없앨 방법을 연구했다.
③ 지방 관리가 되기 위해 노력했다.
④ 사람이 바르게 사는 도리를 따지는 성리학을 처음 배웠다.
⑤ 아버지를 따라 한양으로 가서 많은 사람을 만나 학문을 배우고 익혔다.

어휘

28 다음 뜻에 알맞은 낱말은 무엇입니까? (   )

> 조선 시대에 실생활에 이롭거나 도움이 되는 것을 목표로 한 새로운 학문 연구 경향.

① 의학   ② 문학   ③ 실학
④ 성리학   ⑤ 건축학

정약용

"수원에 새로이 성을 지으려 하네. 성을 짓는 데 드는 돈을 줄이면서 백성의 수고도 덜 수 있는 방법을 찾아보게."

중심 내용 | 정조는 시묘를 살던 정약용을 불러 수원에 성을 지을 것이니 비용을 줄이면서 백성의 수고도 덜 수 있는 방법을 찾아보라고 했습니다.

❹ 정약용은 정조가 보내 준 책들을 꼼꼼히 읽으며 고민에 빠졌어요. 정약용이 생각하기에 성을 쌓을 때 가장 큰 문제는 돌을 옮기는 일이었어요. 힘을 덜 들이고 크고 무거운 돌을 옮길 방법을 찾던 정약용은 서른한 살 되던 해, 마침내 거중기를 만들었어요. 도르래의 원리를 이용해 작은 힘으로도 무거운 물건을 들 수 있도록 만든 기계였지요. / 거중기 덕분에 백성은 성을 짓는 일에 자주 나오지 않아도 되어 마음 편히 농사를 지을 수 있었어요. 나라에서도 성을 짓는 데 드는 비용을 크게 줄일 수 있었어요. 정약용 덕분에 나라 살림도 아끼고 백성의 수고도 덜게 된 거예요.

중심 내용 | 정약용은 거중기를 만들어 성을 짓는 데 드는 비용을 크게 줄이고, 백성의 수고도 덜게 했습니다.

❺ 서른세 살 때, 정약용은 정조의 비밀 명령을 받고 암행어사가 되었어요. 암행어사는 임금을 대신해 지방 관리들이 백성을 잘 다스리는지 알아보는 중요한 벼슬이었어요. / 어느 날 연천 지역을 돌던 정약용은 주막에서 들려오는 이야기 소리에 귀가 번쩍 뜨였어요.

"아이고, 못 살겠다. 흉년이 들어 나라에서는 세금을 면제해 주었다는데, 왜 우리 사또는 세금을 걷는 거야? 그걸로 자기 재산 불리려는 속셈을 누가 모를 줄 알고? 흉년이 들어 먹을 것도 없는데 욕심 많은 사또 때문에 아주 죽겠네그려."

정약용은 서둘러 사실을 알아보았어요. 그러고는 백성의 재물을 빼앗아 자기 배를 불린 연천 현감 김양직을 크게 벌했어요.

중심 내용 | 정약용은 서른세 살 때 암행어사가 되어 백성의 재물을 빼앗아 자기 배를 불린 연천 현감 김양직을 크게 벌했습니다.

속셈 마음속으로 하는 궁리나 계획.
재물(財 재물 재, 物 만물 물) 돈이나 그 밖의 값나가는 모든 물건.
현감 조선 시대에 작은 현을 다스리던 지방관.

29 정조가 정약용에게 명한 것은 무엇입니까? ( )

① 성을 지을 땅을 찾는 것
② 값싼 건축 재료를 찾는 것
③ 성을 설계할 건축가를 찾는 것
④ 성이 완성될 시기를 계산하는 것
⑤ 성을 짓는 비용을 줄이면서 백성의 수고도 덜 수 있는 방법을 찾는 것

30 정약용이 성을 쌓을 때 가장 큰 문제라고 생각한 것은 무엇입니까? ( )

① 돌을 옮기는 일
② 설계도를 만드는 일
③ 재료를 구해 오는 일
④ 크고 무거운 돌을 찾는 일
⑤ 백성이 농사와 성 짓기를 천천히 하는 일

서술형

31 정약용이 서른한 살 되던 해에 만든 기계의 이름과 그것이 백성에게 준 도움은 무엇인지 쓰시오.

_____
_____
_____

중요 독해

32 정약용이 서른세 살 때 한 일은 무엇입니까? ( )

① 아버지의 무덤을 지켰다.
② 임금을 대신해 조정의 신하를 다스렸다.
③ 흉년이 들어 백성의 세금을 면제해 주었다.
④ 임금이 편하게 살 수 있는 방법을 고민했다.
⑤ 정조의 비밀 명령을 받고 암행어사가 되었다.

● 국어 199쪽 / 정답 및 풀이 21쪽

정약용

6 정약용은 암행어사로 일하는 동안 지방 관리가 어떤 마음을 가져야 하는지에 대해 깊이 생각했어요. 임금이 아무리 나라를 잘 다스려도 지방 관리가 나쁜 짓을 일삼으면 백성은 어렵게 살 수밖에 없다는 것을 알게 되었거든요. 어릴 때 아버지 옆에서 보았던 백성의 어려운 삶도 머릿속을 떠나지 않았어요. 정약용은 쉰일곱 살이 되던 1818년, 이런 생각들을 자세히 담은 『목민심서』라는 책을 펴냈어요.

중심 내용 | 정약용은 쉰일곱 살 때 지방 관리가 가져야 하는 마음에 대한 생각을 담은 『목민심서』를 펴냈습니다.

▲ 『목민심서』

• **글의 종류**
전기문

• **글의 특징**
백성에게 도움이 되는 삶을 살고자 했던 정약용의 가치관이 잘 나타나 있는 글입니다.

• **작품 정리**

전기문의 특성	내용
인물이 살았던 시대 상황	정약용이 살았던 시대의 백성은 이른 아침부터 해가 떨어질 때까지 한시도 쉬지 않고 일했지만 늘 배불리 먹지 못했다.
인물이 한 일	• 거중기를 발명했다. • 암행어사가 되었다. • 『목민심서』를 펴냈다.
짐작할 수 있는 인물의 가치관	정약용은 백성의 어려운 삶을 지켜보면서 백성에게 도움이 되려고 맡은 일을 열심히 했다.

일삼으면 주로 좋지 아니한 일 등을 계속하여 하면.
목민심서 조선 후기의 학자인 다산 정약용이 백성을 바르게 다스리는 지방 관리의 도리를 다룬 책.

서술형

33 정약용이 암행어사로 일하는 동안 어떤 생각을 했는지 쓰시오.

_____

_____

중요 독해

34 정약용이 『목민심서』를 펴낸 까닭을 두 가지 고르시오.
( )

① 외국의 뛰어난 문물을 소개하고 싶어서
② 자신이 알고 있는 지식을 자랑하고 싶어서
③ 지방 관리가 가져야 할 마음에 대해 말하고 싶어서
④ 임금이 나라를 다스릴 때 필요한 덕목을 알려 주고 싶어서
⑤ 어릴 때 아버지 옆에서 보았던 백성의 어려운 삶이 머릿속을 떠나지 않아서

작품 정리

35 빈칸에 알맞은 낱말을 넣어 이 글의 내용을 요약하여 정리하시오.

전기문의 특성을 살려 내용 요약하기

인물이 살았던 시대 상황 정리하기	정약용이 살았던 시대의 (1)( )은/는 이른 아침부터 해가 떨어질 때까지 한시도 쉬지 않고 일했지만 늘 배불리 먹지 못했다.

↓

인물이 한 일 정리하기	• (2)( )을/를 발명했다. • (3)( )이/가 되었다. • 『목민심서』를 펴냈다.

↓

짐작할 수 있는 인물의 가치관 정리하기	정약용은 백성의 어려운 삶을 지켜보면서 백성에게 (4)( )이/가 되려고 맡은 일을 열심히 했다.

시인 허난설헌　　장성자

가 "글을 읽고 쓸 줄 안다고 들었는데, 왜 꼭 스승을 두고 배우려 하느냐?"

초희는 얼굴이 붉어졌다. 스승님께 듣는 첫 번째 질문이었다. 초희는 마른침을 삼켰다. ㉠이달 선비도 여자는 배울 필요가 없다고 말할까 봐 겁이 났다.

허난설헌의 원래 이름　*이달 선비*

"저는 성현들의 넓고 깊은 학문과 지혜를 배우고 싶고, 시도 짓고 싶습니다."

중심 내용 | 초희는 이달 선비의 질문에 스승을 두고 배우려 하는 까닭을 말했다.

나 초희는 책 한 권을 들어 펴 보았다. 아무 글도 없는 빈 종이를 묶은 책이었다.

"그동안 글을 짓지 못해 답답했지? 이제 그 책에다가 너의 마음을 모두 담아 보아라."

초희는 책을 꼭 끌어안고 냄새를 맡았다.

"이제 우리는 글방 동무가 되는 거다."

"글방 동무요?" / "함께 책을 읽고 글도 지으며 학문의 깊이를 더해 가는 동무 말이다."

스승님과 오라버니와 동무가 되다니, 그것도 마음껏 책을 읽고 시를 짓는 동무가 되다니, 초희는 꿈인지 생시인지 분간이 되지 않았다.

중심 내용 | 초희는 이달 선비, 오라버니와 함께 글방 동무가 되어 함께 책을 읽고 글도 짓기로 하였다.

- **글의 종류**
  전기문

- **글의 특징**
  조선 시대의 대표적인 여성 시인인 허난설헌(초희)의 일대기가 잘 드러나 있는 글입니다.

- **작품 정리**

허난설헌이 살았던 시대 상황	글공부를 하거나 시를 짓는 것을 남자들만 할 수 있는 일이라고 여겼다.
허난설헌이 한 일	• 성현들의 넓고 깊은 학문과 지혜를 배우고 시를 짓고 싶어 했다. • 스승님을 만나 글공부를 할 수 있게 되어서 무척 기뻤다.

성현(聖 성인 성, 賢 어질 현) 훌륭한 업적을 남긴 옛 사람.

36 초희가 스승을 두고 배우려 하는 까닭을 두 가지 고르시오. (　　　　)

① 시를 짓고 싶어서
② 과거를 보고 싶어서
③ 훌륭한 아내가 되고 싶어서
④ 성현들의 학문과 지혜를 배우고 싶어서
⑤ 여자도 할 수 있다는 것을 보여 주고 싶어서

중요 독해

37 ㉠을 바탕으로 하여 이 글에 나타난 시대 상황을 알맞게 짐작한 것은 무엇입니까? (　　　　)

① 오빠와 여동생이 차별받지 않았다.
② 여자가 남자의 스승이 될 수 있었다.
③ 여자와 남자가 말을 섞을 수 없었다.
④ 여자들이 시를 짓는 능력을 인정받았다.
⑤ 글공부를 하는 것은 남자들만 할 수 있는 일이라고 여겼다.

어휘

38 이 글에서 '어떤 일을 짝이 되어 함께 하는 사람.'을 뜻하는 낱말을 찾아 두 글자로 쓰시오.

(　　　　　　　　　　)

작품 정리

39 빈칸에 알맞은 말을 넣어 이 글의 내용을 간추리시오.

글공부를 하거나 시를 짓는 것을 (1)(　　　　)들만 할 수 있는 일이라고 여겼던 시대 상황에서도 허난설헌은 학문과 지혜를 배우고 (2)(　　　　)을/를 짓고 싶어 했다.

▼

허난설헌은 스승님과 오라버니와 글방 (3)(　　　　)이/가 되어 함께 책을 읽고 시를 지을 수 있게 되어서 무척 기뻤다.

헬렌 켈러

신여명

❶ 1882년 2월, 태어난 지 열아홉 달밖에 되지 않은 헬렌의 열병이 좀처럼 낫지 않았습니다. ㉠엄마는 헬렌을 가슴에 안고 며칠 동안 밤낮을 가리지 않고 돌보며 달랬지만 소용이 없었습니다. 헬렌은 거의 잠도 자지 않고 온몸을 뒤척이며 괴로워했습니다. 며칠이 지난 뒤 헬렌의 열병은 마침내 가라앉았습니다. 헬렌은 겉으로 보기에는 아무런 이상이 없었으며, 깊은 잠에 빠져 있는 것 같았습니다. 엄마는 딸을 끌어안고 살아남은 것을 거듭 고마워했습니다. 그러나 엄마도, 의사들도 이 열병 때문에 헬렌에게 무슨 일이 일어났는지 그때는 알지 못했습니다.

중심 내용 | 1882년 2월, 태어난 지 열아홉 달이 된 헬렌이 심한 열병을 앓았습니다.

❷ 엄마는 딸이 누워 있는 침대로 갔습니다. 햇빛이 유리창을 뚫고 헬렌의 얼굴을 밝게 비춰 주고 있었습니다. 헬렌은 눈을 뜨고 있으면서도 빛을 피하지 않은 채 그대로 있었습니다. 이전 같았으면 눈이 부셔 얼굴을 돌렸을 겁니다. 이상하게 생각한 엄마는 헬렌의 눈 가까이에 손을

흔들어 보았지만 눈을 전혀 깜박이지 않았습니다. 식탁에서 램프를 가져와 얼굴 가까이 비춰 보았지만 아무런 **반응**이 없었습니다. 헬렌은 열병 때문에 **시력**을 잃고 만 것입니다. / 며칠 뒤였습니다. 저녁 식사를 알리는 종이 울렸을 때 엄마는 헬렌과 함께 있었습니다. 헬렌은 먹는 것을 좋아해서 언제나 종소리가 울리기가 무섭게 식탁으로 다가오고는 했습니다. 그런데 어쩐 일인지 이번에는 아무것도 알아듣지 못한 것 같았습니다. 엄마는 깡통에 돌을 넣은 딸랑이를 헬렌의 귀에 대고 흔들었습니다. 그런데 ㉡헬렌의 엄마는 또 한 번 큰 충격을 받았습니다. 헬렌이 아무런 반응도 보이지 않았기 때문입니다. 더 크게 흔들어도 마찬가지였습니다. 열병은 헬렌의 듣는 능력까지 빼앗아 간 것입니다.

중심 내용 | 열병을 앓은 뒤 헬렌은 시력과 듣는 능력까지 잃게 되었습니다.

거듭 어떤 일을 되풀이하여.
반응(反 돌이킬 반, 應 응할 응) 자극에 대응하여 어떤 현상이 일어남. 또는 그 현상.
시력(視 보일 시, 力 힘 력) 눈으로 볼 수 있는 능력.

---

40 ㉠에서 헬렌의 엄마가 어떤 마음일지 알맞게 짐작하여 말한 친구의 이름을 쓰시오.

> 유경: 헬렌의 열병이 빨리 가라앉기를 간절히 바라는 마음이 느껴져.
> 현송: 헬렌이 장애를 가지게 되었다는 사실이 믿기 힘들고 매우 슬플 것 같아.

( )

중요 독해

41 헬렌의 엄마가 헬렌의 얼굴 가까이에 램프를 비춰 보았을 때 반응이 없었던 까닭은 무엇입니까? ( )

① 엄마의 램프가 고장 나서
② 헬렌의 방이 너무 밝아서
③ 헬렌이 눈을 감고 있어서
④ 헬렌이 뜨거움을 느끼지 못해서
⑤ 헬렌이 열병 때문에 시력을 잃어서

42 ㉡에서 헬렌의 엄마가 또 한 번 큰 충격을 받은 까닭은 무엇입니까? ( )

① 헬렌이 식사를 거부해서
② 헬렌이 깡통으로 장난을 쳐서
③ 헬렌이 다시 볼 수 있게 되어서
④ 헬렌이 잠을 자지 않으려고 해서
⑤ 헬렌이 듣는 능력까지 잃게 되어서

서술형

43 자신이 헬렌과 같은 상황에 처한다면 어떤 생각이나 느낌이 들지 쓰시오.

_____

_____

헬렌 켈러

❸ 헬렌의 부모는 헬렌을 치료하려고 먼 곳까지 여행하면서 의사들을 찾아다녔지만 어떤 의사도 도움이 되지 못했습니다. 헬렌은 어둠과 침묵의 세계 속에 갇힌 채 몸부림쳤습니다. 오랜 시간이 지난 뒤 헬렌은 그 시절을 되돌아보며 이렇게 말했습니다.

"나는 너무 어려서 무슨 일이 일어났는지 알지 못했다. 잠에서 깨어나 보니 모든 것이 깜깜하고 조용했다. 나는 밤이 되었다고 생각했다."

다른 사람들과 의사소통을 할 수 없게 되자 헬렌은 슬퍼하는 날이 많아졌습니다. 그리고 화를 잘 내고 소리를 지르며 걷어차고 물어뜯고 때렸습니다. 헬렌은 제멋대로였고 성격이 난폭해져서 집안 식구들을 괴롭혔습니다. 그러나 자신이 다른 사람을 얼마나 괴롭히는지 알지 못했습니다.

중심 내용 | 다른 사람들과 의사소통을 할 수 없게 된 헬렌은 제멋대로 행동하고 성격이 난폭해져서 집안 식구들을 괴롭혔습니다.

❹ 1887년 3월 3일은 헬렌 켈러의 생애에서 가장 중요한 날입니다. 헬렌의 운명을 바꾸어 놓은 앤 설리번 선생님을 만난 날이기 때문입니다. 헬렌은 여덟 살 때 설리번 선생님을 만난 것입니다. 앤은 마차에서 내려서 헬렌의 아버지와 인사를 나누자마자 물었습니다.

"헬렌은요?"

현관문 앞에 헬렌이 서 있었습니다. 앤은 작은 소녀를 안았습니다. 그러나 헬렌은 안기려 하지 않고 몸을 빼려고 했습니다. 헬렌의 엄마는 헬렌이 볼 수도 들을 수도 없게 된 뒤부터 엄마한테만 안길 뿐 다른 사람이 안는 것을 싫어한다고 말해 주었습니다. 그러나 잠시 후 헬렌이 앤에게 다가왔습니다. 그러더니 손으로 이 낯선 사람을 만지기 시작했습니다. 얼굴을 만지고 코와 입과 먼지 묻은 옷을 차례로 만지는 것이었습니다. 앤은 헬렌의 손이 곧 눈이라는 것을 바로 알아차렸습니다. 이 손을 통해 헬렌에게 새로운 세계를 열어 주어야 할 일이 앤에게 맡겨진 것입니다. 이 손이 어둠 속에 갇힌 헬렌을 빛의 세계로 끌어내 줄 것입니다.

중심 내용 | 1887년 3월 3일, 헬렌은 자신의 운명을 바꾸어 놓은 앤 설리번 선생님을 만났습니다.

침묵(沈 잠길 침, 默 잠잠할 묵) 정적이 흐름. 또는 그런 상태.
생애 살아 있는 한평생의 기간.
운명(運 운수 운, 命 목숨 명) 앞으로의 생사나 존망에 관한 처지.

6
단원

[어휘]

44 다음과 같은 뜻을 지닌 낱말을 이 글에서 찾아 네 글자로 쓰시오.

> 가지고 있는 생각이나 뜻이 서로 통함.

(   )

45 헬렌의 부모가 헬렌을 치료하기 위해 한 일은 무엇입니까? (   )

① 헬렌에게 책을 읽어 주었다.
② 헬렌에게 저녁 식사 예절을 가르쳤다.
③ 헬렌이 제멋대로 굴어도 혼내지 않았다.
④ 헬렌이 다른 사람들과 함께 공부하게 했다.
⑤ 먼 곳까지 여행하면서 의사들을 찾아다녔다.

[중요 독해]

46 1887년 3월 3일 일어난, 헬렌의 생애에서 가장 중요한 일은 무엇입니까? (   )

① 헬렌이 앤 설리번 선생님을 만난 일
② 헬렌의 어머니가 낯선 사람을 만난 일
③ 헬렌이 손으로 다른 사람과 대화하게 된 일
④ 헬렌이 다른 사람에게 안기는 것을 거절한 일
⑤ 앤 설리번 선생님이 헬렌의 아버지와 인사 나눈 일

47 앤 설리번 선생님을 처음 만났을 때 헬렌이 했을 생각으로 가장 알맞은 것은 무엇입니까? (   )

① '이 낯선 사람은 누굴까?'
② '선생님을 빨리 안아드리고 싶다.'
③ '새로운 사람 만나는 일은 늘 즐거워.'
④ '아홉 살이 되면 선생님과 헤어져야겠다.'
⑤ '멀리서 찾아와 주신 선생님께 미안하다.'

헬렌 켈러

❺ 헬렌은 선생님에게 날마다 새로운 낱말들을 배웠지만 낱말과 사물의 관계가 어떤 것인지 이해하지 못하고 있었습니다.

그러던 1887년 4월 5일, 마침내 기적 같은 일이 일어났습니다. 아름다운 봄날 아침이었습니다. 앤 선생님에게 ㉠새로운 생각이 번쩍 떠올랐습니다. 헬렌은 펌프 주변의 마당에서 노는 것을 좋아했는데, 펌프를 이용해 '물'이라는 낱말의 관계를 실감 나게 알게 해 줄 수 있지 않을까 하는 생각이 들었습니다. 선생님은 헬렌의 손을 잡고 펌프가로 데리고 갔습니다. 펌프로 물을 퍼 올리자 헬렌의 손바닥으로 시원한 물이 쏟아져 내렸습니다. 선생님은 헬렌의 손바닥에 처음에는 천천히, 나중에는 빨리 'w-a-t-e-r'라고 거듭 써 주었습니다. 그러자 헬렌의 얼굴이 환히 빛났습니다. 그러더니 선생님에게 'w-a-t-e-r'라고 여러 번 써 보여 주는 것이었습니다. 그 순간 헬렌은 자기 손에 쏟아지는 물을 나타내는 낱말이 'water'이고, 세상의 모든 것은 각각 이름을 가지고 있다는 것을 비로소 깨닫게 된 것입니다. 마침내 헬렌의 앞에 빛의 세계가 열렸습니다. 헬렌은 배우고 싶다는 뜨거운 마음이 생겼습니다. 헬렌은 아침에 일찍 일어나자

마자 글자를 쓰기 시작해 하루 종일 글을 쓰고는 했습니다. 결국 헬렌은 글자를 통해 다른 사람에게 자기 생각을 전할 수 있게 되었습니다.

중심 내용 | 1887년 4월 5일, 헬렌은 세상의 모든 것이 각각 이름을 가지고 있다는 것을 깨달았고, 그 뒤 글자를 배워 글을 쓰기 시작했습니다.

❻ 1889년 가을, 헬렌은 퍼킨스학교에 다니게 되었습니다. 앤 선생님은 변함없이 헬렌을 가르쳤고, 다른 선생님들도 헬렌을 도와주었습니다. 퍼킨스학교에 머무는 동안 헬렌은 시각·청각·언어 장애를 지닌 노르웨이의 한 소녀가 입으로 말하는 법을 배웠다는 소식을 들었습니다. 이 소식을 듣자 헬렌은 너무나 기뻤으며, 자신도 이것을 배우게 해 달라고 선생님을 졸랐습니다. 말하기를 배우는 것이 너무 힘들었지만 헬렌은 포기하지 않았습니다. 뜻대로 말이 되지 않아 어려움을 많이 겪었지만 자신도 마침내 말을 할 수 있을 것이라는 희망을 버리지 않고 끊임없이 노력했습니다. 새에게도 말을 걸고 장난감과 개에게도 말을 했습니다.

중심 내용 | 1889년 가을, 헬렌은 퍼킨스학교에 다니게 되었고, 말하기 위해 끊임없이 노력했습니다.

비로소 어느 한 시점을 기준으로 그 전까지 이루어지지 않았던 사건이나 사태가 이루어지거나 변화하기 시작함을 나타내는 말.
청각(聽 들을 청, 覺 깨달을 각) 소리를 느끼는 감각.

---

48 ㉠의 내용은 무엇입니까? (   )

① 헬렌이 물을 무서워하는 것 같다.
② 헬렌이 낱말을 배우고 싶어 한다.
③ 헬렌에게 글 쓰는 방법을 가르쳐 주어야겠다.
④ 아름다운 봄날에 헬렌과 마당에서 놀아야겠다.
⑤ 펌프를 이용해 헬렌에게 '물'이라는 낱말의 관계를 실감 나게 알게 해 주어야겠다.

49 헬렌이 처음으로 낱말과 사물의 관계를 알았을 때 어떤 마음이 생겼다고 하였는지 찾아 ○표 하시오.

(1) 배우고 싶다는 뜨거운 마음 (   )

(2) 앤 선생님에게 속상한 마음 (   )

(3) 물이 어떻게 생겼는지 궁금한 마음 (   )

50 퍼킨스학교에 머무는 동안 헬렌이 들은 소식은 무엇인지 빈칸에 알맞은 말을 쓰시오.

• 시각·청각·언어 장애를 지닌 노르웨이 소녀가 (   )을/를 배웠다는 소식

중요 독해

51 헬렌이 자신의 어려움을 줄인 방법에 대해 알맞게 말한 친구의 이름을 모두 쓰시오.

> 세영: 아침 일찍부터 하루 종일 글을 썼어.
> 수진: 책을 열심히 읽으며 낱말을 스스로 만들었어.
> 진우: 말하기를 배우는 것이 너무 힘들었지만 포기하지 않았어.

(   )

헬렌 켈러

7 열 살이 된 헬렌은 퍼킨스학교에 있는 동안 자신처럼 장애를 지닌 어린이를 돕는 일에 나섰습니다. 펜실베이니아주에 살고 있는 토미를 퍼킨스학교에 데려와 교육받을 수 있도록 모금을 하기로 한 것입니다. 다섯 살의 토미는 헬렌처럼 보지도 듣지도 말하지도 못하는 아이였습니다. 토미는 부모님도 안 계시고 가난한 아이여서 학교에 갈 수 없었습니다. 헬렌은 토미가 퍼킨스학교에 다닐 수 있도록 도와 달라는 글을 여러 사람과 신문사에 보냈습니다. 헬렌도 이 모금에 참여하기 위해 ㉠사치스러운 물건을 사지 않고 돈을 보탰습니다. 다행히 많은 성금이 모여 토미는 아무 걱정 없이 학교에 다닐 수 있게 되었습니다. 헬렌은 매우 기뻤습니다. 남을 도우면 이렇게 큰 기쁨을 누릴 수 있다는 깨달음을 얻었습니다.

중심 내용 | 열 살이 된 헬렌은 자신처럼 장애를 지닌 어린이를 돕는 일에 나서며 남을 돕는 일의 기쁨을 깨달았습니다.

- **글의 종류**
전기문

- **글의 특징**
장애를 극복하고 자신처럼 장애를 가진 사람을 도운 헬렌 켈러의 본받을 점이 잘 나타나 있습니다.

- **작품 정리**

| 헬렌은 토미가 퍼킨스학교에 다닐 수 있도록 도와 달라는 글을 여러 사람과 신문사에 보냈다. | 헬렌은 남을 도우면 큰 기쁨을 누릴 수 있다는 깨달음을 얻었다. |

↓

| 헬렌 켈러에게서 본받을 점 | 자신도 장애 때문에 배우는 것이 힘든데도, 남을 도와주는 것을 기뻐했다. |

모금(募 모을 모, 金 돈 금) 기부금이나 성금 등을 모음.
예 불우 이웃 돕기 모금에 앞장섰습니다.
보탰습니다 모자라는 것을 더하여 채웠습니다.
성금(誠 정성 성, 金 돈 금) 정성으로 내는 돈.

6 단원

중요 독해

52 헬렌이 토미를 돕기 위해 한 노력을 두 가지 고르시오. (　　　)

① 부모님께 도와 달라고 부탁했다.
② 토미에게 점자로 된 편지를 써서 보냈다.
③ 앤 선생님께 배운 것을 토미에게 가르쳐 주었다.
④ 사치스러운 물건을 사지 않고 모금에 돈을 보탰다.
⑤ 토미가 학교에 다닐 수 있도록 도와 달라는 글을 여러 사람과 신문사에 보냈다.

어휘

53 ㉠의 뜻으로 알맞은 것에 ○표 하시오.

(1) 일상생활에 반드시 있어야 하는. (　　　)
(2) 아무런 쓸모나 득이 될 것이 없는. (　　　)
(3) 필요 이상의 돈이나 물건을 쓰는 데가 있는. (　　　)

서술형

54 자신이 시각 장애인이라고 상상하고 장애인이 아닌 사람들에게 하고 싶은 말을 쓰시오.

_____

_____

작품 정리

55 빈칸에 알맞은 말을 넣어 헬렌 켈러에게서 본받을 점을 정리하시오.

- 헬렌은 (1)(　　　)이/가 퍼킨스학교에 다닐 수 있도록 도와 달라는 글을 여러 사람과 신문사에 보냈다.
- 헬렌은 남을 도우면 큰 (2)(　　　)을/를 누릴 수 있다는 깨달음을 얻었다.

▼

헬렌 켈러에게서 본받을 점

자신도 (3)(　　　) 때문에 배우는 것이 힘든데도, 남을 도와주는 것을 기뻐했다.

6. 본받고 싶은 인물을 찾아봐요 **117**

[1~4] 다음 글을 읽고, 물음에 답하시오.

⑦ 김만덕은 1739년에 제주도의 가난한 선비 집안에서 태어났다. 비록 가난하였으나 사랑과 정이 깊은 부모님 밑에서 자랐다. 그러나 열두 살이 되던 해에 심한 흉년과 전염병 때문에 부모님을 차례로 여의고 말았다. 친척 집을 이리저리 옮겨 다니며 살던 김만덕은 기생의 수양딸이 되었다가 스물세 살이 되던 해에 드디어 기생의 신분에서 벗어났다.

⑭ 김만덕은 육지의 물건을 제주도 사람들에게 팔아 이익을 남길 수 있었다. 또 김만덕은 녹용, 약초, 귤, 미역, 전복 같은 제주도의 특산물에 눈길을 돌렸다. 이러한 물건들을 제주도 사람들에게 사들여 육지 상인들에게 팔았다. 육지 상인들은 제주도의 특산물을 적당한 가격에 사들일 수 있어 김만덕의 객줏집으로 몰려들었다.

⑮ 배가 침몰하였다는 소식을 들은 제주도 사람들은 이제는 굶어 죽을 수밖에 없다며 절망에 빠졌다. 이것을 보고 김만덕은 생각하였다.

'제주도 사람들을 굶어 죽게 내버려 둘 수는 없다. 내가 나서서 그들을 살려야겠다.'

김만덕은 전 재산을 들여 육지에서 곡식을 사 오게 하였다. 그 곡식은 총 오백여 석이었다.

"제가 전 재산을 들여 육지에서 사들인 곡식입니다. 굶주린 사람들에게 나누어 주십시오."

1 김만덕에 대한 설명으로 알맞지 <u>않은</u> 것은 무엇입니까? (　　　)

① 기생의 수양딸이었다.
② 제주도에서 가장 유명한 기생이었다.
③ 스물세 살 때 기생의 신분에서 벗어났다.
④ 1739년에 제주도의 선비 집안에서 태어났다.
⑤ 열두 살이 되던 해에 부모님을 차례로 여의었다.

2 글 ⑦~⑮ 중 김만덕이 살았던 시대에 신분 제도가 있었음을 짐작할 수 있는 글을 찾아 기호를 쓰시오.

글 (　　　)

3 김만덕의 객줏집으로 육지 상인들이 몰려든 까닭은 무엇인지 찾아 빈칸에 알맞은 말을 써넣으시오.

· 제주도의 ⑴(　　　　)을/를 적당한 ⑵(　　　　)에 사들일 수 있어서

4 김만덕의 말과 행동을 통해 짐작할 수 있는 김만덕의 가치관에 ○표를 하시오.

⑴ 많은 재산을 모아 부자가 되어야 한다고 생각한다. (　　　)

⑵ 자신이 가진 것을 나누고 베푸는 삶을 중요하게 생각한다. (　　　)

⑶ 자신이 처한 상황을 있는 그대로 받아들이는 태도를 중요하게 생각한다. (　　　)

[5~6] 다음 글을 읽고, 물음에 답하시오.

어느 날 연천 지역을 돌던 정약용은 주막에서 들려오는 이야기 소리에 귀가 번쩍 뜨였어요.

"아이고, 못 살겠다. 흉년이 들어 나라에서는 세금을 면제해 주었다는데, 왜 우리 사또는 세금을 걷는 거야? 그걸로 자기 재산 불리려는 속셈을 누가 모를 줄 알고? 흉년이 들어 먹을 것도 없는데 욕심 많은 사또 때문에 아주 죽겠네그려."

정약용은 서둘러 사실을 알아보았어요. 그러고는 백성의 재물을 빼앗아 자기 배를 불린 연천 현감 김양직을 크게 벌했어요.

5 정약용이 연천 현감 김양직을 벌한 것은 김양직이 어떤 잘못을 했기 때문입니까? (　　　)

① 정조의 비밀을 말해서
② 중요한 벼슬 자리를 거절해서
③ 주막에서 이야기를 함부로 해서
④ 자신의 역할을 성실히 수행하지 않고 놀기만 해서
⑤ 흉년이 들어 백성은 먹을 것이 없는데 세금을 걷어 자기 배를 불려서

6 정약용이 한 일을 바탕으로 정약용의 가치관을 짐작하여 빈칸에 알맞은 말을 써넣으시오.

• (1)( )의 어려운 삶을 지켜보면서 백성에게 (2)( )이/가 되려고 맡은 일을 열심히 했다.

[7~8] 다음 글을 읽고, 물음에 답하시오.

가 퍼킨스학교에 머무는 동안 헬렌은 시각·청각·언어 장애를 지닌 노르웨이의 한 소녀가 입으로 말하는 법을 배웠다는 소식을 들었습니다. 이 소식을 듣자 헬렌은 너무나 기뻤으며, 자신도 이것을 배우게 해 달라고 선생님을 졸랐습니다. 말하기를 배우는 것이 너무 힘들었지만 헬렌은 포기하지 않았습니다. 뜻대로 말이 되지 않아 어려움을 많이 겪었지만 자신도 마침내 말을 할 수 있을 것이라는 희망을 버리지 않고 끊임없이 노력했습니다.

나 열 살이 된 헬렌은 퍼킨스학교에 있는 동안 자신처럼 장애를 지닌 어린이를 돕는 일에 나섰습니다. 펜실베이니아주에 살고 있는 토미를 퍼킨스학교에 데려와 교육받을 수 있도록 모금을 하기로 한 것입니다. 다섯 살의 토미는 헬렌처럼 보지도 듣지도 말하지도 못하는 아이였습니다. 토미는 부모님도 안 계시고 가난한 아이여서 학교에 갈 수 없었습니다. 헬렌은 토미가 퍼킨스학교에 다닐 수 있도록 도와 달라는 글을 여러 사람과 신문사에 보냈습니다. 헬렌도 이 모금에 참여하기 위해 사치스러운 물건을 사지 않고 돈을 보냈습니다. 다행히 많은 성금이 모여 토미는 아무 걱정 없이 학교에 다닐 수 있게 되었습니다. 헬렌은 매우 기뻤습니다. 남을 도우면 이렇게 큰 기쁨을 누릴 수 있다는 깨달음을 얻었습니다.

7 헬렌이 말을 하기 위해 노력한 점을 찾아 ○표 하시오.

(1) 노르웨이의 한 소녀를 찾아가 말하는 법을 직접 배웠다. ( )

(2) 말을 할 수 있을 것이라는 희망을 버리지 않고 끊임없이 노력했다. ( )

8 헬렌에게 본받을 점을 알맞게 말한 친구의 이름을 모두 쓰시오.

영은: 앞을 보지 못하는 사람들을 위해 점자를 발명한 점을 본받을 거야.
기명: 말하기를 배우는 것이 힘들었지만 포기하지 않고 끊임없이 노력한 점을 본받을 거야.
원준: 자신도 장애 때문에 배우는 것이 힘든데도, 남을 도와주는 것을 기뻐한 점을 본받을 거야.

( )

문법
9 다음 중 쪼갤 수 있는 낱말이 <u>아닌</u> 것은 무엇입니까? ( )

① 옷장 ② 비옷
③ 사과 ④ 손목
⑤ 꿀떡

문법
10 다음 낱말을 보기 와 같이 더 작은 부분으로 쪼개어 쓰시오.

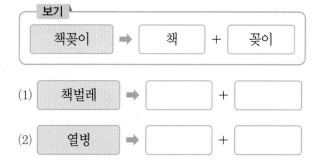

보기

| 책꽂이 | ➡ | 책 | + | 꽂이 |

(1) 책벌레 ➡ [ ] + [ ]

(2) 열병 ➡ [ ] + [ ]

[1~2] 다음 글을 읽고, 물음에 답하시오.

㉮ 김만덕은 1739년에 제주도의 가난한 선비 집안에서 태어났다. ㉠비록 가난하였으나 사랑과 정이 깊은 부모님 밑에서 자랐다. 그러나 열두 살이 되던 해에 심한 흉년과 전염병 때문에 부모님을 차례로 여의고 말았다. ㉡친척 집을 이리저리 옮겨 다니며 살던 김만덕은 ㉢기생의 수양딸이 되었다가 스물세 살이 되던 해에 드디어 기생의 신분에서 벗어났다.

㉯ ㉣김만덕은 장사를 하면서 세 가지 원칙을 지켰다. 첫째는 이익을 적게 남기고 많이 판다. 둘째는 적당한 가격에 물건을 사고판다. 그리고 셋째는 반드시 신용을 지키고 정직한 거래를 한다. 이러한 세 가지 원칙을 철저히 지켰기 때문에 김만덕의 사업은 나날이 번창하였다.

몇십 년이 흘렀다. 김만덕은 제주도에서 손꼽히는 큰 상인이 되었다. 많은 돈을 벌어들여 '제주도 부자 김만덕' 하면 모르는 사람이 없을 정도였다. 그러나 ㉤김만덕은 돈이 많다고 하여 함부로 돈을 낭비하지 않았다. 오히려 더 절약하고 검소한 생활을 하였다.

1 ㉠~㉤ 중 김만덕이 살았던 시대 상황을 짐작할 수 있는 것은 무엇입니까? (   )

① ㉠   ② ㉡   ③ ㉢
④ ㉣   ⑤ ㉤

2 김만덕이 장사를 하면서 지킨 세 가지 원칙으로 알 수 있는 김만덕의 가치관을 두 가지 고르시오.
(   )

① 항상 부모님께 효도한다.
② 정직을 중요하게 생각한다.
③ 어려운 이웃을 외면하지 않는다.
④ 돈보다 사람을 중요하게 생각한다.
⑤ 어떤 어려움이 닥쳐도 포기하지 않는다.

[3~5] 다음 글을 읽고, 물음에 답하시오.

제주도 사람들은 모이기만 하면 김만덕의 업적과 어진 덕을 칭찬하였다. 제주 목사는 임금에게 김만덕의 행동을 칭찬하는 글을 올렸다. 임금은 제주 목사의 편지를 받고 눈이 화등잔만 해졌다.

"제주도에 사는 여인이 전 재산을 내놓아 굶주린 사람들을 살렸다고? 참으로 고마운 일이로구나. 김만덕의 소원을 들어주도록 하여라."

제주 목사가 김만덕에게 소원을 묻자, 김만덕은 임금의 용안을 뵙는 것과 금강산 구경을 말하였다. 임금은 김만덕에게 벼슬을 내려 임금을 만날 수 있게 해 주었다. 양민의 신분으로는 임금을 만날 수 없었기 때문이다. 그리고 ㉠제주도 여자는 제주도를 떠날 수 없었던 그 당시의 규범을 깨고 김만덕에게 금강산을 구경하도록 해 주었다.

3 임금의 말로 보아, 제주도 사람들이 모이기만 하면 김만덕을 칭찬한 까닭은 무엇이겠습니까? (   )

① 부모님을 극진히 모셔서
② 신용을 지키며 정직한 거래를 해서
③ 제주도에서 가장 큰 상인으로 성장해서
④ 전 재산을 내놓아 굶주린 사람들을 구해서
⑤ 제주도 여자는 제주도를 떠날 수 없는 규범을 깨서

4 ㉠을 통해 짐작할 수 있는 김만덕의 가치관을 알맞게 말한 친구의 이름을 쓰시오.

> 연재: 제주도를 떠나 금강산 구경을 한 것으로 보아, 자신만 풍요롭게 살려고 한 것 같아.
> 희윤: 여자가 제주도를 떠날 수 없다는 규범을 깬 것으로 보아, 도전하는 가치관을 지닌 것 같아.

(   )

서술형

5 자신이 과거로 가서 김만덕을 만난다면 무엇을 물어보고 싶은지 묻고 싶은 내용을 떠올려 쓰시오.

_____

_____

[6~10] 다음 글을 읽고, 물음에 답하시오.

가 지방 관리였던 아버지 덕분에 정약용은 어릴 때부터 백성의 삶을 가까이서 지켜볼 수 있었어요.

백성은 이른 아침부터 해가 떨어질 때까지 한시도 쉬지 않고 일했지요. 그런데도 백성은 늘 배불리 먹지 못했어요. 세금을 내지 못해 남의 집 머슴살이를 하는 사람도 많았어요.

나 열다섯 살 때, 아버지를 따라 한양으로 간 정약용은 많은 사람을 만나 학문을 배우고 익혔어요. 훗날 정약용에게 큰 영향을 준 이익의 책을 처음 본 것도 이즈음이었지요. 그때까지 정약용은 사람이 바르게 사는 도리를 따지는 성리학을 주로 공부했어요. 그런데 이익이 사물에 폭넓게 관심을 두고 해박한 지식을 쌓은 것을 보면서 정약용의 생각도 조금씩 달라졌어요. 백성이 잘 사는 데 도움이 되는 실학에 관심을 갖게 된 거예요.

다 그즈음 정조는 수원에 성을 크게 쌓을 계획을 세우고 있었어요. 정조는 정약용에게 책을 보내며 좋은 방법을 생각해 보라고 했어요.

"수원에 새로이 성을 지으려 하네. 성을 짓는 데 드는 돈을 줄이면서 백성의 수고도 덜 수 있는 방법을 찾아보게."

정약용은 정조가 보내 준 책들을 꼼꼼히 읽으며 고민에 빠졌어요. 정약용이 생각하기에 성을 쌓을 때 가장 큰 문제는 돌을 옮기는 일이었어요. 힘을 덜 들이고 크고 무거운 돌을 옮길 방법을 찾던 정약용은 서른한 살 되던 해, 마침내 거중기를 만들었어요. 도르래의 원리를 이용해 작은 힘으로도 무거운 물건을 들 수 있도록 만든 기계였지요.

라 서른세 살 때, 정약용은 정조의 비밀 명령을 받고 암행어사가 되었어요. 암행어사는 임금을 대신해 지방 관리들이 백성을 잘 다스리는지 알아보는 중요한 벼슬이었어요.

마 정약용은 암행어사로 일하는 동안 지방 관리가 어떤 마음을 가져야 하는지에 대해 깊이 생각했어요. 임금이 아무리 나라를 잘 다스려도 지방 관리가 나쁜 짓을 일삼으면 백성은 어렵게 살 수밖에 없다는 것을 알게 되었거든요. 어릴 때 아버지 옆에서 보았던 백성의 어려운 삶도 머릿속을 떠나지 않았어요. 정약용은 쉰일곱 살이 되던 1818년, 이런 생각들을 자세히 담은 『목민심서』라는 책을 펴냈어요.

6 정약용이 살았던 시대 상황으로 알맞은 것에 ○표 하시오.

⑴ 외세의 침략으로 전쟁이 일어났다.　　（　　）

⑵ 백성은 한시도 쉬지 않고 일했지만 늘 배불리 먹지 못했다.　　（　　）

7 정약용이 이익의 책을 본 뒤 관심을 갖게 된 학문은 무엇인지 이 글에서 찾아 쓰시오.

（　　　　　　　　　）

8 정약용이 거중기를 만든 일의 결과로 예상할 수 있는 것을 두 가지 고르시오. （　　　　）

① 정약용은 거중기를 수출해 많은 돈을 벌었다.
② 백성은 농사를 잘 짓는 방법을 배울 수 있었다.
③ 수원에 성을 짓는 데 많은 시간이 걸리게 되었다.
④ 나라에서는 성을 짓는 데 드는 비용을 크게 줄일 수 있었다.
⑤ 백성은 성을 짓는 일에 자주 나오지 않아도 되어 마음 편히 농사를 지었다.

9 정약용이 암행어사로 일하는 동안 한 생각은 무엇인지 찾아 빈칸에 알맞은 말을 쓰시오.

• （　　　　　　　　）이/가 어떤 마음을 가져야 하는지에 대해 깊이 생각했다.

10 정약용이 살아온 과정을 차례대로 정리하여 빈칸에 알맞은 내용을 쓰시오.

> 1762년에 태어났으며 열다섯 살에는 아버지를 따라 한양으로 가서 학문을 익힘. ➡ 서른한 살 때, ⑴ _____
>
> ➡ 서른세 살 때, 정조의 비밀 명령을 받고 암행어사가 되었음. ➡ 쉰일곱 살 때, ⑵ _____
>
> _____

6
단원

[11~12] 다음 글을 읽고, 물음에 답하시오.

㉮ 허난설헌은 불행한 삶 속에서도 꾸준히 시를 지었어요. 살아생전 쓴 시가 방 하나를 가득 채울 정도였다고 하니 왕성한 창작욕을 짐작할 만하지요. 그러나 안타깝게도 허난설헌의 유언에 따라 작품들은 거의 대부분 불타 사라지고 말았답니다.

다행히 누이의 재능을 아깝게 여긴 남동생 허균이 친정에 남아 있던 시와 자신이 외우는 시를 모아 『난설헌집』을 엮었어요.

㉯ 1606년에는 허균이 명나라 사신 주지번과 양유년에게 자신이 편집한 『난설헌집』을 건네주었어요. 그들은 허난설헌의 시를 "세상을 뛰어넘어 인간 세상에 있는 것 같지가 않다."라고 칭찬하며 조선에 이렇게 뛰어난 시인이 있다는 사실에 감탄했지요. 주지번과 양유년은 명나라에 돌아가 허난설헌의 시집을 출간했는데, "낙양의 종잇값을 올려놓았다."라는 평을 들었을 만큼 큰 인기를 끌었답니다.

11 허난설헌의 업적은 무엇입니까? (　　　)

① 『난설헌집』을 엮었다.
② 자신의 모든 작품을 잘 보존했다.
③ 명나라 사신에게 『난설헌집』을 주었다.
④ 불행한 삶 속에서도 꾸준히 시를 지었다.
⑤ 명나라에 돌아가 자신의 시집을 출간했다.

12 보기 의 내용을 바탕으로 하여 허난설헌에게서 본받을 점을 알맞게 말한 친구의 이름을 쓰시오.

> ┌─ 보기 ─┐
> 허난설헌이 살았던 시대 상황: 공부를 하거나 시를 짓는 것은 남자들만 할 수 있는 일이라고 여김.

> 나은: 자신의 작품을 불태워 없애라는 유언을 남긴 용기를 본받고 싶어.
> 정준: 여자라는 굴레에 얽매이지 않고 꾸준히 시를 지어 훌륭한 작품을 남긴 점을 본받고 싶어.

(　　　　　　　)

[13~15] 다음 글을 읽고, 물음에 답하시오.

㉮ 퍼킨스학교에 머무는 동안 헬렌은 시각·청각·언어 장애를 지닌 노르웨이의 한 소녀가 입으로 말하는 법을 배웠다는 소식을 들었습니다. 이 소식을 듣자 헬렌은 너무나 기뻤으며, 자신도 이것을 배우게 해 달라고 선생님을 졸랐습니다. 말하기를 배우는 것이 너무 힘들었지만 헬렌은 포기하지 않았습니다. 뜻대로 말이 되지 않아 어려움을 많이 겪었지만 자신도 마침내 말을 할 수 있을 것이라는 희망을 버리지 않고 끊임없이 노력했습니다.

㉯ 열 살이 된 헬렌은 퍼킨스학교에 있는 동안 자신처럼 장애를 지닌 어린이를 돕는 일에 나섰습니다. 펜실베이니아주에 살고 있는 토미를 퍼킨스학교에 데려와 교육받을 수 있도록 모금을 하기로 한 것입니다. 다섯 살의 토미는 헬렌처럼 보지도 듣지도 말하지도 못하는 아이였습니다. 토미는 부모님도 안 계시고 가난한 아이여서 학교에 갈 수 없었습니다. 헬렌은 토미가 퍼킨스학교에 다닐 수 있도록 도와 달라는 글을 여러 사람과 신문사에 보냈습니다.

13 퍼킨스학교에서 헬렌은 무엇을 배우게 해 달라고 선생님을 졸랐는지 쓰시오.

(　　　　　　　　　　　　　　　　　　)

14 토미에 대한 설명으로 알맞지 <u>않은</u> 것은 무엇입니까? (　　　)

① 가난하다.
② 다섯 살이다.
③ 부모님이 안 계신다.
④ 보지도 듣지도 말하지도 못한다.
⑤ 헬렌을 돕기 위해 모금 운동에 나섰다.

[서술형]

15 이 글을 읽고 헬렌에게서 본받을 점을 찾아 쓰시오.

_____

_____

6. 본받고 싶은 인물을 찾아봐요

평가 주제	자신의 미래 모습 발표하기
평가 목표	자신의 미래 모습을 발표할 수 있다.

1 다음 보기 처럼 20년 뒤에 자신이 어떤 시대 상황에 있을지 상상하여 쓰시오.

> **보기**
> • 교통수단이 발달해 자동차가 하늘을 난다.
> • 환경 오염이 심해져서 공기를 사 마셔야 한다.
> • 종이책을 읽지 않아서 도서관이 없어진다.

2 변화된 미래에 자신이 하고 싶은 일을 상상하여 쓰시오.

3 미래에 자신이 하고 싶은 일을 이루어 가는 과정을 상상하여 쓰시오.

미래의 시대 상황	내가 겪을 어려움
(1)	(2)

어려움을 이겨 내는 방법	내가 이루어 낸 일
(3)	(4)

6
단원

다른 그림을 찾아보세요.

● 정답 및 풀이 25쪽

다른 곳이 15군데 있어요.

7 독서 감상문을 써요

▶ 학습을 완료하면 V표를 하면서 학습 진도를 체크해요.

7 독서 감상문을 써요

개념 강의 QR

● 정답 및 풀이 26쪽

1 독서 감상문을 쓰는 방법

독서 감상문을 쓸 책을 정할 때	• 읽으면서 여러 가지 생각을 한 책을 고릅니다. • 새롭게 안 내용이 많은 책을 고릅니다.

▼

책 내용을 정리할 때	• 인상 깊은 부분을 떠올립니다. • 생각이나 느낌을 나타낼 수 있는 부분을 간략하게 씁니다.

▼

생각이나 느낌을 쓸 때	• 새롭게 알거나 생각한 점, 책을 읽고 느낀 점을 씁니다. • 생각이나 느낌에 대한 까닭을 함께 씁니다.

▼

독서 감상문을 고쳐 쓸 때	• 제목이 잘 어울리는지 확인합니다. • 생각이나 느낌이 책 내용과 잘 어울리는지 확인합니다.

2 글을 읽고 감동받은 부분에 대한 생각이나 느낌 쓰기

● 일어난 일, 인물의 행동, 인물의 마음 등에서 자신이 인상 깊게 느끼는 부분이 있는지 생각하여 글에서 감동받은 부분을 찾아봅니다.

글에서 감동받은 부분을 찾는 방법	• 인물의 말이나 행동에서 교훈을 얻을 수 있는 부분을 찾습니다. • 자신의 경험이나 생각이 글 내용과 비슷해 공감할 수 있는 부분을 찾습니다. • 질문이나 생각이 많이 생기는 내용을 찾습니다. • 기쁨, 슬픔, 화남, 즐거움 같은 감정을 강하게 느낀 부분을 찾습니다.

● 감동받은 부분에 대한 생각이나 느낌이 잘 드러나게 글을 써 봅니다.

예 「어머니의 이슬 털이」를 읽고 감동받은 부분과 그 까닭

감동받은 부분	어머니께서 학교 가기 싫어한 아들을 꾸중하시지 않고, 아들을 위해 이슬을 털어 주시다가 옷을 흠뻑 적신 부분입니다.
감동받은 까닭	아들이 학교 가기 싫어한 마음을 되돌리려고 노력하는 어머니의 마음이 느껴졌기 때문입니다.

3 글을 읽고 독서 감상문 쓰기

● 독서 감상문을 쓸 책을 정합니다.
● 독서 감상문에 쓰고 싶은 내용을 정리합니다.
● 독서 감상문에서 나타내고 싶은 생각을 정리합니다. ——● 예 책을 읽은 까닭, 인상 깊은 장면에 대한 생각이나 느낌, 앞으로의 다짐
● 정리한 내용을 바탕으로 하여 독서 감상문을 씁니다.
● 독서 감상문을 친구들과 바꾸어 가며 읽고, 잘된 점이나 고칠 점을 이야기해 봅니다.

개념 확인 문제

1 독서 감상문을 쓰는 방법

독서 감상문을 쓸 책을 정하는 방법으로 알맞은 것에 모두 ○표를 하시오.

⑴ 새롭게 안 내용이 많은 책을 고른다. ( )

⑵ 친구들이 가장 많이 읽은 책을 고른다. ( )

⑶ 읽으면서 여러 가지 생각을 한 책을 고른다. ( )

2 글을 읽고 감동받은 부분에 대한 생각이나 느낌 쓰기

글에서 감동받은 부분을 찾는 방법에 대해 바르게 말한 친구의 이름을 모두 쓰시오.

> 태규: 질문이나 생각이 많이 생기는 내용을 찾아야 해.
> 미라: 화나거나 슬픈 감정을 느낀 부분은 빼고 찾아야 해.
> 규호: 일어난 일이나 인물의 행동, 인물의 마음에서 인상 깊게 느끼는 부분을 찾아야 해.

( )

3 글을 읽고 독서 감상문 쓰기

독서 감상문에서 나타내고 싶은 생각으로 적절하지 않은 것의 기호를 쓰시오.

> ㉠ 앞으로의 다짐
> ㉡ 책을 읽은 까닭
> ㉢ 독서 감상문을 쓴 장소
> ㉣ 인상 깊은 장면에 대한 생각이나 느낌

( )

7 독서 감상문을 써요

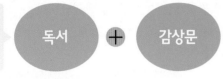

어휘

1. 핵심 개념 어휘: 독서, 감상문

讀 읽을 독
書 글 서
뜻 책을 읽음.

독서 + **감상문**

感 느낄 감
想 생각 상
文 글월 문
뜻 어떤 사물이나 현상을
보고 느낀 바를 쓴 글.

➡ 독서 감상문을 쓰는 까닭은 글을 읽고 느낀 재미나 감동을 다른 사람과 함께 나누거나, 글의 내용이나 글을 읽고 느낀 점을 오래 기억하기 위해서입니다.

2. 작품 속 어휘

낱말	뜻	예시
풍속(風俗) 風 풍속 풍 俗 풍속 속	옛날부터 그 사회에 전해 오는 생활 전반에 걸친 습관 등을 이르는 말.	세시 풍속은 사계절을 따라 관습적으로 반복되는 생활 양식을 뜻합니다.
이슬받이 [이슬바지]	양쪽에 이슬 맺힌 풀이 우거진 좁은 길.	이슬받이를 지나오자 바지가 이슬에 흠뻑 젖었습니다.
더불어 [더부러]	둘 이상의 사람이 함께하여.	이웃과 더불어 사는 모습이 아름답습니다.
한복판	일정한 공간이나 사물의 한가운데.	화살이 과녁의 한복판에 제대로 맞았습니다.
잠기다	물속에 물체가 넣어지거나 가라앉게 되다.	지난번 홍수에 여러 집이 물에 잠겼습니다.

문법 ‘어떻게’와 ‘어떡해’

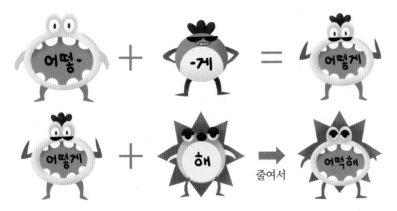

줄여서

◆ ‘어떻게’는 ‘상태나 성질 등이 어찌 되어 있다.’를 뜻하는 ‘어떻다’의 ‘어떻–’에 ‘–게’가 합쳐진 말입니다. 반면에 ‘어떡해’는 ‘어떻게 해’가 줄어든 말입니다. 이처럼 ‘어떻게’와 ‘어떡해’는 그 쓰임이 다르지만 표기와 발음이 비슷하기 때문에 혼동하여 잘못 사용하기 쉽습니다. 또, ‘어떡하지’를 ‘어떻하지’로 잘못 쓰는 경우도 많습니다. ‘어떡하지’는 ‘어떻게 하지’의 줄임말이며, ‘어떻하지’는 잘못된 표기입니다.

어휘·문법 확인 문제

1 핵심 개념 어휘

다음 뜻에 알맞은 낱말을 보기 에서 찾아 쓰시오.

> 어떤 사물이나 현상을 보고 느낀 바를 쓴 글.

보기
독서   전기문   감상문

(   )

2 작품 속 어휘

보기 에서 (   ) 안에 들어갈 알맞은 낱말을 찾아 쓰시오.

보기
풍속   더불어   이슬받이

⑴ 우리는 한 줄로 (   )을/를 걸어갔다.

⑵ 학급의 문제를 해결하기 위해 친구들과 (   ) 의논했다.

⑶ 정월 대보름에는 잡곡밥을 먹는 것이 우리 민족의 (   )이다.

3 작품 속 어휘

다음 ㉠~㉢ 중 ‘한복판’에 해당하는 것의 기호를 쓰시오.

(   )

4 문법

다음 문장이 올바른 표기이면 ○표, 올바르지 못하면 ×표 하시오.

> 이 일을 어떡해 처리하면 좋지?

(   )

7
단원

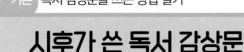

시후가 쓴 독서 감상문

❶ 학교 도서관에서 책을 고르다가 『세시 풍속』이라는 책을 읽었습니다. 이 책은 우리 조상이 농사일로 고된 일상 속에서 빼먹지 않고 지켜 오던 일 년의 세시 풍속을 담은 책입니다. 세시 풍속은 옛날에만 있었던 것인 줄 알았는데 오늘날 우리 삶에도 많이 남아 있어서 신기했습니다.

중심 내용 | 학교 도서관에서 책을 고르다가 『세시 풍속』이라는 책을 읽었습니다.

❷ 책은 계절의 차례대로 ㉠봄, 여름, 가을, 겨울의 세시 풍속을 소개했습니다. 지금 계절이 겨울이므로 겨울 부분부터 읽어 보았습니다. 겨울의 세시 풍속 가운데에서 인상 깊었던 것은 동지의 풍속입니다.
24절기 중 하나로, 일 년 중 밤이 가장 길고 낮이 가장 짧은 날.
동지는 음력 십일월인데, 세시 풍속으로 팥죽을 끓여 먹습니다. 얼마 전에 학교에서 팥죽이 나온 것이 떠올라 반가워서 읽었습니다. 동짓날이 그냥 팥죽을 먹는 날인 줄만 알았는데 생각보다 재미있는 이야기가 얽혀 있었

습니다. 옛날 사람들은 병을 옮기는 나쁜 귀신이 팥을 싫어한다고 믿었답니다. 그래서 동지에 팥으로 죽을 만들어 귀신이 못 오게 집 앞에 뿌렸답니다. 이 일에서 동지에 팥죽을 먹는 풍습이 생겼답니다.

중심 내용 | 동지의 세시 풍속은 팥죽을 끓여 먹는 것인데, 병을 옮기는 나쁜 귀신이 못 오게 하려고 팥죽을 집 앞에 뿌리던 것에서 시작되었습니다.

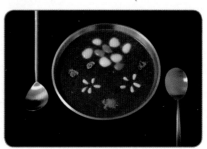

▲ 동지에 먹는 팥죽

세시(歲 해 세, 時 때 시) 한 해의 절기나 달, 계절에 따른 때.
풍속(風 풍속 풍, 俗 풍속 속) 옛날부터 그 사회에 전해 오는 생활 전반에 걸친 습관 등을 이르는 말.
얽혀 이리저리 관련이 되어.
⑩ 그는 좋지 않은 사건에 얽혀 많은 고생을 했습니다.
풍습(風 풍속 풍, 習 습관 습) 풍속과 습관을 아울러 이르는 말.

---

1 글쓴이가 읽은 책에 담긴 내용은 무엇입니까?
( )

① 우리 조상의 편한 일상
② 우리 조상이 농사를 지은 방법
③ 봄, 여름, 가을, 겨울의 음식 문화
④ 계절에 따른 우리나라의 모습 변화
⑤ 우리 조상이 지켜 오던 일 년의 세시 풍속

어휘
2 ㉠을 모두 포함하는 낱말로 알맞은 것은 무엇입니까? ( )

① 풍속　　　② 일상
③ 계절　　　④ 동지
⑤ 음력

3 글쓴이는 겨울의 세시 풍속 중에서 언제의 풍속이 인상 깊었다고 했는지 쓰시오.
( )

중요 독해
4 동지에 팥죽을 먹는 풍습은 무엇에서부터 시작되었습니까? ( )

① 팥을 이용해 여러 가지 놀이를 하던 것
② 추위를 이겨 내기 위해 팥죽을 먹던 것
③ 팥죽을 먹으며 낮이 길어지기를 바라던 것
④ 굶는 사람들을 위해 팥죽을 만들어 나누어 주던 것
⑤ 병을 옮기는 나쁜 귀신을 못 오게 하려고 팥죽을 집 앞에 뿌리던 것

시후가 쓴 독서 감상문

❸ 이런 재미있는 이야기를 지닌 동지는 낮이 길어지기 시작하는 날로, 사람들은 이날부터 태양의 기운이 다시 살아난다고 생각했다고 합니다. 동지가 밤이 가장 길고 낮이 가장 짧은 날이라고만 생각했는데, 우리 조상은 태양의 기운이 다시 살아나면서 낮이 길어지는 것이라고 생각한 점이 인상 깊었습니다. 그래서 한 가지를 볼 때 여러 가지 시각으로 봐야겠다고 생각했습니다.

중심 내용 | 동지에 대한 우리 조상의 생각을 알고 한 가지를 볼 때 여러 가지 시각으로 봐야겠다고 생각했습니다.

❹ 『세시 풍속』을 읽고 나니 조상의 지혜를 더 잘 알 수 있었습니다. 계절의 변화 하나하나에 의미를 부여하고 삶을 즐겁게 보내려는 마음을 듬뿍 느꼈습니다.

중심 내용 | 『세시 풍속』을 읽고 계절의 변화 하나하나에 의미를 부여하고 삶을 즐겁게 보내려는 우리 조상의 마음을 듬뿍 느꼈습니다.

• **글의 종류**
  독서 감상문

• **글의 특징**
  시후가 『세시 풍속』이라는 책을 읽고 쓴 독서 감상문입니다.

• **글의 구조**

책을 읽은 동기	학교 도서관에서 책을 고르다가 읽게 됨.
책 내용	• 옛날 사람들은 나쁜 귀신이 팥을 싫어한다고 믿어서 동지에 팥죽을 집 앞에 뿌렸음. • 옛날 사람들은 동지부터 태양의 기운이 다시 살아난다고 생각했음.
책을 읽고 생각하거나 느낀 점	• 한 가지를 볼 때 여러 가지 시각으로 봐야겠다고 생각함. • 계절의 변화에 의미를 부여하고 삶을 즐겁게 보내려는 마음을 느낌.

부여하고 사물이나 일에 가치·의의 등을 붙여 주고.

중요 독해

5 우리 조상이 동지부터 태양의 기운이 다시 살아난다고 생각한 까닭은 무엇입니까? (   )

① 동지에 기온이 가장 높아서
② 동지에 태양이 가장 크게 보여서
③ 동지에 태양이 가장 높이 떠 있어서
④ 동지는 낮이 길어지기 시작하는 날이라서
⑤ 동지는 밤이 가장 짧고 낮이 가장 긴 날이라서

서술형

6 이 독서 감상문에 알맞은 제목을 붙이고, 그렇게 붙인 까닭을 쓰시오.

제목	(1)
그렇게 붙인 까닭	(2)

7 이와 같은 독서 감상문을 쓸 책을 정하는 방법으로 알맞은 말을 써넣으시오.

• 읽으면서 여러 가지 (1)(   )을/를 한 책, (2)(   ) 안 내용이 많은 책을 고르도록 한다.

글의 구조

8 빈칸에 알맞은 말을 넣어 시후가 쓴 독서 감상문에 나오는 문장의 내용이 무엇에 해당하는지 정리하시오.

독서 감상문에 나오는 문장의 내용	구성
학교 도서관에서 책을 고르다가 『세시 풍속』이라는 책을 읽었습니다.	책을 읽은 (1)( )
옛날 사람들은 병을 옮기는 나쁜 귀신이 팥을 싫어한다고 믿었답니다. 그래서 동지에 팥으로 죽을 만들어 귀신이 못 오게 집 앞에 뿌렸답니다. 이 일에서 동지에 팥죽을 먹는 풍습이 생겼답니다.	책 (2)( )
계절의 변화 하나하나에 의미를 부여하고 삶을 즐겁게 보내려는 마음을 듬뿍 느꼈습니다.	책을 읽고 (3)( )하거나 (4)( ) 점

7
단원

어머니의 이슬 털이
이순원

❶ 어릴 때 나는 학교 다니기가 싫었다. 학교로 가는 길 중간에 산에 올라가 아무 산소가에나 가방을 놓고 앉아 멀리 대관령을 바라보다가 점심때가 되면 그곳에서 혼자 청승맞게 도시락을 까먹기도 했다. 그러다 점점 대담해져서 아예 집에서부터 학교에 가지 않는 날도 있었다. 배가 아프다, 머리가 아프다, 어제는 비가 와서, 어제는 눈이 와서, 오늘은 무서운 선생님 시간에 준비물을 제대로 갖추지 못해서, 하는 식으로 갖은 핑계를 댔다.

중심 내용 | '나'는 어릴 때 학교 다니기가 싫어 갖은 핑계를 대고 학교에 가지 않았다.

❷ 오월 어느 날이었다. 그날도 학교에 가기 싫다고 말했다. 어머니가 왜 안 가느냐고 물어 공부도 재미가 없고, 학교 가는 것도 재미가 없다고 말했다.

"그래도 얼른 교복으로 갈아입어라."

㉠"학교 안 간다니까." / "안 가면?"

"그냥 이렇게 자라다가 이다음 농사지을 거라고."

"농사는 뭐 아무나 짓는다더냐?"

"그러니 내가 짓는다고."

"에미가 신작로까지 데려다줄 테니까 얼른 교복 갈아입어."

몇 번 옥신각신하다가 나는 마지못해 교복으로 갈아입었다. 어머니가 먼저 마당에 나와 내가 나오길 기다리고 있었다.

중심 내용 | 어느 날 어머니께서는 학교에 가라고 '나'를 설득하셨고, '나'는 마지못해 교복으로 갈아입었다.

❸ 가방을 들고 밖으로 나오자 어머니가 지겟작대기를 들고 서 있었다. 나는 어머니가 그걸로 말 안 듣는 나를 때리려고 그러는 줄 알았다. 이제까지 어머니는 한 번도 나를 때린 적이 없었다. 그런 어머니의 모습이 조금은 낯설기도 하고 무섭기도 해 나는 신발을 신고도 봉당에서 한참 동안 멈칫거리다가 마당으로 내려섰다.

대관령 강원도 강릉시 성산면과 평창군 대관령면 사이에 있는 고개.
청승맞게 궁상스럽고 처량하여 보기에 몹시 언짢게.
대담(大 클 대, 膽 쓸개 담)해져서 담력이 크고 용감해져서.
신작로(新 새 신, 作 지을 작, 路 길 로) 새로 만든 길이라는 뜻으로, 자동차가 다닐 수 있을 정도로 넓게 새로 낸 길을 이르는 말.
옥신각신하다가 서로 옳으니 그르니 하며 다투다가.
봉당 안방과 건넌방 사이의 마루를 놓을 자리에 마루를 놓지 않고 흙바닥 그대로 둔 곳.

---

9 '내'가 학교에 가지 않고 한 일에 ○표 하시오.

(1) 학교에 빠진 친구들과 모여 들에서 나비를 쫓아다녔다. ( )

(2) 산에 올라가 멀리 대관령을 바라보다가 점심때가 되면 혼자 도시락을 까먹었다. ( )

중요 독해

10 글 ❷에서 알 수 있는 '내'가 학교에 가기 싫어한 까닭은 무엇입니까? ( )

① 선생님이 무서워서
② 학교가 너무 멀어서
③ 같은 반 친구와 말다툼을 해서
④ 최근에 본 시험에서 꼴찌를 해서
⑤ 공부도 학교 가는 것도 재미가 없어서

11 ㉠에 담긴 '나'의 마음은 무엇입니까? ( )

① 놀람　　　　　　② 부러움
③ 행복함　　　　　④ 귀찮음
⑤ 신이 남

12 '내'가 봉당에서 한참 동안 멈칫거린 까닭은 무엇입니까? ( )

① 신발이 어디 있는지 몰라서
② 학교에 가지 않을 핑계를 생각하려고
③ 필요한 준비물을 챙겼는지 확인하려고
④ 어머니께서 학교까지 데려다주실까 봐 걱정되어서
⑤ 지겟작대기를 들고 서 계신 어머니의 모습이 낯설고 무서워서

어머니의 이슬 털이

"얼른 가자."

어머니가 재촉했다.

"누구든 재미로 학교 다니는 사람은 없다."

"그래도 나는 싫어."

어머니는 한 손엔 내 가방을 들고 또 한 손엔 지겟작대기를 들고 나보다 앞서 마당을 나섰다. 나는 말없이 어머니의 뒤를 따랐다. 그러다 신작로로 가는 산길에 이르러 어머니가 다시 내게 가방을 내주었다.

중심 내용 | '나'는 한 손엔 '나'의 가방, 다른 한 손엔 지겟작대기를 들고 나선 어머니를 따라갔다.

❹ "자, 여기서부터는 네가 가방을 들어라."

나는 어머니가 내가 학교에 가기 싫어하니 중간에 학교로 가지 않고 다른 길로 샐까 봐 신작로까지 데려다주는 것으로 생각했다. / "너는 뒤따라오너라."

거기에서부터는 이슬받이였다. 사람 하나 겨우 다닐 좁은 산길 양옆으로 풀잎이 우거져 길 한가운데로 늘어져 있었다. 아침이면 풀잎마다 이슬방울이 조롱조롱 매

달려 있었다. 어머니는 내게 가방을 넘겨준 다음 내가 가야 할 산길의 이슬을 털어 내기 시작했다. 어머니의 일 바지 자락이 이내 아침 이슬에 흥건히 젖었다. 어머니는 발로 이슬을 털고, 지겟작대기로 이슬을 털었다.

그런다고 뒤따라가는 아들 교복 바지가 안 젖는 것도 아니었다. 신작로까지 십오 분이면 넘을 산길을 삼십 분도 더 걸려 넘었다. 어머니의 옷도, 그 뒤를 따라간 내 옷도 흠뻑 젖었다. 어머니는 고무신을 신고 나는 검은색 운동화를 신었다. 걸음을 옮길 때마다 물에 빠졌다가 나온 것처럼 시커먼 땟국물이 찔꺽찔꺽 발목으로 올라왔다. 차지고 끈끈한 물질이 자꾸 밟히거나 들러붙는 소리나 모양. 그렇게 어머니와 아들이 무릎에서 발끝까지 옷을 흠뻑 적신 다음에야 신작로에 닿았다.

중심 내용 | 어머니께서는 이슬받이에 접어들자 '나'보다 앞장서서 걸으며 이슬을 털어 주셨다.

재촉했다 어떤 일을 빨리 하도록 졸랐다.
샐까 원래 가야 할 곳으로 가지 아니하고 딴 데로 갈까.
⑩ 동생이 학교에 안 가고 다른 곳으로 샐까 봐 걱정되었습니다.
흥건히 물 등이 푹 잠기거나 고일 정도로 많게.

---

13 이 글에 대한 자신의 생각이나 느낌을 알맞게 말한 친구의 이름을 쓰시오.

> 선주: 나도 학교에 가기 싫었을 때가 있어서 주인공의 마음이 이해가 돼.
> 현욱: 선생님께 꾸중을 듣고 속상하다고 해서 학교를 안 가는 것은 바람직한 행동이 아니야.

( )

중요 독해

14 학교에 가기 싫어한 '나'를 위해 어머니께서는 어떻게 하셨는지 찾아 ○표 하시오.

⑴ 담임 선생님을 찾아가서 면담하셨다. ( )

⑵ '내'가 집에서 공부할 수 있게 도와주셨다.
( )

⑶ '나'의 옷에 이슬이 묻지 않도록 이슬을 털며 '나'의 앞에 서서 산길을 걸으셨다. ( )

어휘

15 다음 뜻을 지닌 낱말을 찾아 쓰시오.

> 양쪽에 이슬 맺힌 풀이 우거진 좁은 길.

( )

16 이 글에서 감동받은 부분을 찾는 방법이 아닌 것은 무엇입니까? ( )

① 질문이나 생각이 많이 생기는 내용을 찾는다.

② 가장 많은 친구들이 감동받았다고 말한 부분을 찾는다.

③ 기쁨, 슬픔, 화남, 즐거움 같은 감정을 강하게 느낀 부분을 찾는다.

④ 자신의 경험이나 생각이 글 내용과 비슷해 공감할 수 있는 부분을 찾는다.

⑤ 일어난 일, 인물의 행동, 인물의 마음 등에서 자신이 인상 깊게 느끼는 부분을 찾는다.

7
단원

● 국어 230쪽 / 정답 및 풀이 26쪽

어머니의 이슬 털이

❺ "자, 이제 이걸 신어라."

거기서 어머니는 품속에 넣어 온 새 양말과 새 신발을 내게 갈아 신겼다. 학교 가기 싫어하는 아들을 위해 아주 마음먹고 준비해 온 것 같았다.

"앞으로는 매일 털어 주마. 그러니 이 길로 곧장 학교로 가. 중간에 다른 데로 새지 말고."

그 자리에서 울지는 않았지만, 왠지 눈물이 날 것 같았다.

㉠"아니, 내일부터 나오지 마. 나 혼자 갈 테니까."

중심 내용 | 어머니께서는 신작로에서 새 양말과 새 신발을 꺼내 '나'에게 갈아 신기셨고, '나'는 어머니의 마음을 깨달았다.

❻ 다음 날도 그다음 날도 어머니가 매일 이슬을 털어 준 것은 아니었다. 그러나 어떤 날 가끔 어머니는 그렇게 아들 학굣길에 이슬을 털어 주었다. 또 새벽처럼 일

학생이 학교에 갈 때 다니는 길.

어나 그 길의 이슬을 털어놓고 올 때도 있었다.

어른이 된 지금도 나는 그렇게 생각한다. 그때 어머니가 이슬을 털어 주신 길을 걸어 지금 내가 여기까지

왔다고.

중심 내용 | 어릴 때 어머니께서 이슬을 털어 주신 길을 걸어 '내'가 지금 여기까지 왔다고 생각한다.

- **글의 종류**
이야기

- **글의 특징**
아들을 위해 학굣길에 이슬을 털어 주셨던 어머니의 희생과 사랑을 느낄 수 있는 글입니다.

- **작품 정리**

「어머니의 이슬 털이」에서 감동받은 부분 찾기	
감동받은 부분	예 어머니께서 학교 가기 싫어한 아들을 꾸중하시지 않고, 아들을 위해 이슬을 털어 주시다가 옷을 흠뻑 적신 부분
감동받은 까닭	예 아들이 학교 가기 싫어한 마음을 되돌리려고 노력하는 어머니의 마음이 느껴졌기 때문이다.

마음먹고 무엇을 하겠다는 생각을 하고.
곧장 옆길로 빠지지 아니하고 곧바로.
예 학교가 끝나자 나는 곧장 집으로 달려갔습니다.

---

17 어머니께서 품속에서 꺼내신 것은 무엇인지 두 가지를 고르시오. (   )

① 새 양말
② 새 공책
③ 새 신발
④ 새 가방
⑤ 새 모자

중요 독해

18 ㉠에 나타난 '나'의 마음으로 알맞은 것은 무엇입니까? (   )

① 어머니께 죄송한 마음
② 학교에 가기 싫은 마음
③ 다른 학교에 가고 싶은 마음
④ 새 신발을 신어서 신나는 마음
⑤ 이슬에 신발이 젖어 짜증 나는 마음

서술형

19 이 글을 읽고 감동받은 부분과 감동받은 까닭을 쓰시오.

_____

_____

작품 정리

20 빈칸에 알맞은 낱말을 넣어 이 글에서 감동받은 부분과 그 까닭을 정리하시오.

감동받은 부분	감동받은 까닭
어머니께서 아들을 ⑴ ( )에 보내려고 달래시는 장면	자식을 바른길로 이끌려는 ⑵( )의 노력을 알 수 있었기 때문이다.
어머니께서 품속에 넣어 온 새 ⑶( )과/과 새 신발을 아들에게 갈아 신기신 장면	⑷( )에게 좋은 것만 주고 싶은 어머니의 마음이 느껴졌기 때문이다.

책을 읽고 생각이나 느낌 표현하기

㉮ 『아름다운 꼴찌』를 읽고 쓴 시

그러면 되는 줄 알았는데

김가은

꼴찌만 아니면 될 줄 알았는데
꼴찌를 해도 좋았다.

등수만 중요한 줄 알았는데
더 큰 것이 있었다.

이기기만 하면 될 줄 알았는데
더 큰 마음이 있었다.

㉯ 『나무 그늘을 산 총각』에서 욕심쟁이 영감이 되어 쓴
일기

20○○년 11월 ○○일 날씨: 맑음
제목: 함께일 때 더 시원한 나무 그늘

나는 내 것이면 뭐든지 나 혼자 써도 된다고 생각했다. 그래서 나무 그늘도 혼자 쓰는 것이 당연하다고 여겼다. 내 것인데 다른 사람에게 왜 빌려주어야 한단 말인가? 하지만 지금 나는 그렇게 생각하지 않는다. 다른 사람들과 ⑤ 행복을 느끼는 일이 훨씬 더 가치 있고 소중한 것임을 알았다. 총각이 어리석은 나를 일깨워 주었기 때문이다. 총각에게 고마운 마음을 꼭 전하고 싶다.

나는 새로 이사 온 집의 나무 그늘에 이웃을 초대했고, 지금은 이웃들과 사이좋게 지낸다. 혼자 많은 것을 차지할 때보다 다른 사람들과 함께하는 내가 더 행복하다. 이제 나는 욕심쟁이가 아니라 가진 것을 이웃들과 나눌 줄 아는 사람이 되었다.

등수(等 무리 등, 數 셈 수) 등급에 따라 정한 차례.
일깨워 일러 주거나 가르쳐서 깨닫게 해.
초대(招 부를 초, 待 대접할 대) 사람을 불러 대접함.
차지할 사물이나 공간, 지위를 자기 몫으로 가질.

중요 독해

21 글 ㉮에서 글쓴이가 나타내고 싶은 생각을 알맞게 말한 친구의 이름을 쓰시오.

> 나윤: 글쓴이는 꼴찌를 해서 속상하고 자존심이 상한 주인공을 위로하고 싶었어.
> 석민: 글쓴이는 책을 읽고 나서 이기는 것보다 더 큰 마음이 있다는 것을 깨달았다고 말하고 싶어 해.

( )

22 글 ㉯는 글쓴이가 어떤 인물이 되어 쓴 일기입니까?
( )

① 총각 ② 사또
③ 산신령 ④ 나무 그늘
⑤ 욕심쟁이 영감

23 글 ㉯의 글쓴이가 총각 덕분에 알게 된 것은 무엇입니까? ( )

① 배움에는 끝이 없다.
② 더 많이 가질수록 행복하다.
③ 세상은 혼자 살아가는 것이다.
④ 자신의 물건을 지킬 줄 알아야 한다.
⑤ 다른 사람들과 함께 행복을 느끼는 일이 훨씬 더 가치 있고 소중하다.

어휘

24 ⑤에 들어갈 낱말의 뜻이 다음과 같을 때, 알맞은 낱말은 무엇입니까? ( )

> 둘 이상의 사람이 함께하여.

① 나누어 ② 더불어
③ 더하여 ④ 떨어져
⑤ 헤어져

7
단원

책을 읽고 생각이나 느낌 표현하기

다 『초록 고양이』를 읽고 꽃담이에게 쓴 편지

엄마를 냄새로 찾아낸 꽃담이에게

꽃담아, 안녕? 나는 얼마 전에 도서관에서 『초록 고양이』를 읽었어. 초록 고양이가 데려간 엄마를 네가 냄새로 찾아 다시 엄마와 만난다는 내용에서 감동을 받았어.

나는 엄마를 사랑하기는 하지만 엄마에 대한 것을 기억하려고 애쓰지는 않았던 것 같아. 네가 엄마를 냄새로 찾은 것은 늘 엄마에게 관심과 애정이 있었다는 거잖아.

이 이야기를 읽고 부모님에게 좀 더 많은 관심을 가져야겠다고 생각했어. 가족의 소중함을 일깨워 줘서 정말 고마워.

그럼 안녕.

20○○년 11월 ○○일

친구 박성준

* **글의 종류**

⑦: 시, ⑭: 일기, ⑮: 편지

* **글의 특징**

책을 읽고 생각이나 느낌을 각각 시, 일기, 편지의 형식으로 표현한 글입니다. 각 형식의 특징이 무엇인지 알 수 있습니다.

* **작품 정리**

글	형식	읽은 책	특징
⑦	시	『아름다운 꼴찌』	책을 읽고 자신의 생각이나 느낌을 재미있는 표현을 사용해 썼음.
⑭	일기	『나무 그늘을 산 총각』	책을 읽고 자신의 생각이나 느낌을 자신의 경험과 관련지어 썼음.
⑮	편지	『초록 고양이』	책을 읽고 자신의 생각이나 느낌을 누군가에게 말하듯이 썼음.

애정(愛 사랑 애, 情 뜻 정) 사랑하는 마음.
예 어머니께서는 애정 어린 손길로 나를 쓰다듬어 주셨습니다.

---

25 글 **다**에서 꽃담이가 엄마를 찾을 수 있었던 까닭으로 알맞은 것에 ○표 하시오.

(1) 초록 고양이의 발자국을 따라갔기 때문에

( )

(2) 늘 엄마에게 관심과 애정이 있었기 때문에

( )

(3) 엄마의 목소리가 들리는 곳을 찾아갔기 때문에

( )

중요 독해

26 글 **다**의 글쓴이가 꽃담이에게 정말 고맙다고 한 까닭은 무엇입니까? ( )

① 엄마의 기억을 찾아 주어서
② 초록 고양이를 소개해 주어서
③ 재미있는 이야기를 들려주어서
④ 가족 소중함을 일깨워 주어서
⑤ 엄마를 찾는 방법을 알려 주어서

서술형

27 자신이라면 『초록 고양이』를 읽고 생각이나 느낌을 어떤 형식으로 표현하고 싶은지 쓰시오.

_____

_____

작품 정리

28 빈칸에 알맞은 낱말을 넣어 글 ⑦~⑮의 특징을 정리하시오.

글 ⑦	책을 읽고 자신의 생각이나 느낌을 재미있는 표현을 사용해 (1)( )의 형식으로 썼다.
글 ⑭	책을 읽고 책 속 인물이 되어 자신의 생각이나 느낌을 자신의 (2)( )와/과 관련지어 (3)( )의 형식으로 썼다.
글 ⑮	책을 읽고 자신의 생각이나 느낌을 책 속 인물에게 말하듯이 (4)( ) 형식으로 썼다.

투발루에게 수영을 가르칠 걸 그랬어! 유다정

가 넓은 바다 ⊙한복판, 아홉 개의 작은 섬으로 이루어진 나라 투발루에 로자와 고양이 투발루가 살았어. 로자와 투발루는 밥도 같이 먹고, 잠도 같이 자고, 노래도 같이 부르며 늘 함께했지. 하지만 다른 게 딱 하나 있었어.

"언니 수영하고 올게!"

로자가 투발루의 털을 쓰다듬고 바다로 가면 투발루는 긴 꼬랑지를 바짝 세우고 야자나무 숲으로 들어가지. 투발루는 물을 너무너무 싫어하거든. 둘은 이렇게 따로따로 한참을 신나게 놀아. 하지만 돌아오는 길에는 꼭 만났어. 투발루가 길가에 **오도카니** 앉아 로자를 기다려 주었거든.

중심 내용 | 아홉 개의 작은 섬으로 이루어진 나라 투발루에 로자와 물을 싫어하는 고양이 투발루가 살았다.

나 "엄마, 물이 마당까지 들어와요."

둥근달이 떠오르는 보름이 되자 바닷물이 마당으로 들이닥쳤어.

"바닷물이 불어나서 큰일이구나!"

물은 자꾸만 불어났어. 투발루는 **안절부절못하더니**

나무 위로 올라갔지.

"야옹 야옹 이야옹."

그러고는 야자나무 위에서 몸을 웅크리고 마구 울었어. / "그러게 수영을 배우면 좋잖아."

로자가 나무 위에서 떨고 있는 투발루를 안고 내려왔어. / "아빠, 바닷물이 왜 자꾸 불어나요?"

로자가 파란 바다를 보며 나직이 물었어.

"지구가 더워져서 **빙하**가 녹아내리고 있거든. 그래서 바닷물이 불어나는 거야."

"바다가 저렇게 넓은데 빙하가 녹는다고 물이 불어나요?"

"엄청나게 큰 빙하가 녹아내리니까 불어날 수밖에……."

중심 내용 | 빙하가 녹아내리면서 바닷물이 불어나 로자네 집 마당으로 바닷물이 들이닥쳤다.

오도카니 가만히 한자리에 서 있거나 앉아 있는 모양.
안절부절못하더니 마음이 초조하고 불안하여 어찌할 바를 모르더니.
빙하(氷 얼음 빙, 河 강물 하) 높은 산이나 북쪽 지방에 오래 쌓인 눈이 얼음덩이가 되어 덮고 있는 것.

7단원

어휘

29 ⊙과 바꾸어 쓸 수 있는 낱말을 찾아 ○표 하시오.

주변   반대편   가장자리   한가운데

31 보름이 되자 로자네 가족에게 일어난 일은 무엇입니까? ( )

① 홍수로 집이 물에 잠겼다.
② 가뭄 때문에 먹을 것이 없었다.
③ 바닷물이 마당으로 들이닥쳤다.
④ 태풍이 불어서 지붕이 날아갔다.
⑤ 눈이 많이 내려서 지붕이 무너졌다.

중요 독해

32 바닷물이 자꾸 불어나는 까닭은 무엇입니까? ( )

① 물고기들이 사라져서
② 사람들이 물을 낭비해서
③ 겨울에 내린 눈이 녹아서
④ 비가 그치지 않고 계속 내려서
⑤ 지구가 더워져서 빙하가 녹아내려서

30 로자와 투발루가 함께하지 않는 한 가지는 무엇입니까? ( )

① 잠자기   ② 밥 먹기
③ 수영하기   ④ 노래 부르기
⑤ 집에 돌아오기

투발루에게 수영을 가르칠 걸 그랬어!

다 "우리도 이제 투발루를 떠나야 한단다."

아빠는 한숨을 푹 내쉬며 저녁노을로 붉어진 바다를 바라보았어.

"여기를 떠나 어떻게 살지 걱정이구나."

엄마도 멍하니 바다만 바라보았어.

"아직 우리 집은 물에 ㉠잠기지 않았잖아요. 난 여기가 좋단 말예요."

"아빠 엄마도 너처럼 여기서 살고 싶단다. 하지만 바닷물이 자꾸 불어나서 곧 나라 전체가 물에 잠기게 될 거래. 어제는 마당까지 물이 들어왔잖아. 떠나기 싫지만 어쩔 수 없구나."

중심 내용 | 바닷물이 자꾸 불어나서 로자네 가족도 투발루섬을 떠나야 하는 상황이 되었다.

라 "로자야, 투발루는 할아버지한테 맡기고 가자!"

로자는 깜짝 놀랐어.

"아빠, 투발루를 두고 갈 수는 없어요. 그럼 나도 안 갈 거예요!"

"다른 나라에 가면 지금보다 훨씬 힘들게 살 거야. 그러니까 투발루를 할아버지한테 맡기고 가자."

㉡"싫어요. 절대로 안 돼요! 투발루는 수영을 못하니까 물이 불어나면 물에 빠져 죽을 거예요. 꼭 데려가야 해요. 아빠, 투발루도 데리고 가요! 네?"

로자는 아빠의 팔에 매달리며 애원했어.

"그럼 어쩔 수 없구나."

중심 내용 | 아빠께서는 투발루를 투발루섬에 두고 가자고 하셨지만 로자는 그럴 수 없다고 했다.

마 "엄마, 투발루 어디 갔어요?"

"글쎄, 너랑 같이 나가지 않았니?"

로자는 숨이 턱에 차오르도록 달렸어. 로자가 바다로 가면 투발루는 야자나무 숲으로 간다는 걸 알고 있었거든.

"투발루야, 어디 있어? 이 바보야, 이제 가야 한단 말이야. 얼른 나와, 제발……."

로자의 눈에선 쉬지 않고 눈물이 흘러내렸고, 코는 새빨개졌어.

중심 내용 | 투발루섬을 떠나는 날, 로자가 잠깐 바다에 갔다 온 사이 투발루가 사라졌다.

멍하니 정신이 나간 것처럼 얼떨떨하게.
예 한참 멍하니 서 있었습니다.
애원(哀 슬플 애, 願 원할 원) 소원이나 요구 등을 들어 달라고 애처롭게 사정하여 간절히 바람.

어휘

33 ㉠에서 쓰인 '잠기다'와 같은 뜻으로 쓰인 것에 ○표 하시오.

(1) 생각에 잠겨 말없이 앉아 있었다. ( )

(2) 홍수 때문에 아랫집이 물에 잠겼다. ( )

(3) 안타까운 소식을 듣고 슬픔에 잠겼다. ( )

34 로자네 가족이 투발루섬을 떠나야 하는 까닭은 무엇입니까? ( )

① 로자가 다니는 학교가 없어져서

② 투발루섬에 먹을 것이 없어져서

③ 정부에서 투발루섬을 개발하기로 해서

④ 로자의 아빠께서 직장을 옮기게 되셔서

⑤ 바닷물이 자꾸 불어나서 곧 나라 전체가 물에 잠기게 될 것이라서

35 ㉡에 나타난 로자의 마음으로 알맞은 것은 무엇입니까? ( )

① 기쁨 ② 간절함

③ 지루함 ④ 부러움

⑤ 행복함

중요 독해

36 로자가 처한 상황에 대해 자신의 생각이나 느낌을 알맞게 말한 친구의 이름을 쓰시오.

> 승호: 나도 혼자서 심부름을 갔다가 길을 잃어버려서 크게 당황했던 경험이 있어서 공감이 돼.
> 주희: 나도 친한 친구가 멀리 전학 갔을 때 슬펐던 경험 때문에 투발루와 헤어지게 될까 봐 걱정하는 로자의 마음에 공감이 가.

( )

투발루에게 수영을 가르칠 걸 그랬어!

🅑 "아빠, 조금만 더 찾아봐요, 네? 아빠!"

하지만 아빠는 로자를 안고 비행장으로 급하게 걸어 갔어. 비행기 탈 시간이 다 되었거든. 비행기가 요란한 소리를 내며 활주로를 달리기 시작했어.

"투발루다!"

그 순간 창밖으로 멀리 콩알만 하게 투발루가 보였어. 로자는 안전띠를 풀려고 했어. 하지만 그럴 수 없었어.

"로자야, 안 돼! 비행기는 이미 출발했잖아. 멈출 수 없어!"

로자는 창밖으로 작아지는 투발루를 보며 후회하고 또 후회했지. / "투발루에게 수영을 가르칠 걸 그랬어!"

"로자야, 사람들이 환경을 오염시키지 않으면 다시 투발루에 돌아올 수 있을 거야."

아빠의 말을 들으며 로자는 간절히 빌었어.

"저는 투발루에서 투발루와 함께 살고 싶어요. 제발 도와주세요!"

중심 내용 | 투발루와 헤어지게 된 로자는 투발루섬에서 투발루와 함께 살고 싶다고 간절히 빌었다.

• **글의 종류**

이야기

• **글의 특징**

지구 온난화 현상으로 빙하가 녹아서 불어난 바닷물에 잠기게 된 투발루섬의 모습을 통해 환경 문제의 심각성을 생각해 보게 하는 글입니다.

• **작품 정리**

글을 읽고
생각이나 느낌
표현하기 ㈎

편지 형식	만화 형식
투발루섬을 떠나는 로자의 슬픈 마음을 위로하고 싶다.	로자가 투발루섬에서 지내며 행복해하는 모습을 오래 기억하고 싶다.

비행장(飛 날 비, 行 다닐 행, 場 마당 장) 비행기들이 뜨고 내리고 머물 수 있도록 여러 가지 시설을 갖추어 놓은 곳.

요란(搖 흔들릴 요, 亂 어지러울 란)한 시끄럽고 떠들썩한.

㈎ 창밖에는 비가 요란하게 내리고 있습니다.

활주로(滑 미끄러울 활, 走 달릴 주, 路 길 로) 비행장에서 비행기가 뜨거나 내릴 때에 달리는 길.

---

37 로자가 후회한 것은 무엇입니까? ( )

① 아빠의 말씀을 듣지 않은 것
② 투발루를 비행장에 두고 온 것
③ 투발루섬의 환경을 오염시킨 것
④ 투발루섬을 떠나는 비행기를 놓친 것
⑤ 투발루에게 수영을 가르치지 않은 것

중요 독해

38 로자가 간절히 빈 소원은 무엇입니까? ( )

① 투발루를 데려오고 싶다.
② 투발루섬에서 멀리 떠나고 싶다.
③ 투발루와 함께 수영을 하고 싶다.
④ 투발루섬에서 투발루와 함께 살고 싶다.
⑤ 투발루섬에 계신 할아버지를 뵙고 싶다.

서술형

39 로자의 소원이 이루어지도록 할 수 있는 방법을 찾아 쓰시오.

_____

_____

작품 정리

40 이 글을 읽고 생각이나 느낌을 어떤 형식으로 표현할 수 있는지 빈칸에 알맞은 말을 넣어 정리하시오.

투발루섬을 떠나는 ⑴( )의 슬픈 마음이 안타깝게 느껴져서 로자를 ⑵( )해 주고 싶은 마음이 들었다.

▼

로자를 위로하는 내용으로 ⑶( ) 형식의 글을 써서 생각이나 느낌을 표현하면 좋다.

7
단원

7. 독서 감상문을 써요

● 정답 및 풀이 28쪽

1 읽은 책에 대한 생각이나 느낌을 말한 친구의 이름을 쓰시오.

> 상윤: 『김구 위인전』은 우리나라의 독립을 위해 평생을 바친 김구 선생님의 이야기야.
> 나연: 『이순신 위인전』에서 적은 수의 군사로 많은 적을 물리친 장면이 가장 인상 깊었어.

( )

2 글쓴이가 책을 읽고 생각하거나 느낀 점에 해당하는 문장을 모두 찾아 기호를 쓰시오.

> ㉠ 한 가지를 볼 때 여러 가지 시각으로 봐야겠다고 생각했습니다.
> ㉡ 계절의 변화 하나하나에 의미를 부여하고 삶을 즐겁게 보내려는 마음을 듬뿍 느꼈습니다.
> ㉢ 동지는 낮이 길어지기 시작하는 날로, 사람들은 이날부터 태양의 기운이 다시 살아난다고 생각했다고 합니다.

( )

3 다음 ㉮, ㉯ 중에서 책을 읽은 동기와 책 내용을 알 수 있는 부분을 찾아 각각 기호를 쓰시오.

> ㉮ 학교에서 자신의 꿈이 무엇인지 발표했다. 나연이가 『꿈의 다이어리』라는 책을 읽고, 자신도 꿈에 대해 깊이 생각해 볼 수 있었다며 이 책을 적극 추천했다.
> ㉯ 이 책의 주인공인 하은이는 꿈이 많은 아이이다. 가수, 우주 비행사, 요리사와 같이 날마다 꿈이 바뀐다. 하지만 하은이는 꿈의 다이어리를 받고 난 뒤, 꿈을 이루려면 노력해야 한다는 사실을 깨닫게 된다.

⑴ 책을 읽은 동기: ( )

⑵ 책 내용: ( )

4 다음 친구들이 독서 감상문을 쓸 책을 고른 까닭으로 알맞지 <u>않은</u> 것은 무엇입니까? ( )

① 새롭게 안 내용이 많아서
② 자신이 관심 있는 내용이라서
③ 책을 읽고 좋은 교훈을 얻어서
④ 선생님께서 추천해 주신 책이라서
⑤ 책 속 인물의 생각이 자신의 생각과 비슷한 것 같아서

[5~6] 다음 글을 읽고, 물음에 답하시오.

> 20○○년 11월 ○○일 날씨: 맑음
> 제목: 함께일 때 더 시원한 나무 그늘
> 나는 내 것이면 뭐든지 나 혼자 써도 된다고 생각했다. 그래서 나무 그늘도 혼자 쓰는 것이 당연하다고 여겼다. 내 것인데 다른 사람에게 왜 빌려주어야 한단 말인가? 하지만 지금 나는 그렇게 생각하지 않는다. 다른 사람들과 더불어 행복을 느끼는 일이 훨씬 더 가치 있고 소중한 것임을 알았다. 총각이 어리석은 나를 일깨워 주었기 때문이다. 총각에게 고마운 마음을 꼭 전하고 싶다.
> 나는 새로 이사 온 집의 나무 그늘에 이웃을 초대했고, 지금은 이웃들과 사이좋게 지낸다. 혼자 많은 것을 차지할 때보다 다른 사람들과 함께하는 내가 더 행복하다. 이제 나는 욕심쟁이가 아니라 가진 것을 이웃들과 나눌 줄 아는 사람이 되었다.

5 이 독서 감상문에서 '내'가 당연하다고 생각했던 것은 무엇입니까? (   )

① 나무를 베는 것
② 일 등을 하는 것
③ 다른 사람을 가르치는 것
④ 자신의 것은 뭐든지 혼자 쓰는 것
⑤ 자신의 것을 다른 사람에게 빌려주는 것

6 '나'는 총각 덕분에 어떤 사람으로 바뀌었다고 했습니까? (   )

① 끈기 있게 도전하는 사람
② 모든 일에 앞장서는 사람
③ 자신이 아는 것을 자랑하는 사람
④ 가진 것을 이웃들과 나눌 줄 아는 사람
⑤ 다른 사람의 슬픔에 공감할 줄 아는 사람

[7~8] 다음 글을 읽고, 물음에 답하시오.

㉮ "아빠, 투발루를 두고 갈 수는 없어요. 그럼 나도 안 갈 거예요!"
"다른 나라에 가면 지금보다 훨씬 힘들게 살 거야. 그러니까 투발루를 할아버지한테 맡기고 가자."
"싫어요. 절대로 안 돼요! 투발루는 수영을 못하니까 물이 불어나면 물에 빠져 죽을 거예요. 꼭 데려가야 해요. 아빠, 투발루도 데리고 가요! 네?"
로자는 아빠의 팔에 매달리며 애원했어.
㉯ 그 순간 창밖으로 멀리 콩알만 하게 투발루가 보였어. 로자는 안전띠를 풀려고 했어. 하지만 그럴 수 없었어.
"로자야, 안 돼! 비행기는 이미 출발했잖아. 멈출 수 없어!"
로자는 창밖으로 작아지는 투발루를 보며 후회하고 또 후회했지.
"투발루에게 수영을 가르칠 걸 그랬어!"
"로자야, 사람들이 환경을 오염시키지 않으면 다시 투발루에 돌아올 수 있을 거야."
아빠의 말을 들으며 로자는 간절히 빌었어.
"저는 투발루에서 투발루와 함께 살고 싶어요. 제발 도와주세요!"

7 로자가 고양이 투발루를 꼭 데려가야 한다고 한 까닭을 찾아 ○표 하시오.

⑴ 투발루가 다른 나라에 가면 훨씬 편하게 살 수 있다고 생각해서   (   )
⑵ 투발루가 수영을 못하기 때문에 물이 불어나면 물에 빠져 죽을 것이라고 생각해서   (   )

8 다음과 같은 글쓰기 상황에서 가장 적절한 글의 형식은 무엇입니까? (   )

> 수지: 로자가 투발루와 헤어지는 장면이 기억에 남아. 나도 친한 친구가 멀리 전학 갔을 때 슬펐던 기억이 있어서 이 장면에서 로자의 마음에 공감이 가. 로자에게 직접 위로의 말을 해 주고 싶어.

① 시   ② 그림   ③ 만화
④ 일기   ⑤ 편지

7
단원

문법

9 다음 (   ) 안에서 바른 표현을 찾아 ○표 하시오.

> "여기를 떠나 (어떻게, 어떡해) 살지 걱정이구나."

문법

10 다음 빈칸에 들어갈 말로 알맞은 것을 두 가지 고르시오. (   )

> 선생님께 혼나면 [   ]?

① 어떡하지   ② 어떻하지
③ 어떠케 하지   ④ 어떡해 하지
⑤ 어떻게 하지

[1~3] 다음 글을 읽고, 물음에 답하시오.

동지는 음력 십일월인데, 세시 풍속으로 팥죽을 끓여 먹습니다. 얼마 전에 학교에서 팥죽이 나온 것이 떠올라 반가워서 읽었습니다. 동짓날이 그냥 팥죽을 먹는 날인 줄만 알았는데 생각보다 재미있는 이야기가 얽혀 있었습니다. ㉠옛날 사람들은 병을 옮기는 나쁜 귀신이 팥을 싫어한다고 믿었답니다. 그래서 동지에 팥으로 죽을 만들어 귀신이 못 오게 집 앞에 뿌렸답니다. 이 일에서 동지에 팥죽 먹는 풍습이 생겼답니다.

이런 재미있는 이야기를 지닌 동지는 낮이 길어지기 시작하는 날로, 사람들은 이날부터 태양의 기운이 다시 살아난다고 생각했다고 합니다. 동지가 밤이 가장 길고 낮이 가장 짧은 날이라고만 생각했는데, 우리 조상은 태양의 기운이 다시 살아나면서 낮이 길어지는 것이라고 생각한 점이 인상 깊었습니다. ㉡그래서 한 가지를 볼 때 여러 가지 시각으로 봐야겠다고 생각했습니다.

1 동지에 대한 설명으로 알맞지 <u>않은</u> 것은 무엇입니까? (   )

① 음력 십일월이다.
② 밤이 가장 짧은 날이다.
③ 팥죽을 끓여 먹는 날이다.
④ 우리 조상은 동지부터 태양의 기운이 다시 살아난다고 생각했다.
⑤ 팥죽 먹는 풍습은 병을 옮기는 나쁜 귀신이 못 오게 하려고 팥죽을 집 앞에 뿌리던 것에서 시작되었다.

2 ㉠, ㉡은 독서 감상문에 들어가는 내용 중에서 무엇에 해당하는지 찾아 각각 선으로 이으시오.

(1) ㉠ •

(2) ㉡ •

• ㉮ 책 내용

• ㉯ 책을 읽고 생각하거나 느낀 점

서술형

3 이와 같은 독서 감상문을 쓰면 좋은 점을 쓰시오.

_____

_____

[4~5] 다음 글을 읽고, 물음에 답하시오.

오월 어느 날이었다. 그날도 학교에 가기 싫다고 말했다. 어머니가 왜 안 가느냐고 물어 공부도 재미가 없고, 학교 가는 것도 재미가 없다고 말했다.

"그래도 얼른 교복으로 갈아입어라."

"학교 안 간다니까."

"안 가면?"

"그냥 이렇게 자라다가 이다음 농사지을 거라고."

"농사는 뭐 아무나 짓는다더냐?"

"그러니 내가 짓는다고."

"에미가 신작로까지 데려다줄 테니까 얼른 교복 갈아입어."

몇 번 옥신각신하다가 나는 마지못해 교복으로 갈아입었다. 어머니가 먼저 마당에 나와 내가 나오길 기다리고 있었다.

4 이 글에서 '나'에게 일어난 일은 무엇입니까? (   )

① 친한 친구가 멀리 전학을 갔다.
② 배탈이 나서 학교에 가지 못했다.
③ 어머니께서 학교에 가라고 계속 설득하셨다.
④ 많은 비로 강물이 불어나 학교 가는 길이 막혔다.
⑤ 학교에 가지 않고 산에 가서 도시락을 까먹었다.

5 이 글을 읽고 자신의 생각이나 느낌을 알맞게 말한 친구의 이름을 쓰시오.

명윤: 학교도 가지 않고 어머니를 도와 농사를 짓겠다고 하는 '나'의 효심에 감동을 받았어.
건우: 어머니께서 '나'를 설득하시며 겉으로는 혼내듯이 말씀하셨지만, 아들을 바른길로 이끌어 주려는 어머니의 노력이 느껴져 감동적이었어.

(   )

[6~8] 다음 글을 읽고, 물음에 답하시오.

㉮ ㉠어머니는 내게 가방을 넘겨준 다음 내가 가야 할 산길의 이슬을 털어 내기 시작했다. 어머니의 일 바지 자락이 이내 아침 이슬에 흥건히 젖었다. ㉡어머니는 발로 이슬을 털고, 지겟작대기로 이슬을 털었다.

그런다고 뒤따라가는 아들 교복 바지가 안 젖는 것도 아니었다. 신작로까지 십오 분이면 넘을 산길을 삼십 분도 더 걸려 넘었다. 어머니의 옷도, 그 뒤를 따라간 내 옷도 흠뻑 젖었다.

㉯ 그렇게 어머니와 아들이 무릎에서 발끝까지 옷을 흠뻑 적신 다음에야 신작로에 닿았다.

㉢"자, 이제 이걸 신어라."

거기서 어머니는 품속에 넣어 온 새 양말과 새 신발을 내게 갈아 신겼다. 학교 가기 싫어하는 아들을 위해 아주 마음먹고 준비해 온 것 같았다.

"앞으로는 매일 털어 주마. 그러니 이 길로 곧장 학교로 가, 중간에 다른 데로 새지 말고."

그 자리에서 울지는 않았지만, 왠지 눈물이 날 것 같았다.

㉣"아니, 내일부터 나오지 마. 나 혼자 갈 테니까."

6 어머니께서 이슬을 털어 내신 까닭은 무엇입니까? ( )

① 아들과 함께 장에 가려고
② 농작물이 잘 자라게 하려고
③ 아들의 새 가방에 이슬이 묻지 않게 하려고
④ 출근길에 아버지의 양복이 젖지 않게 하려고
⑤ 학교 가기 싫어하는 아들의 마음을 되돌리려고

7 ㉠~㉣ 중 어머니께 죄송한 '나'의 마음이 드러난 말이나 행동은 무엇인지 찾아 기호를 쓰시오.

( )

서술형

8 이 글에서 감동받은 부분을 찾는 방법을 한 가지 쓰시오.

_____

[9~10] 다음 글을 읽고, 물음에 답하시오.

잠자리 애벌레가 어떻게 살고 있는지 볼래?
아랫입술을 번개같이 뻗어서 실지렁이나 장구벌레를 붙잡아.
올챙이나 물고기처럼 큰 것을 잡아먹기도 해.
사냥 솜씨가 꼭 엄마, 아빠를 닮았지?
처음에 알에서 깨었을 때는 작고 약하지만 점점 자라서 열 번쯤 껍질을 벗는 동안 힘이 더 세어지는 거야.
잠자리가 낳은 알이 다 잠자리가 되지는 못해.
알이 먹히는 일도 많고, 애벌레가 물방개나 장구애비한테 잡아먹히기도 하니까.
하지만 잠자리는 알을 아주 많이 낳으니까, 잠자리 식구가 줄어드는 일은 없을 거야.
겨울이 지나고 다시 여름이 왔어.
애벌레가 다 자라 어른이 될 때가 됐어.
마지막으로 껍질을 벗을 땐 날개를 달고 나오는 거야.
잠자리 애벌레는 아무것도 먹지 않고 있다가 안전한 때를 골라 물 밖으로 나와.
어른이 되면 잠자리들은 물가를 떠나.
밀잠자리는 가까운 풀숲으로 가고, 고추좀잠자리는 먼 산꼭대기로 가고.

9 잠자리 애벌레에 대한 설명으로 알맞지 **않은** 것은 무엇입니까? ( )

① 잠자리 애벌레는 다 잠자리가 된다.
② 아랫입술을 뻗어서 장구벌레를 잡아먹는다.
③ 열 번쯤 껍질을 벗는 동안 힘이 더 세어진다.
④ 마지막으로 껍질을 벗을 때 날개를 달고 나온다.
⑤ 아무것도 먹지 않고 있다가 안전한 때를 골라 물 밖으로 나온다.

10 어른이 된 고추좀잠자리가 물가를 떠나서 가는 곳은 어디입니까? ( )

① 논　　② 바다　　③ 풀숲
④ 꽃밭　　⑤ 산꼭대기

[11~12] 다음 글을 읽고, 물음에 답하시오.

> ⑦ 꼴찌만 아니면 될 줄 알았는데
> 꼴찌를 해도 좋았다.
>
> 등수만 중요한 줄 알았는데
> 더 큰 것이 있었다.
>
> 이기기만 하면 될 줄 알았는데
> 더 큰 마음이 있었다.
>
> ⑭ 꽃담아, 안녕? 나는 얼마 전에 도서관에서 『초록 고양이』를 읽었어. 초록 고양이가 데려간 엄마를 네가 냄새로 찾아 다시 엄마와 만난다는 내용에서 감동을 받았어.
> 나는 엄마를 사랑하기는 하지만 엄마에 대한 것을 기억하려고 애쓰지는 않았던 것 같아. 네가 엄마를 냄새로 찾은 것은 늘 엄마에게 관심과 애정이 있었다는 거잖아.
> 이 이야기를 읽고 부모님에게 좀 더 많은 관심을 가져야겠다고 생각했어. 가족의 소중함을 일깨워 줘서 정말 고마워.
> 그럼 안녕.

11 글 ⑦와 ⑭는 책을 읽고 생각이나 느낌을 각각 어떤 형식으로 표현했는지 찾아 선으로 이으시오.

(1) 글 ⑦ ・ ・㉠ 시

(2) 글 ⑭ ・ ・㉡ 편지

12 글 ⑭의 글쓴이가 『초록 고양이』를 읽고 생각한 점은 무엇입니까? (　　　)

① 꽃담이처럼 위기를 잘 극복해 내고 싶다.
② 엄마에게 많은 관심과 애정을 받고 싶다.
③ 부모님에게 좀 더 많은 관심을 가져야겠다.
④ 초록 고양이처럼 엉뚱한 생각을 하고 싶다.
⑤ 가족의 소중함에 대한 글을 많이 읽어야겠다.

[13~15] 다음 글을 읽고, 물음에 답하시오.

> ⑦ "투발루야, 어디 있어? 이 바보야, 이제 가야 한단 말이야. 얼른 나와, 제발……."
> 로자의 눈에선 쉬지 않고 눈물이 흘러내렸고, 코는 새빨개졌어.
> ⑭ "투발루다!"
> 그 순간 창밖으로 멀리 콩알만 하게 투발루가 보였어. 로자는 안전띠를 풀려고 했어. 하지만 그럴 수 없었어.
> "로자야, 안 돼! 비행기는 이미 출발했잖아. 멈출 수 없어!"
> 로자는 창밖으로 작아지는 투발루를 보며 후회하고 또 후회했지.
> "투발루에게 수영을 가르칠 걸 그랬어!"
> "로자야, 사람들이 환경을 오염시키지 않으면 다시 투발루에 돌아올 수 있을 거야."
> 아빠의 말을 들으며 로자는 간절히 빌었어.
> ㉠"저는 투발루에서 투발루와 함께 살고 싶어요. 제발 도와주세요!"

13 글 ⑦에서 로자가 애타게 찾은 것은 무엇인지 이름을 쓰시오.

(　　　　　　　　　)

14 ㉠에 나타난 로자의 마음으로 알맞은 것은 무엇입니까? (　　　)

① 간절함　　② 무서움　　③ 행복함
④ 외로움　　⑤ 황당함

서술형

15 이 글을 읽고 자신의 생각이나 느낌을 편지 형식으로 표현할 때 전하고 싶은 마음을 쓰시오.

7. 독서 감상문을 써요

● 정답 및 풀이 30쪽

평가 주제	글을 읽고 독서 감상문 쓰기
평가 목표	글을 읽고 독서 감상문을 쓸 수 있다.

1 독서 감상문을 쓸 책을 한 권 정하고, 그 책을 고른 까닭을 쓰시오.

책 제목	(1)
책을 고른 까닭	(2)

2 문제 1번에서 정한 책에 대하여 떠올린 내용을 정리하여 쓰시오.

책 종류	(1)
독서 감상문을 쓰고 싶은 까닭	(2)
독서 감상문에 쓰고 싶은 내용	(3)
책을 읽고 생각하거나 느낀 점	(4)

3 문제 1, 2번에서 정리한 내용을 바탕으로 하여 독서 감상문을 쓰시오.

> **조건**
> 1. 내용에 알맞은 제목을 붙인다.
> 2. 인상 깊게 읽은 부분을 쓴다.

숨은 그림을 찾아보세요.

● 정답 및 풀이 30쪽

8 생각하며 읽어요

▶ 학습을 완료하면 V표를 하면서 학습 진도를 체크해요.

8 생각하며 읽어요

개념 강의

● 정답 및 풀이 31쪽

1 의견이 적절한지 판단해야 하는 까닭

- 사람마다 생각이 달라서 그 가운데에서 더 나은 의견을 선택해야 하기 때문입니다.
- 적절하지 못한 의견을 따라 결정하면 잘못된 판단을 할 수 있기 때문입니다.
- 잘못된 의견을 따르면 문제를 해결하지 못할 수도 있기 때문입니다.
- 뜻하지 않게 잘못된 결과가 나올 수 있기 때문입니다.

2 글쓴이의 의견을 평가하는 방법

- 의견이 주제와 관련 있는지 살펴봅니다.
- 글쓴이의 의견과 뒷받침 내용이 관련 있는지 따져 봅니다.
- 뒷받침 내용이 사실이고, 믿을 만한지 확인합니다.

뒷받침 내용이 믿을 만한지 알아보는 방법	• 책을 찾아보거나 누리집에서 검색해 뒷받침 내용이 믿을 수 있는지를 따져 보고 판단합니다. • 전문가에게 묻거나 관련한 전문 자료를 참고합니다. • 자료를 찾아 뒷받침 내용으로 썼다면 출처를 반드시 확인하고, 그 출처가 믿을 만한지도 점검합니다.

- 글쓴이의 의견이 문제 상황을 해결할 수 있는지 살펴봅니다.

예 '바람직한 독서 방법'에 대한 혜원이의 의견 평가하기

혜원이의 의견	바람직한 독서 방법은 도서관의 편의 시설을 늘리는 것이다.

↓

평가	의견이 주제와 관련이 없기 때문에 적절하지 않습니다.

3 자신의 의견이 드러나게 글 쓰기

- 주제와 관련한 경험을 친구들과 이야기해 봅니다.
- 주제와 관련한 자신의 생각을 써 봅니다.
- 자신의 의견을 뒷받침할 수 있는 내용을 찾아봅니다.

주제와 관련한 정보를 찾는 방법	• 관련 있는 책을 읽습니다. • 믿을 만한 누리집을 찾아봅니다. • 전문가에게 물어봅니다.

- 주제와 관련한 자신의 의견과 뒷받침 내용을 정리합니다.
- 자신의 의견이 드러나는 글을 써 봅니다.
- 자신이 쓴 글과 친구들이 쓴 글을 바꾸어 읽으며 의견이 적절한지 평가해 봅니다.
- 친구들의 평가 내용을 바탕으로 하여 자신의 글을 고친 뒤에 스스로 평가해 봅니다.

---

1 의견이 적절한지 판단해야 하는 까닭

의견이 적절한지 판단해야 하는 까닭을 알맞게 말한 친구의 이름을 쓰시오.

> 은성: 사람마다 생각이 모두 같기 때문이야.
> 호준: 잘못된 의견을 따르면 문제를 해결하지 못할 수도 있기 때문이야.

(   )

2 글쓴이의 의견을 평가하는 방법

글쓴이의 의견을 평가하는 방법으로 알맞으면 ○표, 알맞지 않으면 ✕표 하시오.

⑴ 의견이 주제와 관련 있는지 살펴본다. (   )

⑵ 의견과 뒷받침 내용이 관련 있는지 따져 본다. (   )

⑶ 의견이 문제 상황을 해결할 수 있는지 살펴본다. (   )

⑷ 뒷받침 내용을 많은 사람이 재미있어 할지 확인한다. (   )

3 자신의 의견이 드러나게 글 쓰기

자신의 의견을 뒷받침할 수 있는 내용을 찾는 방법으로 알맞지 <u>않은</u> 것의 기호를 쓰시오.

> ㉠ 관련 있는 책 읽기
> ㉡ 동생에게 물어보기
> ㉢ 믿을 만한 누리집 찾아보기

(   )

8 생각하며 읽어요

● 정답 및 풀이 31쪽

어휘

1. 핵심 개념 어휘: 의견, 평가

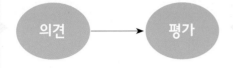

意 뜻 의
見 볼 견
뜻 어떤 대상에 대하여 가지는 생각.

評 평할 평
價 값 가
뜻 사물의 가치나 수준 등을 평함.

➡ 적절하지 못한 의견을 따르면 잘못된 판단을 할 수 있으므로, 글을 읽고 글쓴이의 의견이 적절한지 평가해 보아야 합니다.

2. 작품 속 어휘

낱말	뜻	예시
호통	몹시 화가 나서 크게 소리 지르거나 꾸짖음. 또는 그 소리.	갑작스러운 호통 소리에 깜짝 놀랐습니다.
아낙	남의 집 부녀자, 즉 결혼한 여자나 어른 여자를 이르는 말.	한 아낙이 빨래를 하고 있었습니다.
개방(開放) 開 열 개 放 놓을 방	문이나 어떠한 공간 등을 열어 자유롭게 드나들고 이용하게 함.	새로 지은 도서관이 다음 달부터 개방됩니다.
보금자리	1. 새가 알을 낳거나 깃들이는 곳. 비 둥지, 둥우리 2. 지내기에 매우 포근하고 아늑한 곳을 이르는 말.	그들을 위해서 보금자리를 마련해 주었습니다.
구속(拘束) 拘 잡을 구 束 묶을 속	행동이나 의사의 자유를 제한하거나 속박함.	나는 아무런 구속이 없는 자유로운 분위기를 좋아합니다.

문법   표준어와 방언

◆ 표준어는 교육적·문화적 편의를 위하여 한 나라에서 표준으로 정한 말을 가리키고, 방언은 표준어와 달리 어떤 지역이나 지방에서만 쓰는 말을 가리킵니다. 예를 들면, 표준어 '할아버지'의 방언으로는 '할아바이(함경도)', '할버이(강원도)', '할압시(전라도)', '할배(경상도)', '하르방(제주도)' 등이 있습니다. 다음에서 표준어와 방언의 예를 더 살펴봅시다.

표준어	고깔	가장자리	등
방언	꼬깔(경남)	가생이(경기, 전북)	등어리(강원, 경남, 충청)

어휘·문법 확인 문제

1 핵심 개념 어휘

다음 낱말의 뜻풀이가 바른 것에 ○표 하시오.

(1) 의견: 사물을 인식하여 논리나 기준 등에 따라 판정을 내림. (   )

(2) 평가: 사물의 가치나 수준 등을 평함. 또는 그 가치나 수준. (   )

2 작품 속 어휘

다음 뜻에 알맞은 낱말을 보기 에서 찾아 쓰시오.

보기
개방   구속   호통

(1) 행동이나 의사의 자유를 제한하거나 속박함.
(   )

(2) 몹시 화가 나서 크게 소리 지르거나 꾸짖음. 또는 그 소리.
(   )

(3) 문이나 어떠한 공간 등을 열어 자유롭게 드나들고 이용하게 함.
(   )

3 작품 속 어휘

'보금자리'와 바꾸어 쓸 수 있는 말을 찾아 ○표 하시오.

(1) 우리   (   )

(2) 둥지   (   )

(3) 보자기   (   )

4 문법

다음 낱말이 표준어인지 방언인지 구별하여 알맞게 선으로 이으시오.

(1) 고깔   •   • ㉮ 방언

(2) 꼬깔   •   • ㉯ 표준어

8
단원

당나귀를 팔러 간 아버지와 아이

❶ 햇볕이 내리쬐는 무척 더운 날이었어요. 아버지와 아이가 당나귀를 끌고 시장에 가고 있었어요. 아버지와 아이는 땀을 뻘뻘 흘렸어요. 그 모습을 본 농부가 비웃으며 말했어요.

"쯧쯧, 당나귀를 타고 가면 될 걸 저렇게 미련해서야……."

농부의 말을 듣고 보니 정말 그렇지 않겠어요?

'맞아, 당나귀는 원래 짐을 싣거나 사람을 태우는 동물이잖아.'

아버지는 당장 아이를 당나귀에 태웠어요.

중심 내용 | 아버지와 아이는 당나귀를 끌고 시장에 가다가 만난 농부의 의견에 따라 아이가 당나귀를 타고 갔습니다.

❷ 그렇게 한참을 가는데 한 노인이 호통을 쳤어요.

"아버지는 걷게 하고 자기는 편하게 당나귀를 타고 가다니. 요즘 아이들이란 저렇게 버릇이 없단 말이지!"

노인의 말을 듣고 보니 정말 그렇지 않겠어요?

아이는 얼른 당나귀에서 내리고 아버지를 태웠어요.

중심 내용 | 아버지와 아이는 길을 가다 만난 노인의 의견에 따라 아버지가 당나귀를 타고 갔습니다.

❸ 또 그렇게 한참을 가는데 이번에는 한 아낙이 깜짝 놀라며 혀를 찼어요.

"세상에! 이렇게 더운 날 어린아이는 걷게 하고 자기만 편하게 당나귀를 타고 가다니. 저런 사람이 아비라고 할 수 있나, 원! 나라면 아이도 함께 태울 텐데."

아낙의 말을 듣고 보니 정말 그런 것도 같았어요. 아버지는 아이도 당나귀에 태웠어요. 아버지와 아이를 태운 당나귀는 힘에 부친 듯 비틀비틀 걸음을 옮겼어요.

중심 내용 | 아버지와 아이는 길을 가다 만난 아낙의 의견에 따라 함께 당나귀를 타고 갔습니다.

❹ 시장에 거의 다다랐을 때, 그 모습을 본 청년이 말했어요.

"불쌍한 당나귀! 이 더운 날 두 명이나 태우고 가느라 힘이 다 빠졌네. 나라면 당나귀를 메고 갈 텐데."

내리쬐는 볕 등이 세차게 아래로 비치는.
호통 몹시 화가 나서 크게 소리 지르거나 꾸짖음. 또는 그 소리.
부친 모자라거나 미치지 못하는.

어휘

1 다음 뜻에 알맞은 낱말을 찾아 쓰시오.

> 남의 집 부녀자, 즉 결혼한 여자나 어른 여자를 이르는 말.

( )

2 글 ❷에서 노인이 호통을 친 까닭은 무엇입니까?

( )

① 당나귀에 아무도 타지 않아서
② 자신을 당나귀에 태워 주지 않아서
③ 아버지와 아이가 당나귀를 잃어버려서
④ 아버지는 걷게 하고 아이만 혼자 당나귀를 타서
⑤ 아버지와 아이를 태우고 가는 당나귀가 불쌍해서

중요 독해

3 다음과 같은 의견을 말한 인물은 누구인지 각각 쓰시오.

(1) 당나귀를 메고 가야 한다. ( )

(2) 당나귀를 타고 가야 한다. ( )

(3) 둘 다 당나귀를 타고 가야 한다. ( )

(4) 아이 대신 아버지가 당나귀를 타고 가야 한다.
( )

4 농부, 노인, 아낙의 의견을 들은 아버지와 아이는 어떻게 행동했는지 찾아 ○표 하시오.

(1) 농부, 노인, 아낙의 의견을 무시하고 자신들의 생각대로 행동했다. ( )

(2) 농부, 노인, 아낙의 의견이 적절한지 판단하지 않고 그대로 따랐다. ( )

당나귀를 팔러 간 아버지와 아이

청년의 말을 듣고 보니 그런 것 같았어요.

'그래, 이대로 가다가는 시장에 가기도 전에 당나귀가 지쳐 쓰러져 버릴 거야.'

둘은 당나귀에서 내렸어요. 그러고 나서 아버지는 당나귀의 앞발을, 아이는 뒷발을 각각 어깨에 올렸지요.

중심 내용 | 아버지와 아이는 길을 가다 만난 청년의 의견에 따라 함께 당나귀를 메고 갔습니다.

❺ 이제 외나무다리 하나만 건너면 시장이에요.

"으히힝." / 그때 당나귀가 버둥거리는 바람에 두 사람은 그만 당나귀를 놓치고 말았답니다. 강에 빠진 당나귀는 물살에 떠내려가고 말았어요.

"다른 사람의 말만 듣다가 결국 귀한 당나귀를 잃고 말았구나!"

아버지와 아이는 뒤늦게 후회했지만 아무 소용이 없었답니다.

중심 내용 | 아버지와 아들은 결국 강에서 당나귀를 잃어버리고 뒤늦게 자신들의 행동을 후회했습니다.

- **글의 종류**
  이야기

- **글의 특징**
  다른 사람의 의견이 적절한지 판단해야 하는 까닭이 무엇인지 알 수 있는 이야기입니다.

- **작품 정리**

인물	의견	아버지와 아이가 받아들인 까닭
농부	당나귀를 타고 가야 한다.	당나귀는 원래 짐을 싣거나 사람을 태우는 동물이기 때문이다.
노인	아이 대신 아버지가 당나귀를 타고 가야 한다.	어른인 아버지가 우선이기 때문이다.
아낙	둘 다 당나귀를 타고 가야 한다.	당나귀에 둘 다 탈 수 있기 때문이다.
청년	당나귀를 메고 가야 한다.	시장에 가기 전에 당나귀가 지쳐 쓰러질 것이다.

버둥거리는 덩치가 큰 것이 매달리거나 자빠지거나 주저앉아서 팔다리를 내저으며 자꾸 움직이는.

---

5 아버지와 아이가 당나귀를 메고 가기로 한 까닭을 알맞게 말한 친구의 이름을 쓰시오.

> 연두: 당나귀가 넘어져서 다리를 다쳤기 때문이야.
> 세현: 시장에 가기도 전에 당나귀가 지쳐 쓰러질 것 같았기 때문이야.
> 선준: 당나귀를 팔지 않고 집에 데려가서 키우기로 마음을 바꾸었기 때문이야.

(   )

중요 독해

6 아버지와 아이가 당나귀를 잃어버리게 된 까닭은 무엇입니까? (   )

① 아버지와 아이가 강에 빠져서
② 아이가 당나귀를 제대로 메지 않아서
③ 아낙의 말대로 둘 다 당나귀를 타고 가서
④ 두 사람을 태우고 가던 당나귀가 지쳐 쓰러져서
⑤ 청년의 말대로 당나귀를 메고 가다가 외나무다리에서 놓쳐서

서술형

7 아버지와 아이의 행동이 적절했는지 판단하여 쓰시오.

_____

_____

작품 정리

8 빈칸에 알맞은 낱말을 넣어 각 인물의 의견과, 아버지와 아이가 그 의견을 받아들인 까닭을 정리하시오.

농부	노인
당나귀는 원래 짐을 싣거나 (1)( )을/를 태우는 동물이므로 당나귀를 타고 가야 한다.	어른인 (2)( )이/가 우선이므로 아이 대신 아버지가 당나귀를 타고 가야 한다.

아낙	청년
당나귀에 둘 다 탈 수 있으므로 (3)( ) 당나귀를 타고 가야 한다.	시장에 가기 전에 당나귀가 지쳐 쓰러질 것이므로 (4)( )을/를 메고 가야 한다.

8
단원

바람직한 독서 방법

혜원: 바람직한 독서 방법은 도서관의 편의 시설을 늘리는 것입니다. 휴게실을 많이 만들면 편안히 쉴 수 있습니다. 체육관이 생기면 운동을 자주 할 수 있습니다. 컴퓨터를 많이 설치하면 인터넷을 쉽게 이용할 수 있습니다. 이와 같이 올바른 독서 방법은 도서관의 편의 시설을 늘리는 것입니다.

민서: 바람직한 독서 방법은 여러 분야의 책을 읽는 것입니다. 여러 분야의 책을 읽으면 배경지식이 풍부해집니다. 풍부한 배경지식은 학교 공부를 하는 데 도움을 줍니다. 한 분야의 책만 읽으면 시력이 나빠집니다. 제가 여러 분야의 책을 읽었을 때는 시력이 좋아졌는데 한 분야의 책만 읽었을 때는 시력이 나빠졌습니다. 따라서 여러 분야의 책을 읽는 것은 좋은 독서 방법입니다.

준우: 바람직한 독서 방법은 자신이 좋아하는 책만 읽는 것입니다. 좋아하는 분야의 책을 읽으면 흥미를 느끼며 즐겁게 읽을 수 있습니다. 그 분야에 깊이 있는 지

식을 쌓을 수 있습니다. 자신이 좋아하는 분야이기 때문에 책 내용을 더 쉽게 이해할 수 있습니다. 따라서 저는 이보다 더 바람직한 독서 방법은 없다고 생각합니다.

- **글의 종류**
  의견을 나타내는 글

- **글의 특징**
  바람직한 독서 방법에 대한 친구들의 의견이 나타난 글입니다.

- **글의 구조**

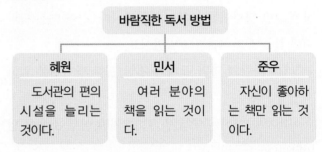

바람직한 독서 방법		
혜원	민서	준우
도서관의 편의 시설을 늘리는 것이다.	여러 분야의 책을 읽는 것이다.	자신이 좋아하는 책만 읽는 것이다.

편의(便 편할 편, 宜 마땅 의) 형편이나 조건 등이 편하고 좋음.
분야(分 나눌 분, 野 범위 야) 여러 갈래로 나누어진 범위나 부분.
배경지식(背 등 배, 景 경치 경, 知 알 지, 識 알 식) 어떤 일을 하거나 연구할 때, 이미 머릿속에 들어 있거나 기본적으로 필요한 지식.

중요 독해

9 혜원이의 의견이 적절한지 바르게 평가한 친구의 이름을 쓰시오.

> 도연: 의견이 주제와 관련이 없어서 적절하지 않다고 생각해.
> 성훈: 의견을 뒷받침하는 내용이 믿을 만하기 때문에 적절하다고 생각해.

( )

10 민서가 의견을 뒷받침하기 위해 쓴 내용이 믿을 만하면 ○표, 그렇지 않으면 ✕표 하시오.

(1) 뒷받침 내용 1: 배경지식이 풍부해져서 공부에 도움이 된다. ( )

(2) 뒷받침 내용 2: 한 분야의 책만 읽으면 시력이 나빠진다. ( )

서술형

11 준우의 의견을 따랐을 때 어떤 문제가 생길지 쓰시오.

_____

_____

글의 구조

12 빈칸에 알맞은 말을 넣어 의견을 평가하시오.

인물	의견	평가
혜원	바람직한 독서 방법은 도서관의 편의 시설을 늘리는 것이다.	의견이 (1)( )와/과 관련이 없어서 적절하지 않다.
민서	바람직한 독서 방법은 여러 (2)( )의 책을 읽는 것이다.	뒷받침 내용이 믿을 만한 내용이 아니어서 적절하지 않다.
준우	바람직한 독서 방법은 자신이 좋아하는 책만 읽는 것이다.	(3)( )대로 하면 문제가 생길 수 있어서 적절하지 않다.

문화재를 개방해야 하는가

① 문화재를 개방해야 합니다. 문화재를 직접 관람하면 옛 조상이 살았던 때를 생생하게 느낄 수 있습니다. 저는 가족과 함께 고인돌 유적지를 보러 갔습니다. 거대한 고인돌이 생생하게 기억에 남았습니다. 누리집에서 고인돌에 대한 정보를 찾아보았고, 학교 도서관에서 고인돌에 대한 책을 빌려 읽기도 했습니다.

중심 내용 | 문화재를 개방하면 관람객들이 옛 조상이 살았던 때를 생생하게 느낄 수 있습니다.

② 또 문화재를 개방해야만 문화재 훼손을 막을 수 있습니다. 20○○년 7월 ○○일 신문 기사를 보니 고궁 가운데 한 곳인 ○○궁에 곰팡이가 번식했다는 내용이 있었습니다. 장마인데 문을 닫고만 있어서 바람이 통하지 않아 곰팡이가 궁궐 안으로 퍼진 것입니다. 사람들이 드나들면서 바람이 통하게 하면 이와 같은 문제는 해결될 것입니다.

중심 내용 | 문화재를 개방하면 여름 장마철에 생기는 문화재 훼손을 막을 수 있습니다.

③ 문화재를 개방하면 자신이 체험한 문화재를 보호하려고 노력하는 사람이 늘어날 것입니다. 어디에 있는지

도 모르는 유물이 아니라 우리 곁에 있는 문화재가 되어야 합니다. 우리가 함께 가꾸고 보존해 나간다고 생각한 뒤에 힘을 모으면 '살아 있는' 문화재가 될 것입니다.

중심 내용 | 문화재를 개방하면 자신이 체험한 문화재를 보호하려고 노력하는 사람이 늘어날 것입니다.

- **글의 종류**
  주장하는 글

- **글의 특징**
  '문화재를 개방해야 하는가'라는 주제에 대한 의견과 뒷받침 내용이 잘 나타나 있는 글입니다.

- **글의 구조**

```
            문화재를 개방해야 한다.
   ┌──────────────┼──────────────┐
옛 조상이          여름 장마        문화재를 개방하면
살았던 때를        철에 생기는      자신이 체험한 문화재를
생생하게 느        문화재 훼손을    보호하려고 노력하는
낄 수 있다.        막을 수 있다.    사람이 늘어날 것이다.
```

훼손(毁 헐 훼, 損 덜 손) 헐거나 깨뜨려 못 쓰게 만듦.
번식(繁 많을 번, 殖 번성할 식) 수가 늘어서 많이 퍼짐.

---

13 다음 낱말과 뜻이 반대되는 낱말을 찾아 쓰시오.

> 폐쇄: 문 등을 닫아걸거나 막아 버림.

(   )

14 다음은 어떤 기준으로 글쓴이의 의견을 평가한 것인지 찾아 ○표 하시오.

> 글쓴이의 의견은 적절합니다. 의견에 대한 뒷받침 내용으로 제시된 세 가지가 모두 사실이며 믿을 만하기 때문입니다.

(1) 의견이 주제와 관련 있는지 살펴본다. (   )

(2) 문제 상황을 해결할 수 있는 의견인지 살펴본다.
(   )

(3) 의견을 뒷받침하는 내용이 사실이고, 믿을 만한지 확인한다. (   )

15 빈칸에 알맞은 낱말을 넣어 글쓴이의 의견과 뒷받침 내용을 정리하고, 그 의견이 적절한지 평가하시오.

의견	문화재를 (1)( )해야 한다.
뒷받침 내용	• 옛 (2)( )이/가 살았던 때를 생생하게 느낄 수 있다. • 여름 장마철에 생기는 문화재 훼손을 막을 수 있다. • 문화재를 개방하면 자신이 체험한 문화재를 (3)( )하려고 노력하는 사람이 늘어날 것이다.

문화재는 예전에 살았던 사람들의 모습이 담긴 것이기 때문에 관람객이 직접 체험해야 더 가치 있으므로 적절하다.

많은 사람이 관람하다가 (4)(   )된 문화재는 복원하기 어렵기 때문에 적절하지 않다.

8
단원

숲을 보호합시다

❶ 사람들은 숲에서 생활에 필요한 여러 가지 물건을 얻습니다. 이로 말미암아 숲이 파괴되고 생물들의 보금자리가 사라집니다. 우리는 이런 숲을 보호하고 생물들의 보금자리를 지켜 주어야 합니다. 그렇게 하려면 어떻게 해야 할까요?

중심 내용 | 우리는 숲을 보호하고 생물들의 보금자리를 지켜 주어야 합니다.

❷ 첫째, 자원의 낭비를 막아야 합니다. 우리가 물건을 아껴 쓰고, 버리는 물건을 재활용하면 숲이 파괴되는 것을 줄일 수 있습니다.

중심 내용 | 자원의 낭비를 막아야 합니다.

❸ 둘째, 나무를 베어 낸 숲은 다시 가꾸어야 합니다. 한번 파괴된 숲은 저절로 복원되는 데 오랜 시간이 걸리지만, 사람들이 노력하면 조금 더 빨리 새로운 숲을 만들 수 있습니다.

중심 내용 | 나무를 베어 낸 숲은 다시 가꾸어야 합니다.

❹ 셋째, 숲의 파괴를 최소화해야 합니다. 숲을 이용할 때에는 정해진 곳만 이용하고, 보호된 숲에서는 식물과 동물이 살아갈 수 있게 해야 합니다.

중심 내용 | 숲의 파괴를 최소화해야 합니다.

· **글의 종류**
주장하는 글

· **글의 특징**
숲을 보호하자는 의견과 뒷받침 내용이 잘 나타나 있는 글입니다.

· **글의 구조**

```
숲을 보호하고 생물들의 보
금자리를 지켜 주어야 한다.
```
┌──────────┬──────────┬──────────┐
```
자원의 낭비를        나무를 베어      숲의 파괴를
막아야 한다.        낸 숲은 다시 가    최소화해야 한다.
                  꾸어야 한다.
```

자원(資 재물 자, 源 근원 원) 사람의 생활과 생산에 필요한 물질·재료·노동력·기술 등을 통틀어 이르는 말.
복원(復 회복할 복, 元 처음 원) 망가진 것을 원래의 상태나 모양으로 돌아가게 함.

중요 독해

16 이 글에 나타난 문제 상황은 무엇입니까? (   )

① 쓸 수 있는 자원이 부족한 것
② 숲을 제대로 활용하지 못하는 것
③ 사람들이 아무도 숲을 찾지 않는 것
④ 숲이 파괴되고 생물들의 보금자리가 사라지는 것
⑤ 파괴된 숲을 다시 복원하는 데 돈이 많이 드는 것

서술형

17 이 글에 나타난 문제 상황이 발생한 원인은 무엇인지 쓰시오.

_____

_____

어휘

18 다음 뜻에 알맞은 낱말을 찾아 쓰시오.

> 지내기에 매우 포근하고 아늑한 곳.

(   )

글의 구조

19 빈칸에 알맞은 낱말을 넣어 글쓴이의 의견과 뒷받침 내용을 정리하고, 그 의견이 적절한지 평가하시오.

의견	(1)( )을/를 보호하고 생물들의 보금자리를 지켜 주어야 한다.
뒷받침 내용	· 자원의 (2)( )을/를 막아야 한다. · 나무를 베어 낸 숲은 다시 가꾸어야 한다. · 숲의 파괴를 (3)( )해야 한다.

↓

의견이 (4)(   )와/과 관련 있고 문제 상황을 해결할 수 있으며, 뒷받침 내용이 의견과 관련 있고 믿을 만하므로 적절하다.

자유가 뭐예요? 오스카 브르니피에

엄마나 선생님, 경찰 들은 우리에게 하지 말아야 할 것들을 요구합니다.

"학교 복도에서는 뛰지 마라."

"아무 데서나 길을 건너서는 안 된다."

"함부로 휴지를 버려서는 안 된다."

어른들은 왜 아이들을 구속하고 자유를 방해할까요?
구속: 행동이나 의사의 자유를 제한하거나 속박함.

이런 간섭을 받을 때 아이들은 자유를 방해받는다고 느끼지만 사실은 여러 사람과 더불어 살면서 진정으로 자유롭기 위한 훈련을 받고 있는 것입니다.

식당에서 아이들이 시끄럽게 뛰어다닐 때 식당의 다른 사람들은 편안하게 쉴 자유를 방해받습니다. 나의 자유를 누리기 위해서 남의 자유를 침해한다면 거꾸로 남도 자신의 자유를 위해서 나의 자유를 침해할 것입니다.

따라서 우리는 자신의 자유만 주장할 수 없습니다.

우리는 여러 사람과 함께 살고 있기 때문에 다른 사람의 자유를 위해서 자신의 자유를 조금 제한하고 상대방을 존중해야 합니다. 이것을 깨닫게 된다면 우리는 자기 마음대로 하고 싶은 충동을 스스로 참고 절제할 것입니다.
절제: 정도에 넘지 아니하도록 알맞게 조절하여 제한함.

이때 우리는 자율적으로 행동하는 사람이 되며 그때에야 비로소 사회 속에서 참된 자유를 누릴 수 있게 됩니다.

중심 내용 | 우리는 여러 사람과 함께 살고 있기 때문에 다른 사람의 자유를 위해서 자신의 자유를 조금 제한하고 상대방을 존중해야 합니다.

- **글의 종류**
  주장하는 글

- **글의 특징**
  자신의 자유만 주장하며 남의 자유를 침해하면 안 된다는 것을 일깨워 주는 글입니다.

- **글의 구조**

의견		뒷받침 내용
다른 사람의 자유를 위해서 자신의 자유를 조금 제한하고 상대방을 존중해야 한다.	＋	나의 자유를 누리기 위해서 남의 자유를 침해한다면 남도 자신의 자유를 위해서 나의 자유를 침해할 것이다.

제한 일정한 한도를 정하거나 그 한도를 넘지 못하게 막음.
충동(衝 찌를 충, 動 움직일 동) 순간적으로 어떤 행동을 하고 싶은 욕구를 느끼게 하는 마음속의 자극.

---

20 이 글에서 어른들이 아이들에게 하지 말라고 요구하는 것을 모두 고르시오. (   )

① 학교 복도에서 뛰는 것
② 함부로 휴지를 버리는 것
③ 아무 데서나 길을 건너는 것
④ 공공장소에서 조용히 하는 것
⑤ 이웃 어른께 공손히 인사하는 것

중요 독해

21 어른들이 아이들을 구속하고 자유를 방해하는 까닭으로 알맞은 것에 ○표 하시오.

(1) 아이들이 어른들의 말을 잘 듣도록 하기 위해서
(   )

(2) 여러 사람과 더불어 살면서 진정으로 자유롭기 위한 훈련을 시키기 위해서
(   )

22 이 글을 읽고 알맞게 말한 친구의 이름을 쓰시오.

> 정우: 한밤중에 아파트에서 피아노를 치는 것은 내 자유니까 간섭하지 마.
> 혜원: 학교 복도에서 뛰어다니면 다른 친구들에게 방해가 될 수도 있기 때문에 뛰면 안 돼.

(   )

글의 구조

23 빈칸에 알맞은 말을 넣어 이 글의 내용을 정리하시오.

의견	다른 사람의 (1)( )을/를 위해서 자신의 자유를 조금 (2)( )하고 상대방을 존중해야 한다.
뒷받침 내용	나의 자유를 누리기 위해서 남의 자유를 (3)( )한다면 남도 자신의 자유를 위해서 나의 자유를 침해할 것이다.

[1~3] 다음 글을 읽고, 물음에 답하시오.

혜원: 바람직한 독서 방법은 도서관의 편의 시설을 늘리는 것입니다. 휴게실을 많이 만들면 편안히 쉴 수 있습니다. 체육관이 생기면 운동을 자주 할 수 있습니다. 컴퓨터를 많이 설치하면 인터넷을 쉽게 이용할 수 있습니다. 이와 같이 올바른 독서 방법은 도서관의 편의 시설을 늘리는 것입니다.

민서: 바람직한 독서 방법은 여러 분야의 책을 읽는 것입니다. 여러 분야의 책을 읽으면 배경지식이 풍부해집니다. 풍부한 배경지식은 학교 공부를 하는 데 도움을 줍니다. 한 분야의 책만 읽으면 시력이 나빠집니다. 제가 여러 분야의 책을 읽었을 때는 시력이 좋아졌는데 한 분야의 책만 읽었을 때는 시력이 나빠졌습니다. 따라서 여러 분야의 책을 읽는 것은 좋은 독서 방법입니다.

준우: 바람직한 독서 방법은 자신이 좋아하는 책만 읽는 것입니다. 좋아하는 분야의 책을 읽으면 흥미를 느끼며 즐겁게 읽을 수 있습니다. 그 분야에 깊이 있는 지식을 쌓을 수 있습니다. 자신이 좋아하는 분야이기 때문에 책 내용을 더 쉽게 이해할 수 있습니다. 따라서 저는 이보다 더 바람직한 독서 방법은 없다고 생각합니다.

1 세 친구가 쓴 글의 주제는 무엇인지 쓰시오.

( )

2 다음은 누구의 의견인지 각각 이름을 쓰시오.

(1) 여러 분야의 책을 읽는 것이다.

( )

(2) 자신이 좋아하는 책만 읽는 것이다.

( )

(3) 도서관의 편의 시설을 늘리는 것이다.

( )

3 세 친구의 의견이 적절한지 알맞게 판단한 것에는 ○표, 알맞지 않은 것에는 ×표 하시오.

(1) 혜원이는 주제와 관련 있는 의견을 제시해야 해.

( )

(2) 민서의 의견대로 하면 문제가 생길 수 있어서 적절한 의견이라고 볼 수 없어. ( )

(3) 준우가 제시한 뒷받침 내용은 개인적인 경험이므로 믿을 만하지 않아. ( )

[4~6] 다음 글을 읽고, 물음에 답하시오.

문화재를 개방해야 합니다. 문화재를 직접 관람하면 옛 조상이 살았던 때를 생생하게 느낄 수 있습니다. 저는 가족과 함께 고인돌 유적지를 보러 갔습니다. 거대한 고인돌이 생생하게 기억에 남았습니다. 누리집에서 고인돌에 대한 정보를 찾아보았고, 학교 도서관에서 고인돌에 대한 책을 빌려 읽기도 했습니다.

또 문화재를 개방해야만 문화재 훼손을 막을 수 있습니다. 20○○년 7월 ○○일 신문 기사를 보니 고궁 가운데 한 곳인 ○○궁에 곰팡이가 번식했다는 내용이 있었습니다. 장마인데 문을 닫고만 있어서 바람이 통하지 않아 곰팡이가 궁궐 안으로 퍼진 것입니다. 사람들이 드나들면서 바람이 통하게 하면 이와 같은 문제는 해결될 것입니다.

문화재를 개방하면 자신이 체험한 문화재를 보호하려고 노력하는 사람이 늘어날 것입니다. 어디에 있는지도 모르는 유물이 아니라 우리 곁에 있는 문화재가 되어야 합니다. 우리가 함께 가꾸고 보존해 나간다고 생각한 뒤에 힘을 모으면 '살아 있는' 문화재가 될 것입니다.

4 글쓴이의 의견은 무엇입니까? ( )

① 문화재를 보호해야 한다.

② 문화재를 개방해야 한다.

③ 외국의 문화재를 수입해야 한다.

④ 더 많은 문화재를 발굴해야 한다.

⑤ 우리나라의 문화재를 널리 알려야 한다.

5 글쓴이의 의견을 뒷받침하는 내용을 모두 고르시오.
( )

① 문화재를 후손에게 물려주어야 한다.
② 장마철에 생기는 문화재 훼손을 막을 수 있다.
③ 문화재를 전 세계적으로 알릴 수 있는 기회이다.
④ 자신이 체험한 문화재를 보호하려고 노력하는 사람이 늘어날 것이다.
⑤ 문화재를 직접 관람하면 옛 조상이 살았던 때를 생생하게 느낄 수 있다.

6 글쓴이의 의견이 적절하다고 평가할 수 있는 근거로 알맞은 것의 기호를 쓰시오.

> ㉮ 문화재는 예전에 살았던 사람들의 모습이 담긴 것이기 때문에 관람객이 직접 체험해야 더 가치 있기 때문입니다.
> ㉯ 많은 사람이 문화재를 관람하다 보면 어쩔 수 없이 훼손되기 마련이고, 한번 망가진 문화재는 돌이킬 수 없기 때문입니다.

( )

7 '편식'이라는 주제에 대해 자신의 의견을 바르게 말한 친구의 이름을 쓰시오.

> 준희: 집에서 에너지 절약을 실천해야 해.
> 수아: 편식을 하면 영양이 불균형해져서 성장이 늦어질 수 있어.
> 규빈: 규칙적으로 운동을 하면 건강해지고 병을 예방할 수 있어.

( )

8 다음 주제에 대한 의견으로 알맞지 <u>않은</u> 것은 무엇입니까? ( )

> 즐겁고 행복한 학교를 만들기 위해 우리가 할 수 있는 일

① 비속어 쓰지 않기
② 함께 교실 청소하기
③ 부모님 말씀 잘 듣기
④ 돌아가면서 모두와 짝해 보기
⑤ 하루에 한 가지씩 친구 칭찬하기

문법
9 다음 ( ) 안에서 표준어를 찾아 ○표 하시오.
⑴ 아버지께서 (등, 등어리)을/를 긁어 달라고 하셨습니다.
⑵ 꽃밭 (가생이, 가장자리)에 쓰레기가 버려져 있습니다.

문법
10 다음 보기 속 방언의 표준어는 무엇인지 쓰시오.

> 보기
> 할아바이   할버이
> 할압시   할배   하르방

( )

8 단원

[1~3] 다음 글을 읽고, 물음에 답하시오.

햇볕이 내리쬐는 무척 더운 날이었어요. 아버지와 아이가 당나귀를 끌고 시장에 가고 있었어요. 아버지와 아이는 땀을 뻘뻘 흘렸어요. 그 모습을 본 농부가 비웃으며 말했어요.

"쯧쯧, 당나귀를 타고 가면 될 걸 저렇게 미련해서야……."

농부의 말을 듣고 보니 정말 그렇지 않겠어요?

'맞아, 당나귀는 원래 짐을 싣거나 사람을 태우는 동물이잖아.'

아버지는 당장 아이를 당나귀에 태웠어요.

그렇게 한참을 가는데 한 노인이 호통을 쳤어요.

"아버지는 걷게 하고 자기는 편하게 당나귀를 타고 가다니. 요즘 아이들이란 저렇게 버릇이 없단 말이지!"

노인의 말을 듣고 보니 정말 그렇지 않겠어요?

아이는 얼른 당나귀에서 내리고 아버지를 태웠어요.

1 아버지와 아이는 당나귀를 끌고 어디에 가고 있었는지 쓰시오.

(   )

2 아버지와 아이가 농부의 의견을 받아들인 까닭은 무엇인지 쓰시오.

(   )

3 아버지와 아이의 행동이 적절하지 <u>않은</u> 까닭은 무엇입니까? (   )

① 노인의 의견만 들어서
② 당나귀를 팔려고 해서
③ 아이만 당나귀에 타서
④ 당나귀에 짐을 싣지 않아서
⑤ 다른 사람의 의견을 받아들이기 전에 그 의견이 적절한지 판단하지 않아서

[4~5] 다음 글을 읽고, 물음에 답하시오.

아버지와 아이를 태운 당나귀는 힘에 부친 듯 비틀비틀 걸음을 옮겼어요.

시장에 거의 다다랐을 때, 그 모습을 본 청년이 말했어요.

"불쌍한 당나귀! 이 더운 날 두 명이나 태우고 가느라 힘이 다 빠졌네. 나라면 당나귀를 메고 갈 텐데."

청년의 말을 듣고 보니 그런 것 같았어요.

'그래, 이대로 가다가는 시장에 가기도 전에 당나귀가 지쳐 쓰러져 버릴 거야.'

둘은 당나귀에서 내렸어요. 그러고 나서 아버지는 당나귀의 앞발을, 아이는 뒷발을 각각 어깨에 올렸지요.

이제 외나무다리 하나만 건너면 시장이에요.

"으히힝."

그때 당나귀가 버둥거리는 바람에 두 사람은 그만 당나귀를 놓치고 말았답니다. 강에 빠진 당나귀는 물살에 떠내려가고 말았어요.

4 청년이 말한 의견은 무엇입니까? (   )

① 당나귀를 팔아야 한다.
② 당나귀를 메고 가야 한다.
③ 당나귀를 타고 가야 한다.
④ 아이 대신 아버지가 당나귀를 타고 가야 한다.
⑤ 아버지와 아이 둘 다 당나귀를 타고 가야 한다.

서술형

5 만약 자신이 아버지와 아이라면 어떻게 행동했을지 쓰시오.

_____

_____

[6~7] 다음 글을 읽고, 물음에 답하시오.

가 바람직한 독서 방법은 도서관의 편의 시설을 늘리는 것입니다. 휴게실을 많이 만들면 편안히 쉴 수 있습니다. 체육관이 생기면 운동을 자주 할 수 있습니다. 컴퓨터를 많이 설치하면 인터넷을 쉽게 이용할 수 있습니다. 이와 같이 올바른 독서 방법은 도서관의 편의 시설을 늘리는 것입니다.

나 바람직한 독서 방법은 여러 분야의 책을 읽는 것입니다. ㉠여러 분야의 책을 읽으면 배경지식이 풍부해집니다. 풍부한 배경지식은 학교 공부를 하는 데 도움을 줍니다. ㉡한 분야의 책만 읽으면 시력이 나빠집니다. 제가 여러 분야의 책을 읽었을 때는 시력이 좋아졌는데 한 분야의 책만 읽었을 때는 시력이 나빠졌습니다. 따라서 여러 분야의 책을 읽는 것은 좋은 독서 방법입니다.

6 글 **가**의 고칠 점을 바르게 말한 친구의 이름을 쓰시오.

> 소라: '바람직한 독서 방법'이라는 주제와 관련된 의견을 제시해야 해.
> 세형: 뒷받침 내용을 '도서관의 편의 시설을 늘려야 한다.'라는 의견과 관련된 내용으로 써야 해.
> 동우: 체육관이 생기면 운동을 자주 할 수 있다는 뒷받침 내용을 믿을 만한 것으로 바꾸어 써야 해.

(   )

7 글 **나**의 뒷받침 내용이 믿을 만한지 바르게 판단한 것에 ○표 하시오.

(1) 학교에서 공부하는 분야가 다양하므로 여러 내용을 미리 책으로 공부하면 도움이 될 것이기 때문에 뒷받침 내용 ㉠은 믿을 만하다. (   )

(2) 글쓴이의 개인적인 경험을 바탕으로 하여 썼으므로 뒷받침 내용 ㉡은 믿을 만하다. (   )

[8~9] 다음 글을 읽고, 물음에 답하시오.

바람직한 독서 방법은 자신이 좋아하는 책만 읽는 것입니다. 좋아하는 분야의 책을 읽으면 흥미를 느끼며 즐겁게 읽을 수 있습니다. 그 분야에 깊이 있는 지식을 쌓을 수 있습니다. 자신이 좋아하는 분야이기 때문에 책 내용을 더 쉽게 이해할 수 있습니다. 따라서 저는 이보다 더 바람직한 독서 방법은 없다고 생각합니다.

8 글쓴이의 의견을 뒷받침하는 내용을 두 가지 고르시오. (   )

① 좋아하는 책은 쉽게 구할 수 있다.
② 다양한 분야의 지식을 쌓을 수 있다.
③ 배경지식이 풍부해져서 학교 공부에 도움이 된다.
④ 자신이 좋아하는 분야이기 때문에 책 내용을 더 쉽게 이해할 수 있다.
⑤ 흥미를 느끼며 즐겁게 책을 읽을 수 있어 그 분야에 깊이 있는 지식을 쌓을 수 있다.

서술형

9 글쓴이의 의견이 적절한지 평가하고, 그렇게 생각한 까닭을 함께 쓰시오.

_____

_____

10 글쓴이의 의견이 적절한지 평가하는 방법을 생각하며 빈칸에 알맞은 말을 쓰시오.

> **보기**
> 사실   주제   뒷받침   문제 상황

(1) 의견이 (   )와/과 관련 있는지 살펴본다.

(2) 의견과 (   ) 내용이 관련 있는지 따져 본다.

(3) 뒷받침 내용이 (   )이고, 믿을 만한지 확인한다.

(4) 글쓴이의 의견이 (   )을/를 해결할 수 있는지 살펴본다.

8
단원

[11~13] 다음 글을 읽고, 물음에 답하시오.

　　[　　　　　㉠　　　　　] 문화재를 직접 관람하면 옛 조상이 살았던 때를 생생하게 느낄 수 있습니다. 저는 가족과 함께 고인돌 유적지를 보러 갔습니다. 거대한 고인돌이 생생하게 기억에 남았습니다. 누리집에서 고인돌에 대한 정보를 찾아보았고, 학교 도서관에서 고인돌에 대한 책을 빌려 읽기도 했습니다.
　　또 문화재를 개방해야만 문화재 훼손을 막을 수 있습니다. 20○○년 7월 ○○일 신문 기사를 보니 고궁 가운데 한 곳인 ○○궁에 곰팡이가 번식했다는 내용이 있었습니다. 장마인데 문을 닫고만 있어서 바람이 통하지 않아 곰팡이가 궁궐 안으로 퍼진 것입니다. 사람들이 드나들면서 바람이 통하게 하면 이와 같은 문제는 해결될 것입니다.

11 어떤 주제로 쓴 글입니까? (　　　　)

① 문화재를 보호하는 방법
② 우리나라의 고인돌 유적지
③ 문화재를 개방해야 하는가
④ 외국에 소개된 우리의 문화재
⑤ 문화재 훼손을 어떻게 막을 것인가

12 ㉠에 들어갈 글쓴이의 의견은 무엇인지 생각하여 빈칸에 알맞은 말을 쓰시오.

• 문화재를 (　　　　　　　　)해야 합니다.

13 주영이는 어떤 기준으로 글쓴이의 의견을 평가했는지 찾아 기호를 쓰시오.

　　글쓴이의 의견은 적절하지 않습니다. 많은 사람이 문화재를 관람하다 보면 어쩔 수 없이 훼손되기 마련입니다.

주영

㉮ 의견이 주제와 밀접한가?
㉯ 의견을 뒷받침하는 내용이 믿을 만한가?

(　　　　　　)

14 다음 글에 나타난 글쓴이의 의견과 가장 어울리는 제목은 무엇입니까? (　　　　)

　　사람들은 숲에서 생활에 필요한 여러 가지 물건을 얻습니다. 이로 말미암아 숲이 파괴되고 생물들의 보금자리가 사라집니다. 우리는 이런 숲을 보호하고 생물들의 보금자리를 지켜 주어야 합니다. 그렇게 하려면 어떻게 해야 할까요?
　　첫째, 자원의 낭비를 막아야 합니다. 우리가 물건을 아껴 쓰고, 버리는 물건을 재활용하면 숲이 파괴되는 것을 줄일 수 있습니다.
　　둘째, 나무를 베어 낸 숲은 다시 가꾸어야 합니다. 한번 파괴된 숲은 저절로 복원되는 데 오랜 시간이 걸리지만, 사람들이 노력하면 조금 더 빨리 새로운 숲을 만들 수 있습니다.

① 숲을 보호합시다
② 어려운 이웃을 도웁시다
③ 지구 온난화를 막읍시다
④ 일회용품을 많이 사용합시다
⑤ 자원을 적극적으로 개발합시다

〔서술형〕

15 '즐겁고 행복한 학교 만들기'에 가장 적절하다고 생각하는 의견을 보기 에서 하나 고르고, 그렇게 생각한 까닭을 쓰시오.

보기
㉮ 비속어 쓰지 않기
㉯ 별명 부르지 않기
㉰ 함께 교실 청소하기
㉱ 하루에 한 가지씩 칭찬하기
㉲ 돌아가면서 모두와 짝해 보기

(1) 가장 적절하다고 생각한 의견: (　　　　　　　　)

(2) 그렇게 생각한 까닭: ＿＿＿＿＿＿＿＿＿

＿＿＿＿＿＿＿＿＿＿＿＿＿＿＿

8. 생각하며 읽어요

● 정답 및 풀이 34쪽

평가 주제	자신의 의견이 드러나게 글 쓰기
평가 목표	자신의 의견이 드러나게 글을 쓸 수 있다.

1 편식과 관련한 자신의 생각을 자유롭게 떠올려 쓰시오.

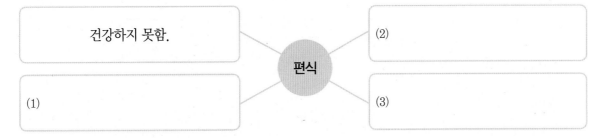

건강하지 못함.

(2)

편식

(1)

(3)

2 편식과 관련한 자신의 의견과 뒷받침 내용을 정리하여 쓰시오.

의견	(1)
뒷받침 내용	(2)

3 문제 **2**번에서 정리한 내용을 바탕으로 하여 자신의 의견이 드러나는 글을 쓰시오.

> **조건**
> 1. 편식을 주제로 자신의 의견을 분명히 밝힌다.
> 2. 의견을 뒷받침하는 내용을 알맞게 쓴다.

미로를 따라 길을 찾아보세요.

● 정답 및 풀이 34쪽

9 감동을 나누며 읽어요

▶ 학습을 완료하면 V표를 하면서 학습 진도를 체크해요.

9 감동을 나누며 읽어요

개념 강의

● 정답 및 풀이 35쪽

1 시를 읽고 느낌 표현하기

- 시를 읽고 친구들과 묻고 답해 봅니다.
- 시에 대한 느낌을 떠올리는 방법을 이야기해 봅니다.
  - 시에 나오는 장면을 떠올려 봅니다.
  - 시에 나오는 인물이 되어 봅니다.
  - 시에 나오는 인물에게 묻고 싶은 물음을 만들어 봅니다.
  - 시에 나오는 인물과 자신의 경험을 비교해 봅니다.
- 시 속의 인물과 면담하며 느낌을 떠올려 봅니다.

누구와 면담할지 정하기	➡	물음 만들기	➡	면담하기

- 그 밖의 방법으로 느낌을 표현해 봅니다.

낭독하기	노랫말 만들기	역할극하기	장면을 이야기로 들려주기	그림으로 나타내기

2 이야기를 보고 내용에 대한 생각 나누기

- 이야기에서 어떤 일이 일어났는지 살펴봅니다.
- 인물의 행동에 대한 자신의 생각을 글로 써 봅니다.

> 예 「김밥」을 보고 인물의 행동에 대한 자신의 생각 말하기
>
> | 동숙 | 아무리 달걀이 들어간 김밥을 먹고 싶어도 엄마께 투정을 부린 동숙이의 행동은 잘못된 행동이라고 생각합니다. |
> |---|---|
> | 엄마 | 엄마께서는 집안 사정을 생각하지 않고 달걀이 들어간 김밥을 싸 달라는 동숙이를 나무라지만 그 마음도 편하지는 않으셨을 것 같습니다. |

3 이야기를 읽고 다른 사람에게 들려주기

- 이야기를 들려줄 사람을 정해 봅니다.
- 이야기에서 강조하고 싶은 부분이 어디인지 정해 봅니다.
- 표정, 말투, 행동과 같은 인물의 특성을 생각하며 이야기를 실감 나게 표현해 봅니다.

> 예 「멸치 대왕의 꿈」을 읽고 인물의 특성을 살려 표현하기
>
> | 넓적 가자미 | 울먹거리며 뺨을 부여잡고 말합니다. |
> |---|---|
> | 멸치 대왕 | 분노해 큰 목소리로 말합니다. |

개념 확인 문제

1 시를 읽고 느낌 표현하기

시 속의 인물과 면담 활동을 하는 순서에 맞게 기호를 쓰시오.

> ㉮ 면담하기
> ㉯ 물음 만들기
> ㉰ 누구와 면담할지 정하기

(   ) → (   ) → (   )

2 시를 읽고 느낌 표현하기

시를 읽고 느낌을 표현하는 방법을 한 가지 쓰시오.

(   )

3 이야기를 보고 내용에 대한 생각 나누기

다음 빈칸에 알맞은 말을 쓰시오.

- 이야기를 보고 내용에 대한 생각을 나눌 때에는 이야기에서 어떤 (1)(   )이/가 일어났는지 살펴보고, 인물의 (2)(   )에 대한 자신의 생각을 글로 써 봅니다.

4 이야기를 읽고 다른 사람에게 들려주기

이야기를 읽고 다른 사람에게 들려주는 방법으로 알맞은 것에 ○표 하시오.

(1) 이야기에서 강조하고 싶은 부분이 어디인지 정한다. (   )

(2) 이야기에서 각 인물이 한 말을 모두 같은 말투로 읽는다. (   )

9 감동을 나누며 읽어요

어휘·문법

● 정답 및 풀이 35쪽

어휘·문법 확인 문제

어휘

1. 핵심 개념 어휘: 면담, 물음

面 낮 면
談 말씀 담
뜻 서로 만나서 이야기함.

면담

물음

뜻 묻는 일. 또는 묻는 말.

➡ 시 속 인물과 면담하는 활동을 하려면 먼저 누구와 면담할지 정한 후, 적절한 물음을 만들어야 합니다.

2. 작품 속 어휘

낱말	뜻	예시
아우성	떠들썩하게 기세를 올려 지르는 소리.	온 학교가 응원하는 소리로 아우성이었습니다.
치솟다 [치솓따]	1. 위쪽으로 힘차게 솟다. 2. 감정, 생각, 힘 등이 세차게 복받쳐 오르다.	자욱한 연기가 하늘로 치솟았습니다.
꿈풀이 [꿈푸리]	꿈에 나타난 일을 풀어서 좋고 나쁨을 판단함. =해몽.	지난밤 꿈의 꿈풀이를 할머니께 여쭈었습니다.
모락모락	연기나 냄새, 김 등이 계속 조금씩 피어오르는 모양.	아지랑이가 모락모락 피어오릅니다.

문법 '만큼', '대로', '뿐'

◆ '만큼', '대로', '뿐'은 혼자서는 쓰일 수 없고 앞에 오는 다른 낱말과 함께 쓰는 낱말입니다. 먼저, '운동장만큼', '차례대로'와 같이 사람이나 사물의 이름을 나타내는 낱말이나 '셋뿐'과 같이 수를 나타내는 낱말 뒤에서는 붙여 씁니다.

이름을 나타내는 낱말 / 수를 나타내는 낱말 / 만큼 대로 뿐

하지만 형태가 바뀌는 낱말 가운데에서 '-는/-을/-던'과 같이 'ㄴ/-ㄹ'로 끝나는 말 뒤에서는 띄어 씁니다. '할 만큼', '하는 대로', '할 뿐'과 같이 써야 합니다.

-는 -을 -던 / 만큼 대로 뿐

1 [핵심 개념 어휘]
다음 뜻에 알맞은 낱말을 보기 에서 찾아 쓰시오.

> 서로 만나서 이야기함.

보기
> 전화   편지   면담

(   )

2 [작품 속 어휘]
보기 에서 ( ) 안에 들어갈 알맞은 낱말을 찾아 쓰시오.

보기
> 꿈풀이   아우성   치솟아서

(1) 화가 (   ) 고함을 질렀다.
(2) 여기저기에서 불만의 (   ) 이/가 일어났다.
(3) 아빠께서 높은 곳에서 떨어지는 꿈을 꾸었으니 키가 클 것이라고 (   )을/를 해 주셨다.

3 [문법]
다음 ( ) 안에서 바른 표현을 찾아 ○표 하시오.

(1) (참을만큼, 참을 만큼) 참았다.
(2) 해야 할 일을 공책에 (차례대로, 차례 대로) 적었다.

4 [문법]
다음 밑줄 그은 부분이 띄어쓰기가 맞으면 ○표, 틀리면 ×표 하시오.

> 우리 마을 뿐 아니라 이웃 마을에도 이상한 소문이 돌았다.

(   )

9 단원

온통 비행기

김개미

① 내 스케치북에는 비행기가 날아.

② 필통에도 / 지우개에도 / 비행기가 날아.

③ 조종석에는 언제나 / 내가 앉아 있어.

④ 조수석에는 엄마도 앉고 / 동생도 앉고
송이도 앉아. / 오늘은 우리 집 개가 앉았어.

⑤ 난 비행기가 좋아.
비행기를 구경하는 것도
비행기를 그리는 것도
비행기를 생각하는 것도.

⑥ 커서 뭐가 되고 싶으냐고 묻지 마.
내 마음에는 비행기가 날아.

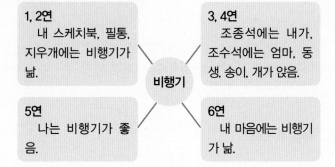

- **글의 종류**
시(6연 16행)

- **글의 특징**
머릿속에 온통 비행기 생각만 가득 찬 말하는 이의 마음이 잘 드러나 있는 시입니다.

- **작품 정리**

1, 2연		3, 4연
내 스케치북, 필통, 지우개에는 비행기가 날.		조종석에는 내가, 조수석에는 엄마, 동생, 송이, 개가 앉음.

비행기

5연		6연
나는 비행기가 좋음.		내 마음에는 비행기가 날.

조종석(操 잡을 조, 縱 늘어질 종, 席 자리 석) 항공기에서 조종사가 앉는 자리.
조수석(助 도울 조, 手 손 수, 席 자리 석) 자동차나 항공기 등 운전석의 옆자리.

어휘

1 다음 뜻에 해당하는 곳에 앉아 있다고 한 사람을 각각 찾아 알맞게 선으로 이으시오.

(1) 항공기에서 조종사가 앉는 자리. •

(2) 자동차나 항공기 등 운전석의 옆자리. •

• ㉠ '나'
• ㉡ 엄마
• ㉢ 동생
• ㉣ 송이

2 이 시를 읽고 떠오르는 장면을 알맞게 말한 친구의 이름을 쓰시오.

주희: 비행기를 상상하며 웃음 짓는 얼굴이 떠올라.
찬영: 새로 산 지우개를 잃어버리고 실망하는 얼굴이 떠올라.

( )

서술형

3 이 시의 말하는 이와 비슷한 경험을 떠올려 쓰시오.

_____

_____

작품 정리

4 빈칸에 알맞은 낱말을 넣어 시의 내용을 정리하시오.

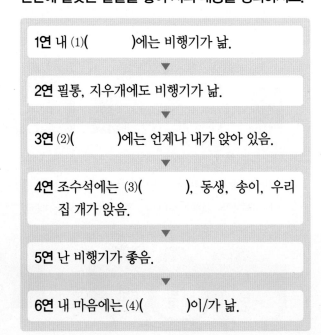

1연 내 (1)( )에는 비행기가 날.
▼
2연 필통, 지우개에도 비행기가 날.
▼
3연 (2)( )에는 언제나 내가 앉아 있음.
▼
4연 조수석에는 (3)( ), 동생, 송이, 우리 집 개가 앉음.
▼
5연 난 비행기가 좋음.
▼
6연 내 마음에는 (4)( )이/가 날.

지하 주차장

김현욱

❶ 지하 주차장으로 / 차 가지러 내려간 아빠
한참 만에 / 차 몰고 나와 한다는 말이

❷ 내려가고 내려가고 또 내려갔는데 글쎄, 계속 지하로 계단이 있는 거야! 그러다 아이쿠, 발을 헛디뎠는데 아아아…… 이상한 나라의 앨리스처럼 깊은 동굴 속으로 끝없이 떨어지지 않겠어? 정신을 차려 보니까 호빗이 사는 마을이었어. 호박처럼 생긴 집들이 미로처럼 뒤엉켜 있는데 갑자기 흰머리 간달프가 나타나 말하더구나. 이 새 자동차가 네 자동차냐? 내가 말했지. 아닙니다, 제 자동차는 10년 다 된 고물 자동차입니다. 오호, 정직한 사람이구나. 이 새 자동차를…….

❸ 에이, 아빠!
차 어디에 세워 놨는지 몰라서 그랬죠?

차 찾느라 / 온 지하 주차장 헤매고 다닌 거
다 알아요. / 피이!

· **글의 종류**
시

· **글의 특징**
아들에게 실수를 들키고 싶지 않은 아빠의 속마음을 재미있게 표현한 시입니다.

· **작품 정리**

1연	2연	3연
지하 주차장에 내려가신 아빠께서 한참 만에 차를 몰고 나오심.	아빠께서는 동굴 속으로 떨어져 호빗이 사는 마을에 다녀왔다고 하심.	'나'는 아빠께서 지하 주차장을 헤매고 다니느라 늦으셨다고 생각함.

미로(迷 헷갈릴 미, 路 길 로) 어지럽게 갈래가 져서, 한번 들어가면 다시 빠져나오기 어려운 길.
고물(古 옛 고, 物 물건 물) 헐거나 낡은 물건.

5 이 시는 어디에서 일어난 일을 바탕으로 하여 쓴 시인지 쓰시오.

( )

중요 독해

6 차를 가지러 지하 주차장에 가신 아빠께 일어난 일은 무엇이겠습니까? ( )

① 친한 친구를 만나 대화를 나누셨다.
② 지하로 내려가는 계단에서 넘어지셨다.
③ 아이에게 운전하는 방법을 가르치셨다.
④ 10년 다 된 고물 자동차가 고장 나서 수리를 맡기셨다.
⑤ 차를 어디에 두었는지 기억나지 않아 이리저리 찾아다니셨다.

7 이 시를 읽고 느낌을 떠올리는 방법으로 알맞지 않은 것은 무엇입니까? ( )

① 시 속의 인물과 면담을 해 본다.
② 시의 장면을 떠올리며 시를 낭독한다.
③ 아빠와 아이가 되어 역할놀이를 해 본다.
④ 아빠처럼 지하 주차장 계단에서 넘어져 본다.
⑤ 시에서 일어난 일과 비슷한 경험을 떠올려 본다.

작품 정리

8 빈칸에 알맞은 낱말을 넣어 시의 내용을 정리하시오.

1연 (1)( )에 내려가신 아빠께서 한참 만에 차를 몰고 나오심.

▼

2연 아빠께서는 (2)( ) 속으로 떨어져 호빗이 사는 마을에 다녀왔다고 하심.

▼

3연 '나'는 아빠께서 지하 주차장을 (3)( ) 다니느라 늦으셨다고 생각함.

9
단원

제기차기

김형경

① 제기를 찬다.

책상 앞에 묶였던

빈 마음들 / 훌훌

골목으로 몰려,

한 다발 / 하얀

바람을 차올린다.

② 한 발 차기

두 발 차기

신이 난 제기.

③ 한껏 부푼

골목엔

터질 듯한 아우성.

④ 제기가 숫숫 발을 끌어올리면

아이들 온 바람은

하늘까지 ㉠치솟는다.

⑤ 제기가 오른다.

얼어붙은 골목 가득 숫숫대며

지금도

아이들 하얀

바람이 솟구친다.

- **글의 종류**
  시(5연 22행)

- **글의 특징**
  아이들이 신나게 제기를 차는 모습을 보고 느낀 것을 재미있게 나타낸 시입니다.

- **작품 정리**

1연	2, 3연	4, 5연
아이들이 책상 앞을 떠나 골목에 모여서 제기를 참.	→ 제기를 차며 신이 난 아이들의 아우성이 골목에 가득함.	→ 얼어붙은 골목에서 아이들이 찬 제기가 하늘까지 치솟음.

부푼   희망이나 기대 등이 마음에 가득하게 된.
아우성   떠들썩하게 기세를 올려 지르는 소리.
치솟는다   위쪽으로 힘차게 솟는다.
솟구친다   아래에서 위로, 또는 안에서 밖으로 세차게 솟아오른다.

중요 독해

9 시에서 말하는 이가 본 것은 무엇입니까? (   )

① 아이들이 제기를 차는 모습
② 아이들이 공차기를 하는 모습
③ 아이들이 골목에서 싸우는 모습
④ 아이들이 책상에서 공부하는 모습
⑤ 아이들이 운동장에서 뛰어노는 모습

서술형

10 이 시를 읽고 떠오르는 장면을 쓰시오.

_____

_____

어휘

11 ㉠과 뜻이 비슷한 낱말을 찾아 ○표 하시오.

찬다	부푼다	솟구친다

작품 정리

12 빈칸에 알맞은 낱말을 넣어 시의 내용을 정리하시오.

1연 아이들이 골목에 모여 (1)(   )을/를 참.

▼

2연 아이들은 제기를 차며 신이 남.

▼

3연 아이들의 (2)(   )이/가 골목에 가득함.

▼

4연 아이들이 찬 제기가 (3)(   )까지 치솟음.

▼

5연 얼어붙은 골목에서 아이들은 제기를 참.

김밥

동숙이는 소풍에 달걀이 들어간 김밥을 가져가고 싶다고 친구에게 말했습니다.

엄마께서는 어려운 형편에 달걀이 들어간 김밥은 싸 줄 수 없다고 하셨고, 동숙이는 쑥을 팔아서 달걀을 사려고 했지만 아무도 쑥을 사 주지 않았습니다.

동숙이는 선생님 김밥을 싸야 한다고 엄마께 말씀드려서 아버지 병원비로 달걀 한 줄을 샀지만, 돌부리에 걸려 넘어지면서 달걀이 깨지고 말았습니다.

선생님께서는 김밥을 못 먹고 있는 동숙이가 안쓰러운 마음에 배탈이 났다고 말씀하시며 자신의 김밥을 동숙이에게 주셨습니다.

- **특징**

모두가 가난했던 1960년대 후반, 작은 산골 마을을 배경으로 펼쳐지는 이야기입니다. 소풍을 가서 달걀이 들어간 김밥이 너무나 먹고 싶었던 한 소녀가 겪은 일을 나타낸 이야기로, 선생님의 따뜻한 마음을 느낄 수 있습니다.

- **활동 정리**

기억에 남는 장면	예 동숙이가 쑥을 파는 장면
내 생각	예 동숙이는 쑥을 팔아서 달걀을 사고 싶은데 아무도 쑥을 사 주지 않아서 속상할 것 같습니다.

형편(形 형상 형, 便 편할 편) 살림살이의 형세.
돌부리 땅 위로 내민 돌멩이의 뾰족한 부분.
안쓰러운 손아랫사람이나 약자의 딱한 형편이 마음이 아프고 가여운.

---

13 동숙이가 소풍에 가져가고 싶어 한 것이 무엇인지 쓰시오.

(   )

14 장면 ❷에서 동숙이는 달걀을 사기 위해 어떤 일을 했습니까? (   )

① 장에 나가 쑥을 팔았다.
② 엄마께 달걀을 사 달라고 졸랐다.
③ 엄마께서 아끼시는 물건을 팔았다.
④ 선생님께 도시락을 싸 달라고 부탁드렸다.
⑤ 닭을 키우는 친구 집에 가서 달걀을 달라고 부탁했다.

서술형
15 장면 ❸에서 동숙이의 행동에 대한 자신의 생각을 쓰시오.

_____

_____

중요 독해
16 장면 ❹에서 선생님께서 배탈이 났다고 하신 까닭에 ○표 하시오.

(1) 소풍을 가기 전에 동숙이와 김밥을 나누어 먹기로 약속한 것을 지키시려고 (   )

(2) 김밥을 못 먹고 있는 동숙이가 안쓰러워서 동숙이에게 자신의 김밥을 주시려고 (   )

멸치 대왕의 꿈   천미진

❶ 옛날 동쪽 바다에 멸치 대왕이 살고 있었어. 그런데 어느 날 아주 이상한 꿈을 꾸었지. 꿈속에서 멸치 대왕이 하늘을 오르락내리락, 구름 속을 왔다 갔다, 그러다가 갑자기 흰 눈이 펄펄 내리더니 추웠다가 더웠다가 하는 거야. 멸치 대왕은 무슨 꿈인지 몹시 궁금했어. 그래서 멸치 대왕은 넓적 가자미한테 꿈풀이를 잘한다는 망둥 할멈을 데려오라고 했지.

중심 내용 | 이상한 꿈을 꾼 멸치 대왕은 넓적 가자미한테 꿈풀이를 잘한다는 망둥 할멈을 데려오라고 했다.

❷ 넓적 가자미는 너무너무 졸려서 정말 가기 싫었지만 대왕님의 명령이라 어쩔 수 없었지. 넓적 가자미는 하루, 이틀, 사흘, 나흘 여러 날이 걸려서 망둥 할멈이 살고 있는 서쪽 바다에 도착했어. 넓적 가자미는 망둥 할멈을 데리고 또다시 하루, 이틀, 사흘, 나흘 그렁저렁 여러 날이 걸려 동쪽 바다로 돌아왔단다. 멸치 대왕은 먹을 것을 잔뜩 준비하고, 꼴뚜기, 메기, 병어 정승 들을

불렀지. 그리고 망둥 할멈을 반갑게 맞아들였어.

중심 내용 | 넓적 가자미는 여러 날이 걸려 망둥 할멈을 데리고 돌아왔고, 멸치 대왕은 망둥 할멈을 반갑게 맞아들였다.

❸ 하지만 넓적 가자미한테는 알은척도 하지 않고 먹을 것도 주지 않자 넓적 가자미는 잔뜩 화가 나서 토라져 버렸어. 멸치 대왕이 망둥 할멈에게 꿈 이야기를 해 주자 망둥 할멈은 벌떡 일어나 절을 하면서 "대왕마마, 용이 될 꿈입니다."라고 말했어. 그러면서 하늘을 오르락내리락 구름 속을 왔다가 갔다가 하는 것은 용이 되어서 하늘을 날아다니는 것이고, 흰 눈이 내리면서 추웠다가 더웠다가 하는 것은 용이 되어 날씨를 마음대로 다스리게 되는 것이라고 풀이해 주었어. 망둥 할멈의 꿈풀이에 멸치 대왕은 기분이 좋아 덩실덩실 춤을 추었지.

중심 내용 | 멸치 대왕은 넓적 가자미한테는 알은척도 하지 않은 채 망둥 할멈의 꿈풀이를 듣고 기뻐하며 춤을 추었다.

꿈풀이 꿈에 나타난 일을 풀어서 좋고 나쁨을 판단함.
그렁저렁 그렇게 저렇게 하는 사이에 어느덧. =그럭저럭.
덩실덩실 팔다리를 흥겹게 자꾸 놀리며 춤을 추는 모양.

17 멸치 대왕이 궁금하게 생각한 것은 무엇입니까?
(   )

① 망둥 할멈이 사는 곳이 궁금했다.
② 자신의 꿈이 무슨 꿈인지 궁금했다.
③ 자신이 용이 될 수 있을지 궁금했다.
④ 넓적 가자미가 무슨 꿈을 꿨는지 궁금했다.
⑤ 넓적 가자미가 어떤 방법으로 꿈풀이를 하는지 궁금했다.

18 망둥 할멈은 멸치 대왕의 꿈을 어떻게 풀이했습니까? (   )

① 새로운 왕이 나타날 꿈이다.
② 멸치 대왕이 용이 될 꿈이다.
③ 멸치 대왕이 아들을 낳을 꿈이다.
④ 바다에 큰 재앙이 일어날 꿈이다.
⑤ 멸치 대왕이 큰 변을 당하게 될 꿈이다.

중요 독해

19 멸치 대왕이 망둥 할멈의 꿈풀이를 듣고 다음과 같이 말했을 때, 알맞은 표현 방법은 무엇입니까? (   )

"오, 아주 훌륭한 꿈풀이로다. 하하하, 아주 마음에 든다."

① 크게 웃으며 밝은 표정을 짓는다.
② 망둥 할멈을 노려보는 눈짓을 한다.
③ 몸을 벌벌 떨며 겁에 질린 목소리로 말한다.
④ 궁금해하는 표정으로 망둥 할멈을 붙잡는다.
⑤ 입을 삐죽이며 서운해하는 하는 말투로 말한다.

서술형

20 넓적 가자미가 멸치 대왕에게 화가 나서 토라진 까닭은 무엇인지 쓰시오.

_____

_____

멸치 대왕의 꿈

❹ 하지만 넓적 가자미는 멸치 대왕한테 용이 되는 꿈이 아니라 큰 변을 당하게 될, 아주 나쁜 꿈이라고 말했어. 그러면서 하늘을 오르락내리락한다는 것은 낚싯대에 걸린 것이고, 구름은 모락모락 숯불 연기이고, 또 흰 눈은 소금이고, 추웠다가 더웠다가 한다는 것은 잘 익으라고 뒤집었다 엎었다 하는 것이라고 멸치 대왕의 꿈을 풀이했어.

중심 내용 | 넓적 가자미는 멸치 대왕의 꿈이 아주 나쁜 꿈이라고 풀이했다.

❺ 넓적 가자미의 꿈풀이를 듣던 멸치 대왕은 화가 나 얼굴이 점점 붉어졌지. ㉠꿈풀이를 다 듣고 난 뒤 멸치 대왕은 너무나도 화가 나 넓적 가자미의 뺨을 때렸는데 어찌나 세게 때렸던지 넓적 가자미의 눈이 한쪽으로 찍 몰려가 붙어 버리고 말았던 거야. 그 모양을 보고 있던 꼴뚜기는 자기도 뺨을 맞을까 봐 겁이 나서 자기의 눈을 떼어서 엉덩이에 찰싹 붙여 버렸고, 망둥 할멈은 너무 놀라 눈이 툭 튀어나와 버렸지. 메기는 기가 막혀 너무 크게 웃다가 입이 쫙 찢어져 버렸고, 병어는 자기도 입이 찢어질까 봐 입을 꽉 움켜쥐고 웃다가 그만 입이 뾰

쪽해지고 말았어.

중심 내용 | 넓적 가자미, 꼴뚜기, 망둥 할멈, 메기, 병어의 모습이 변했다.

• 글의 특징
물고기들의 모습이 변하게 된 까닭을 멸치 대왕의 꿈과 관련지어 재미있게 표현한 이야기입니다.

• 작품 정리

상황	인물의 말	표현 방법 ⑩
망둥 할멈의 꿈풀이를 들은 멸치 대왕	"오, 아주 훌륭한 꿈풀이로다. 하하하. 아주 마음에 든다."	웃는 얼굴로 밝은 목소리로 말한다.
멸치 대왕에게 환영을 받은 망둥 할멈	"대왕님께서 저를 이렇게나 반갑게 맞아 주시니 고마울 따름입니다."	굽신대며 호들갑스럽게 말한다.
멸치 대왕에게 푸대접을 받은 넓적 가자미	"내가 고생해서 망둥 할멈을 데리고 왔는데, 나를 이런 식으로 대접해?"	눈을 흘기며 화난 목소리로 말한다.

변(變 변고 변) 갑자기 생긴 불행한 사고나 괴이한 일.
오르락내리락한다는 올라갔다 내려갔다 하는 것을 되풀이한다는.

어휘

21 이 글에 나온 소리나 모양을 흉내 내는 말의 뜻을 찾아 선으로 이으시오.

(1) 모락모락 • • ㉠ 연기나 냄새, 김 등이 계속 조금씩 피어오르는 모양.

(2) 찰싹 • • ㉡ 작은 물체가 매우 끈기 있게 부딪치거나 달라붙는 소리. 또는 그 모양.

22 ㉠의 행동을 통해 짐작할 수 있는 멸치 대왕의 성격은 어떠합니까? (　　　)

① 긍정적이다.　　② 용기가 없다.
③ 배려심이 깊다.　　④ 화를 잘 참지 못한다.
⑤ 윗사람에게 아부를 잘한다.

23 넓적 가자미의 모습은 어떠합니까? (　　　)

① 입이 뾰족하다.
② 입이 쫙 찢어졌다.
③ 몸이 말랐고 길쭉하다.
④ 눈이 한쪽 뺨에 몰렸다.
⑤ 등이 굽고 눈이 툭 튀어나왔다.

작품 정리

24 상황에 알맞게 인물이 한 말을 실감 나게 표현하는 방법을 쓰시오.

상황	넓적 가자미의 꿈풀이를 들은 멸치 대왕
인물의 말	"뭐라고? 너 이놈! 감히 그런 꿈풀이를 하다니. 괘씸하다!"
표현 방법	

9 단원

[1~2] 다음 시를 읽고, 물음에 답하시오.

내 스케치북에는 비행기가 날아.

필통에도
지우개에도
비행기가 날아.

조종석에는 언제나
내가 앉아 있어.

조수석에는 엄마도 앉고
동생도 앉고
송이도 앉아.
오늘은 우리 집 개가 앉았어.

난 비행기가 좋아.
비행기를 구경하는 것도
비행기를 그리는 것도
비행기를 생각하는 것도.

커서 뭐가 되고 싶으냐고 묻지 마.
내 마음에는 비행기가 날아.

1 이 시에서 말하는 이가 관심을 기울이는 것은 무엇입니까? (   )

① 필통   ② 지우개
③ 비행기   ④ 스케치북
⑤ 우리 집 개

2 이 시의 말하는 이와 비슷한 자신의 경험을 말한 친구의 이름을 쓰시오.

> 도윤: 학교에 갈 때 중요한 준비물을 깜빡 잊어버렸던 적이 있어.
> 지안: 책을 읽다가 다 못 읽은 부분이 궁금해 계속 머릿속에서 생각난 적이 있어.

(   )

[3~5] 다음 시를 읽고, 물음에 답하시오.

제기를 찬다.
책상 앞에 묶였던
빈 마음들
훌훌
골목으로 몰려,
㉠한 다발
하얀
바람을 차올린다.

한 발 차기
두 발 차기
신이 난 제기.

한껏 부푼
골목엔
터질 듯한 아우성.

제기가 슛슛 발을 끌어올리면
아이들 온 바람은
하늘까지 치솟는다.

제기가 오른다.
얼어붙은 골목 가득
슛슛대며
지금도
아이들 하얀
바람이 솟구친다.

3 이 시에서 ㉠이 가리키는 것은 무엇입니까? (   )

① 책상   ② 골목
③ 제기   ④ 아우성
⑤ 아이들

4 2~3연에 나타난 아이들의 마음으로 알맞은 것은 무엇입니까? (   )

① 슬프다.   ② 외롭다.
③ 황당하다.   ④ 화가 난다.
⑤ 신이 난다.

5 이 시를 읽고 떠오르는 장면과 느낌을 알맞게 말한 것에 ○표 하시오.

(1) 골목에서 아이들이 제기를 차는 모습이 떠올라서 그 즐거움이 느껴지는 듯합니다.   (   )

(2) 아이들이 서로 먼저 제기를 차겠다고 싸우는 모습이 떠올라서 안타까운 마음이 듭니다.   (   )

[6~7] 다음 글을 읽고, 물음에 답하시오.

넓적 가자미는 너무너무 졸려서 정말 가기 싫었지만 대왕님의 명령이라 어쩔 수 없었지. 넓적 가자미는 하루, 이틀, 사흘, 나흘 여러 날이 걸려서 망둥 할멈이 살고 있는 서쪽 바다에 도착했어. 넓적 가자미는 망둥 할멈을 데리고 또다시 하루, 이틀, 사흘, 나흘 그렁저렁 여러 날이 걸려 동쪽 바다로 돌아왔단다. ㉠멸치 대왕은 먹을 것을 잔뜩 준비하고, 꼴뚜기, 메기, 병어 정승들을 불렀지. 그리고 망둥 할멈을 반갑게 맞아들였어. 하지만 ㉡넓적 가자미한테는 알은척도 하지 않고 먹을 것도 주지 않자 넓적 가자미는 잔뜩 화가 나서 토라져 버렸어. 멸치 대왕이 망둥 할멈에게 꿈 이야기를 해 주자 망둥 할멈은 벌떡 일어나 절을 하면서 "대왕마마, 용이 될 꿈입니다."라고 말했어. 그러면서 하늘을 오르락내리락 구름 속을 왔다가 갔다가 하는 것은 용이 되어서 하늘을 날아다니는 것이고, 흰 눈이 내리면서 추웠다가 더웠다가 하는 것은 용이 되어 날씨를 마음대로 다스리게 되는 것이라고 풀이해 주었어.

6 ㉠에서 망둥 할멈이 했을 말로 알맞은 것에 ○표 하시오.

(1) "멸치 대왕이 나한테 너무하는군." ( )

(2) "꼴뚜기, 메기, 병어 정승은 왜 오지 않았습니까?" ( )

(3) "대왕님께서 저를 이렇게나 반갑게 맞아 주시니 고마울 따름입니다." ( )

7 ㉡에서 넓적 가자미가 한 다음의 말을 실감 나게 표현하는 방법은 무엇입니까? ( )

> "내가 고생해서 망둥 할멈을 데리고 왔는데, 나를 이런 식으로 대접해?"

① 울먹거리며 뺨을 부여잡고 말한다.
② 다행인 듯 안심하는 말투로 말한다.
③ 서운한 듯이 눈을 흘기면서 말한다.
④ 머리를 조아리며 황송하다는 말투로 말한다.
⑤ 기쁜 마음을 숨기며 최대한 무표정으로 말한다.

8 생각이나 느낌을 시로 써서 꾸미는 방법에 맞게 빈칸에 들어갈 알맞은 말을 [보기] 에서 찾아 써넣으시오.

> [보기]
> 느낌, 겪은 일, 생생하게

(1) ( )(이)나 대상을 정해 시로 표현할 생각이나 느낌을 떠올린다.

(2) 장면과 느낌을 ( ) 시로 표현한다.

(3) 자신이 쓴 시의 장면에 어울리는 그림을 그리고, 시를 쓸 때의 ( )이/가 잘 드러나게 꾸민다.

[문법]

9 다음 ( ) 안에 있는 낱말 중에서 알맞은 표기를 찾아 ○표 하시오.

(1) 감자밭이 (운동장 만큼, 운동장만큼) 넓었다.

(2) 우리 (셋 뿐, 셋뿐) 아니라 거기 있던 다른 사람들도 모두 그렇게 생각했다.

(3) 사람들은 음식을 (주는 대로, 주는대로) 불평 없이 먹었다.

[문법]

10 다음 밑줄 친 부분의 띄어쓰기가 맞으면 ○표, 틀리면 ✕표 하시오.

(1) 모두들 구경만 <u>할뿐</u> 아무도 나서지 않았다. ( )

(2) 친구는 <u>친구 대로</u> 내 말에 속이 상했나 보다. ( )

(3) <u>우리만큼</u> 겨울을 사랑하는 아이들이 또 있을까? ( )

9. 감동을 나누며 읽어요 **171**

9. 감동을 나누며 읽어요

● 정답 및 풀이 37쪽

[1~2] 다음 시를 읽고, 물음에 답하시오.

내 스케치북에는 비행기가 날아.

필통에도
지우개에도
비행기가 날아.

조종석에는 언제나
내가 앉아 있어.

조수석에는 엄마도 앉고
동생도 앉고
송이도 앉아.
오늘은 우리 집 개가
앉았어.

난 비행기가 좋아.
비행기를 구경하는 것도
비행기를 그리는 것도
비행기를 생각하는 것도.

㉠커서 뭐가 되고 싶으냐고 묻지 마.
내 마음에는 비행기가 날아.

1 이 시를 읽고 떠올릴 수 있는 장면이 <u>아닌</u> 것은 무엇입니까? (　　　)

① 말하는 이가 스케치북에 비행기를 그리는 장면
② 말하는 이의 머릿속에 비행기가 떠다니는 장면
③ 말하는 이가 비행기를 상상하며 웃음 짓는 장면
④ 말하는 이가 가족과 비행기를 타며 좋아하는 장면
⑤ 말하는 이가 친구에게 커서 뭐가 되고 싶으냐고 묻는 장면

2 말하는 이가 ㉠과 같이 말한 까닭으로 알맞은 것을 두 가지 고르시오. (　　　)

① 대답하는 방법을 몰라서
② 되고 싶은 것이 너무 많아서
③ 물어볼 필요 없이 정해져 있어서
④ 무엇이 되고 싶은지 잘 모르겠어서
⑤ 아직 순수하게 비행기를 좋아하고 싶어서

[3~5] 다음 시를 읽고, 물음에 답하시오.

지하 주차장으로
차 가지러 내려간 아빠
한참 만에
차 몰고 나와 한다는 말이

내려가고 내려가고 또 내려갔는데 글쎄, 계속 지하로 계단이 있는 거야! 그러다 아이쿠, 발을 헛디뎠는데 아아아…… 이상한 나라의 앨리스처럼 깊은 동굴 속으로 끝없이 떨어지지 않겠니? 정신을 차려 보니까 호빗이 사는 마을이었어. 호박처럼 생긴 집들이 미로처럼 뒤엉켜 있는데 갑자기 흰머리 간달프가 나타나 말하더구나. 이 새 자동차가 네 자동차냐? 내가 말했지. 아닙니다, 제 자동차는 10년 다 된 고물 자동차입니다. 오호, 정직한 사람이구나. 이 새 자동차를…….

에이, 아빠!
차 어디에 세워 놨는지 몰라서 그랬죠?
㉠차 찾느라
온 지하 주차장 헤매고 다닌 거
다 알아요.
피이!

3 ㉠과 같은 상황에서 아빠의 마음은 어떠하겠습니까?
(　　　)

① 설렘　　　② 신남　　　③ 다급함
④ 지루함　　⑤ 행복함

서술형

4 시 속 아빠와 면담할 때 질문할 내용을 한 가지 쓰시오.

_____

_____

5 이 시를 읽고 떠올린 느낌을 알맞게 말한 친구의 이름을 쓰시오.

> 영주: 아이에게 실수를 들키고 싶지 않은 아빠의 속마음을 재미있게 표현한 것 같아.
> 현우: 「이상한 나라의 앨리스」에서 앨리스가 들판에서 책을 읽을 때, 흰 토끼가 나타났어.

(　　　　　　　)

[6~8] 다음 장면을 보고, 물음에 답하시오.

동숙이는 선생님 김밥을 싸야 한다고 엄마께 말씀드려서 아버지 병원비로 달걀 한 줄을 샀지만, 돌부리에 걸려 넘어지면서 달걀이 깨지고 말았습니다.	선생님께서는 김밥을 못 먹고 있는 동숙이가 안쓰러운 마음에 배탈이 났다고 말씀하시며 자신의 김밥을 동숙이에게 주셨습니다.

6 동숙이는 어떻게 달걀을 샀는지 찾아 ○표 하시오.

(1) 엄마의 심부름을 하고 받은 용돈을 모아서 샀다.
( )

(2) 선생님 김밥을 싸야 한다고 엄마께 말씀드려서 아버지 병원비로 샀다. ( )

7 장면 ❶에서 짐작할 수 있는 동숙이의 마음으로 알맞은 것은 무엇입니까? ( )

① 속상함　　　② 부러움
③ 행복함　　　④ 두려움
⑤ 뿌듯함

서술형

8 장면 ❷에서 선생님의 행동에 대한 자신의 생각을 쓰시오.

_____

_____

[9~10] 다음 글을 읽고, 물음에 답하시오.

㉮ "큰일 났구마! 이 일을 우찌 하노."
엄마 아빠가 빨리 보고 싶은 아기는 '영차' 나올 준비를 했고요.
"으악!"
"오매, 저 아짐씨가 애를 낳게 생겼어유."
㉯ 그때 한 할머니가 버럭 소리를 질렀다지요.
"차장 양반! 기차부텀 싸게 세우쇼! 남정네들은 우두커니 서 있지들 말고 후딱 인가에 뛰어가서 뜨신 물 좀 얻어 오고!"
할머니 말이 끝나기도 전에 사람들은 서둘러 움직이기 시작했대요.
아저씨들은 "뜨신 물! 뜨신 물!" 하고 외치며 기차보다도 빠르게 하얀 눈보라 속을 내달리기 시작했고요.
㉰ "조금만, 조금만 더!" 하는 아줌마들의 쉰 목소리 사이로 아저씨들도 '꿍차' 젖 먹던 힘까지 쥐어짰다는데요, 창피하고, 아프고, 춥고, 떨리는 거기서,
"으앙! 으아앙!"
엄마가 드디어 울음을 터트렸다지 뭐예요!
"와하하! 나왔어!"
"공주여, 공주!"

9 아기가 태어난 곳은 어디입니까? ( )

① 병원　　　② 찻길　　　③ 기차 안
④ 마을 회관　　　⑤ 할머니 집

10 이 글을 읽고 자신의 생각을 알맞게 말한 친구의 이름을 쓰시오.

> 선우: 기차 안에서 아기를 낳을 수밖에 없는 시대적 상황이 무척 안타까웠어.
> 선화: 아기가 무사히 잘 태어나길 바라는 마음에서 이리저리 분주하게 노력하는 사람들의 모습을 보니 마음이 참 따뜻해졌어.

( )

9
단원

[11~15] 다음 글을 읽고, 물음에 답하시오.

가 꿈속에서 멸치 대왕이 하늘을 오르락내리락, 구름 속을 왔다 갔다. 그러다가 갑자기 흰 눈이 펄펄 내리더니 추웠다가 더웠다가 하는 거야. 멸치 대왕은 무슨 꿈인지 몹시 궁금했어. 그래서 멸치 대왕은 넓적 가자미한테 꿈풀이를 잘한다는 망둥 할멈을 데려오라고 했지.

나 멸치 대왕은 먹을 것을 잔뜩 준비하고, 꼴뚜기, 메기, 병어 정승 들을 불렀지. 그리고 망둥 할멈을 반갑게 맞아들였어.

○하지만 넓적 가자미한테는 알은척도 하지 않고 먹을 것도 주지 않자 넓적 가자미는 잔뜩 화가 나서 토라져 버렸어. 멸치 대왕이 망둥 할멈에게 꿈 이야기를 해 주자 망둥 할멈은 벌떡 일어나 절을 하면서 "대왕마마, 용이 될 꿈입니다."라고 말했어.

다 망둥 할멈의 꿈풀이에 멸치 대왕은 기분이 좋아 덩실덩실 춤을 추었지.

하지만 넓적 가자미는 멸치 대왕한테 용이 되는 꿈이 아니라 큰 변을 당하게 될, 아주 나쁜 꿈이라고 말했어. 그러면서 하늘을 오르락내리락한다는 것은 낚싯대에 걸린 것이고, 구름은 모락모락 숯불 연기이고, 또 흰 눈은 소금이고, 추웠다가 더웠다가 한다는 것은 잘 익으라고 뒤집었다 엎었다 하는 것이라고 멸치 대왕의 꿈을 풀이했어.

ⓒ『넓적 가자미의 꿈풀이를 듣던 멸치 대왕은 화가 나 얼굴이 점점 붉어졌어. 꿈풀이를 다 듣고 난 뒤 멸치 대왕은 너무나도 화가 나 넓적 가자미의 뺨을 때렸는데 어찌나 세게 때렸던지 넓적 가자미의 눈이 한쪽으로 찍 몰려가 붙어 버리고 말았던 거야.』 그 모양을 보고 있던 꼴뚜기는 자기도 뺨을 맞을까 봐 겁이 나서 자기의 눈을 떼어서 엉덩이에 찰싹 붙여 버렸고, 망둥 할멈은 너무 놀라 눈이 툭 튀어나와 버렸지.

11 멸치 대왕이 꿈속에서 겪은 일이 <u>아닌</u> 것을 두 가지 고르시오. ( )

① 하늘을 오르락내리락했다.
② 구름 속을 왔다 갔다 했다.
③ 날씨를 마음대로 다스렸다.
④ 용이 되어 하늘로 올라갔다.
⑤ 흰 눈이 내리더니 추웠다가 더웠다가 했다.

12 ○과 같은 상황에서 넓적 가자미가 할 말로 알맞은 것은 무엇입니까? ( )

① "이건 분명 보통 꿈이 아니야."
② "멸치 대왕이 나한테 너무하는군."
③ "멸치 대왕께서 꿈풀이를 부탁하셨습니다."
④ "오, 아주 훌륭한 꿈풀이로다. 하하하, 아주 마음에 든다."
⑤ "대왕님께서 저를 이렇게나 반갑게 맞아 주시니 고마울 따름입니다."

13 이 글에 나타난 망둥 할멈의 성격으로 가장 알맞은 것은 무엇입니까? ( )

① 속이 좁다.   ② 헌신적이다.
③ 아부를 잘한다.   ④ 성격이 급하다.
⑤ 화를 참지 못한다.

14 ⓒ『 』에서 멸치 대왕이 할 말을 인물의 특성을 살려 실감 나게 표현하는 방법은 무엇입니까? ( )

① 웃으면서 아부하듯이 말한다.
② 큰 목소리로 화를 내며 말한다.
③ 졸린 표정으로 하품하며 말한다.
④ 떨리는 목소리로 사정하듯이 말한다.
⑤ 신나는 목소리와 밝은 표정으로 말한다.

15 이 글에 나온 인물들의 모습을 찾아 선으로 이으시오.

(1) 넓적 가자미 •   • ㉮ 눈이 툭 튀어나왔다.

(2) 망둥 할멈 •   • ㉯ 눈이 한쪽 뺨에 몰렸다.

(3) 꼴뚜기 •   • ㉰ 눈이 엉덩이에 붙었다.

9. 감동을 나누며 읽어요

● 정답 및 풀이 38쪽

평가 주제	시에 대한 생각이나 느낌 표현하기
평가 목표	시를 읽고 생각이나 느낌을 표현할 수 있다.

1 지금까지 읽었던 시 가운데에서 자신이 좋아하는 시를 하나 고르고, 왜 그 시를 골랐는지 까닭을 쓰시오.

좋아하는 시	(1)
시를 고른 까닭	(2)

2 문제 1번에서 고른 시에서 떠오르는 장면을 쓰시오.

3 문제 2번에서 답한 장면을 떠올리며 어떤 생각이나 느낌이 들었는지 쓰시오.

9 단원

다른 그림을 찾아보세요.

● 정답 및 풀이 38쪽

다른 곳이 15군데 있어요.

동아출판 초등 무료 스마트러닝

동아출판 초등 **무료 스마트러닝**으로
초등 전 과목·전 영역을 쉽고 재미있게!

과목별·영역별 특화 강의

전 과목 개념 강의

국어 독해 지문 분석 강의

구구단 송

그림으로 이해하는 비주얼씽킹 강의

과학 실험 동영상 강의

과목별 문제 풀이 강의

서비스 제공 교재 동아전과 ┃ 백점 시리즈 ┃ 큐브수학 ┃ 빠작 초등 국어 ┃ 초능력 ┃ 초고필 ┃ 하이탑 초등 과학

강의가 더해진, **교과서 맞춤 학습**

백점

국어 4·2

평가북

● 학교 시험 대비 **단원 평가**
● 수시평가에 대비한 단계별 **수행 평가**

동아출판

평가북 구성과 특징

1 **단원 평가**가 있습니다.
- 학교에서 실시하는 **단원 평가**에 완벽하게 대비할 수 있습니다.

2 **수행 평가**가 있습니다.
- 2회분의 **수행 평가**를 통해 수시로 이루어지는 수행 평가에 확실하게 대비할 수 있습니다.

3 **2학기 총정리**가 있습니다.
- 한 학기의 학습을 마무리할 수 있도록 **총정리**를 제공합니다.

백점

BOOK 2 평가북

차례

국어 4·2

[1~3] 다음 그림을 보고, 물음에 답하시오.

1 딸은 학교 수업이 끝나고 무엇을 하기로 하였습니까? (   )

① 친구들과 놀기로 하였다.
② 운동장 청소를 하기로 하였다.
③ 아버지와 서점에 가기로 하였다.
④ 동생과 도서관에 가기로 하였다.
⑤ 부모님과 놀이공원에 가기로 하였다.

2 딸은 한꺼번에 너무 많이 물으시는 아버지를 보고 어떤 만화 영화를 떠올렸는지 쓰시오.

(　　　　　　　　　)

서술형
3 아버지는 만화 영화에 나오는 아빠 물고기를 어떻게 생각하는지 쓰시오.

_____

_____

[4~6] 다음 글을 읽고, 물음에 답하시오.

* ❶~❻은 「우리들」의 내용을 간추린 것입니다.

❶ 체육 시간에 피구를 하려고 편을 가르는데 선은 맨 마지막까지 선택을 받지 못한다.

❷ 언제나 혼자인 외톨이 선은 여름 방학을 시작하는 날, 전학생인 지아를 만나 친구가 된다.

❸ 지아와 선은 봉숭아 꽃물을 들이며 여름 방학을 함께 보내고 순식간에 세상 누구보다 친한 사이가 된다.

❹ 개학을 하고 학교에서 선을 만난 지아는 선을 따돌리는 보라 편에 서서 선을 외면한다.

❺ 선은 지아와 예전처럼 친해지려고 노력했지만 결국 크게 싸우고 만다.

❻ 피구를 할 때 선은 지아가 금을 밟지 않았다고 용기를 내어 친구들에게 말한다.

서술형
4 ❶에서 선의 마음은 어떠했을지 쓰시오.

_____

_____

5 개학을 하고 학교에서 선을 만난 지아는 선을 어떻게 대했습니까? (   )

① 선과 공부를 하며 더욱 친해졌다.
② 봉숭아 꽃물을 들이며 즐겁게 지냈다.
③ 보라에게 화를 내며 선의 편을 들었다.
④ 피구를 함께 연습하며 선에게 도움을 주었다.
⑤ 선을 따돌리는 보라 편에 서서 선을 외면했다.

6 이 영화를 보고 느낀 점을 알맞게 말한 친구의 이름을 쓰시오.

> 선우: 개학을 하고 다시 만난 지아는 보라 편을 들며 선을 외면했어.
> 형민: 언제나 혼자였던 보라에게 지아와 선이라는 친구가 생겨서 다행이라고 생각해.
> 지원: 피구를 하는 날에 자신을 외면하는 지아의 편을 들어 용기 있게 말한 선이 대단한 것 같아.

(   )

[7~10] 다음 글을 읽고, 물음에 답하시오.

> *❶~❾는「오늘이」의 내용을 간추린 것입니다.
>
> ❶ 오늘이, 야아, 여의주가 원천강에서 행복하게 산다.
>
> ❷ 수상한 뱃사람들이 야아 몰래 오늘이를 데려가다가 화살로 야아를 쏜 뒤에 원천강이 얼어붙는다.
>
> ❸ 오늘이는 원천강으로 돌아가는 길에 행복을 찾겠다며 책만 읽는 매일이를 만난다.
>
> ❹ 오늘이는 꽃봉오리를 많이 가졌지만 꽃이 한 송이밖에 피지 않는 연꽃나무를 만난다.
>
> ❺ 오늘이는 사막에서 비와 구름을 벗어나고 싶어 하는 구름이를 만난다.
>
> ❻ 오늘이는 여의주를 많이 가지고도 용이 되지 못한 이무기를 만난다.
>
> ❼ 이무기는 갈라진 얼음 사이로 떨어지는 오늘이를 구해 마침내 용이 되고, 용이 불을 뿜어 원천강이 빛을 되찾는다.
>
> ❽ 구름이는 연꽃을 꺾어서 매일이에게 주고, 둘은 행복한 시간을 보낸다.
>
> ❾ 야아와 다시 만난 오늘이는 행복하게 산다.

7 오늘이가 야아, 여의주와 함께 행복하게 살던 곳은 어디인지 쓰시오.

(   )

8 오늘이가 원천강으로 돌아가는 길에 만난 인물이 아닌 것은 누구입니까? (   )

① 구름이   ② 매일이
③ 이무기   ④ 연꽃나무
⑤ 배를 만드는 사람들

9 매일이가 책을 많이 읽은 까닭은 무엇입니까?

(   )

① 행복이 무엇인지 알고 싶어서
② 책 속에 재미있는 지식이 많아서
③ 책을 많이 읽고 자랑하고 싶어서
④ 책을 많이 읽고 좋은 작가가 되고 싶어서
⑤ 오늘이에게 책의 내용을 알려 주고 싶어서

10 오늘이의 성격으로 알맞은 것을 찾아 기호를 쓰시오.

> ㉮ 책을 매일 열심히 읽을 만큼 성실하다.
> ㉯ 욕심이 많아서 주변 인물들을 괴롭힌다.
> ㉰ 어려운 일에도 결코 포기하지 않고 목표를 이루어 내는 성격이다.

(   )

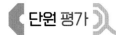

[11~13] 다음을 보고, 물음에 답하시오.

＊「오늘이」에 나오는 등장인물의 고민과 해결을 나타낸 표입니다.

등장인물	고민	해결
㉠	원천강으로 가야 하는데 가는 길을 모른다.	매일이, 연꽃나무, 구름이, 이무기를 만나 원천강으로 가게 된다.
연꽃나무	꽃봉오리를 많이 가지고 있는데, 이상하게도 하나만 꽃이 핀 까닭을 알고 싶다.	연꽃이 꺾어지자마자 송이송이 다른 꽃들이 피기 시작했다.
이무기	여의주를 많이 가졌는데도 용이 되지 못한 까닭을 모른다.	㉡
매일이	행복이 무엇인지 알고 싶다.	책에서 벗어나 구름이와 행복한 시간을 보낸다.

11 ㉠에 들어갈 인물은 누구인지 쓰시오.

( )

12 연꽃나무의 고민은 무엇입니까? ( )

① 행복이 무엇인지 모른다.
② 꽃봉오리 수가 부족하다.
③ 꽃이 한 송이도 피지 않는다.
④ 원천강으로 가는 길을 모른다.
⑤ 꽃봉오리를 많이 가지고 있는데 하나만 꽃이 핀다.

13 ㉡에 들어갈 이무기의 고민 해결 방법으로 가장 알맞은 것을 찾아 기호를 쓰시오.

㉮ 용이 되는 것을 포기하고 슬퍼하였다.
㉯ 여의주를 더 많이 모으기 위해 친구들과 헤어져 먼 곳으로 떠났다.
㉰ 오늘이를 구하려고 품고 있던 여의주를 모두 버려 마침내 용이 되었다.

( )

14 「오늘이」의 이어질 이야기를 상상하는 방법으로 알맞지 <u>않은</u> 것은 무엇입니까? ( )

① 새로운 인물만 등장시켜서 사건을 전개한다.
②「오늘이」 내용과 자연스럽게 이어지도록 상상한다.
③ 등장인물의 고민과 관련지어 이어질 이야기를 쓴다.
④ 이어질 이야기를 대표할 만한 제목을 새로 지을 수도 있다.
⑤ 중심인물을 누구로 하고 싶은지 정하고 어떤 일이 생길지 상상한다.

[15~17] 다음 글을 읽고, 물음에 답하시오.

❶ 임금님이 자고 일어났더니 귀가 커져 있었다. 그래서 임금님은 의관을 만드는 노인에게 귀를 감출 수 있는 큰 왕관을 만들게 했다.

❷ 노인은 임금님의 귀가 길어졌다는 것을 말하지 못하고 끙끙 앓다가 병이 들고, 마침내 죽기 전에 아무도 없는 대나무 숲에 가서 "임금님 귀는 당나귀 귀." 라고 말했다.

❸ 대나무 숲에서 "임금님 귀는 당나귀 귀."라는 소리가 들리자 임금님은 대나무를 모두 베어 버렸다.

❹

15 어떤 만화 영화의 내용인지 쓰시오.

(   )

16 의관을 만드는 노인에게 일어난 일을 두 가지 고르시오. (   )

① 대나무를 모두 베어 버렸다.

② 자고 일어났더니 귀가 커졌다.

③ 임금님의 큰 머리를 감출 수 있는 모자를 만들었다.

④ 대나무 숲에 가서 "임금님 귀는 당나귀 귀."라고 말했다.

⑤ 임금님의 귀가 길어졌다는 것을 말하지 못하고 끙끙 앓았다.

서술형

17 이 만화 영화의 결말을 떠올려 ❹에 들어갈 내용을 쓰시오.

+---+
| |
| |
| |
| |
+---+

18 지호가 쓴 이야기로 역할극을 할 때 연기할 장면이 아닌 것은 무엇입니까? (   )

> 지호가 쓴 이야기를 역할극으로 하면 정말 재미있을 것 같아. 원천강에 갑자기 햇빛이 사라져 버리자 몇 날 며칠 어둠이 내려앉았어. 식물들은 말라 죽어 가고……. 야아가 용을 데리고 와서 빛을 잃어버린 해에게 불을 뿜자 햇빛이 원천강을 감쌌지. 다시 식물들이 살아나서 잔치를 벌이는 것을 역할극으로 했으면 좋겠어.

① 식물들이 잔치를 벌이는 모습

② 야아가 용을 데리고 오는 모습

③ 원천강 식물들이 말라 죽어 가는 모습

④ 야아가 다른 곳에서 해를 가지고 오는 모습

⑤ 용이 빛을 잃어버린 해에게 불을 뿜는 모습

19 만화 영화를 감상하고 이어질 내용을 역할극으로 나타내려고 합니다. 차례에 맞게 기호를 쓰시오.

> ㉮ 연기에 필요한 소품을 만든다.
> ㉯ 대본을 쓰거나 외우지 않으므로 실감 나게 연기하려면 여러 번 연습한다.
> ㉰ 대사가 잘 떠오르지 않을 때에는 모둠 친구들과 함께 직접 연기해 보며 대사를 만든다.
> ㉱ 역할을 정하고, 대본이 없는 상태에서 즉흥적으로 이어질 내용에 어울리는 대사를 만들어 가며 연기한다.

(   ) → (   ) → (   ) → ㉮

20 친구들 앞에서 역할극을 발표할 때 주의할 점을 모두 찾아 ○표 하시오.

⑴ 발음을 정확하게 한다. (   )

⑵ 적절한 표정, 몸짓, 말투로 연기한다. (   )

⑶ 다른 모둠이 발표할 때 연기 연습을 한다.

(   )

평가 주제	영화를 감상하는 방법 알기
평가 목표	영화 내용을 떠올려 보고 느낀 점을 글로 쓸 수 있다.

---

* ❶~❻은 영화 「우리들」의 내용을 간추린 것입니다.

❶ 체육 시간에 피구를 하려고 편을 가르는데 선은 맨 마지막까지 선택을 받지 못한다.

▼

❷ 언제나 혼자인 외톨이 선은 여름 방학을 시작하는 날, 전학생인 지아를 만나 친구가 된다.

▼

❸ 지아와 선은 봉숭아 꽃물을 들이며 여름 방학을 함께 보내고 순식간에 세상 누구보다 친한 사이가 된다.

▼

❹ 개학을 하고 학교에서 선을 만난 지아는 선을 따돌리는 보라 편에 서서 선을 외면한다. (지아는 전에 다녔던 학교에서 따돌림을 당한 적이 있다.)

▼

❺ 선은 지아와 예전처럼 친해지려고 노력했지만 결국 크게 싸우고 만다.

▼

❻ 피구를 할 때 선은 지아가 금을 밟지 않았다고 용기를 내어 친구들에게 말한다.

1단계	여름 방학을 시작하는 날 선에게 일어난 일을 쓰시오.

2단계	이 영화에서 가장 기억에 남는 대사나 인상 깊은 장면을 떠올려 쓰시오.

3단계	이 영화의 간추린 내용을 보고, 생각하거나 느낀 점을 쓰시오. 조건 주인공 선에게 보내는 편지 형식으로 쓴다.

평가 주제	만화 영화를 감상하고 사건을 생각하며 이어질 내용 쓰기
평가 목표	만화 영화에서 인상 깊은 장면을 찾고, 이어질 내용을 상상하여 쓸 수 있다.

*❶~❾는 만화 영화「오늘이」의 내용을 간추린 것입니다.

❶오늘이, 야아, 여의주가 원천강에서 행복하게 산다. ➡ ❷수상한 뱃사람들이 야아 몰래 오늘이를 데려가다가 화살로 야아를 쏜 뒤에 원천강이 얼어붙는다. ➡ ❸오늘이는 원천강으로 돌아가는 길에 행복을 찾겠다며 책만 읽는 매일이를 만난다. ➡ ❹오늘이는 꽃봉오리를 많이 가졌지만 꽃이 한 송이밖에 피지 않는 연꽃나무를 만난다. ➡ ❺오늘이는 사막에서 비와 구름을 벗어나고 싶어 하는 구름이를 만난다. ➡ ❻오늘이는 여의주를 많이 가지고도 용이 되지 못한 이무기를 만난다. ➡ ❼이무기는 갈라진 얼음 사이로 떨어지는 오늘이를 구해 마침내 용이 되고, 용이 불을 뿜어 원천강이 빛을 되찾는다. ➡ ❽구름이는 연꽃을 꺾어서 매일이에게 주고, 둘은 행복한 시간을 보낸다. ➡ ❾야아와 다시 만난 오늘이는 행복하게 산다.

1 오늘이의 성격은 어떠한지 쓰시오.

2 이 만화 영화에서 가장 인상 깊은 장면을 찾아 그 까닭과 함께 쓰시오.

3 이 만화 영화의 이어질 내용을 상상하여 쓰시오.

조건
중심인물을 정하고, 중심인물에게 일어날 일과 해결 과정을 간단히 쓴다.

[1~3] 다음 그림을 보고, 물음에 답하시오.

전시 해설사 선생님 덕분에 많은 것을 알게 되었어.

언니와 함께한 잠자리 잡기가 참 재미있었어.

[4~7] 다음 글을 읽고, 물음에 답하시오.

우리 반 친구들에게
친구들아, 안녕?
나 태웅이야. 오늘 운동회에서 있었던 일을 생각하면 아직도 가슴이 두근거려. 그때 그 고마운 마음을 직접 말로 전하고 싶었지만 쑥스러워서 이렇게 편지를 쓰게 되었어.
운동회 날이 되면 나는 기쁘면서도 두려웠어. 달리기 경기를 하는 게 늘 걱정이 되었거든. ㉠달리기를 할 때면 나는 어디론가 숨고 싶었어. 잔뜩 긴장해서 달리다가 오늘도 그만 넘어지고 말았지. 그런데 그때 너희가 달리다가 돌아와서 나를 일으켜 주었지. 내 손을 꼭 잡은 너희의 따뜻한 마음이 느껴져서 눈물이 날 것 같았어. ㉡힘껏 달리고 싶었을 텐데 나 때문에 참았을 것 같아서 미안한 마음이 들어.
고마워, 친구들아!
㉢같이 달려 주고 응원해 준 너희의 따뜻한 마음 잊지 않을게.

20○○년 9월 12일
태웅이가

1 그림 ❶에서 남자아이는 누구를 생각하였는지 쓰시오.
( )

2 그림 ❷에서 여자아이가 떠올린 일은 무엇입니까?
( )

① 친구가 이사를 간 일
② 부모님과 여행을 간 일
③ 친구와 함께 체험학습을 간 일
④ 학교에서 가을 운동회를 한 일
⑤ 도서관에서 읽고 싶은 책을 고른 일

3 그림 ❸에서 여자아이가 언니에게 전하고 싶은 마음은 무엇이겠습니까? ( )

① 창피한 마음　　② 즐거운 마음
③ 미안한 마음　　④ 속상한 마음
⑤ 후회스러운 마음

4 이 글은 태웅이가 누구에게 쓴 편지인지 쓰시오.
( )

5 오늘 운동회에서 태웅이에게 있었던 일을 모두 고르시오. ( )

① 달리기를 하다가 넘어졌다.
② 친구들이 돌아와서 일으켜 주었다.
③ 긴장이 되어서 달리기를 포기했다.
④ 친구들이 같이 달려 주고 응원해 주었다.
⑤ 달리기를 하기 싫어서 어딘가에 숨어 버렸다.

6 ㉠~㉢에서 알 수 있는 태웅이의 마음을 찾아 선으로 이으시오.

(1) [㉠] •   • ㉮ 고마운 마음

(2) [㉡] •   • ㉯ 미안한 마음

(3) [㉢] •   • ㉰ 부끄러운 마음

7 태웅이의 편지를 받은 친구들이 태웅이에게 전할 말로 알맞은 것을 모두 고르시오. (   )

① 미안해. 그 생각을 못 했어.
② 네가 너무 잘 달려서 무척 부러웠어.
③ 나도 함께 뛸 수 있어서 참 행복했어.
④ 네가 좋은 기억을 얻게 돼서 너무 기뻐.
⑤ 힘차게 달리는 것보다 느려도 함께 가는 것이 더 보람 있었어.

[8~11] 다음 글을 읽고, 물음에 답하시오.

존경하는 김하영 선생님께

선생님, 안녕하세요? 저는 전지우입니다. 그동안 잘 지내셨습니까? 선생님께 고마운 마음을 전하려고 이렇게 글을 쓰게 되었습니다.

지난 체험학습에서 도자기를 만들 때였습니다. 저는 진흙 반죽을 물레 위에 놓고 그릇 모양을 만들려고 했습니다. 그런데 생각처럼 잘되지 않았습니다. 만들고 나니 상상했던 모양과 너무 달라서 당황스러웠습니다.

제가 속상해서 어찌할 바를 모를 때 선생님께서 오셨습니다. 그리고 어떻게 모양을 내는지 시범을 보여 주셨습니다. 저는 선생님을 따라서 다시 해 보았습니다. 그랬더니 신기하게도 그릇 모양이 잘 만들어졌습니다.

그날 만든 그릇은 지금도 제 책상 위에 놓여 있습니다. 이 그릇을 보면 친절하게 가르쳐 주시던 선생님 모습이 생각납니다.

선생님, 제 마음에 드는 그릇을 만들도록 도와주셔서 고맙습니다. 안녕히 계세요.

제자 전지우 올림

8 지우가 김하영 선생님께 편지를 쓴 까닭은 무엇입니까? (   )

① 고마운 마음을 전하려고
② 다음 체험학습 장소를 추천하려고
③ 도자기를 잘 만드는 방법을 여쭈어보려고
④ 도자기를 만드는 일이 재미없었음을 알리려고
⑤ 자신이 도자기를 얼마나 잘 만들었는지 자랑하려고

서술형

9 지난 체험학습 때 지우에게 있었던 일을 간단히 정리하여 쓰시오.

_____

_____

_____

10 편지의 형식 중 지우가 쓴 편지에서 빠진 부분은 무엇입니까? (   )

① 첫인사   ② 쓴 사람
③ 쓴 날짜   ④ 받는 사람
⑤ 전하고 싶은 말

11 이와 같은 마음을 전하는 글의 특징으로 알맞은 것을 모두 고르시오. (   )

① 항상 높임말로 쓴다.
② 어떤 일이 일어났는지 쓴다.
③ 읽는 사람이 정해져 있지 않다.
④ 표현하고 싶은 마음이 드러난다.
⑤ 일어난 일에 대한 생각이나 느낌을 쓴다.

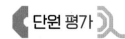

[12~16] 다음 글을 읽고, 물음에 답하시오.

> 사랑하는 아들 필립
>
> 어머니의 편지를 받아 보았다. 네가 넘어져 팔을 다쳤다는 소식이 들어 있어 매우 걱정되는구나. 팔이 낫거들랑 내게 바로 알려라. 한 학년 올라가게 된 것을 축하한다. 아버지는 무척 기쁘구나. 나는 이곳에 편안히 잘 있다. 미국 국회 의원들이 동양에 온다고 해 홍콩으로 왔다만 그들이 이곳에 들르지 않아 만나지는 못했단다. 나는 곧 상하이로 돌아갈 거란다.
>
> 내 아들 필립아. 키가 크고 몸이 커지는 만큼 스스로 좋은 사람이 되려고 힘써야 한단다. 네가 어리고 몸이 작았을 때보다 더욱더 힘써야 하지. 스스로 좋은 사람이 되려고 노력하는 네 모습을 내 눈으로 직접 보고 싶구나. 너는 워낙 남을 속이지 않는 진실한 사람이라 좋은 사람이 되기도 쉬울 거란다.
>
> 좋은 사람이 되려면 진실하고 깨끗해야 해. 또 좋은 친구를 가려 사귀어야 한단다. 그게 좋은 사람이 되는 첫 번째 조건이지. 더욱 부지런해져라. 어려운 일도 열심히 견디거라. 책은 부지런히 보고 있니? 아무 책이나 읽지 말고, 좋은 책을 골라 꾸준히 읽어라. 좋은 책을 가려 보는 것이 좋은 사람이 되는 두 번째 조건이란다. 좋은 친구를 사귀고 좋은 책을 읽는 일을 멈추지 말아라. 책은 두 종류를 택하렴. 첫째는 좋은 사람들의 이야기가 담겨 있어 본받을 수 있는 책이고, 둘째는 너의 공부에 필요한 지식을 얻기 위한 책이다. 또 우리글과 책을 잘 익혀라. 즐거운 마음으로 내 말을 따라 주겠지? 너를 믿는다.
>
> 1920년 8월 3일 홍콩에서
> 아버지가

12 이 글은 누가 누구에게 쓴 편지인지 쓰시오.

　(1) 누가: (　　　　　　　　　　　)

　(2) 누구에게: (　　　　　　　　　　)

13 글쓴이가 편지에 쓴 아들의 소식을 두 가지 쓰시오.

　(1) (　　　　　　　　　　　　　　)

　(2) (　　　　　　　　　　　　　　)

14 글쓴이가 읽으라고 한 책은 무엇인지 두 가지를 고르시오. (　　　　)

① 진실한 사람이 쓴 책

② 쉽고 재미있는 그림책

③ 좋은 친구가 누구인지 알려 주는 책

④ 공부에 필요한 지식을 얻기 위한 책

⑤ 좋은 사람들의 이야기가 담겨 있어 본받을 수 있는 책

15 글쓴이의 마음이 드러나 있는 부분이 <u>아닌</u> 것은 무엇입니까? (　　　　)

① 아버지는 무척 기쁘구나.

② 나는 곧 상하이로 돌아갈 거란다.

③ 한 학년 올라가게 된 것을 축하한다.

④ 팔을 다쳤다는 소식이 들어 있어 매우 걱정되는구나.

⑤ 키가 크고 몸이 커지는 만큼 스스로 좋은 사람이 되려고 힘써야 한단다.

16 이와 같이 마음을 전하는 글을 쓰는 방법으로 알맞지 <u>않은</u> 것은 무엇입니까? (　　　　)

① 읽는 사람의 마음을 고려해 쓴다.

② 글에서 전하려는 마음을 생각한다.

③ 어떤 형식의 글로 전할지 생각한다.

④ 마음을 잘 나타낼 수 있는 표현을 사용한다.

⑤ 일어난 일에 대한 내용은 글의 마지막에 나타낸다.

[17~18] 다음 글을 읽고, 물음에 답하시오.

> **좋은 사람과 사귀려면 좋은 인상을 주어라**
>
> 아들아! / 좋아하는 사람이나 존경하는 사람에게는 자신도 모르게 신경이 쓰이지. 그리고 어떻게 하면 그 사람을 기쁘게 해 줄까 고민도 하고 말이야.
>
> 사람을 사귀는 데 가장 기본이 되는 것이 그런 마음이란다. 상대를 기쁘게 해 주고 싶은 마음. 그것을 어떻게 해야 하는지 모르겠다고? 주위에 너를 기쁘게 해 주는 사람들이 있잖니. 너도 그 사람들의 마음 그대로 하면 돼. 어렵지 않단다.
>
> ㉠사람은 동전과 같단다. 앞면과 뒷면이 같이 있어. 나쁘기만 한 사람도, 착하기만 한 사람도 없단다. 단점과 장점을 모두 갖고 있어. 그러므로 한 면만 보고 그 사람 전체를 평가하는 것은 옳지 않아. 그리고 그 사람의 단점을 발견했다고 해서 일부러 멀리할 필요는 없어. 너 역시 장점과 단점을 다 가지고 있잖니.
>
> 상대에게 좋은 인상을 주려면 넓은 지식과 올바른 태도 못지않게 옷차림과 말투, 행동에도 신경 써야 한단다. 때로는 외모를 단정히 하는 것도 필요해.

17 글쓴이가 아들에게 전하는 마음으로 알맞은 것을 두 가지 고르시오. ( )

① 독서를 좋아하기를 바라는 마음
② 부지런하게 지내기를 바라는 마음
③ 좋은 친구를 사귀기를 바라는 마음
④ 할 일을 미루지 않기를 바라는 마음
⑤ 좋은 인상을 주는 사람이 되기를 바라는 마음

18 ㉠에 담겨 있는 뜻을 바르게 말한 친구의 이름을 쓰시오.

> 재홍: 사람은 단점과 장점을 모두 가지고 있다는 뜻이야.
> 경휘: 동전처럼 반짝반짝하게 자신을 가꾸어야 한다는 뜻이야.
> 서연: '티끌 모아 태산'이라고 하듯 동전도 아끼면 큰돈을 모을 수 있다는 뜻이야.

( )

19 ★표 표시한 친구들이 전해야 할 마음 중, 위로하는 마음을 전해야 하는 상황의 그림을 찾아 기호를 쓰시오.

그림 ( )

서술형

20 다음은 새로운 동네로 이사를 온 재환이가 아파트 승강기 안에 붙인 편지입니다. 편지를 읽고 재환이에게 쪽지 형식으로 마음을 담은 답장을 쓰시오.

> 안녕하세요? 저는 12층에 이사 온 열한 살 이재환입니다.
> 새로 만난 이웃들에게 인사를 드리고 싶어 편지를 씁니다. 저희 가족은 엄마, 아빠, 귀여운 동생 그리고 저, 이렇게 넷입니다. 저희는 아직 이사 온 지 얼마 되지 않아 다니는 길도, 사람들도 낯설기만 합니다. 그래도 저는 나무도 많고 놀이터가 있는 이곳이 마음에 듭니다. 앞으로 여러분과 좋은 이웃이 되고 싶습니다.
> 이재환 올림

_____

_____

| 평가 주제 | 글쓴이가 전하려는 마음 알기 |
| 평가 목표 | 편지에서 전하려는 마음과 표현을 알고, 글의 특징을 정리할 수 있다. |

존경하는 김하영 선생님께

선생님, 안녕하세요? 저는 전지우입니다. 그동안 잘 지내셨습니까? 선생님께 고마운 마음을 전하려고 이렇게 글을 쓰게 되었습니다.

지난 체험학습에서 도자기를 만들 때였습니다. 저는 진흙 반죽을 물레 위에 놓고 그릇 모양을 만들려고 했습니다. 그런데 생각처럼 잘되지 않았습니다. 만들고 나니 상상했던 모양과 너무 달라서 당황스러웠습니다.

㉠제가 속상해서 어찌할 바를 모를 때 선생님께서 오셨습니다. 그리고 어떻게 모양을 내는지 시범을 보여 주셨습니다. 저는 선생님을 따라서 다시 해 보았습니다. 그랬더니 신기하게도 그릇 모양이 잘 만들어졌습니다.

그날 만든 그릇은 지금도 제 책상 위에 놓여 있습니다. 이 그릇을 보면 친절하게 가르쳐 주시던 선생님 모습이 생각납니다.

선생님, 제 마음에 드는 그릇을 만들도록 도와주셔서 고맙습니다. 안녕히 계세요.

20○○년 9월 24일 / 제자 전지우 올림

1단계

㉠에서 알 수 있는 선생님의 마음을 쓰시오.

2단계

지우가 선생님께 전하려는 마음과 마음을 전하기 위해 사용한 표현을 쓰시오.

| 전하려는 마음 | (1) |
| 마음을 전하기 위해 사용한 표현 | (2) |

3단계

이 글의 특징을 다음 조건 에 알맞게 분석하여 쓰시오.

조건

글의 형식을 밝혀 쓰고, 누가 누구에게 어떤 마음을 전하는 글인지 쓴다.

평가 주제	마음을 전하는 글을 쓰는 방법 알기
평가 목표	마음을 전하는 글을 쓰는 방법을 알고, 쓸 내용을 정리할 수 있다.

2
단원

가 우리 반 친구들에게

친구들아, 안녕?

나 태웅이야. 오늘 운동회에서 있었던 일을 생각하면 아직도 가슴이 두근거려. 그때 그 고마운 마음을 직접 말로 전하고 싶었지만 쑥스러워서 이렇게 편지를 쓰게 되었어.

운동회 날이 되면 나는 기쁘면서도 두려웠어. 달리기 경기를 하는 게 늘 걱정이 되었거든. ㉠달리기를 할 때면 나는 어디론가 숨고 싶었어. 잔뜩 긴장해서 달리다가 오늘도 그만 넘어지고 말았지. 그런데 그때 너희가 달리다가 돌아와서 나를 일으켜 주었지. 내 손을 꼭 잡은 너희의 따뜻한 마음이 느껴져서 눈물이 날 것 같았어. ㉡힘껏 달리고 싶었을 텐데 나 때문에 참았을 것 같아서 미안한 마음이 들어.

고마워, 친구들아!

나 사랑하는 아들 필립

어머니의 편지를 받아 보았다. ㉢네가 넘어져 팔을 다쳤다는 소식이 들어 있어 매우 걱정되는구나. 팔이 낫거들랑 내게 바로 알려라. ㉣한 학년 올라가게 된 것을 축하한다. 아버지는 무척 기쁘구나. 나는 이곳에 편안히 잘 있다.

1 글 **가**와 **나**에서 글쓴이는 각각 누구에게 어떤 마음을 전하고 있는지 쓰시오.

글 **가**	(1)
글 **나**	(2)

2 ㉠~㉣을 통해서 알 수 있는, 마음을 전하는 글을 쓰는 방법을 한 가지 쓰시오.

3 글 **가**, **나**와 같이 마음을 전하고 싶은 사람을 떠올려 있었던 일과 전하고 싶은 마음을 쓰시오.

마음을 전할 사람	(1)
있었던 일	(2)
전하고 싶은 마음	(3)

[1~3] 다음 글을 읽고, 물음에 답하시오.

해설: 옛날, 어느 마을에 고기 파는 일을 하던 '박바우'라는 노인이 있었다. 어느 날, 젊은 양반 두 사람이 거의 같은 시간에 고기를 사러 왔다. 윗마을 양반은 박 노인에게 이렇게 말했다.

윗마을 양반: 바우야, 쇠고기 한 근만 줘라.

박 노인: (건성으로 대답하며) 알겠습니다.

해설: 이번에는 아랫마을 양반이 고기를 주문했다.

아랫마을 양반: (깍듯이 부탁하는 말투로) 박 서방, 쇠고기 한 근만 주게.

박 노인: (웃으면서 대답하며) 아이고, 네, 조금만 기다리시지요.

해설: 박 노인은 젊은 양반들에게 각각 고기를 주는데 둘의 크기가 한눈에 봐도 다르게 보였다. 윗마을 양반이 가만히 보니 자기가 받은 고기보다 아랫마을 양반이 받은 고기가 더 좋아 보이고 양도 훨씬 많아 보였다.

윗마을 양반: 야, 바우야! 똑같은 한 근인데, 어째서 이렇게 다르게 주느냐?

박 노인: (태연하게) 그러니까 손님 것은 바우 놈이 자른 것이고, 이분 것은 박 서방이 자른 것이기 때문이랍니다.

1 고기를 사러 온 젊은 양반들은 박 노인을 각각 무엇이라고 불렀는지 쓰시오.

⑴ 윗마을 양반: (   )

⑵ 아랫마을 양반: (   )

2 박 노인이 아랫마을 양반에게 고기를 더 많이 준 까닭은 무엇입니까? (   )

① 단골손님이기 때문에
② 가난해 보였기 때문에
③ 신분이 매우 높았기 때문에
④ 고기를 더 많이 달라고 했기 때문에
⑤ 자신을 더 존중해 주는 느낌이 들었기 때문에

3 이 글의 내용에 어울리는 속담을 다음 보기 에서 찾아 쓰시오.

보기
• 등잔 밑이 어둡다.
• 낫 놓고 기역자도 모른다.
• 가는 말이 고와야 오는 말이 곱다.

(   )

[4~5] 다음 글을 읽고, 물음에 답하시오.

(효과음) 드르륵 덜컥

영철: (교실로 들어오는 민수를 보며) 어이, 키다리! 왔냐?

민수: 뭐야, 아침부터 듣기 싫은 별명을 부르고……

채은: (밝은 목소리로) 민수야, 안녕?

민수: (밝은 목소리로) 안녕, 채은아? 어제 네가 빌려준 책 참 재미있더라. 고마워.

4 민수가 듣기 싫어하는 별명으로 민수를 부른 친구는 누구인지 쓰시오.

(   )

5 영철이의 말에 민수가 오른쪽 그림처럼 말했을 때 영철이의 대답으로 알맞은 것에 ○표 하시오.

> 나는 그 별명 싫은데, 내 이름으로 불러 줄래?

⑴ 왜? 좋은 별명이잖아.   (   )

⑵ 키다리니까 키다리라고 하지.   (   )

⑶ 미안해. 다음부터는 네 이름으로 부를게.
(   )

6 두 아이가 한 말에서 대화 예절에 어긋난 부분은 무엇입니까? (   )

말풍선 왼쪽: 아버지, 내가 수저를 놓을게요.
말풍선 오른쪽: 아버지, 제가 물을 가져올게요.

① 남자아이가 '내가'라고 말한 부분
② 여자아이가 '제가'라고 말한 부분
③ 여자아이가 남자아이의 말을 무시한 부분
④ 남자아이가 여자아이의 말을 듣지 않은 부분
⑤ 남자아이가 여자아이의 말에 끼어들어 말한 부분

[7~10] 다음 글을 읽고, 물음에 답하시오.

❶ 지혜: (성급하게) 안녕하세요? 그런데 신유는 어디 갔나요? 어? 신유야, 생일 축하해!
원우: 야! 신유야, 생일 축하해! 하하하.
❷ 신유 어머니: (따뜻한 목소리로) 이렇게 신유의 생일을 축하하러 우리 집에 와 줘서 고맙구나. 손 씻고 식탁에 앉으렴.
원우, 지혜, 현영: 야, 맛있겠다!
원우: 내가 닭 다리 먹어야지!
❸ 원우: ⟨ ㉠ ⟩
신유 어머니: (흐뭇하게) 그래, 원우야. 정말 예의가 바르구나. 다들 또 놀러 오렴.
원우, 지혜, 현영: 안녕히 계세요.
신유: 잘 가.
지혜: 내일 학교에서 보자.
현영: 안녕.
원우: 오늘 즐거웠어. 다시 한번 생일 축하해.

7 이 글에서 친구들은 누구의 생일을 축하해 주고 있는지 쓰시오.

(   )

8 장면 ❶에서 신유의 친구들이 <u>잘못한</u> 점은 무엇입니까? (   )

① 신유에게 거친 말을 하였다.
② 신유를 따돌리고 귓속말을 하였다.
③ 신유 어머니께 높임말을 쓰지 않았다.
④ 신유 어머니께 대충 인사하고 뛰어들어 갔다.
⑤ 신유에게 생일 축하한다는 말을 하지 않았다.

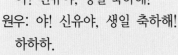

9 장면 ❷에서 친구들이 예절을 지키기 위해 해야 할 일을 쓰시오.

_____

_____

10 ㉠에 들어갈 알맞은 말을 찾아 기호를 쓰시오.

⑦ 오늘 수고하셨어요. 안녕히 계세요.
⑭ 안녕하세요? 초대해 주셔서 감사합니다.
⑮ 오늘 재미있게 잘 놀았습니다. 안녕히 계세요.

(   )

11 일상생활에서 대화 예절을 지키며 대화하는 방법으로 알맞지 <u>않은</u> 것은 무엇입니까? (   )

① 거친 말을 하지 않는다.
② 눈을 마주치며 인사한다.
③ 친구 앞에서는 귓속말을 하지 않는다.
④ 친구가 듣기 싫어하는 별명을 부르지 않는다.
⑤ 남의 말을 듣기 전에 항상 자기 말을 먼저 한다.

12 학급 회의 주제는 무엇인지 쓰시오.

(   )

13 장면 ❸에서 희정이가 자신의 의견을 발표하다가 멈춘 까닭은 무엇입니까? (   )

① 말할 내용을 잊어버려서
② 찬우가 말하는 도중에 끼어들어서
③ 사회자가 발표를 그만하라고 해서
④ 선생님께서 더 크게 발표하라고 말씀하셔서
⑤ 친구들이 희정이의 의견을 듣고 있지 않아서

14 경희가 회의에서 잘못한 점을 알맞게 말한 친구의 이름을 쓰시오.

민경: 찬우가 한 말을 그대로 따라 말했어.
지민: 뒷자리에 앉은 친구와 장난을 쳤어.
선강: 말할 기회를 얻지 않고 말했고, 높임말도 사용하지 않았어.

(   )

[12~14] 다음 그림을 보고, 물음에 답하시오.

15 회의를 하면서 지켜야 할 예절로 알맞지 <u>않은</u> 것은 무엇입니까? (   )

① 다른 사람 의견을 경청한다.
② 다른 사람이 발표할 때 끼어들지 않는다.
③ 사회자의 별명을 불러 말할 기회를 얻고 발표한다.
④ 회의와 같은 공식적인 상황에서는 높임말을 사용한다.
⑤ 자신이 발표했거나 투표한 의견과 다른 의견이 결정되더라도 잘 실천한다.

[16~18] 다음을 보고, 물음에 답하시오.

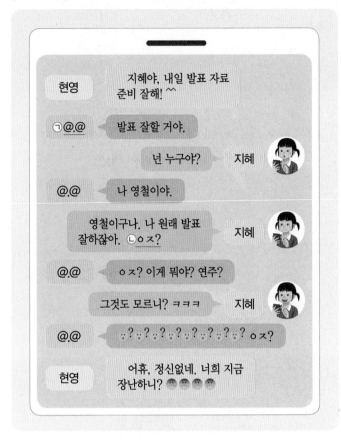

16 ㉠은 누구의 대화명인지 쓰시오.

(   )

17 온라인 대화에서 볼 수 있는 표현에 대한 설명으로 알맞지 <u>않은</u> 것은 무엇입니까? (   )

① 그림말을 사용한다.
② 줄임 말을 사용한다.
③ 대화명은 이름으로만 나타낸다.
④ 평소에 말하는 표현을 그대로 쓰기도 한다.
⑤ 처음 봐서 뜻을 모르는 말을 사용하기도 한다.

18 온라인 대화를 할 때 ㉡과 같은 줄임 말을 지나치게 쓰면 어떤 일이 일어날지 쓰시오.

_____

_____

_____

19 예절을 지키며 온라인 대화를 하려면 어떻게 해야 합니까? (   )

① 바른 말을 사용한다.
② 자신이 하고 싶은 말만 한다.
③ 평소 말하는 것처럼 줄임 말을 쓴다.
④ 친해질 수 있도록 그림말을 되도록 많이 사용한다.
⑤ 상대가 보이지 않으므로 대화 전이나 끝날 때에 인사를 생략한다.

20 다음 중 대화 예절과 관련된 표어로 알맞지 <u>않은</u> 것을 찾아 기호를 쓰시오.

㉮ 자나 깨나 예절 바른 말
㉯ 내가 한 거친 말 내게 올 거친 말
㉰ 바로 쓰면 고마운 불 방심하면 무서운 불
㉱ 함께 지킨 대화 예절 우리 모두 좋은 기분

(   )

| **평가 주제** 〉 | 대화 예절을 지키며 대화하는 방법 알기 |
| **평가 목표** 〉 | 역할극을 보며 상대의 기분을 알고, 예의 바르지 않은 말을 고쳐 쓸 수 있다. |

1단계

❶의 역할극에서 토끼의 마음은 어떠하겠는지 쓰시오.

2단계

❶~❸의 역할극에서 동물들이 한 예의 바르지 않은 말을 고쳐 쓰시오.

상황	예의 바르지 않은 말	예의 바른 말
❶	"내 말부터 들어 봐."	(1)
❷	"뭐? 너 혼나 볼래?"	(2)
❸	"내 마음이야. 저요! 저요!"	(3)

3단계

예절을 지키며 대화를 주고받으면 어떤 점이 좋은지 쓰시오.

평가 주제	온라인 대화를 할 때 지켜야 할 예절 알기
평가 목표	지혜와 친구들이 나눈 온라인 대화에서 필요한 예절을 알고 정리할 수 있다.

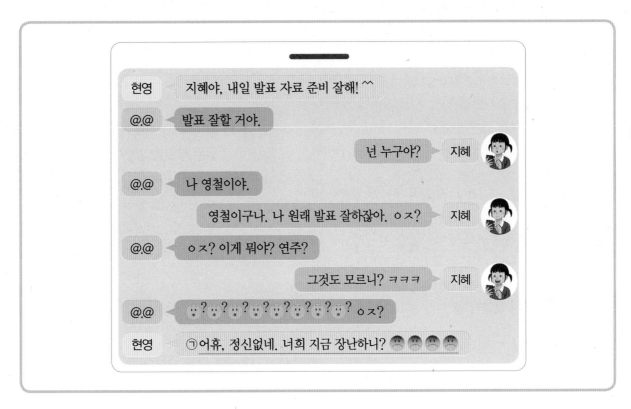

1 지혜가 영철이를 알아보지 못한 까닭을 쓰시오.

2 ㉠과 같이 현영이가 화가 난 까닭을 쓰시오.

3 문제 1번과 2번에서 쓴 답을 활용하여 온라인 대화를 하는 친구들이 지켜야 할 예절을 쓰시오.

[1~4] 다음 글을 읽고, 물음에 답하시오.

㉮ 아침마다 사라는 어머니와 함께 버스를 탔습니다. 언제나 백인들이 앉는 자리와 구분된 뒷자리에 앉았습니다. 고개를 돌려 자기를 쳐다보는 백인 아이들에게 사라는 얼굴을 찡그렸습니다. 백인 아이들도 얼굴을 찡그리며 웃어 댔습니다. 그러다가 어머니들에게 잔소리를 들은 뒤에야 바로 앉았습니다.

"지금까지 언제나 이래 왔단다. ㉠자리에 앉을 수 있는 것만으로도 만족해야지."

어머니께서는 두 손을 깍지 낀 채 이렇게 말씀하시고는 했습니다.

㉯ 어느 날 아침, 사라는 버스 앞쪽 자리가 얼마나 좋은 곳인지 알아보기로 마음먹었습니다. 사라는 자리에서 일어나 좁은 통로로 걸어 나갔습니다. 별다른 것도 없어 보였습니다. 창문은 똑같이 지저분했고, 버스의 시끄러운 소리도 똑같았습니다. 앞쪽 자리가 뭐가 그리 대단하다는 것일까요?

1 다음은 이야기의 구성 요소 중 무엇에 대한 설명인지 쓰시오.

> • 이야기에서 어떤 일을 겪는 사람이나 사물을 말한다.
> • 이 글에서는 사라, 사라의 어머니 등이다.

(   )

2 이 글에 나타난 사라의 상황으로 알맞지 <u>않은</u> 것을 두 가지 고르시오. (   )

① 흑인이다.
② 백인 친구들과 사이좋게 지낸다.
③ 버스에서 뒷자리에만 앉을 수 있다.
④ 아침마다 어머니와 함께 버스를 탄다.
⑤ 학교에 갈 때 자전거를 타고 싶어 한다.

3 어머니께서 ㉠과 같이 말씀하신 까닭은 무엇인지 다음 빈칸에 알맞은 말을 두 글자로 쓰시오.

> 그전에는 백인과 흑인의 [   ]이/가 더 심했기 때문이다.

(   )

4 글 ㉯에서 사라가 버스의 앞쪽 자리로 걸어 나간 까닭은 무엇입니까? (   )

① 뒷자리가 시끄러워서
② 백인들과 같이 앉고 싶어서
③ 운전사 아저씨께 하고 싶은 말이 있어서
④ 흑인 아주머니께서 앞쪽에 앉으라고 말씀하셔서
⑤ 앞쪽 자리가 얼마나 좋은 곳인지 알아보기 위해서

[5~8] 다음 글을 읽고, 물음에 답하시오.

㉮ 경찰관이 살짝 웃으며 말했습니다.

"아무렴. 법에는 말이다, 너희 같은 사람은 버스 뒷자리에 앉아야 한다고 나와 있단다. 그래서 말인데, 법을 어기고 싶지 않다면 네 자리로 돌아가거라."

㉯ 경찰관이 안타깝다는 듯 고개를 절레절레 흔들더니 사라를 번쩍 안아 올렸습니다. 그러고는 사람들 사이를 지나 경찰서로 향했습니다.

㉰ 그날 밤, 어머니께서는 사라의 방으로 들어와 사라를 안아 주셨습니다.

"사라야, 엄마는 너한테 화나지 않았어. 너는 세상의 어떤 백인 아이 못지않게 착한 아이란다. 너는 특별한 아이야."

㉱ 이튿날 아침, 어머니께서 사라에게 버스를 타는 대신 걸어가는 것이 어떻겠느냐고 물으셨습니다. 어머니께서는 웃으려고 애를 쓰셨지만, 사라는 어머니의 눈에 고인 눈물을 보았습니다.

㉲ ㉠그날은 어떤 흑인도 버스를 타지 않았습니다. 그 다음 날도 마찬가지였습니다. 버스 회사는 당황했습니다. 시장도 어쩔 줄 몰라 했습니다. 그리하여 사람들은 마침내 법을 바꾸었습니다.

5 경찰관이 사라를 경찰서에 데려간 까닭은 무엇입니까? (　　　)

① 다른 경찰관이 사라를 찾아서

② 사라가 경찰서 구경을 하고 싶어 해서

③ 어머니께서 경찰서에서 기다리고 계셔서

④ 사라의 용기 있는 행동을 칭찬하기 위해서

⑤ 사라가 흑인은 버스 뒷자리에 앉아야 한다는 법을 어겨서

6 글 ❹의 배경을 바르게 정리한 것은 무엇입니까?

(　　　)

	시간적 배경	공간적 배경
①	그날 밤	경찰서
②	그날 밤	사라의 방
③	그다음 날	사라의 방
④	이튿날 아침	버스 정류장
⑤	이튿날 아침	버스 앞자리

서술형

7 사람들이 ㉠과 같이 행동한 까닭은 무엇인지 쓰시오.

_____

_____

8 다음은 이 글에서 일어난 사건을 정리한 것입니다. 빈칸에 들어갈 낱말을 차례대로 쓰시오.

• 사라가 버스 앞자리에 앉았는데 그 일로 ☐☐☐에 잡혀감.

• 사라는 ☐☐☐을/를 타지 않기로 하고 사람들도 함께 타지 않음.

• 사람들은 마침내 ☐☐☐을/를 바꿈.

(　　　　　　　　　)

[9~10] 다음 글을 읽고, 물음에 답하시오.

㉮ 나는 아주 고운 세모시 옷감입니다. 은은한 비색을 띤 나는 누구에게나 곱다고 칭찬을 듣습니다.

처음 내가 옷감으로 곱게 짜였을 때 퍽 가슴이 설레었지요.

'나는 누구의 옷이 될까?'

밤마다 별님을 바라보며 꿈을 꾸었습니다.

㉯ 하지만 나는 꿈꾸었던 것과는 달리 어느 할아버지의 손에 팔려 갔습니다. 허리가 구부정하고 이마가 훤하게 벗겨진 할아버지는 한눈에도 부잣집의 기품 있는 사람하고는 거리가 멀어 보였습니다. 모진 풍파에 찌든 얼굴이 궁상맞아 보이기까지 했으니까요.

나는 몹시 속이 상하였습니다.

㉰ 할아버지는 나를 아주 소중하게 품고 가서 한복 만드는 집에 맡겼습니다.

"아주머니, 세상에서 제일 곱게 지어 주시라요. 태어나서 처음으로 오마니한테 드리는 선물이야요."

㉱ 그제야 나는 내가 백칠 세 되는 노인의 옷이 된다는 것을 알아차렸습니다.

9 이 글에 나오는 인물에 대한 설명으로 알맞지 <u>않은</u> 것은 무엇입니까? (　　　)

① '나'는 세모시 옷감이다.

② '나'는 은은한 비색을 띤다.

③ 할아버지께서 '나'를 사셨다.

④ '나'는 백칠 세 되는 노인의 옷이 될 것이다.

⑤ 할아버지는 '나'로 옷을 지어 아내에게 선물하려고 한다.

10 글 ❹의 공간적 배경을 쓰시오.

(　　　　　　　　　)

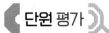

[11~15] 다음 글을 읽고, 물음에 답하시오.

> **가** "우아, 윤아 공기 되게 잘한다!"
>
> 아이참, 정말 이상해요. 조금 전까지만 해도 윤아보다 내가 훨씬 더 잘했는데, 우진이가 나타나자마자 자꾸만 실수하는 거예요. ㉠우진이 칭찬을 듣고 헤벌쭉 웃는 윤아가 참 얄미웠어요.
>
> **나** '떨어져라, 떨어져라, 떨어져라……'
>
> 나도 모르게 마음속으로 빌고 있는데 갑자기 윤아가 앞으로 폭 고꾸라지지 뭐예요. 장난꾸러기 창훈이가 다른 아이들이랑 장난치며 뛰다가 윤아와 부딪친 거죠. 그 바람에 윤아 손등에 있던 공기 알이 와르르 떨어져 두 개는 책상 밑으로, 한 개는 우진이 다리 밑으로, 나머지 한 개는 사물함 밑으로 굴러 들어갔어요.
>
> **다** "손을 넣어 볼까?"
>
> "싫어. 그러다가 벌레라도 손에 닿으면 어떡해?"
>
> ㉡나는 윤아 입에서 '벌레'라는 말이 나오자마자 사물함 밑으로 반쯤 넣었던 손을 얼른 **뺐어요.**
>
> 윤아와 나는 서로 울상이 되어 마주 보았어요.
>
> "이걸로 꺼내 보자."
>
> 우진이는 어디서 가져왔는지 기다란 자를 들고 나타났어요. 그러고는 바닥에 납작 엎드려 자로 사물함 밑을 더듬거렸어요.
>
> **라** "어! 나왔다!"
>
> 자 끝에는 분홍색 꽃 모양의 작은 공기 알이 살짝 걸려 있었어요. 작은 물방울무늬가 있는 **빨간색** 나비 핀도요. 우진이는 공기 알과 나비 핀을 손에 들고 먼지를 툴툴 털어 냈어요. 그러고는 우리에게 공기 알과 나비 핀을 쑥 내밀었어요.
>
> "여기 공기 알. 그리고 이 핀 가질래?"
>
> 나는 선뜻 손을 내밀지 못했어요. 어떻게 하면 좋을지 몰랐거든요.
>
> 그때 윤아가 얼굴을 찡그리며 말했어요.
>
> "아유, 더러워! 그 핀을 어떻게 쓰나?"
>
> 그러자 우진이는 공기 알만 나에게 건네주고 나비 핀은 쓰레기통에 넣어 버렸어요.
>
> "그래, 더러울 거야."
>
> 우진이의 목소리에는 부끄러운 마음이 묻어 있었어요. 마음 같아서는 윤아를 한 대 콩 쥐어박고 싶었지만 참았어요.

11 글 **가**에 나오는 인물을 모두 쓰시오.

(   )

서술형

12 '나'는 사물함 밑으로 굴러 들어간 공기 알을 어떻게 찾을 수 있었는지 쓰시오.

_____

_____

13 글 **라**에서 '내'가 윤아를 한 대 콩 쥐어박고 싶었던 까닭은 무엇입니까? (   )

① 윤아도 '나'처럼 우진이를 좋아해서

② 윤아가 우진이가 건넨 핀을 가져가서

③ 윤아가 '나'보다 공기놀이를 훨씬 잘해서

④ 우진이의 성의를 무시하고 면박을 준 윤아가 얄미워서

⑤ 윤아가 선생님께 창훈이가 장난치며 뛴 일을 고자질해서

14 우진이의 성격을 짐작할 수 있는 방법으로 알맞은 것을 모두 찾아 기호를 쓰시오.

> ㉮ 우진이의 행동을 찾아본다.
> ㉯ 우진이가 한 말을 살펴본다.
> ㉰ 우진이를 좋아하는 인물이 누구인지 살펴본다.

(   )

15 ㉠과 ㉡을 통해 알 수 있는 '나'의 성격으로 알맞은 것을 모두 고르시오. (   )

① 용감하다.   ② 소심하다.

③ 샘이 많다.   ④ 내성적이다.

⑤ 장난을 많이 친다.

[16~20] 다음 글을 읽고, 물음에 답하시오.

㉮ "우리 반에 새로 전학 온 친구가 있어요. 자기 이름을 직접 소개해 보겠어요?" / 선생님이 여자아이의 어깨를 한 손으로 가볍게 감싸 주었어요.

"안녕? 나는, 아니 아니, 내 성은 김해 김씨이고 이름은 주은이야. 김해 김씨, 김주은. 잘 부탁해."

주은이가 또랑또랑 말했어요.

㉯ 우봉이는 할아버지보다 앞서가며 눈을 굴렸어요. 두부 가게가 어디 있나 하고요. / '어, 주은이잖아!'

주은이가 ㉠채소 ㉡가게 안에서 젓가락질 연습을 하고 있었어요. 나무젓가락으로 강낭콩을 들었다 놓았다 하고 있었어요. 주은이 옆에는 한 아줌마가 있었는데 생김새가 좀 남달랐어요. 얼굴도 가무잡잡했어요. 아줌마가 대나무로 만든 작은 그릇에서 뭔가를 꺼내 조몰락조몰락했어요. / "그렇게 먹지 마. 정말 싫어."

주은이가 아줌마에게 화를 내듯 크게 말했어요.

"카오리아오는 이렇게 손으로 먹는 꺼야. 우리 꼬향에선 다 끄래."

아줌마는 목소리도 컸어요. 그렇다고 주은이처럼 화난 건 아니었어요. 웃고 있었으니까요.

그런데 말투가 이상했어요. 사투리도 아닌데 아주 어색하게 들렸어요.

아줌마가 조몰락조몰락하던 것을 입에 쏙 넣었어요.

㉰ "궁금한 게 있는데요, 손으로 밥을 조몰락조몰락해서 먹는 건 나쁜 거죠? 그런 사람 야만인이죠? 원시인이죠?"

우봉이가 묻자 아빠가 말씀하셨어요.

"왜? 아는 사람 중에 그런 사람이라도 있어?"

"아, 아니요. 그냥 어디서 봤는데, 우리나라 사람은 아니에요."

"손으로 밥 먹는 사람들도 있긴 있지. 인도라는 나라 알지? 그 나라에도 그냥 맨손으로 밥을 먹는 사람들이 있어."

"정말요? 인도는 내가 좋아하는 카레의 나라인데. 그런 나라에 야만인이 많다니."

서술형

16 글 ㉮에서 주은이가 자기를 소개한 방법을 쓰시오.

_____

_____

17 글 ㉯에서 우봉이가 본 것에 모두 ○표를 하시오.

(1) 주은이가 젓가락질 연습을 하는 모습 (   )

(2) 가족들이 집에서 카레를 손으로 먹는 모습
(   )

(3) 주은이 어머니께서 손으로 음식을 드시는 모습
(   )

18 글 ㉯에서 알 수 있는 우봉이의 성격은 어떠합니까?
(   )

① 성실하다.　　　　② 개방적이다.
③ 인정이 많다.　　　④ 참을성이 많다.
⑤ 융통성이 없다.

19 ㉠, ㉡과 뜻이 비슷한 낱말을 바르게 쓴 것은 무엇입니까? (   )

	㉠	㉡
①	야채	상점
②	과일	점포
③	고기	건물
④	야채	쇼핑
⑤	과자	점방

20 우봉이에게 일어난 일을 정리하여 빈칸에 알맞은 내용을 쓰시오.

주은이가 전학 옴.

↓

우봉이가 주은이 어머니께서 손으로 음식 드시는 것을 보게 됨.

↓

● 정답 및 풀이 42쪽

평가 주제	인물, 사건, 배경을 생각하며 이야기 읽기
평가 목표	인물, 사건, 배경을 파악하며 이야기를 읽고, 생각한 내용을 쓸 수 있다.

⑦ 어느 날 아침, 사라는 버스 앞쪽 자리가 얼마나 좋은 곳인지 알아보기로 마음먹었습니다. 사라는 자리에서 일어나 좁은 통로로 걸어 나갔습니다. 별다른 것도 없어 보였습니다.

⑭ 사라는 계속 나아갔습니다. 앞쪽 끝까지 가서 운전사 옆자리에 앉았습니다. 사라는 운전사가 기어를 바꾸고 두 손으로 커다란 핸들을 돌리는 것을 지켜보았습니다. 운전사가 성난 얼굴로 사라를 쏘아보았습니다.

"꼬마 아가씨, 뒤로 가서 앉아라. 너도 알다시피 늘 그래 왔잖니?"

사라는 그대로 앉은 채 마음속으로 말했습니다.

'뒷자리로 돌아갈 아무런 이유가 없어!'

⑮ 사라는 작지만 당당한 목소리로 말했습니다.

"문 닫으셔도 돼요. 저는 학교까지 타고 가겠어요."

⑯ 한 아저씨께서 소리치셨습니다.

"일어나지 마라. 그 자리는 네 피부색과 아무 상관이 없어."

경찰관이 안타깝다는 듯 고개를 절레절레 흔들더니 사라를 번쩍 안아 올렸습니다. 그리고는 사람들 사이를 지나 경찰서로 향했습니다.

1단계 이야기의 구성 요소 중, '시간적 배경'이 들어간 문장을 찾아 쓰시오.

2단계 이 글에서 일어난 일을 정리하여 쓰시오.

3단계 이 글을 읽고 생각하거나 느낀 점을 다음 조건 에 맞게 쓰시오.

조건
사라가 한 일을 중심으로 하여 높임말로 쓴다.

평가 주제	인물의 성격에 따른 사건의 흐름 살펴보기
평가 목표	• 이야기를 읽고 구성 요소를 찾아 정리할 수 있다. • 인물의 성격을 바꾸어 이야기를 상상할 수 있다.

4
단원

㉮ "엄마 심부름 좀 해 줄래? 두부 사는 걸 깜빡했어."

엄마가 시장바구니에서 물건들을 꺼내다 말고 말씀하셨어요. 할아버지랑 바둑알로 알 까기를 하던 우봉이가 "네." 하고 자리에서 일어났어요.

㉯ 우봉이는 시장 골목으로 들어갔어요. 할아버지는 구경하느라 느릿느릿 걸으며 가다 서다를 반복했어요. 우봉이는 할아버지보다 앞서가며 눈을 굴렸어요. 두부 가게가 어디 있나 하고요.

'어, 주은이잖아!'

㉰ 주은이 옆에는 한 아줌마가 있었는데 생김새가 좀 남달랐어요. 얼굴도 가무잡잡했어요. 아줌마가 대나무로 만든 작은 그릇에서 뭔가를 꺼내 조몰락조몰락했어요.

"그렇게 먹지 마. 정말 싫어."

주은이가 아줌마에게 화를 내듯 크게 말했어요.

"카오리아오는 이렇게 쏜으로 먹는 꺼야. 우리 꼬향에선 다 끄래."

아줌마는 목소리도 컸어요. 그렇다고 주은이처럼 화난 건 아니었어요. 웃고 있었으니까요. 그런데 말투가 이상했어요. 사투리도 아닌데 아주 어색하게 들렸어요.

아줌마가 조몰락조몰락하던 것을 입에 쏙 넣었어요. 밥 덩어리 비슷했어요.

'왝! 저걸 먹다니!' / 우봉이는 속이 메스꺼웠어요.

1 이야기의 공간적 배경이 어디에서 어디로 바뀌었는지 쓰시오.

2 이 글에서 우봉이에게 일어난 일을 정리하여 쓰시오.

3 우봉이가 다른 문화에 대한 편견이 없는 개방적인 성격이었다면 어떤 일이 일어났을지 쓰시오.

조건
우봉이의 말과 행동의 변화가 드러나게 쓴다.

1 문장의 짜임을 생각하며 다음 보기 와 같이 주어진 문장을 나누어 쓰시오.

보기
늙은 농부의 세 아들은 게을렀습니다.

늙은 농부의 세 아들은	게을렀습니다.
누가	어떠하다

늙은 농부는 세 아들에게 밭에 보물이 있다고 말해 주었습니다.

(1)	(2)
누가	어찌하다

2 '누가/무엇이'에 해당하는 부분을 모두 고르시오.

( )

① 세 아들은
② 친절한 예지는
③ 내 친구입니다.
④ 친구들을 잘 도와줍니다.
⑤ 아버지께서 밭에 묻어 두신 보물은

3 문장의 짜임을 알면 좋은 점으로 알맞지 <u>않은</u> 것은 무엇입니까? ( )

① 긴 글을 읽어도 내용을 쉽게 파악할 수 있다.
② 문장을 두 부분으로 끊어 읽으면 이해하기 쉽다.
③ '누가/무엇이'에 해당하는 부분을 길게 쓸 수 있다.
④ 문장을 두 부분으로 나눠서 앞뒤 연결이 자연스러운지 생각하며 글을 쓸 수 있다.
⑤ 문장의 뒷부분을 살피면서 앞부분을 보면 어색한 문장을 자연스럽게 고칠 수 있다.

[4~8] 다음 글을 읽고, 물음에 답하시오.

옛날 어느 마을에 목화 장수 네 사람이 살았다. 그들은 싼 목화가 있으면 함께 사서 큰 광 속에 보관해 두었다가 값이 오르면 팔았다. 그런데 그 광에는 쥐가 많아 목화를 어지럽히기도 하고 오줌을 싸기도 했다. 목화 장수들은 궁리 끝에 광에 고양이를 기르기로 하고 똑같이 돈을 내어 고양이를 샀다. 그러고는 공동 책임을 지려고 고양이의 다리 하나씩을 각자 몫으로 정하고 고양이를 보살피기로 했다.

어느 날, 고양이가 다리 하나를 다쳤다. 그 다리를 맡은 목화 장수는 고양이 다리에 산초기름을 발라 주었다. 그런데 마침 추운 겨울철이라, 아궁이 곁에서 불을 쬐던 고양이의 다리에 불이 붙고 말았다. 고양이는 얼른 시원한 광 속으로 도망을 쳐서 목화 더미 위에서 굴렀다. 순식간에 목화 더미에 불이 번져 광 속의 목화가 몽땅 타 버리고 말았다.

목화 장수 네 명은 뜻하지 않게 큰 손해를 보게 되었다. 그러자 고양이의 성한 다리를 맡았던 목화 장수 세 명이 투덜투덜 불평을 늘어놓았다.

"이번 불은 순전히 고양이의 아픈 다리를 맡았던 저 사람 때문이야. 하필이면 불이 잘 붙는 산초기름을 발라 줄 게 뭐야?"

"맞아, 그러니 목홧값을 그 사람에게 물어 달라고 하자."

세 사람은 고양이의 아픈 다리를 맡았던 사람에게 목홧값을 물어내라고 했다. 억울한 그 목화 장수는 절대 목홧값을 물어 줄 수 없다며 큰 싸움을 벌였다.

"불이 붙은 고양이가 광으로 도망칠 때는 성한 세 다리로 도망쳤잖아? 그러니까 광에 불이 난 것은 순전히 너희가 맡은 세 다리 때문이야."

아무리 싸워도 해결이 나지 않자, 네 사람은 고을 사또를 찾아가 판결을 해 달라고 부탁했다.

4 목화 장수 네 사람이 똑같이 돈을 내어 산 동물은 무엇인지 쓰시오.

( )

5 목화 장수 네 명이 뜻하지 않게 큰 손해를 보게 된 까닭은 무엇입니까? ( )

① 고양이가 도망가 버려서
② 고양이가 쥐를 잘 잡지 못해서
③ 고을 사또가 고양이를 내놓으라고 해서
④ 다리에 불이 붙은 고양이가 옆집에 불을 옮겨서
⑤ 다리에 불이 붙은 고양이가 광 속으로 도망쳐서 목화가 몽땅 타 버려서

6 다음 의견을 말한 인물은 누구인지 찾아 ○표 하시오.

다리에 불이 붙은 고양이가 광으로 도망칠 때는 성한 세 다리로 도망쳤으니 광에 불이 난 것은 순전히 너희가 맡은 세 다리 때문이야.

(1) 다리를 다친 고양이 ( )
(2) 고양이의 아픈 다리를 맡은 목화 장수 ( )
(3) 고양이의 성한 다리를 맡은 목화 장수 세 명 ( )

7 목화 장수 네 사람은 누구를 찾아가 판결을 해 달라고 부탁했는지 쓰시오.

( )

8 다음 문장을 '누가+어찌하다'로 나누어 쓰시오.

목화 장수들은 고양이 때문에 큰 손해를 입어 투덜거렸다.

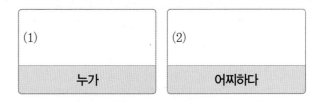

(1)	(2)
누가	**어찌하다**

9 다음에 해당하는 속담을 생각하여 문장의 짜임에 맞게 쓰시오.

말은 비록 발이 없지만 천 리 밖까지도 순식간에 퍼진다는 뜻으로, 말을 삼가야 함을 비유적으로 이르는 말이다.

(1)	(2)
누가/무엇이	**무엇이다/어찌하다/어떠하다**

10 다음 글에서 '무엇이다/어찌하다/어떠하다'에 해당하는 부분이 <u>아닌</u> 것은 무엇입니까? ( )

사과는 맛있다.
맛있는 것은 바나나이다.
바나나는 길다.
긴 것은 기차이다.
기차는 빠르다.
빠른 것은 비행기이다.

① 길다.　　　　　② 빠르다.
③ 빠른 것은　　　④ 바나나이다.
⑤ 비행기이다.

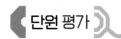

[11~13] 다음 글을 읽고, 물음에 답하시오.

댐 건설 기관 담당자님께
안녕하세요?

저는 산 깊고 물 맑은 상수리에 사는 김효은입니다. 우리 마을은 앞으로 만강이 흐르고, 뒤로는 우뚝 솟은 산봉우리들이 병풍처럼 둘러싸여 한 폭의 그림처럼 아름답습니다.

숲에는 천연기념물인 황조롱이, 까막딱따구리 같은 새들과 하늘다람쥐가 삽니다. 그리고 만강에는 쉬리나 배가사리, 금강모치 같은 우리나라의 토종 물고기가 많이 삽니다.

그런데 어제 만강에 댐을 건설할 수 있는지 알아보려고 담당자들께서 우리 마을을 방문하셨습니다. 담당자들께서는 작년에 비가 많이 와서 만강 하류에 있는 도시에 물난리가 났다고 말씀하셨습니다. 그래서 홍수를 막으려면 우리 마을에 댐을 건설해야 한다고 하셨습니다.

하지만 저는 댐을 건설하는 것에 반대합니다. 우리 상수리에 댐을 건설하면 숲에 사는 동물들이 살 곳을 잃고, 우리는 만강의 물고기들을 다시는 볼 수 없게 될 것입니다. 그리고 마을 어른들께서는 평생 살아온 고향을 떠나야 한다고 말씀하십니다. 우리 마을에 댐을 건설하기로 한 계획을 취소해 주시기를 부탁합니다.

20○○년 10월 ○○일
김효은 올림

11 상수리에 일어난 문제 상황은 무엇입니까? (   )

① 마을에 큰 공원이 세워졌다.
② 홍수로 상수리가 없어지게 되었다.
③ 마을에 사는 동물의 수가 많아졌다.
④ 마을 어른들이 고향을 떠나 주민들이 줄었다.
⑤ 홍수를 막기 위해 상수리에 댐을 건설하려고 한다.

12 댐 건설에 대한 효은이의 의견을 쓰시오.

(   )

13 효은이가 자신의 의견을 뒷받침하려고 제시한 까닭을 모두 고르시오. (   )

① 마을의 인구가 늘어난다.
② 어린이들이 뛰어놀 수 없다.
③ 마을 사람들이 고향을 떠나야 한다.
④ 숲에 사는 동물들이 살 곳을 잃는다.
⑤ 만강의 물고기들을 다시는 볼 수 없다.

[14~16] 다음 글을 읽고, 물음에 답하시오.

김효은 학생에게
안녕하세요?

김효은 학생의 편지를 잘 읽었습니다.

아름다운 상수리가 댐 건설로 겪게 될 어려움을 잘 압니다. 하지만 상수리 주변에 사는 주민들이 홍수로 겪는 정신적·물질적 피해는 해마다 늘어나고 있습니다.

만강에 댐을 건설하면 여름철에 폭우로 생기는 문제를 막을 수 있습니다. 비가 내리는 대로 내버려 두면, 강 하류에서는 강물이 넘쳐서 논밭이 빗물에 잠기기도 합니다.

그리고 집과 길이 부서지고 심지어 사람이 목숨까지 잃을 만큼 위험합니다. 하지만 댐을 건설하면 홍수로 인한 ㉠이런 피해를 막을 수 있습니다.

상수리에 댐을 건설해야 합니다. 우리는 상수리 마을 주민들에게 피해가 가지 않도록 주민들이 이사하는 데 모든 지원을 아끼지 않을 것입니다. 댐 건설에는 상수리 마을 주민들의 협조가 필요합니다. 김효은 학생도 이러한 점을 잘 이해해 주시기를 바랍니다.

20○○년 10월 ○○일
댐 건설 기관 담당자 드림

14 누가 누구에게 쓴 편지인지 쓰시오.

⑴ 누가: (   )
⑵ 누구에게: (   )

15 ㉠에 해당되지 않는 것은 무엇입니까? (   )

① 집이 부서진다.

② 길이 부서진다.

③ 지진이 일어난다.

④ 사람이 목숨을 잃을 수 있다.

⑤ 강 하류의 강물이 넘쳐 논밭이 빗물에 잠긴다.

16 댐 건설 기관 담당자의 의견으로 알맞은 것에 ○표 하시오.

(1) 상수리에 댐을 건설해야 한다. (   )

(2) 상수리에 댐을 건설하는 것을 반대한다.

(   )

(3) 댐 건설은 상수리 주민들과 관련이 없다.

(   )

17 오른쪽 그림 속 문제 상황을 해결하기 위한 의견으로 알맞은 것의 기호를 쓰시오.

㉮ 수업 시간에는 휴대 전화를 꺼 두어야 한다.

㉯ 가족과 식사를 할 때에는 휴대 전화를 보지 않아야 한다.

㉰ 횡단보도를 건널 때에는 휴대 전화를 보지 않고 차가 오는지 주위를 살펴야 한다.

(   )

18 의견을 제시하는 글을 쓸 때에 주의할 점이 아닌 것은 무엇입니까? (   )

① 문제 상황을 제시한다.

② 문장의 짜임이 자연스러운지 살펴본다.

③ 읽는 사람을 생각하며 예의 바르게 쓴다.

④ 부모님께서 말씀해 주신 의견을 따라 쓴다.

⑤ 자신의 의견과 그렇게 생각한 까닭을 쓴다.

<서술형>

19 다음 글에서 글쓴이가 생각한, 다문화를 받아들이는 방법을 쓰시오.

그렇다면 어떻게 관용의 마음을 보여 줄 수 있을까요?

다문화를 받아들이는 방법은 나와 다른 사람을 특별 대우 하는 것이 아니에요. 그들을 관심, 교육, 온정의 대상이 아니라 길거리에서 만나도 신기하지 않은 평범한 이웃이나 친구로 대하는 것이지요. 지하철 옆자리에 앉아도, 식당에서 마주쳐도 아무도 흘긋흘긋 훔쳐보지 않는 편안한 세상, '그들'이 아닌 '우리 중 하나'가 되게 하는 것이죠.

_____

_____

20 학급 신문을 만드는 차례에 맞게 기호를 쓰시오.

㉠ 학급 신문을 완성한다.

㉡ 학급 신문의 주제를 정한다.

㉢ 학급 신문의 이름을 정한다.

㉣ 자신의 의견을 뒷받침할 자료를 찾는다.

㉤ 각자가 적은 종이를 모둠별로 학급 신문에 붙인다.

㉥ 자신의 의견과 의견을 뒷받침하는 까닭을 종이에 적는다.

(   )→(   )→(   )→(   )→(   )→(   )

평가 주제	문장의 짜임을 생각하며 의견 표현하기
평가 목표	등장인물의 의견을 비교하며 자신의 의견을 표현할 수 있다.

㉮ 옛날 어느 마을에 목화 장수 네 사람이 살았다. 그들은 싼 목화가 있으면 함께 사서 큰 광 속에 보관해 두었다가 값이 오르면 팔았다. 그런데 그 광에는 쥐가 많아 목화를 어지럽히기도 하고 오줌을 싸기도 했다. 목화 장수들은 궁리 끝에 광에 고양이를 기르기로 하고 똑같이 돈을 내어 고양이를 샀다. 그러고는 공동 책임을 지려고 고양이의 다리 하나씩을 각자 몫으로 정하고 고양이를 보살피기로 했다.

㉯ 어느 날, 고양이가 다리 하나를 다쳤다. 그 다리를 맡은 목화 장수는 고양이 다리에 산초기름을 발라 주었다. 그런데 마침 추운 겨울철이라, 아궁이 곁에서 불을 쬐던 고양이의 다리에 불이 붙고 말았다. 고양이는 얼른 시원한 광 속으로 도망을 쳐서 목화 더미 위에서 굴렀다. 순식간에 목화 더미에 불이 번져 광 속의 목화가 몽땅 타 버리고 말았다.

㉰ 세 사람은 고양이의 아픈 다리를 맡았던 사람에게 목홧값을 물어내라고 했다. 억울한 그 목화 장수는 절대 목홧값을 물어 줄 수 없다며 큰 싸움을 벌였다.

　"불이 붙은 고양이가 광으로 도망칠 때는 성한 세 다리로 도망쳤잖아? 그러니까 광에 불이 난 것은 순전히 너희가 맡은 세 다리 때문이야."

아무리 싸워도 해결이 나지 않자, 네 사람은 고을 사또를 찾아가 판결을 해 달라고 부탁했다.

1단계 목화 장수 네 사람이 고양이를 산 까닭은 무엇인지 쓰시오.

2단계 이야기에서 일이 일어난 차례에 맞게 빈칸에 알맞은 내용을 쓰시오.

목화 장수들이 쥐 때문에 고양이를 샀다.

↓

↓

서로 다투다가 고을 사또를 찾아갔다.

3단계 목화 장수들의 의견을 비교하며 자신이 사또가 되어 판결을 내려 쓰시오.

평가 주제	자신의 의견을 제시하는 글 쓰기
평가 목표	글쓴이의 의견을 파악하고, 자신의 의견을 제시할 수 있다.

㉮ 어제 만강에 댐을 건설할 수 있는지 알아보려고 담당자들께서 우리 마을을 방문하셨습니다. 담당자들께서는 작년에 비가 많이 와서 만강 하류에 있는 도시에 물난리가 났다고 말씀하셨습니다. 그래서 홍수를 막으려면 우리 마을에 댐을 건설해야 한다고 하셨습니다.

하지만 저는 댐을 건설하는 것에 반대합니다. 우리 상수리에 댐을 건설하면 숲에 사는 동물들이 살 곳을 잃고, 우리는 만강의 물고기들을 다시는 볼 수 없게 될 것입니다. 그리고 마을 어른들께서는 평생 살아온 고향을 떠나야 한다고 말씀하십니다. 우리 마을에 댐을 건설하기로 한 계획을 취소해 주시기를 부탁합니다.

㉯ 만강에 댐을 건설하면 여름철에 폭우로 생기는 문제를 막을 수 있습니다. 비가 내리는 대로 내버려두면, 강 하류에서는 강물이 넘쳐서 논밭이 빗물에 잠기기도 합니다.

그리고 집과 길이 부서지고 심지어 사람이 목숨까지 잃을 만큼 위험합니다. 하지만 댐을 건설하면 홍수로 인한 이런 피해를 막을 수 있습니다.

상수리에 댐을 건설해야 합니다. 우리는 상수리 마을 주민들에게 피해가 가지 않도록 주민들이 이사하는 데 모든 지원을 아끼지 않을 것입니다. 댐 건설에는 상수리 마을 주민들의 협조가 필요합니다.

5 단원

1 글 **㉮**의 글쓴이가 댐 건설을 어떻게 생각하는지 의견과 까닭을 정리하여 쓰시오.

글쓴이의 의견	(1)
의견을 뒷받침하는 까닭	(2)

2 글 **㉯**의 글쓴이가 댐 건설을 어떻게 생각하는지 의견과 까닭을 정리하여 쓰시오.

글쓴이의 의견	(1)
의견을 뒷받침하는 까닭	(2)

3 댐 건설에 대한 자신의 의견을 정리하여 쓰시오.

나는 댐 건설에 ( )합니다.

왜냐하면 _____

_____ 때문입니다.

1 인물의 삶을 사실대로 기록한 글을 무엇이라고 하는지 쓰시오.

(   )

[2~3] 다음 대화를 읽고, 물음에 답하시오.

주시경 선생님은 어떤 일을 하셨기에 본받고 싶다는 거니?

백 년 전만 해도 글을 읽지 못하는 사람들이 대부분이었는데, 주시경 선생님의 노력 덕분에 지금은 우리글을 쉽게 배울 수 있는 거래.

주시경 선생님은 왜 그런 노력을 하셨을까?

우리나라가 외세의 침략을 받지 않고 잘 살려면 우리글을 모두가 알아야 한다고 생각하셨고, 그래서 누구나 쉽게 배울 수 있도록 문법을 연구하셨대.

2 주시경 선생님이 살았던 시대 상황으로 알맞은 것에 ○표 하시오.

⑴ 학교에서 우리글을 반드시 배우도록 했다.

(   )

⑵ 우리글을 읽지 못하는 사람들이 대부분이었다.

(   )

⑶ 외래어가 들어오면서 우리글을 사용하지 않았다.

(   )

서술형

3 주시경 선생님이 우리글을 쉽게 배울 수 있도록 노력하신 까닭은 무엇인지 쓰시오.

_____

_____

4 자신이 본받고 싶은 인물을 친구들에게 소개할 때 말하면 좋을 내용으로 알맞지 <u>않은</u> 것은 무엇입니까?

(   )

① 인물이 한 일
② 인물의 가치관
③ 본받고 싶은 까닭
④ 인물이 살았던 시대 상황
⑤ 인물에 대해 처음 알려 준 사람

[5~6] 다음 글을 읽고, 물음에 답하시오.

㉮ 김만덕은 1739년에 제주도의 가난한 선비 집안에서 태어났다. 비록 가난하였으나 사랑과 정이 깊은 부모님 밑에서 자랐다. 그러나 열두 살이 되던 해에 심한 흉년과 전염병 때문에 부모님을 차례로 여의고 말았다. 친척 집을 이리저리 옮겨 다니며 살던 김만덕은 기생의 수양딸이 되었다가 스물세 살이 되던 해에 드디어 기생의 신분에서 벗어났다.

자유의 몸이 된 김만덕은 제주도의 포구에 객줏집을 열었다.

㉯ 육지에서 온 상인들은 김만덕의 객줏집에서 묵어 갈 뿐만 아니라 김만덕에게 육지의 물건을 맡기기도 하였다.

"쌀, 무명이오. 좋은 값에 팔아 주시오."

김만덕은 육지의 물건을 제주도 사람들에게 팔아 이익을 남길 수 있었다. 또 김만덕은 녹용, 약초, 귤, 미역, 전복 같은 제주도의 특산물에 눈길을 돌렸다. 이러한 물건들을 제주도 사람들에게 사들여 육지 상인들에게 팔았다. 육지 상인들은 제주도의 특산물을 적당한 가격에 사들일 수 있어 김만덕의 객줏집으로 몰려들었다.

5 김만덕이 살았던 시대 상황은 어떠했습니까?

(   )

① 신분 제도가 있었다.
② 여자는 장사를 할 수 없었다.
③ 남녀 모두 학교에서 평등한 교육을 받았다.
④ 제주도에 풍년이 들어 사람들이 모여들었다.
⑤ 부모를 잃은 아이들은 나라에서 돌보아 주었다.

6 김만덕이 자유의 몸이 된 뒤에 한 일을 정리하여 빈 칸에 알맞은 말을 쓰시오.

> 김만덕은 객줏집을 열어 _____
>
> _____
>
> 팔기도 했다.

[7~8] 다음 글을 읽고, 물음에 답하시오.

김만덕은 장사를 하면서 세 가지 원칙을 지켰다. 첫째는 이익을 적게 남기고 많이 판다. 둘째는 적당한 가격에 물건을 사고판다. 그리고 셋째는 반드시 신용을 지키고 정직한 거래를 한다. 이러한 세 가지 원칙을 철저히 지켰기 때문에 김만덕의 사업은 나날이 번창하였다.

몇십 년이 흘렀다. 김만덕은 제주도에서 손꼽히는 큰 상인이 되었다. 많은 돈을 벌어들여 '제주도 부자 김만덕' 하면 모르는 사람이 없을 정도였다. 그러나 김만덕은 돈이 많다고 하여 함부로 돈을 낭비하지 않았다. 오히려 더 절약하고 검소한 생활을 하였다.

7 김만덕의 장사 원칙에 맞게 ( ) 안에서 알맞은 말을 찾아 ○표 하시오.

⑴ 이익을 (적게, 많이) 남기고 많이 판다.

⑵ (비싼, 적당한) 가격에 물건을 사고판다.

⑶ 반드시 신용을 지키고 (많은, 정직한) 거래를 한다.

8 이 글에서 알 수 있는 김만덕의 가치관을 두 가지 고르시오. ( )

① 검소하게 생활해야 한다.

② 사람보다 돈이 중요하다.

③ 정직한 상거래가 중요하다.

④ 돈을 모아 양반이 되어야 한다.

⑤ 나라를 위해 독립 운동을 해야 한다.

[9~10] 다음 글을 읽고, 물음에 답하시오.

⑦ 1567년, 선조가 조선의 14대 임금이 되었습니다. 궁궐에서는 성대한 즉위식이 열렸습니다. 보좌에 앉은 선조가 고개를 조아린 신하들 앞에서 말했습니다.

"과인이 책을 잡고 어엿한 왕이 되려고 마음먹은 데는 유희춘의 공로가 크다. 어서 유배 가 있는 유희춘을 불러오너라!"

⑭ 선조는 유희춘에게 하고 싶은 일이 있는지 물었습니다. 긴 유배 생활로 핼쑥한 유희춘의 얼굴에 한 줄기 빛이 들었습니다.

"그동안 많은 책 속에서 여러 오류를 발견하였습니다. 소신에게 시간을 주신다면 그 책을 바로잡아 새로 편찬하고 싶습니다."

이후 유희춘은 선조의 전폭적인 지원 아래 이미 편찬된 책들의 오류를 바로잡고 새로이 찍어 냈습니다.

9 선조가 유배 가 있는 유희춘을 불러오라고 한 까닭은 무엇입니까? ( )

① 유희춘의 건강이 나빠져서

② 유희춘을 중국에 유학 보내기 위해서

③ 유희춘에게 더 큰 벌을 내리기 위해서

④ 유희춘에게 책 속에 있는 오류를 찾아 바로잡게 하기 위해서

⑤ 자신이 책을 잡고 왕이 되려고 마음먹은 데 유희춘의 공로가 커서

10 유희춘이 한 일 중에서 가장 중요한 일은 무엇입니까? ( )

① 유배를 간 일

② 책 읽기를 싫어한 일

③ 새로운 도서관을 지은 일

④ 외국의 다양한 책을 우리글로 번역한 일

⑤ 이미 편찬된 책들의 오류를 바로잡고 새로이 찍어 낸 일

6
단원

11 전기문의 특성을 떠올려 다음 빈칸에 들어갈 알맞은 말을 보기 에서 찾아 쓰시오.

> 보기
> 시대, 사실, 가치관

⑴ 인물의 삶을 [ ]에 근거해 쓴 글이다.

⑵ 인물이 살았던 [ ] 상황이 나타난다.

⑶ 인물이 한 일과 인물의 [ ]이/가 나타난다.

[12~15] 다음 글을 읽고, 물음에 답하시오.

㉮ 지방 관리였던 아버지 덕분에 정약용은 어릴 때부터 백성의 삶을 가까이서 지켜볼 수 있었어요.

㉠백성은 이른 아침부터 해가 떨어질 때까지 한시도 쉬지 않고 일했지요. 그런데도 백성은 늘 배불리 먹지 못했어요. 세금을 내지 못해 남의 집 머슴살이를 하는 사람도 많았어요.

㉯ 열다섯 살 때, 아버지를 따라 한양으로 간 정약용은 많은 사람을 만나 학문을 배우고 익혔어요. 훗날 정약용에게 큰 영향을 준 이익의 책을 처음 본 것도 이즈음이었지요. 그때까지 정약용은 사람이 바르게 사는 도리를 따지는 성리학을 주로 공부했어요. 그런데 이익이 사물에 폭넓게 관심을 두고 해박한 지식을 쌓은 것을 보면서 정약용의 생각도 조금씩 달라졌어요. 백성이 잘 사는 데 도움이 되는 실학에 관심을 갖게 된 거예요.

㉰ "수원에 새로이 성을 지으려 하네. 성을 짓는 데 드는 돈을 줄이면서 백성의 수고도 덜 수 있는 방법을 찾아보게."

정약용은 ㉡정조가 보내 준 책들을 꼼꼼히 읽으며 고민에 빠졌어요. 정약용이 생각하기에 성을 쌓을 때 가장 큰 문제는 돌을 옮기는 일이었어요. 힘을 덜 들이고 크고 무거운 돌을 옮길 방법을 찾던 정약용은 서른한 살 되던 해, 마침내 거중기를 만들었어요.

㉱ 거중기 덕분에 백성은 성을 짓는 일에 자주 나오지 않아도 되어 마음 편히 농사를 지을 수 있었어요. 나라에서도 성을 짓는 데 드는 비용을 크게 줄일 수 있었어요.

12 ㉠에 드러나 있는 전기문의 특성으로 알맞은 것에 ○표 하시오.

⑴ 인물이 한 일을 알 수 있다. ( )

⑵ 인물의 가치관을 짐작할 수 있다. ( )

⑶ 인물이 살았던 시대 상황이 드러나 있다.
( )

13 ㉡에서 정조가 보내 준 책들은 어떤 학문과 관련된 책이겠습니까? ( )

① 문학 ② 실학
③ 종교학 ④ 성리학
⑤ 서양학

14 정약용이 한 일은 무엇입니까? ( )

① 외국어를 열심히 익혔다.
② 이익의 책을 백성에게 소개했다.
③ 실학을 공부해 거중기를 만들었다.
④ 세금을 내지 못해 머슴살이를 했다.
⑤ 수원에 성을 지을 때 많은 돈을 기부했다.

15 정약용이 한 일에서 알 수 있는 정약용의 마음은 무엇입니까? ( )

① 한양에 빨리 돌아가고 싶은 마음
② 백성에게 도움이 되고 싶은 마음
③ 수원에 성을 짓고 싶지 않은 마음
④ 성리학을 다시 공부하고 싶은 마음
⑤ 남들보다 더 많은 돈을 벌고 싶은 마음

[16~18] 다음 글을 읽고, 물음에 답하시오.

헬렌은 아침에 일찍 일어나자마자 글자를 쓰기 시작해 하루 종일 글을 쓰고는 했습니다. 결국 헬렌은 글자를 통해 다른 사람에게 자기 생각을 전할 수 있게 되었습니다.

1889년 가을, 헬렌은 퍼킨스학교에 다니게 되었습니다. 앤 선생님은 변함없이 헬렌을 가르쳤고, 다른 선생님들도 헬렌을 도와주었습니다. 퍼킨스학교에 머무는 동안 헬렌은 시각·청각·언어 장애를 지닌 노르웨이의 한 소녀가 입으로 말하는 법을 배웠다는 소식을 들었습니다. 이 소식을 듣자 헬렌은 너무나 기뻤으며, 자신도 이것을 배우게 해 달라고 선생님을 졸랐습니다. 말하기를 배우는 것이 너무 힘들었지만 헬렌은 포기하지 않았습니다. 뜻대로 말이 되지 않아 어려움을 많이 겪었지만 자신도 마침내 말을 할 수 있을 것이라는 희망을 버리지 않고 끊임없이 노력했습니다. 새에게도 말을 걸고 장난감과 개에게도 말을 했습니다.

16 이 글에서 헬렌 켈러가 한 일로 알맞지 <u>않은</u> 것은 무엇입니까? ( )

① 하루 종일 글을 쓰고는 했다.
② 1889년 가을, 퍼킨스학교에 다니게 되었다.
③ 새에게도 말을 걸고 장난감과 개에게도 말을 했다.
④ 말하기를 배우는 것이 힘들어서 중간에 그만두었다.
⑤ 글자를 통해 다른 사람에게 자기 생각을 전할 수 있게 되었다.

서술형

17 헬렌 켈러가 장애를 어떻게 극복했는지 다음 빈칸에 알맞은 말을 쓰시오.

헬렌은 아침에 일찍 일어나자마자 글자를 쓰기 시작해 하루 종일 글을 쓰고는 했다.	

↓   ↓

다른 사람에게 자기 생각을 전할 수 있게 되었다.

18 이 글의 내용으로 보아, 헬렌 켈러에게서 본받을 점으로 알맞은 것은 무엇입니까? ( )

① 검소함
② 정직함
③ 강한 의지
④ 따뜻한 마음
⑤ 나라를 사랑하는 마음

[19~20] 다음 글을 읽고, 물음에 답하시오.

시대 상황: 1919년 3월 1일. 유관순은 일본의 침략에서 벗어나고자 사람들과 함께 독립 만세 운동을 함.	어려움: 1919년 3월 10일. 일본은 만세 운동을 하는 사람들에게 총칼을 휘두르고, 강제로 학교 문을 닫게 함.
어려움을 이겨 내려는 노력: 고향에 돌아와서 태극기를 만들고, 아우내 장터에 모인 사람들과 독립 만세를 외침.	본받고 싶은 것: 백여 년이 지난 지금까지도 우리에게 나라를 사랑하는 마음을 일깨워 줌.

19 유관순의 삶을 어떤 항목별로 살펴보았는지 모두 찾아 쓰시오.

( )

20 유관순이 어려움을 이겨 내기 위해 한 노력을 두 가지 고르시오. ( )

① 모금을 하여 학교를 세웠다.
② 고향에 돌아와서 태극기를 만들었다.
③ 만세 운동을 총칼로 막는 일본을 무시하였다.
④ 아우내 장터에 모인 사람들과 독립 만세를 외쳤다.
⑤ 나라를 사랑하는 마음을 일깨워 주는 책을 펴냈다.

6
단원

평가 주제	전기문의 특성을 생각하며 읽기
평가 목표	전기문을 읽고 인물의 가치관을 짐작할 수 있다.

㉮ 지방 관리였던 아버지 덕분에 정약용은 어릴 때부터 백성의 삶을 가까이서 지켜볼 수 있었어요.

백성은 이른 아침부터 해가 떨어질 때까지 한시도 쉬지 않고 일했지요. 그런데도 백성은 늘 배불리 먹지 못했어요. 세금을 내지 못해 남의 집 머슴살이를 하는 사람도 많았어요. 어린 정약용의 눈에 그것은 참 이상한 일이었어요.

㉯ 힘을 덜 들이고 크고 무거운 돌을 옮길 방법을 찾던 정약용은 서른한 살 되던 해, 마침내 거중기를 만들었어요. 도르래의 원리를 이용해 작은 힘으로도 무거운 물건을 들 수 있도록 만든 기계였지요.

거중기 덕분에 백성은 성을 짓는 일에 자주 나오지 않아도 되어 마음 편히 농사를 지을 수 있었어요.

㉰ 정약용은 암행어사로 일하는 동안 지방 관리가 어떤 마음을 가져야 하는지에 대해 깊이 생각했어요. 임금이 아무리 나라를 잘 다스려도 지방 관리가 나쁜 짓을 일삼으면 백성은 어렵게 살 수밖에 없다는 것을 알게 되었거든요. 어릴 때 아버지 옆에서 보았던 백성의 어려운 삶도 머릿속을 떠나지 않았어요. 정약용은 쉰일곱 살이 되던 1818년, 이런 생각들을 자세히 담은 『목민심서』라는 책을 펴냈어요.

1단계	이 글에서 정약용이 살았던 시대 상황을 쓰시오.

2단계	이 글에서 정약용이 한 일을 몇 가지로 정리하여 쓰시오.

3단계	인물의 생각과 인물이 한 일에서 짐작할 수 있는 정약용의 가치관을 쓰시오.

평가 주제	전기문의 특성 알기
평가 목표	전기문을 읽고 인물의 생각과 자신의 생각을 비교할 수 있다.

가 1790년부터 4년 동안 제주도에는 흉년이 계속되었다. 그 바람에 양식이 없어 굶주리는 사람들이 늘어났다. 제주도 사람들은 모두 굶어 죽게 되었다며 근심에 잠겼다. 그러나 다행스럽게도 이듬해에는 농사가 잘되었다. 때맞추어 비가 내려 들판에는 곡식이 익어 갔다. 이대로라면 그해 농사는 대풍년이었다. 그런데 수확을 앞두고 제주도에 태풍이 몰려왔다. 그동안 애써 가꾸어 놓은 농산물이 모두 심한 피해를 입어 제주도 사람들은 이제 꼼짝없이 굶어 죽을 지경에 이르렀다.

나 '제주도 사람들을 굶어 죽게 내버려 둘 수는 없다. 내가 나서서 그들을 살려야겠다.'

김만덕은 전 재산을 들여 육지에서 곡식을 사 오게 하였다. 그 곡식은 총 오백여 석이었다.

"제가 전 재산을 들여 육지에서 사들인 곡식입니다. 굶주린 사람들에게 나누어 주십시오."

제주 목사는 김만덕의 말을 듣고 깜짝 놀랐다.

'양반도 아닌 상인이 피땀 흘려 모은 재산을 제주도 사람들을 구하겠다고 모두 내놓다니 정말 어진 사람이구나.'

1 이 글에서 김만덕이 살았던 시대 상황을 쓰시오.

2 김만덕이 한 일을 쓰고, 그 일을 바탕으로 김만덕의 가치관을 짐작하여 쓰시오.

인물이 한 일	(1)
가치관	(2)

3 자신이 김만덕이 처했던 상황에 놓인다면 어떻게 할지 쓰시오.

조건
1. 자신이 김만덕이 되었다고 생각하고 현실적으로 쓴다.
2. 그러한 행동을 하려는 까닭이 무엇인지 쓴다.

1 다음은 어떤 책에 대해 설명한 내용입니까? (   )

> • 이 책의 주인공은 여자이다.
> • 이 책을 읽고 부모님께 효도해야겠다고 생각했다.
> • 주인공이 아버지를 위해 바다에 뛰어드는 장면이 기억에 남았다.

① 『심청전』　　　② 『흥부 놀부』
③ 『김구 위인전』　　④ 『견우와 직녀』
⑤ 『레 미제라블』

서술형

2 자신이 읽은 책을 [보기]와 같이 한 문장으로 나타내시오.

> **보기**
> 『이순신 위인전』은 힘들 때 용기를 주는 책이다.

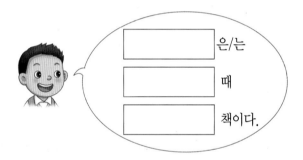

| 은/는 |
| 때 |
| 책이다. |

[3~6] 다음 글을 읽고, 물음에 답하시오.

> **가** ㉠학교 도서관에서 책을 고르다가 『세시 풍속』이라는 책을 읽었습니다. 이 책은 우리 조상이 농사일로 고된 일상 속에서 빼먹지 않고 지켜 오던 일 년의 세시 풍속을 담은 책입니다.
>
> **나** ㉡책은 계절의 차례대로 봄, 여름, 가을, 겨울의 세시 풍속을 소개했습니다. 지금 계절이 겨울이므로 겨울 부분부터 읽어 보았습니다. 겨울의 세시 풍속 가운데에서 인상 깊었던 것은 동지의 풍속입니다.
>
> **다** 『세시 풍속』을 읽고 나니 조상의 지혜를 더 잘 알수 있었습니다. ㉢계절의 변화 하나하나에 의미를 부여하고 삶을 즐겁게 보내려는 마음을 듬뿍 느꼈습니다.

3 글쓴이가 읽은 책은 무엇인지 쓰시오.

(   )

4 글쓴이가 책을 겨울 부분부터 읽은 까닭은 무엇입니까? (   )

① 겨울에 태어났기 때문에
② 겨울을 가장 좋아하기 때문에
③ 지금 계절이 겨울이기 때문에
④ 겨울이 가장 앞부분에 있기 때문에
⑤ 겨울 부분의 그림이 마음에 들었기 때문에

5 ㉠~㉢을 독서 감상문의 내용에 알맞게 선으로 이으시오.

(1) ㉠　•　　•㉮ 책 내용

(2) ㉡　•　　•㉯ 책을 읽은 동기

(3) ㉢　•　　•㉰ 책을 읽고 생각하거나 느낀 점

6 이와 같은 독서 감상문을 쓰면 좋은 점이 **아닌** 것에 ×표 하시오.

(1) 읽은 책의 내용을 외울 수 있다.　　(   )

(2) 인상 깊은 장면을 기억할 수 있다.　(   )

(3) 글을 읽고 느낀 재미나 감동을 다른 사람과 함께 나눌 수 있다.　(   )

(4) 책을 읽은 동기와 책 내용, 읽고 난 뒤의 생각이나 느낌 등을 정리할 수 있다.　(   )

[7~8] 다음 그림을 보고, 물음에 답하시오.

❶ 독서 감상문을 쓸 책을 고른다.

❷ 책 내용을 떠올린다.

❸ 인상 깊은 장면이나 내용을 정한다.

❹ 인상 깊은 까닭을 생각해 본다.

❺

❻ 독서 감상문에 알맞은 제목을 붙인다.

㉠

7 남자아이는 독서 감상문을 쓰기 위해 가장 먼저 무엇을 했는지 쓰시오.

( )

8 ㉠에 들어갈 알맞은 내용은 무엇입니까? ( )

① 독서 감상문을 고쳐 쓴다.
② 어려운 낱말의 뜻을 찾아본다.
③ 제목이 잘 어울리는지 확인한다.
④ 새롭게 안 내용이 많은 책을 고른다.
⑤ 책에 대한 생각이나 느낌을 정리한다.

[9~10] 다음 글을 읽고, 물음에 답하시오.

나의 꿈, 나의 미래

가 ㉠학교에서 자신의 꿈이 무엇인지 발표했다. 나연이가 『꿈의 다이어리』라는 책을 읽고, 자신도 꿈에 대해 깊이 생각해 볼 수 있었다며 이 책을 적극 추천했다.

이 책의 주인공인 하은이는 꿈이 많은 아이이다. 가수, 우주 비행사, 요리사와 같이 날마다 꿈이 바뀐다. 하지만 하은이는 꿈의 다이어리를 받고 난 뒤, 꿈을 이루려면 노력해야 한다는 사실을 깨닫게 된다.

나 이 책을 읽고 꿈은 내가 살아가면서 목표를 두고 노력해야 하는 것이라는 사실을 깨달았다. 앞으로는 내가 좋아하고 즐길 수 있는 것을 발견해서 그것을 이루려고 더 노력해야겠다.

9 ㉠은 다음 보기 중 무엇에 해당하는 내용인지 찾아 쓰시오.

보기
• 책 내용
• 책을 읽은 동기
• 책을 읽고 생각하거나 느낀 점

( )

10 『꿈의 다이어리』를 읽고 글쓴이가 깨달은 사실은 무엇입니까? ( )

① 나는 꿈이 많은 아이이다.
② 하은이가 꿈의 다이어리를 받았다.
③ 학교에서 자신의 꿈이 무엇인지 발표하고 싶다.
④ 꿈은 내가 살아가면서 목표를 두고 노력해야 하는 것이다.
⑤ 내가 좋아하고 즐길 수 있는 일을 발견하는 것이 가장 중요하다.

7
단원

11 독서 감상문을 쓰는 방법으로 알맞지 <u>않은</u> 것은 무엇입니까? (   )

① 제목은 항상 짧게 짓는다.
② 인상 깊은 부분을 떠올린다.
③ 생각이나 느낌에 대한 까닭을 함께 쓴다.
④ 새롭게 알거나 생각한 점, 책을 읽고 느낀 점을 쓴다.
⑤ 읽으면서 여러 가지 생각을 한 책이나 새롭게 안 내용이 많은 책을 고른다.

[12~15] 다음 글을 읽고, 물음에 답하시오.

㉮ 오월 어느 날이었다. 그날도 학교에 가기 싫다고 말했다. 어머니가 왜 안 가느냐고 물어 공부도 재미가 없고, 학교 가는 것도 재미가 없다고 말했다.
㉯ "얼른 가자."
어머니가 재촉했다.
"누구든 재미로 학교 다니는 사람은 없다."
"그래도 나는 싫어."
어머니는 한 손엔 내 가방을 들고 또 한 손엔 지겟작대기를 들고 나보다 앞서 마당을 나섰다.
㉰ 어머니는 내게 가방을 넘겨준 다음 내가 가야 할 산길의 이슬을 털어 내기 시작했다. 어머니의 일 바지 자락이 이내 아침 이슬에 흥건히 젖었다. 어머니는 발로 이슬을 털고, 지겟작대기로 이슬을 털었다.
㉱ 걸음을 옮길 때마다 물에 빠졌다가 나온 것처럼 시커먼 땟국물이 찔꺽찔꺽 발목으로 올라왔다. 그렇게 어머니와 아들이 무릎에서 발끝까지 옷을 흠뻑 적신 다음에야 신작로에 닿았다.
"자, 이제 이걸 신어라."
거기서 어머니는 품속에 넣어 온 새 양말과 새 신발을 내게 갈아 신겼다. 학교 가기 싫어하는 아들을 위해 아주 마음먹고 준비해 온 것 같았다.
"앞으로는 매일 털어 주마. 그러니 이 길로 곧장 학교로 가. 중간에 다른 데로 새지 말고."
그 자리에서 울지는 않았지만, 왠지 눈물이 날 것 같았다.

12 '내'가 학교에 가기 싫어한 까닭은 무엇인지 쓰시오.
(   )

13 학교에 가기 싫어한 '나'를 위해 어머니께서는 어떻게 하셨는지 알맞은 것의 기호를 쓰시오.

> ㉮ '나'에게 새 책을 사 주셨다.
> ㉯ 가방을 들고 교실까지 묵묵히 뒤따라오셨다.
> ㉰ '나'의 옷에 이슬이 묻지 않도록 이슬을 털며 '나'의 앞에 서서 산길을 걸으셨다.

(   )

14 이 글에서 감동받은 부분을 찾는 방법을 바르게 말한 친구의 이름을 모두 쓰시오.

> 현주: 질문이나 생각이 많이 생기는 내용을 읽을 때 감동을 느꼈어.
> 서율: 기쁨, 슬픔, 화남, 즐거움 같은 감정을 느낄 수 없는 부분을 찾으면 될 것 같아.
> 민서: 내 경험이나 생각이 글 내용과 비슷해 공감할 수 있는 부분에서 감동을 느낄 수 있어.

(   )

서술형
15 이 글에서 감동받은 부분을 찾아 쓰시오.

_____

_____

16 친구들이 쓴 독서 감상문을 읽고 잘된 점이나 고칠 점을 이야기할 때 살펴볼 점이 <u>아닌</u> 것은 무엇입니까? (   )

① 내용에 알맞은 제목을 붙였나요?
② 인상 깊게 읽은 부분이 나타났나요?
③ 내용을 잘 전할 수 있는 형식인가요?
④ 자신의 생각이나 느낌이 드러났나요?
⑤ 글쓴이에 대해 조사한 내용을 잘 정리했나요?

[17~19] 다음 글을 읽고, 물음에 답하시오.

> ㉮   그러면 되는 줄 알았는데
>
>   김가은
>
> 꼴찌만 아니면 될 줄 알았는데
> 꼴찌를 해도 좋았다.
>
> 등수만 중요한 줄 알았는데
> 더 큰 것이 있었다.
>
> 이기기만 하면 될 줄 알았는데
> 더 큰 마음이 있었다.
>
> ㉯ 엄마를 냄새로 찾아낸 꽃담이에게
>
>   꽃담아, 안녕? 나는 얼마 전에 도서관에서 『초록 고양이』를 읽었어. 초록 고양이가 데려간 엄마를 네가 냄새로 찾아 다시 엄마와 만난다는 내용에서 감동을 받았어.
>   나는 엄마를 사랑하기는 하지만 엄마에 대한 것을 기억하려고 애쓰지는 않았던 것 같아. 네가 엄마를 냄새로 찾은 것은 늘 엄마에게 관심과 애정이 있었다는 거잖아.
>   이 이야기를 읽고 부모님에게 좀 더 많은 관심을 가져야겠다고 생각했어. 가족의 소중함을 일깨워 줘서 정말 고마워.
>   그럼 안녕.
>
>   20○○년 11월 ○○일
>   친구 박성준

17 글 ㉮와 ㉯는 각각 어떤 형식으로 쓴 독서 감상문인지 쓰시오.

⑴ 글 ㉮: (   )
⑵ 글 ㉯: (   )

18 글 ㉯에서 글쓴이가 읽은 『초록 고양이』의 내용으로 알맞은 것은 무엇입니까? (   )

① 엄마가 초록 고양이를 데려갔다.
② 꽃담이가 엄마를 냄새로 찾아냈다.
③ 꽃담이는 서점에서 책을 사서 읽게 되었다.
④ 꽃담이와 엄마는 헤어진 뒤로 다시 만나지 못했다.
⑤ 초록 고양이는 꽃담이에게 늘 관심과 애정이 있었다.

서술형

19 글 ㉮, ㉯와 같이 책을 읽고 생각이나 느낌을 어떤 형식으로 표현하고 싶은지 쓰시오.

_____

_____

20 글에 대한 생각이나 느낌을 여러 가지 형식으로 표현하면 좋은 점으로 알맞은 것의 기호를 모두 쓰시오.

> ㉮ 글을 소리 내어 잘 읽을 수 있다.
> ㉯ 읽는 사람이 재미있게 읽을 수 있다.
> ㉰ 어려운 낱말의 뜻을 쉽게 알 수 있다.
> ㉱ 자신의 생각이나 느낌을 제대로 표현할 수 있다.

(   )

7
단원

평가 주제	글을 읽고 감동받은 부분에 대한 생각이나 느낌 쓰기
평가 목표	글을 읽고 감동받은 부분에 대한 생각이나 느낌이 잘 드러나게 글을 쓸 수 있다.

어머니는 내게 가방을 넘겨준 다음 내가 가야 할 산길의 이슬을 털어 내기 시작했다. 어머니의 일 바지 자락이 이내 아침 이슬에 흥건히 젖었다. 어머니는 발로 이슬을 털고, 지겟작대기로 이슬을 털었다.

그런다고 뒤따라가는 아들 교복 바지가 안 젖는 것도 아니었다. 신작로까지 십오 분이면 넘을 산길을 삼십 분도 더 걸려 넘었다. 어머니의 옷도, 그 뒤를 따라간 내 옷도 흠뻑 젖었다. 어머니는 고무신을 신고 나는 검은색 운동화를 신었다. 걸음을 옮길 때마다 물에 빠졌다가 나온 것처럼 시커먼 땟국물이 찔꺽찔꺽 발목으로 올라왔다. 그렇게 어머니와 아들이 무릎에서 발끝까지 옷을 흠뻑 적신 다음에야 신작로에 닿았다.

"자, 이제 이걸 신어라."

거기서 어머니는 품속에 넣어 온 새 양말과 새 신발을 내게 갈아 신겼다. 학교 가기 싫어하는 아들을 위해 아주 마음먹고 준비해 온 것 같았다.

"앞으로는 매일 털어 주마. 그러니 이 길로 곧장 학교로 가. 중간에 다른 데로 새지 말고."

그 자리에서 울지는 않았지만, 왠지 눈물이 날 것 같았다.

1단계	어머니의 품속에 있었던 것은 무엇인지 쓰시오. ( )

2단계	이 글에서 감동받은 부분과 그 까닭을 정리해 쓰시오.	
	감동받은 부분	(1)
	감동받은 까닭	(2)

3단계	2단계에서 답한 감동받은 부분에 대한 자신의 생각이나 느낌이 잘 드러나게 글을 쓰시오.

평가 주제	글에 대한 생각이나 느낌을 여러 가지 형식으로 표현하기
평가 목표	글을 읽고 형식을 정해 생각이나 느낌을 표현할 수 있다.

> ⑦ "아빠, 바닷물이 왜 자꾸 불어나요?"
> 로자가 파란 바다를 보며 나직이 물었어.
> "지구가 더워져서 빙하가 녹아내리고 있거든. 그래서 바닷물이 불어나는 거야."
> "바다가 저렇게 넓은데 빙하가 녹는다고 물이 불어나요?"
> "엄청나게 큰 빙하가 녹아내리니까 불어날 수밖에……."
> ⑭ "우리도 이제 투발루를 떠나야 한단다."
> 아빠는 한숨을 푸욱 내쉬며 저녁노을로 붉어진 바다를 바라보았어.
> "여기를 떠나 어떻게 살지 걱정이구나."
> 엄마도 멍하니 바다만 바라보았어.
> "아직 우리 집은 물에 잠기지 않았잖아요. 난 여기가 좋단 말예요."
> "아빠 엄마도 너처럼 여기서 살고 싶단다. 하지만 바닷물이 자꾸 불어나서 곧 나라 전체가 물에 잠기게 될 거래. 어제는 마당까지 물이 들어왔잖아. 떠나기 싫지만 어쩔 수 없구나."
> 로자의 가족은 아주 슬픈 밤을 보냈지.

1 이 글을 읽고 떠오른 생각이나 느낌을 쓰시오.

2 이 글을 읽고 든 생각이나 느낌을 어떤 형식으로 표현하고 싶은지 쓰시오.

3 이 글 속 인물인 로자에게 자신의 마음을 전하는 글을 쓰시오.

조건
1. 로자가 처한 상황에 대한 자신의 생각이나 느낌을 쓴다.
2. 로자에게 말을 건네듯이 쓴다.

[1~5] 다음 글을 읽고, 물음에 답하시오.

당나귀를 팔러 간 아버지와 아이

햇볕이 내리쬐는 무척 더운 날이었어요. 아버지와 아이가 당나귀를 끌고 시장에 가고 있었어요. 아버지와 아이는 땀을 뻘뻘 흘렸어요. 그 모습을 본 농부가 비웃으며 말했어요.

"쯧쯧, 당나귀를 타고 가면 될 걸 저렇게 미련해서야……."

농부의 말을 듣고 보니 정말 그렇지 않겠어요?

'맞아, 당나귀는 원래 짐을 싣거나 사람을 태우는 동물이잖아.'

아버지는 당장 아이를 당나귀에 태웠어요.

그렇게 한참을 가는데 한 노인이 호통을 쳤어요.

"아버지는 걷게 하고 자기는 편하게 당나귀를 타고 가다니. 요즘 아이들이란 저렇게 버릇이 없단 말이지!"

노인의 말을 듣고 보니 정말 그렇지 않겠어요?

아이는 얼른 당나귀에서 내리고 아버지를 태웠어요. 또 그렇게 한참을 가는데 이번에는 한 아낙이 깜짝 놀라며 혀를 찼어요.

"세상에! 이렇게 더운 날 어린아이는 걷게 하고 자기만 편하게 당나귀를 타고 가다니. 저런 사람이 아비라고 할 수 있나, 원! 나라면 아이도 함께 태울 텐데."

아낙의 말을 듣고 보니 정말 그런 것도 같았어요. 아버지는 아이도 당나귀에 태웠어요. 아버지와 아이를 태운 당나귀는 힘에 부친 듯 비틀비틀 걸음을 옮겼어요.

시장에 거의 다다랐을 때, 그 모습을 본 청년이 말했어요.

"불쌍한 당나귀! 이 더운 날 두 명이나 태우고 가느라 힘이 다 빠졌네. 나라면 당나귀를 메고 갈 텐데."

청년의 말을 듣고 보니 그런 것 같았어요.

'그래, 이대로 가다가는 시장에 가기도 전에 당나귀가 지쳐 쓰러져 버릴 거야.'

둘은 당나귀에서 내렸어요. 그러고 나서 아버지는 당나귀의 앞발을, 아이는 뒷발을 각각 어깨에 올렸지요.

이제 외나무다리 하나만 건너면 시장이에요.

"으히힝."

그때 당나귀가 버둥거리는 바람에 두 사람은 그만 당나귀를 놓치고 말았답니다. 강에 빠진 당나귀는 물살에 떠내려가고 말았어요.

1 아버지와 아이는 당나귀를 끌고 어디에 가고 있었는지 쓰시오.

(   )

2 각 인물이 말한 의견을 찾아 선으로 이으시오.

(1) 농부 •

(2) 노인 •

(3) 아낙 •

• ㉮ 당나귀를 타고 가야 한다.

• ㉯ 둘 다 당나귀를 타고 가야 한다.

• ㉰ 아이 대신 아버지가 당나귀를 타고 가야 한다.

[서술형]

3 청년이 말한 의견을 아버지와 아이가 받아들인 까닭은 무엇인지 쓰시오.

_____

_____

4 이 글에서 알 수 있는 아버지와 아이의 문제는 무엇입니까? (   )

① 노인의 말만 옳다고 생각한다.

② 당나귀를 팔고 싶어 하지 않는다.

③ 결정을 내리지 못하고 망설이기만 한다.

④ 다른 사람들의 의견을 듣지 않고 자기만 옳다고 생각한다.

⑤ 다른 사람이 말할 때마다 그것이 적절한지 그렇지 않은지 판단하지 않고 그대로 따랐다.

서술형

5 아버지와 아이의 행동이 적절한지 판단하고, 그렇게 생각한 까닭을 쓰시오.

_____

_____

6 의견이 적절한지 판단해야 하는 까닭으로 알맞지 <u>않은</u> 것은 무엇입니까? (   )

① 사람마다 생각이 달라서

② 한 가지 주제에 대한 의견이 서로 같아서

③ 뜻하지 않게 잘못된 결과가 나올 수 있어서

④ 잘못된 의견을 따르면 문제를 해결하지 못할 수 있어서

⑤ 적절하지 못한 의견을 따라 결정하면 잘못된 판단을 할 수 있어서

[7~10] 다음 글을 읽고, 물음에 답하시오.

㉮ 바람직한 독서 방법은 도서관의 편의 시설을 늘리는 것입니다. 휴게실을 많이 만들면 편안히 쉴 수 있습니다. 체육관이 생기면 운동을 자주 할 수 있습니다. 컴퓨터를 많이 설치하면 인터넷을 쉽게 이용할 수 있습니다. 이와 같이 올바른 독서 방법은 도서관의 편의 시설을 늘리는 것입니다.

㉯ 바람직한 독서 방법은 여러 분야의 책을 읽는 것입니다. 여러 분야의 책을 읽으면 배경지식이 풍부해집니다. 풍부한 배경지식은 학교 공부를 하는 데 도움을 줍니다. 한 분야의 책만 읽으면 시력이 나빠집니다. 제가 여러 분야의 책을 읽었을 때는 시력이 좋아졌는데 한 분야의 책만 읽었을 때는 시력이 나빠졌습니다. 따라서 여러 분야의 책을 읽는 것은 좋은 독서 방법입니다.

7 글 ㉮와 ㉯는 무엇을 주제로 쓴 글인지 쓰시오.

(   )

8 글 ㉮에서 글쓴이의 의견으로 알맞은 것에 ○표 하시오.

⑴ 바람직한 독서 방법은 여러 분야의 책을 읽는 것이다. (   )

⑵ 바람직한 독서 방법은 도서관의 편의 시설을 늘리는 것이다. (   )

9 글 ㉯에서 글쓴이의 의견을 뒷받침하는 내용을 두 가지 고르시오. (   )

① 한 분야를 전문적으로 알 수 있다.

② 한 분야의 책만 읽으면 시력이 나빠진다.

③ 체육관이 생기면 운동을 자주 할 수 있다.

④ 휴게실을 많이 만들면 편안히 쉴 수 있다.

⑤ 배경지식이 풍부해져서 공부에 도움이 된다.

10 글 ㉮와 ㉯에서 글쓴이의 의견이 적절한지 바르게 평가한 친구의 이름을 모두 쓰시오.

> 연우: 바람직한 독서 방법은 책을 읽는 방법이나 태도와 관련된 내용이어야 하기 때문에 글 ㉮의 의견은 주제와 관련이 없어.
>
> 수정: 글 ㉯에서 한 분야의 책만 읽으면 시력이 나빠진다는 뒷받침 내용은 믿을 만하지 못해.
>
> 영현: 글 ㉮와 ㉯ 모두 글쓴이의 의견이 주제와 관련이 없어.

(   )

11 뒷받침 내용이 믿을 만한지 알아보는 방법을 생각해 빈칸에 한 가지를 더 쓰시오.

> • 책을 찾아본다.
> • 전문가에게 물어본다.
> • _____

12 글쓴이의 의견이 적절한지 평가하는 방법으로 알맞지 <u>않은</u> 것은 무엇입니까? ( )

① 의견이 주제와 관련 있는지 살펴본다.
② 문제 상황을 해결할 수 있는지 살펴본다.
③ 뒷받침 내용을 얼마나 많이 썼는지 살펴본다.
④ 의견과 뒷받침 내용이 관련 있는지 따져 본다.
⑤ 뒷받침 내용이 사실이고, 믿을 만한지 확인한다.

[13~16] 다음 글을 읽고, 물음에 답하시오.

> 문화재를 개방해야 합니다. 문화재를 직접 관람하면 옛 조상이 살았던 때를 생생하게 느낄 수 있습니다. 저는 가족과 함께 고인돌 유적지를 보러 갔습니다. 거대한 고인돌이 생생하게 기억에 남았습니다. 누리집에서 고인돌에 대한 정보를 찾아보았고, 학교 도서관에서 고인돌에 대한 책을 빌려 읽기도 했습니다.
> 또 ㉠문화재를 개방해야만 문화재 훼손을 막을 수 있습니다. 20○○년 7월 ○○일 신문 기사를 보니 고궁 가운데 한 곳인 ○○궁에 곰팡이가 번식했다는 내용이 있었습니다. 장마인데 문을 닫고만 있어서 바람이 통하지 않아 곰팡이가 궁궐 안으로 퍼진 것입니다. 사람들이 드나들면서 바람이 통하게 하면 이와 같은 문제는 해결될 것입니다.

13 글쓴이의 의견은 무엇입니까? ( )

① 문화재를 개방해야 한다.
② 문화재를 보호해야 한다.
③ 문화재를 발굴해야 한다.
④ 문화재를 사진으로만 보아야 한다.
⑤ 사람들이 문화재에 많은 관심을 가져야 한다.

서술형
14 글쓴이의 의견을 뒷받침하는 내용 두 가지를 정리해 쓰시오.

(1) _____

_____

(2) _____

_____

15 ㉠을 뒷받침하기 위해 활용한 자료는 무엇입니까?

( )

① 책　　　　　　② 국어사전
③ 백과사전　　　④ 신문 기사
⑤ 텔레비전 뉴스

16 다음은 글쓴이의 의견을 어떤 기준에서 평가한 것인지 알맞은 것에 ○표 하시오.

> '문화재를 개방해야 한다'는 글쓴이의 의견은 적절합니다. 이에 대한 뒷받침 내용이 모두 사실이며 믿을 만하기 때문입니다.

(1) 의견이 주제와 관련 있는가? ( )

(2) 의견이 문제 상황을 해결할 수 있는가? ( )

(3) 의견을 뒷받침하는 내용이 사실이고, 믿을 만한가? ( )

[17~18] 다음 글을 읽고, 물음에 답하시오.

㉠

사람들은 숲에서 생활에 필요한 여러 가지 물건을 얻습니다. 이로 말미암아 숲이 파괴되고 생물들의 보금자리가 사라집니다. 우리는 이런 숲을 보호하고 생물들의 보금자리를 지켜 주어야 합니다. 그렇게 하려면 어떻게 해야 할까요?

첫째, 자원의 낭비를 막아야 합니다. 우리가 물건을 아껴 쓰고, 버리는 물건을 재활용하면 숲이 파괴되는 것을 줄일 수 있습니다.

둘째, 나무를 베어 낸 숲은 다시 가꾸어야 합니다. 한번 파괴된 숲은 저절로 복원되는 데 오랜 시간이 걸리지만, 사람들이 노력하면 조금 더 빨리 새로운 숲을 만들 수 있습니다.

셋째, 숲의 파괴를 최소화해야 합니다. 숲을 이용할 때에는 정해진 곳만 이용하고, 보호된 숲에서는 식물과 동물이 살아갈 수 있게 해야 합니다.

17 ㉠에 들어갈 이 글의 제목으로 가장 알맞은 것은 무엇입니까? (　　　)

① 동물을 키웁시다　　② 숲을 보호합시다
③ 물을 아껴 씁시다　　④ 에너지를 절약합시다
⑤ 고운 말을 사용합시다

18 글쓴이의 의견이 적절한지 알맞게 평가한 친구의 이름을 쓰시오.

진우: 뒷받침 내용을 많이 썼기 때문에 글쓴이의 의견은 적절하다고 생각해.
현수: 글쓴이의 의견은 적절하다고 생각해. 문제 상황을 해결할 수 있기 때문이야.
소연: 글쓴이의 의견은 적절하지 않아. 왜냐하면 뒷받침 내용이 의견과 전혀 관련이 없기 때문이야.

(　　　　　　　　)

19 편식에 대한 다음 의견을 뒷받침하는 내용으로 알맞은 것은 무엇입니까? (　　　)

편식해도 된다.

① 편식을 하면 영양이 불균형해진다.
② 편식을 하면 성장이 늦어질 수 있다.
③ 먹기 싫은 음식도 건강에 좋다면 먹어야 한다.
④ 편식을 하는 습관 때문에 부모님께서 걱정하실 수 있다.
⑤ 좋아하는 음식 위주로 다양하게 먹어도 충분히 영양소를 섭취할 수 있다.

20 의견이 드러나는 글을 써서 학급 누리집 게시판에 올릴 때 주의할 점으로 알맞지 <u>않은</u> 것은 무엇입니까?
(　　　)

① 맞춤법에 주의하며 쓴다.
② 뒷받침하는 내용의 출처를 밝힌다.
③ 동영상 자료로만 뒷받침 내용을 제시한다.
④ 주제와 관련해 자신의 의견이 무엇인지 분명하게 쓴다.
⑤ 책이나 신문 기사 등에서 읽은 내용을 근거로 들어서 쓴다.

평가 주제 〉	글쓴이의 의견을 평가하는 방법 알기
평가 목표 〉	글쓴이의 의견이 적절한지 평가할 수 있다.

바람직한 독서 방법은 자신이 좋아하는 책만 읽는 것입니다. 좋아하는 분야의 책을 읽으면 흥미를 느끼며 즐겁게 읽을 수 있습니다. 그 분야에 깊이 있는 지식을 쌓을 수 있습니다. 자신이 좋아하는 분야이기 때문에 책 내용을 더 쉽게 이해할 수 있습니다. 따라서 저는 이보다 더 바람직한 독서 방법은 없다고 생각합니다.

1단계

글쓴이가 생각하는 바람직한 독서 방법은 무엇인지 쓰시오.

2단계

글쓴이의 의견이 적절한지 생각해 보고, 그렇게 생각한 까닭을 쓰시오.

3단계

바람직한 독서 방법에 대한 자신의 의견을 쓰시오.

평가 주제	글을 읽고 글쓴이의 의견 평가하기
평가 목표	글을 읽고 글쓴이의 의견이 적절한지 평가할 수 있다.

문화재를 개방해야 합니다. 문화재를 직접 관람하면 옛 조상이 살았던 때를 생생하게 느낄 수 있습니다. 저는 가족과 함께 고인돌 유적지를 보러 갔습니다. 거대한 고인돌이 생생하게 기억에 남았습니다. 누리집에서 고인돌에 대한 정보를 찾아보았고, 학교 도서관에서 고인돌에 대한 책을 빌려 읽기도 했습니다.

또 문화재를 개방해야만 문화재 훼손을 막을 수 있습니다. 20○○년 7월 ○○일 신문 기사를 보니 고궁 가운데 한 곳인 ○○궁에 곰팡이가 번식했다는 내용이 있었습니다. 장마인데 문을 닫고만 있어서 바람이 통하지 않아 곰팡이가 궁궐 안으로 퍼진 것입니다. 사람들이 드나들면서 바람이 통하게 하면 이와 같은 문제는 해결될 것입니다.

문화재를 개방하면 자신이 체험한 문화재를 보호하려고 노력하는 사람이 늘어날 것입니다. 어디에 있는지도 모르는 유물이 아니라 우리 곁에 있는 문화재가 되어야 합니다. 우리가 함께 가꾸고 보존해 나간다고 생각한 뒤에 힘을 모으면 '살아 있는' 문화재가 될 것입니다.

1 글쓴이의 의견과 의견을 뒷받침하는 내용을 정리하여 쓰시오.

글쓴이의 의견	(1)
뒷받침 내용	(2)

2 글쓴이의 의견이 적절한지 생각해 보고, 그렇게 생각한 까닭을 쓰시오.

3 문화재를 보호하는 방법에 대한 자신의 의견을 쓰시오.

조건
1. 의견과 뒷받침 내용을 함께 쓴다.
2. 사실이고, 믿을 만한 뒷받침 내용을 쓴다.

[1~3] 다음 시를 읽고, 물음에 답하시오.

온통 [㉠]

내 스케치북에는 비행기가 날아.

필통에도
지우개에도
비행기가 날아.

조종석에는 언제나
내가 앉아 있어.

조수석에는 엄마도 앉고
동생도 앉고
송이도 앉아.
오늘은 우리 집 개가 앉았어.

난 비행기가 좋아.
비행기를 구경하는 것도
비행기를 그리는 것도
비행기를 생각하는 것도.

㉡커서 뭐가 되고 싶으냐고 묻지 마.
내 마음에는 비행기가 날아.

1 ㉠에 알맞은 말을 넣어 이 시의 제목을 완성하시오.

(   )

2 말하는 이가 ㉡처럼 말한 까닭을 두 가지 고르시오.

(   )

① 되고 싶은 것이 너무 많기 때문에
② 아직 순수하게 좋아하고 싶기 때문에
③ 물어볼 필요 없이 정해져 있기 때문에
④ 되고 싶은 것이 아무것도 없기 때문에
⑤ 친구들이 말한 것을 따라 하고 싶기 때문에

3 이 시에서 말하는 이와 비슷한 자신의 경험을 알맞게 말한 친구의 이름을 모두 쓰시오.

(   )

[4~7] 다음 시를 읽고, 물음에 답하시오.

지하 주차장으로
차 가지러 내려간 아빠
한참 만에
차 몰고 나와 한다는 말이

내려가고 내려가고 또 내려갔는데 글쎄, 계속 지하
로 계단이 있는 거야! 그러다 아이쿠, 발을 헛디뎠는
데 아아아…… 이상한 나라의 앨리스처럼 깊은 동굴
속으로 끝없이 떨어지지 않겠니? 정신을 차려 보니까
호빗이 사는 마을이었어. 호박처럼 생긴 집들이 미로
처럼 뒤엉켜 있는데 갑자기 흰머리 간달프가 나타나
말하더구나. 이 새 자동차가 네 자동차냐? 내가 말했
지. 아닙니다. 제 자동차는 10년 다 된 고물 자동차입
니다. 오호, 정직한 사람이구나, 이 새 자동차를…….

에이, 아빠!
차 어디에 세워 놨는지 몰라서 그랬죠?
차 찾느라
온 지하 주차장 헤매고 다닌 거
다 알아요.
피이!

4 아빠께서 차를 가지러 가신 곳은 어디인지 쓰시오.

(   )

서술형

5 아빠께서 늦게 나타나신 까닭은 무엇이겠는지 쓰시오.

_____

_____

6 주차장에서 아빠의 마음은 어떠하셨을지 생각하여 가장 알맞은 것에 ○표 하시오.

(1) 걱정되고 다급하다.   (   )

(2) 여유롭고 안심이 된다.   (   )

(3) 재미있고 흥미진진하다.   (   )

7 이 시를 읽고 느낌을 생생하게 떠올리는 방법으로 알맞지 <u>않은</u> 것은 무엇입니까? (   )

① 시 속의 인물과 면담을 한다.

② 시의 장면을 떠올리며 시를 낭독한다.

③ 아버지와 아이가 되어 역할놀이를 한다.

④ 주차장에서 차를 빨리 찾는 방법을 인터넷에서 검색한다.

⑤ 시에서 인물에게 일어난 일과 비슷한 경험을 떠올려 본다.

8 시에 대한 느낌을 친구들 앞에서 표현할 때 알맞은 방법을 한 가지 더 쓰시오.

> • 낭독하기
> • 역할극하기
> • 노랫말 만들기
> • _____

[9~10] 다음 시를 읽고, 물음에 답하시오.

> 제기를 찬다.
> 책상 앞에 묶였던
> 빈 마음들
> 훌훌
> 골목으로 몰려,
> 한 다발
> 하얀
> 바람을 차올린다.
>
> 한 발 차기
> 두 발 차기
> 신이 난 제기.
>
> 한껏 부푼
> 골목엔
> 터질 듯한 아우성.
>
> 제기가 숫숫 발을 끌어올리면
> 아이들 온 바람은
> 하늘까지 치솟는다.

9 시에서 말하는 이는 무엇을 보고 있는지 쓰시오.

(   )

10 이 시에 대한 느낌으로 알맞은 것을 두 가지 고르시오. (   )

① 신난다.

② 안타깝다.

③ 지루하다.

④ 우울하다.

⑤ 즐거움이 느껴진다.

9
단원

[11~13] 다음 장면을 보고, 물음에 답하시오.

동숙이는 소풍에 달걀이 들어간 김밥을 가져가고 싶다고 친구에게 말했습니다.

엄마께서는 어려운 형편에 달걀이 들어간 김밥은 싸 줄 수 없다고 하셨고, 동숙이는 쑥을 팔아서 달걀을 사려고 했지만 아무도 쑥을 사 주지 않았습니다.

동숙이는 선생님 김밥을 싸야 한다고 엄마께 말씀드려서 아버지 병원비로 달걀 한 줄을 샀지만, 돌부리에 걸려 넘어지면서 달걀이 깨지고 말았습니다.

선생님께서는 김밥을 못 먹고 있는 동숙이가 안쓰러운 마음에 배탈이 났다고 말씀하시며 자신의 김밥을 동숙이에게 주셨습니다.

11 동숙이는 소풍에 무엇을 가져가고 싶었는지 쓰시오.
(   )

12 동숙이가 한 일이 <u>아닌</u> 것은 무엇입니까? (   )

① 선생님께 자신의 김밥을 드렸다.
② 쑥을 팔아서 달걀을 사려고 했다.
③ 아버지 병원비로 달걀 한 줄을 샀다.
④ 돌부리에 걸려 넘어지면서 달걀을 깨뜨렸다.
⑤ 엄마께 선생님 김밥을 싸야 한다고 말씀드렸다.

서술형

13 동숙이의 행동을 보고 어떤 생각이 들었는지 쓰시오.

_____

_____

[14~15] 다음 글을 읽고, 물음에 답하시오.

옛날 동쪽 바다에 멸치 대왕이 살고 있었어. 그런데 어느 날 아주 이상한 꿈을 꾸었지. 꿈속에서 멸치 대왕이 하늘을 오르락내리락, 구름 속을 왔다 갔다, 그러다가 갑자기 흰 눈이 펄펄 내리더니 추웠다가 더웠다가 하는 거야. 멸치 대왕은 무슨 꿈인지 몹시 궁금했어. 그래서 멸치 대왕은 넓적 가자미한테 꿈풀이를 잘한다는 망둥 할멈을 데려오라고 했지.

넓적 가자미는 너무너무 졸려서 정말 가기 싫었지만 대왕님의 명령이라 어쩔 수 없었지. 넓적 가자미는 하루, 이틀, 사흘, 나흘 여러 날이 걸려서 망둥 할멈이 살고 있는 서쪽 바다에 도착했어. 넓적 가자미는 망둥 할멈을 데리고 또다시 하루, 이틀, 사흘, 나흘 그렁저렁 여러 날이 걸려 동쪽 바다로 돌아왔단다. 멸치 대왕은 먹을 것을 잔뜩 준비하고, 꼴뚜기, 메기, 병어 정승 들을 불렀지. 그리고 망둥 할멈을 반갑게 맞아들였어.

하지만 ㉠넓적 가자미한테는 알은척도 하지 않고 먹을 것도 주지 않자 넓적 가자미는 잔뜩 화가 나서 토라져 버렸어.

14 멸치 대왕이 궁금하게 생각한 것은 무엇인지 쓰시오.
(   )

15 ㉠의 상황에서 할 수 있는 넓적 가자미의 말로 알맞은 것을 두 가지 고르시오. (   )

① "멸치 대왕이 나한테 너무하는군."
② "망둥 할멈을 데리고 와서 다행이군."
③ "대왕님, 반갑게 맞아 주셔서 감사합니다."
④ "멸치 대왕께서 꿈풀이를 부탁하셨습니다."
⑤ "내가 고생해서 망둥 할멈을 데리고 왔는데, 나를 이런 식으로 대접해?"

[16~18] 다음 글을 읽고, 물음에 답하시오.

멸치 대왕이 망둥 할멈에게 꿈 이야기를 해 주자 망둥 할멈은 벌떡 일어나 절을 하면서 "대왕마마, 용이 될 꿈입니다."라고 말했어. 그러면서 하늘을 오르락내리락 구름 속을 왔다가 갔다가 하는 것은 용이 되어서 하늘을 날아다니는 것이고, 흰 눈이 내리면서 추웠다가 더웠다가 하는 것은 용이 되어 날씨를 마음대로 다스리게 되는 것이라고 풀이해 주었어. 망둥 할멈의 꿈풀이에 멸치 대왕은 기분이 좋아 덩실덩실 춤을 추었지.

하지만 넓적 가자미는 멸치 대왕한테 용이 되는 꿈이 아니라 큰 변을 당하게 될, 아주 나쁜 꿈이라고 말했어. 그러면서 하늘을 오르락내리락한다는 것은 낚싯대에 걸린 것이고, 구름은 모락모락 숯불 연기이고, 또 흰 눈은 소금이고, 추웠다가 더웠다가 한다는 것은 잘 익으라고 뒤집었다 엎었다 하는 것이라고 멸치 대왕의 꿈을 풀이했어.

넓적 가자미의 꿈풀이를 듣던 멸치 대왕은 화가 나 얼굴이 점점 붉어졌지. ㉠꿈풀이를 다 듣고 난 뒤 멸치 대왕은 너무나도 화가 나 넓적 가자미의 뺨을 때렸는데 어찌나 세게 때렸던지 넓적 가자미의 눈이 한쪽으로 찍 몰려가 붙어 버리고 말았던 거야.

16 멸치 대왕의 꿈을 풀이한 인물은 누구누구인지 모두 쓰시오.

(   )

17 ㉠을 통해서 알 수 있는 멸치 대왕의 성격은 어떠한지 두 가지를 고르시오. (   )

① 아부를 잘한다.
② 화를 참지 못한다.
③ 인자하고 온화하다.
④ 기분이 쉽게 변한다.
⑤ 다른 사람을 잘 배려한다.

18 이 이야기를 인물의 특성을 살려 실감 나게 표현한 것의 기호를 쓰시오.

㉮ 뺨을 맞은 넓적 가자미는 울먹거리며 뺨을 부여잡고 말한다.
㉯ 넓적 가자미의 꿈풀이를 들은 멸치 대왕은 즐겁게 웃으며 말한다.
㉰ 망둥 할멈의 꿈풀이를 들은 멸치 대왕은 분노해 큰 목소리로 말한다.

(   )

서술형
19 다음 이야기를 읽고 인상 깊은 장면을 쓰시오.

"으앙! 으아앙!"
엄마가 드디어 울음을 터트렸다지 뭐예요!
"와하하! 나왔어!"
"공주여, 공주!"
"첫딸은 살림 밑천이라는데 기차 안에서 한몫 잡았구먼!"
"우리 얼마라도 보태, 애 엄매 미역 한 줄거리 해 먹입시다."
"그래유. 참 좋은 생각이네유."
"맞다. 그게 사람 사는 정 아잉교."
얼굴이 두꺼비 같은 아줌마가 꼬깃꼬깃한 종이돈을 꺼내자 너도나도 돈을 꺼내 모자를 찾았어요.

_____

_____

20 시와 그림으로 꾸민 작품으로 전시회를 할 때 주의할 점이 **아닌** 것은 무엇입니까? (   )

① 장면과 느낌을 생생하게 표현한다.
② 시의 장면에 어울리는 그림을 그린다.
③ 생각이나 느낌이 잘 드러나게 꾸민다.
④ 시의 내용이 잘 드러나지 않게 그림을 그린다.
⑤ 지금까지 읽었던 시 가운데에서 자신이 좋아하는 시를 정한다.

9
단원

평가 주제	시를 읽고 느낌 표현하기
평가 목표	시를 읽고 시 속 인물과 면담할 수 있다.

지하 주차장으로
차 가지러 내려간 아빠
한참 만에
차 몰고 나와 한다는 말이

내려가고 내려가고 또 내려갔는데 글쎄, 계속 지하로 계단이 있는 거야! 그러다 아이쿠, 발을 헛디뎠는데 아아아…… 이상한 나라의 앨리스처럼 깊은 동굴 속으로 끝없이 떨어지지 않겠니? 정신을 차려 보니까 호빗이 사는 마을이었어. 호박처럼 생긴 집들이 미로처럼 뒤엉켜 있는데 갑자기 흰머리 간달프가 나타나 말하더구나. 이 새 자동차가 네 자동차냐? 내가 말했지. 아닙니다, 제 자동차는 10년 다 된 고물 자동차입니다. 오호, 정직한 사람이구나. 이 새 자동차를…….

에이, 아빠!
차 어디에 세워 놨는지 몰라서 그랬죠?
차 찾느라
온 지하 주차장 헤매고 다닌 거
다 알아요.
피이!

1단계

차를 가지러 지하 주차장에 가신 아빠께 어떤 일이 일어났을지 쓰시오.

2단계

시 속의 아빠가 되어 다음 물음에 답해 보시오.

지하 주차장에서 겪었다는 일이 정말입니까?	(1)
어제 무슨 일이 있었기에 주차한 곳을 못 찾은 겁니까?	(2)

3단계

2단계의 물음에 답해 본 느낌을 쓰시오.

평가 주제	이야기를 읽고 다른 사람에게 들려주기
평가 목표	이야기를 읽고 다른 사람에게 실감 나게 들려줄 수 있다.

넓적 가자미는 멸치 대왕한테 용이 되는 꿈이 아니라 큰 변을 당하게 될, 아주 나쁜 꿈이라고 말했어. 그러면서 하늘을 오르락내리락한다는 것은 낚싯대에 걸린 것이고, 구름은 모락모락 숯불 연기이고, 또 흰 눈은 소금이고, 추웠다가 더웠다가 한다는 것은 잘 익으라고 뒤집었다 엎었다 하는 것이라고 멸치 대왕의 꿈을 풀이했어.

넓적 가자미의 꿈풀이를 듣던 멸치 대왕은 화가 나 얼굴이 점점 붉어졌지. 꿈풀이를 다 듣고 난 뒤 멸치 대왕은 너무나도 화가 나 넓적 가자미의 뺨을 때렸는데 어찌나 세게 때렸던지 넓적 가자미의 눈이 한쪽으로 찍 몰려가 붙어 버리고 말았던 거야. 그 모양을 보고 있던 꼴뚜기는 자기도 뺨을 맞을까 봐 겁이 나서 자기의 눈을 떼어서 엉덩이에 찰싹 붙여 버렸고, 망둥 할멈은 너무 놀라 눈이 툭 튀어나와 버렸지.

1 멸치 대왕이 넓적 가자미의 꿈풀이를 듣고는 어떤 말을 했을지 쓰시오.

2 이야기를 읽고 알 수 있는 인물의 모습을 다음 빈칸에 쓰시오.

인물	모습
넓적 가자미	(1)
꼴뚜기	(2)
망둥 할멈	(3)

9 단원

3 이 이야기를 다른 사람에게 실감 나게 들려줄 때 강조하고 싶은 부분을 생각하여 쓰시오.

> **조건**
> 1. 어떤 장면을 강조하고 싶은지 쓴다.
> 2. 표정, 말투, 행동 등을 어떻게 표현하고 싶은지 쓴다.

1. 이어질 장면을 생각해요

[1~3] 「오늘이」의 간추린 내용을 보고, 물음에 답하시오.

❶ 오늘이, 야아, 여의주가 원천강에서 행복하게 산다. ➡ ❷ 수상한 뱃사람들이 야아 몰래 오늘이를 데려가다가 화살로 야아를 쏜 뒤에 원천강이 얼어붙는다. ➡ ❸ 오늘이는 원천강으로 돌아가는 길에 행복을 찾겠다며 책만 읽는 매일이를 만난다. ➡ ❹ 오늘이는 꽃봉오리를 많이 가졌지만 꽃이 한 송이밖에 피지 않는 연꽃나무를 만난다. ➡ ❺ 오늘이는 사막에서 비와 구름을 벗어나고 싶어 하는 구름이를 만난다. ➡ ❻ 오늘이는 여의주를 많이 가지고도 용이 되지 못한 이무기를 만난다. ➡ ❼ 이무기는 갈라진 얼음 사이로 떨어지는 오늘이를 구해 마침내 용이 되고, 용이 불을 뿜어 원천강이 빛을 되찾는다. ➡ ❽ 구름이는 연꽃을 꺾어서 매일이에게 주고, 둘은 행복한 시간을 보낸다. ➡ ❾ 야아와 다시 만난 오늘이는 행복하게 산다.

1. 이어질 장면을 생각해요

1 오늘이가 만난 연꽃나무의 특징은 무엇입니까?
( )

① 꽃봉오리가 없다.
② 물을 많이 마신다.
③ 꽃이 피지 않는다.
④ 잎이 돋지 않는다.
⑤ 꽃이 한 송이만 핀다.

1. 이어질 장면을 생각해요

2 오늘이가 사막에서 만난 구름이의 고민은 무엇입니까? ( )

① 비와 구름을 벗어나고 싶다.
② 비를 더 많이 오게 하고 싶다.
③ 사막에 눈이 내리게 하고 싶다.
④ 비가 내리는 원인을 알고 싶다.
⑤ 사막을 벗어나 숲에서 살고 싶다.

3 등장인물의 성격으로 알맞은 것을 찾아 선으로 이으시오.

(1) 오늘이 •

(2) 매일이 •

(3) 이무기 •

• ㉮ 책을 열심히 읽으며 성실하다.

• ㉯ 위험에 빠진 친구를 구해 주는 착한 마음을 가졌다.

• ㉰ 원천강으로 돌아가는 목표를 포기하지 않으며 용기가 있다.

[4~5] 다음 글을 읽고, 물음에 답하시오.

좋은 사람이 되려면 진실하고 깨끗해야 해. 또 좋은 친구를 가려 사귀어야 한단다. 그게 좋은 사람이 되는 첫 번째 조건이지. 더욱 부지런해져라. 어려운 일도 열심히 견디거라. 책은 부지런히 보고 있니? 아무 책이나 읽지 말고, 좋은 책을 골라 꾸준히 읽어라. 좋은 책을 가려 보는 것이 좋은 사람이 되는 두 번째 조건이란다. 좋은 친구를 사귀고 좋은 책을 읽는 일을 멈추지 말아라. 책은 두 종류를 택하렴. 첫째는 좋은 사람들의 이야기가 담겨 있어 본받을 수 있는 책이고, 둘째는 너의 공부에 필요한 지식을 얻기 위한 책이다. 또 우리글과 책을 잘 익혀라. 즐거운 마음으로 내 말을 따라 주겠지? 너를 믿는다.

1920년 8월 3일 홍콩에서
아버지가

서술형

2. 마음을 전하는 글을 써요

4 글쓴이가 말한, 좋은 사람이 되기 위한 조건은 무엇인지 쓰시오.

_____

_____

2. 마음을 전하는 글을 써요

5 이 글에 대한 설명으로 알맞은 것을 모두 고르시오.

(　　　　　)

① 편지 형식의 글이다.
② 여행을 가서 겪은 일이 드러나 있다.
③ 이 글을 쓴 곳이 어디인지 알 수 있다.
④ 제자의 앞날을 걱정하는 마음이 드러나 있다.
⑤ 좋은 사람이 되기 위해 힘쓰기를 당부하는 마음을 전하였다.

[6~7] 다음 글을 읽고, 물음에 답하시오.

> 사회자: 이희정 친구는 계속 발표해 주십시오.
> 이희정: 네, 제 의견은 "고운 말을 사용하자."입니다. 친구들이 나쁜 말을 주고받으면 사이가 안 좋아지는 것을 자주 봤기 때문입니다.
> 고경희: (비아냥거리며) 쳇, 친할 때 그런 말로 장난치는 것도 모르나?
> 이희정: (짜증 내며) 너는 그래서 날마다 친구들과 다투냐?
> 사회자: 모두 조용히 해 주십시오. 말할 기회도 얻지 않고 높임말도 사용하지 않은 고경희 친구 그리고 마찬가지로 말할 기회도 얻지 않고 거친 말을 사용한 이희정 친구에게 '주의'를 한 번씩 드립니다.

서술형

3. 바르고 공손하게

6 회의 주제에 대한 희정이의 의견과 근거를 정리하여 쓰시오.

의견	(1)
근거	(2)

3. 바르고 공손하게

7 경희가 '주의'를 받은 까닭을 두 가지 고르시오.

(　　　　　)

① 높임말을 사용하지 않았다.
② 다른 사람의 별명을 불렀다.
③ 친구와 똑같은 의견을 말했다.
④ 말할 기회를 얻지 않고 말했다.
⑤ 회의 시간에 친구와 장난을 쳤다.

[8~10] 다음 글을 읽고, 물음에 답하시오.

> 교실에 들어서니 나 말고도 다섯 명의 친구가 있었어요. 그중에는 윤아도 있었어요. 윤아와 나는 선생님이 오기 전까지 공기놀이를 하기로 했어요.
> 한참을 신나게 놀고 있는데 뒷문이 드르륵 열렸어요. 우진이예요.
> "너희 뭐 해? 또 공기놀이하는구나."
> ⊙우진이가 생글생글 웃으며 우리끼리 노는 데 참견했어요. 내가 놀고 있으면 우진이가 꼭 구경하러 오더라고요. 어쩌면 우진이도 나랑 짝이 되고 싶은지도 모르겠어요.
> ⓒ"우아, 윤아 공기 되게 잘한다!"
> 아이참, 정말 이상해요. 조금 전까지만 해도 윤아보다 내가 훨씬 더 잘했는데, 우진이가 나타나자마자 자꾸만 실수하는 거예요. ⓒ우진이 칭찬을 듣고 헤벌쭉 웃는 윤아가 참 얄미웠어요.
> "나 공기놀이 그만할래."
> 나는 공기 알들을 주섬주섬 챙기며 일어섰어요. 공기 알 주인도 나고, 공기놀이도 내가 훨씬 더 잘하는데 윤아만 기분이 좋은 것 같아 심통이 난 거죠, 뭐.

4. 이야기 속 세상

8 이 글의 공간적 배경은 어디인지 쓰시오.

(　　　　　)

4. 이야기 속 세상

9 이 이야기에서 일어난 일로 알맞지 <u>않은</u> 것은 무엇입니까? (　　　　)

① 우진이가 '나'와 윤아가 노는 데 참견했다.
② 우진이가 나타나자 '나'는 자꾸 실수를 했다.
③ '나'는 놀다가 심통이 나서 그만하겠다고 했다.
④ '나'는 우진이 칭찬을 듣고 웃는 윤아가 얄미웠다.
⑤ '나'와 윤아는 선생님이 오신 뒤에 공기놀이를 했다.

4. 이야기 속 세상

10 ⊙~ⓒ 중 '나'의 성격을 알 수 있는 부분을 찾아 기호를 쓰고, '나'의 성격이 어떠한지 쓰시오.

(1) '나'의 성격을 알 수 있는 부분: (　　　　)

(2) '나'의 성격: (　　　　　　　　)

5. 의견이 드러나게 글을 써요

11 문장의 짜임을 생각하며 다음 빈칸에 알맞은 말을 쓰시오.

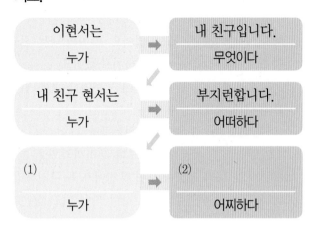

| 이현서는 | → | 내 친구입니다. |
| 누가 | | 무엇이다 |

| 내 친구 현서는 | → | 부지런합니다. |
| 누가 | | 어떠하다 |

| (1) | → | (2) |
| 누가 | | 어찌하다 |

5. 의견이 드러나게 글을 써요

12 의견을 제시하는 글을 쓰는 방법으로 알맞지 <u>않은</u> 것은 무엇입니까? ( )

① 문제 상황을 자세히 쓴다.
② 의견을 뒷받침하는 까닭을 쓴다.
③ 자신의 의견을 분명하게 제시한다.
④ 짜임에 관계없이 문장을 자유롭게 쓴다.
⑤ 읽는 사람을 생각하며 예의 바르게 쓴다.

[13~14] 다음 글을 읽고, 물음에 답하시오.

서른세 살 때, 정약용은 정조의 비밀 명령을 받고 암행어사가 되었어요. 암행어사는 임금을 대신해 지방 관리들이 백성을 잘 다스리는지 알아보는 중요한 벼슬이었어요.

어느 날 연천 지역을 돌던 정약용은 주막에서 들려오는 이야기 소리에 귀가 번쩍 뜨였어요.

"아이고, 못 살겠다. 흉년이 들어 나라에서는 세금을 면제해 주었다는데, 왜 우리 사또는 세금을 걷는 거야? 그걸로 자기 재산 불리려는 속셈을 누가 모를 줄 알고? 흉년이 들어 먹을 것도 없는데 욕심 많은 사또 때문에 아주 죽겠네그려."

정약용은 서둘러 사실을 알아보았어요. 그러고는 백성의 재물을 빼앗아 자기 배를 불린 연천 현감 김양직을 크게 벌했어요.

6. 본받고 싶은 인물을 찾아봐요

13 정약용은 서른세 살 때 어떤 일을 했습니까? ( )

① 연천 지역의 현감이 되었다.
② 백성의 재물을 빼앗아 자기 배를 불렸다.
③ 백성에게 세금을 걷어서 임금에게 바쳤다.
④ 정조의 비밀 명령을 받고 암행어사가 되었다.
⑤ 지방 관리가 어떤 마음가짐으로 일해야 하는지를 담은 책을 펴냈다.

6. 본받고 싶은 인물을 찾아봐요

14 이 글의 내용으로 짐작할 수 있는 정약용의 가치관으로 알맞은 것에 ○표 하시오.

(1) 백성의 어려운 삶을 지켜보면서 백성에게 도움이 되고자 했다. ( )

(2) 임금이 나라를 잘 다스릴 수 있도록 충성을 다해 세금을 걷고자 했다. ( )

서술형

6. 본받고 싶은 인물을 찾아봐요

15 헬렌 켈러에게서 본받을 점은 무엇인지 쓰시오.

열 살이 된 헬렌은 퍼킨스학교에 있는 동안 자신처럼 장애를 지닌 어린이를 돕는 일에 나섰습니다. 펜실베이니아주에 살고 있는 토미를 퍼킨스학교에 데려와 교육받을 수 있도록 모금을 하기로 한 것입니다. 다섯 살의 토미는 헬렌처럼 보지도 듣지도 말하지도 못하는 아이였습니다. 토미는 부모님도 안 계시고 가난한 아이여서 학교에 갈 수 없었습니다. 헬렌은 토미가 퍼킨스학교에 다닐 수 있도록 도와 달라는 글을 여러 사람과 신문사에 보냈습니다. 헬렌도 이 모금에 참여하기 위해 사치스러운 물건을 사지 않고 돈을 보탰습니다.

_____

_____

[16~17] 다음 글을 읽고, 물음에 답하시오.

> 그러면 되는 줄 알았는데
>
> 김가은
>
> 꼴찌만 아니면 될 줄 알았는데
> 꼴찌를 해도 좋았다.
>
> 등수만 중요한 줄 알았는데
> 더 큰 것이 있었다.
>
> 이기기만 하면 될 줄 알았는데
> 더 큰 마음이 있었다.

7. 독서 감상문을 써요

16 이 글은 『아름다운 꼴찌』라는 책을 읽고 쓴 것입니다. 이 글의 특징은 무엇입니까? (   )

① 책을 읽은 느낌을 시로 재미있게 표현했다.
② 책을 읽고 재미있는 부분을 만화로 표현했다.
③ 책 내용에 대한 생각을 일기로 솔직하게 표현했다.
④ 책을 읽고 가장 인상 깊은 장면을 그림으로 표현했다.
⑤ 책을 읽은 느낌을 친구에게 편지 쓰듯이 실감 나게 표현했다.

7. 독서 감상문을 써요

17 이와 같이 책을 읽고 생각이나 느낌을 여러 가지 형식으로 표현하면 좋은 점을 두 가지 고르시오.
(   )

① 책의 내용을 모두 외울 수 있다.
② 읽는 사람이 재미있게 읽을 수 있다.
③ 나에게 맞는 책을 쉽게 고를 수 있다.
④ 자신의 생각이나 느낌을 제대로 표현할 수 있다.
⑤ 책을 끝까지 읽지 않아도 내용을 이해할 수 있다.

8. 생각하며 읽어요

18 글쓴이의 의견이 적절한지 평가하는 방법으로 알맞지 않은 것은 무엇입니까? (   )

① 글쓴이의 의견이 주제와 관련 있는지 살펴본다.
② 뒷받침 내용이 사실이고, 믿을 만한지 확인한다.
③ 글쓴이가 자신의 경험을 구체적으로 썼는지 확인한다.
④ 글쓴이의 의견과 뒷받침 내용이 관련 있는지 따져 본다.
⑤ 글쓴이의 의견이 문제 상황을 해결할 수 있는지 살펴본다.

[19~20] 다음 글을 읽고, 물음에 답하시오.

> 멸치 대왕이 망둥 할멈에게 꿈 이야기를 해 주자 망둥 할멈은 벌떡 일어나 절을 하면서 "대왕마마, 용이 될 꿈입니다."라고 말했어. 그러면서 하늘을 오르락내리락 구름 속을 왔다가 갔다가 하는 것은 용이 되어서 하늘을 날아다니는 것이고, 흰 눈이 내리면서 추웠다가 더웠다가 하는 것은 용이 되어 날씨를 마음대로 다스리게 되는 것이라고 풀이해 주었어. 망둥 할멈의 꿈풀이에 멸치 대왕은 기분이 좋아 덩실덩실 춤을 추었지.

9. 감동을 나누며 읽어요

19 이 글의 내용으로 보아 망둥 할멈의 성격으로 가장 알맞은 것은 무엇입니까? (   )

① 속이 좁다.
② 기분이 쉽게 변한다.
③ 화를 잘 참지 못한다.
④ 윗사람에게 아부를 잘한다.
⑤ 말귀를 잘 알아듣지 못한다.

서술형

9. 감동을 나누며 읽어요

20 망둥 할멈의 말이나 행동을 실감 나게 표현하기 위한 방법을 떠올려 쓰시오.

_____

_____

[1~3] 「우리들」의 간추린 내용을 보고, 물음에 답하시오.

❶ 체육 시간에 피구를 하려고 편을 가르는데 선은 맨 마지막까지 선택을 받지 못한다. ➡ ❷ 언제나 혼자인 외톨이 선은 여름 방학을 시작하는 날, 전학생인 지아를 만나 친구가 된다. ➡ ❸ 지아와 선은 봉숭아 꽃물을 들이며 여름 방학을 함께 보내고 순식간에 세상 누구보다 친한 사이가 된다. ➡ ❹ 개학을 하고 학교에서 선을 만난 지아는 선을 따돌리는 보라 편에 서서 선을 외면한다. ➡ ❺ 선은 지아와 예전처럼 친해지려고 노력했지만 결국 크게 싸우고 만다. ➡ ❻ 피구를 할 때 선은 지아가 금을 밟지 않았다고 용기를 내어 친구들에게 말한다.

1. 이어질 장면을 생각해요

1 이 영화의 내용으로 알맞지 <u>않은</u> 것은 무엇입니까?
( )

① 지아와 선은 여름 방학을 함께 보냈다.
② 선은 지아를 만나기 전까지 외톨이였다.
③ 지아가 선이 다니는 학교로 전학을 왔다.
④ 선은 여름 방학을 시작하는 날에 지아를 만났다.
⑤ 개학을 하고 선은 보라 편에 서서 지아를 외면했다.

1. 이어질 장면을 생각해요

2 ❸에서 선의 마음은 어떠하겠습니까? ( )

① 기쁘다.   ② 속상하다.   ③ 미안하다.
④ 샘이 난다.   ⑤ 실망스럽다.

서술형

1. 이어질 장면을 생각해요

3 다음과 같이 친구들과 기억에 남는 대사나 인상 깊은 장면을 이야기하면 좋은 점을 쓰시오.

> 선우: 선이 자주 말하던 "아니, 그게 아니고……." 가 가장 기억에 남아. 나도 선처럼 말을 할 때 "있잖아……."라는 말을 자주 하기 때문이야.
> 지현: 보라가 학원에서 엎드려 우는 장면이 기억에 남아. 보라는 절대 울지 않을 강한 아이라고 생각했거든.

_____

_____

[4~5] 다음 글을 읽고, 물음에 답하시오.

하루, 이틀이 지날수록 재환이의 편지에는 신기한 일이 생겼어요.

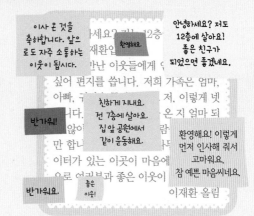

승강기를 탄 이웃 사람들이 편지를 보고 마음을 담은 쪽지를 붙인 것이었어요. 재환이도, 쪽지를 써서 붙인 이웃도 모두 훈훈한 마음이 한가득했습니다.

2. 마음을 전하는 글을 써요

4 재환이가 쓴 편지를 본 이웃 사람들은 어떻게 했습니까? ( )

① 재환이의 편지를 떼었다.
② 재환이의 집에 찾아갔다.
③ 마음을 담은 쪽지를 써서 붙였다.
④ 재환이에게 새 편지지를 사 주었다.
⑤ 재환이에게 편지를 붙이지 말라고 주의를 주었다.

2. 마음을 전하는 글을 써요

5 이웃 사람들이 쪽지에 전한 마음으로 알맞은 것을 두 가지 고르시오. ( )

① 재환이를 환영하는 마음
② 층간 소음을 줄이고 싶은 마음
③ 처음 보는 이웃이 불편한 마음
④ 이사 온 재환이가 반가운 마음
⑤ 승강기를 타는 것이 무서운 마음

　　　　　　　　　　　3. 바르고 공손하게

6 다음 그림 속 여자아이에게 예절을 지키며 말하는 방법을 설명하여 쓰시오.

아주머니, 수고하셨어요.

_____

_____

[7~8] 다음 글을 읽고, 물음에 답하시오.

　그날 밤, 어머니께서는 사라의 방으로 들어와 사라를 안아 주셨습니다.
　"사라야, 엄마는 너한테 화나지 않았어. 너는 세상의 어떤 백인 아이 못지않게 착한 아이란다. 너는 특별한 아이야."
　사라는 몹시 혼란스러웠습니다.
　"그런데 왜 저는 버스 앞자리에 타면 안 되나요?"
　"법이 그렇기 때문이야. 법이라고 다 좋은 것은 아니지만 말이다."
　사라가 어머니의 피곤한 눈을 올려다보며 물었습니다.
　"법은 절대 바뀌지 않나요?"
　어머니께서 부드럽게 대답하셨습니다.
　"언젠가는 바뀌겠지."

4. 이야기 속 세상

7 이 글의 구성 요소에 맞는 내용을 찾아 선으로 이으시오.

(1) [인물]　　•　　•㉮ [그날 밤]

(2) [시간적 배경]　•　　•㉯ [사라의 방]

(3) [공간적 배경]　•　　•㉰ [사라, 사라의 어머니]

4. 이야기 속 세상

8 사라의 어머니께서 사라에게 해 주신 말씀을 찾아 ○표 하시오.

(1) 법은 절대 바뀌지 않는다.　　　(　　)

(2) 사라는 욕심 많은 아이이다.　　(　　)

(3) 법이라고 다 좋은 것은 아니다.　(　　)

[9~10] 다음 글을 읽고, 물음에 답하시오.

　"준비, 시작!"
　우봉이는 나무젓가락으로 바둑알을 집어 옆 접시로 옮기기 시작했어요. 하나, 둘, 셋, 넷, 그리고 다섯 개째 옮기려고 할 때 할아버지 목소리가 들렸어요.
　"땡!"
　"벌써 삼십 초가 지났어요? 하나만 더 옮겼으면 초급 합격인데."
　우봉이가 몹시 아쉬워했어요.
　할아버지가 우봉이 등을 다독이며 말씀하셨어요.
　"우리 우봉이 아주 잘하는구먼. 젓가락을 바르게 사용할 줄 아니까, 조금만 더 연습하면 거뜬하겠구먼."
　우봉이는 할아버지 말씀에 용기가 났어요. 할아버지는 접시 한쪽에 바둑알을 수북이 놓았어요. ㉠우봉이는 나무젓가락으로 바둑알을 집어 빈 접시로 옮기는 연습을 계속했어요.

4. 이야기 속 세상

9 이 글에 나온 인물은 누구누구인지 쓰시오.

(　　　　　　　　　　　　)

4. 이야기 속 세상

10 ㉠에서 알 수 있는 우봉이의 성격은 어떠합니까?

(　　)

① 친절하다.　　　② 성실하다.
③ 어리석다.　　　④ 조심성이 없다.
⑤ 부끄러움을 잘 탄다.

[11~12] 다음 글을 읽고, 물음에 답하시오.

> 목화 장수 네 명은 뜻하지 않게 큰 손해를 보게 되었다. 그러자 고양이의 성한 다리를 맡았던 목화 장수 세 명이 투덜투덜 불평을 늘어놓았다.
> "이번 불은 순전히 고양이의 아픈 다리를 맡았던 저 사람 때문이야. 하필이면 불이 잘 붙는 산초기름을 발라 줄 게 뭐야?"
> "맞아, 그러니 목홧값을 그 사람에게 물어 달라고 하자."
> 세 사람은 고양이의 아픈 다리를 맡았던 사람에게 목홧값을 물어내라고 했다.

5. 의견이 드러나게 글을 써요

11 고양이의 성한 다리를 맡은 목화 장수 세 명의 의견으로 알맞은 것에 ○표 하시오.

(1) "만약 고양이를 잘 돌보았더라면 불이 나지 않았을 것이니 우리 네 사람 모두의 잘못이야."
( )

(2) "이번 불은 순전히 고양이의 아픈 다리에 불이 잘 붙는 산초기름을 발라 준 저 사람 때문이야. 그러니 목홧값은 저 사람이 물어야 해." ( )

(3) "다리에 불이 붙은 고양이가 광으로 도망칠 때는 성한 세 다리로 도망쳤으니 광에 불이 난 것은 순전히 우리가 맡은 세 다리 때문이야." ( )

5. 의견이 드러나게 글을 써요

12 다음 문장을 '누가+어찌하다'로 나눌 때, '누가'에 해당하는 부분은 무엇입니까? ( )

> 목화 장수들은 고양이 때문에 큰 손해를 입어 투덜거렸다.

① 목화
② 목화 장수들은
③ 목화 장수들은 고양이 때문에
④ 목화 장수들은 고양이 때문에 큰 손해를
⑤ 목화 장수들은 고양이 때문에 큰 손해를 입어

[13~14] 다음 글을 읽고, 물음에 답하시오.

> ㉮ "풍년에는 흉년을 생각하여 더욱 절약해야 돼. 그리고 편안히 사는 사람은 어렵게 사는 사람을 생각하여 하늘의 은혜에 감사하며 검소하게 살아야 하고……."
> 김만덕은 주위 사람들에게 늘 이렇게 말하였다.
> ㉯ 김만덕은 전 재산을 들여 육지에서 곡식을 사 오게 하였다. 그 곡식은 총 오백여 석이었다.
> "제가 전 재산을 들여 육지에서 사들인 곡식입니다. 굶주린 사람들에게 나누어 주십시오."

6. 본받고 싶은 인물을 찾아봐요

13 이 글의 내용으로 보아 김만덕은 어떤 삶을 중요하게 생각합니까? ( )

① 학문을 배우고 익히는 삶
② 자신의 한계를 극복하는 삶
③ 많은 돈을 벌어 편안히 사는 삶
④ 자신이 가진 것을 나누고 베푸는 삶
⑤ 나라를 위해 자신의 목숨까지 바치는 삶

6. 본받고 싶은 인물을 찾아봐요

14 이와 같은 전기문의 특성을 생각하며 다음 빈칸에 들어갈 알맞은 말을 세 글자로 쓰시오.

• 전기문에는 인물이 한 일과 인물의 ( ) 이/가 나타난다.

서술형

7. 독서 감상문을 써요

15 자신이 재미있게 읽은 책을 떠올려 생각이나 느낌을 정리하여 쓰시오.

책 제목	(1)
생각이나 느낌	(2)

7. 독서 감상문을 써요

16 다음 ㉮~㉰를 독서 감상문을 구성하는 내용으로 나누어 각각 기호를 쓰시오.

> ㉮ 학교 도서관에서 책을 고르다가 『세시 풍속』이라는 책을 읽었습니다.
> ㉯ 계절의 변화 하나하나에 의미를 부여하고 삶을 즐겁게 보내려는 마음을 듬뿍 느꼈습니다.
> ㉰ 옛날 사람들은 병을 옮기는 나쁜 귀신이 팥을 싫어한다고 믿었답니다. 그래서 동지에 팥으로 죽을 만들어 귀신이 못 오게 집 앞에 뿌렸답니다. 이 일에서 동지에 팥죽 먹는 풍습이 생겼답니다.

(1) 책 내용: (   )

(2) 책을 읽은 동기: (   )

(3) 책을 읽고 생각하거나 느낀 점: (   )

[17~18] 다음 글을 읽고, 물음에 답하시오.

> 바람직한 독서 방법은 도서관의 편의 시설을 늘리는 것입니다. 휴게실을 많이 만들면 편안히 쉴 수 있습니다. 체육관이 생기면 운동을 자주 할 수 있습니다. 컴퓨터를 많이 설치하면 인터넷을 쉽게 이용할 수 있습니다. 이와 같이 올바른 독서 방법은 도서관의 편의 시설을 늘리는 것입니다.

8. 생각하며 읽어요

17 글쓴이의 의견은 무엇입니까? (   )

① 도서관에서는 조용히 해야 한다.
② 바람직한 독서 방법은 사람마다 다르다.
③ 도서관을 이용할 때에는 지켜야 할 규칙이 있다.
④ 도서관의 편의 시설을 효과적으로 이용해야 한다.
⑤ 바람직한 독서 방법은 도서관의 편의 시설을 늘리는 것이다.

서술형

8. 생각하며 읽어요

18 다음 기준을 바탕으로 하여 글쓴이의 의견이 적절한지 평가하시오.

> 글쓴이의 의견이 주제와 관련 있나요?

_____

_____

_____

[19~20] 다음 시를 읽고, 물음에 답하시오.

> 지하 주차장으로
> 차 가지러 내려간 아빠
> 한참 만에
> 차 몰고 나와 한다는 말이
>
> 내려가고 내려가고 또 내려갔는데 글쎄, 계속 지하로 계단이 있는 거야! 그러다 아이쿠, 발을 헛디뎠는데 아아아…… 이상한 나라의 앨리스처럼 깊은 동굴 속으로 끝없이 떨어지지 않겠니?

9. 감동을 나누며 읽어요

19 지하 주차장에 가신 아빠께 어떤 일이 일어났을지 가장 알맞게 짐작한 것에 ○표 하시오.

(1) 차가 고장 나서 움직이지 않아 당황하셨을 것 같다. (   )

(2) 차를 어디에 두었는지 기억나지 않아 이리저리 찾아다니셨을 것 같다. (   )

(3) 지하 주차장으로 내려가는 계단에서 넘어져 다리를 다치셨을 것 같다. (   )

9. 감동을 나누며 읽어요

20 다음은 이 시 속의 인물인 아이와 아빠 중 누구에게 물을 수 있는 질문인지 쓰시오.

> 지하 주차장에서 겪었다는 일이 정말입니까?

(   )

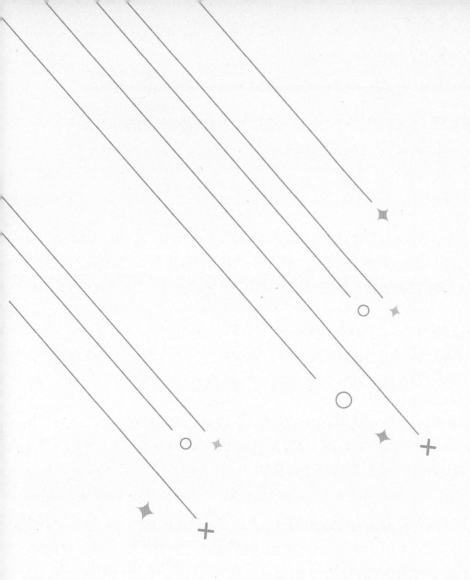

여기까지 온 너,
이미 넌 백점이야.

탄탄한 개념의 시작
큐브수학!

큐브
수학
개념

NEW

새 교과서 개념을 쉽게

반복 학습으로 탄탄하게

무료 강의로 빠짐없이

수학 1등 되는 **큐브수학**

개념 완성

개념+응용 완성

유형 정복

큐브
수학
심화
심화 공략

동아출판

초등학교   학년   반   번   이름

강의가 더해진, 교과서 맞춤 학습

백점

국어 4·2

친절한 해설북

- 한눈에 보이는 **정확한 답**
- 한번에 이해되는 **자세한 풀이**

동아출판

차례

백점 국어 빠른 정답

QR코드를 찍으면 **정답과 해설**을
쉽고 빠르게 확인할 수 있습니다.

모바일
빠른 정답

1. 이어질 장면을 생각해요

8쪽 개념 확인 문제

1 ⑤   2 ㉯, ㉰, ㉱   3 (3) ○ (4) ○

1 영화의 제목, 광고지, 예고편 등을 보고 어떤 내용의 영화일지 상상해 보면 영화를 더 재미있고 흥미진진하게 감상할 수 있습니다.

2 등장인물의 표정과 몸짓, 말투에서 성격을 짐작하며 만화 영화를 감상하면 내용을 이해하는 데 도움이 됩니다.

3 이어질 이야기를 계획할 때에는 중심인물을 누구로 할지, 어떤 일이 생길지를 정한 다음 중심인물이 그 일을 어떻게 해결하는지를 생각합니다.

9쪽 어휘·문법 확인 문제

1 (2) ○   2 (1) 꽃봉오리 (2) 외면 (3) 곧장 (4) 마침내 (5) 이무기   3 (1) 으로써 (2) 으로서

1 '이야기 등을 여러 장면으로 그린 그림.'은 '만화'이며, '실제로 경험하지 않은 현상이나 사물에 대하여 마음속으로 그려 봄.'은 '상상'의 뜻입니다.

2 낱말의 뜻을 생각하면서 문장에 알맞은 낱말을 넣어 봅니다.

3 '-(으)로서'는 지위나 신분, 자격을 나타낼 때, '-(으)로써'는 어떤 일의 수단이나 도구 또는 까닭을 나타낼 때 씁니다. (1)은 수단 또는 까닭을 나타내므로 '-으로써', (2)는 신분 또는 자격을 나타내므로 '-으로서'를 써야 합니다.

10~13쪽 교과서 독해

만화 영화나 영화를 본 경험 10쪽 1 ③, ⑤   2 「니모를 찾아서」에 나오는 아빠 물고기   3 (1) 걱정 (2) 사랑   4 ㉯

우리들 11쪽 5 ④   6 예 선은 자기 이름이 언제 불릴까 기대했다가 이름이 불리지 않자 실망하는 마음이 들었을 것입니다.   7 ②   8 ④

오늘이 12쪽 9 매일이   10 지우   11 ②   12 (1) 원천강 (2) 매일이 (3) 빛

「오늘이」의 이어질 내용 쓰기 13쪽 13 (3) ○   14 ⑤   15 ㉱   16 (1) 예 오늘이 (2) 예 오늘이의 친구인 매일이의 병을 고치려고 치료법 책을 찾아야 할 일이 생깁니다. (3) 예 오늘이는 연꽃나무와 구름이, 이무기와 함께 매일이의 병을 고칠 치료법 책을 원천강에서 찾아 매일이를 살리게 될 것입니다.

1 아버지와 딸이 대화를 나누는 상황으로, 수업 끝나고 친구들과 놀기로 했다는 딸의 말을 듣고 아버지께서 너무 늦지 않게 들어오라고 당부하고 있습니다.

2 ❸에서 만화 영화 「니모를 찾아서」에 나오는 아빠 물고기 같다고 말했습니다.

3 아버지는 「니모를 찾아서」의 아빠 물고기가 니모를 무척 사랑한다고 하였고, 딸은 아빠 물고기가 니모를 사랑하기도 하지만 걱정도 많다고 하였습니다.

4 ㉯는 만화 영화를 보고 기억에 남는 장면을 말한 것이고, ㉮는 책을 읽은 경험을 말한 것입니다.

5 영화에서 선은 할머니와 싸운 적이 없습니다.

6 선은 기대하는 마음이었다가 끝까지 불리지 않자 실망하는 마음, 속상한 마음 등이 들었을 것입니다.
채점 tip 실망하는 마음, 속상한 마음, 슬픈 마음 등이 들어가게 썼으면 정답으로 합니다.

7 '외면하다'는 '마주치기를 꺼려 하여 피하다.'의 뜻으로, 비슷한 뜻의 낱말은 '피하다, 기피하다' 등이 있습니다.

8 제목이나 예고편 등을 보고 내용을 미리 상상하고 기억에 남는 대사나 인상 깊은 장면을 떠올립니다.

9 ❸에서 오늘이는 원천강으로 돌아가는 길에 행복을 찾겠다며 책만 읽는 인물인 매일이를 만났습니다.

10 지우는 수상한 뱃사람들이 오늘이를 데려가는 내용에 어울리는 장면을 말하였습니다.

11 자신이 위험할 수도 있는 상황에서 오늘이를 구한 이무기는 용기가 있고 착한 성격임을 알 수 있습니다.

12 오늘이가 겪은 일을 인물과 한 일을 중심으로 정리해 봅니다.

뱃사람에게 잡히고 (1)(원천강)이/가 얼어붙음.	→	원천강으로 돌아가는 길에 (2)(매일이), 연꽃나무, 구름이, 이무기를 만남.	→	힘을 합쳐 원천강의 (3)(빛)을/를 되찾음.

13 '꽃봉오리'는 망울만 맺히고 아직 피지 않은 꽃을 말하므로 (3)이 '꽃봉오리'에 해당합니다.

14 이무기는 여의주를 많이 가졌는데도 용이 되지 못한 까닭을 몰라 고민하였습니다.

15 어떤 방법으로 매일이가 행복을 알게 되었을지 알맞은 해결 방법을 찾아봅니다.

16 중심인물의 고민이 어떻게 해결될지를 생각하면서 이어질 이야기를 상상하여 봅니다.

중심인물	(1) 예 오늘이
▼	
중심인물에게 생기는 일	(2) 예 오늘이의 친구인 매일이의 병을 고치려고 치료법 책을 찾아야 할 일이 생깁니다.
▼	
중심인물이 그 일을 해결하는 방법	(3) 예 오늘이는 연꽃나무와 구름이, 이무기와 함께 매일이의 병을 고칠 치료법 책을 원천강에서 찾아 매일이를 살리게 될 것입니다.

14~15쪽 단원 평가 ❶회

1 「니모를 찾아서」 2 ② 3 (2) ○ (3) ○ 4 ②, ⑤ 5 ② 6 규현 7 ①, ③, ⑤ 8 ②, ③ 9 (1) 로서 (2) 으로써 10 (1) 으로써 (2) 로써 (3) 로서

1 장면 ❸에 나오는 아버지의 말을 통해 아버지와 딸이 본 만화 영화의 제목을 알 수 있습니다. 아버지와 딸은 「니모를 찾아서」에 나오는 아빠 물고기에 대해 서로 다른 생각을 말하고 있습니다.

2 딸은 아버지가 니모를 사랑하기도 하지만 걱정이 많다고 말했습니다.

3 영화의 제목과 등장인물, 기억에 남는 장면과 친구에게 소개해 주고 싶은 까닭 등을 떠올립니다.

4 맨 마지막까지 선택을 받지 못한 선은 속상하고 실망스러운 마음이 들었을 것입니다.

5 유진이는 이 영화에서 인상 깊은 장면을 떠올려 선의 표정이 점점 변해 가는 것이 인상 깊었다고 말하였습니다.

6 임금님은 처음에는 큰 귀를 부끄럽게 생각하였다가 나중에는 어진 임금이 되라는 뜻으로 받아들였습니다.

7 ②와 ④는 만화 영화를 제작하는 곳에서 생각할 내용입니다.

8 연기를 실감 나게 하려면 자신이 맡은 역할을 충분히 이해해야 하고, 적절한 표정과 몸짓, 말투로 정성을 다해 연기해야 합니다.

9 의사는 신분 또는 자격을 나타내므로 '의사로서'와 같이 쓰고, 운전을 하는 것은 편리한 삶을 살게 된 수단 또는 까닭이 되므로 '운전을 함으로써'와 같이 씁니다.

문법 문제 tip

-(으)로서	지위나 신분 또는 자격을 나타낼 때 예 나는 자랑스러운 우리 학교 학생으로서 늘 최선을 다한다.
-(으)로써	어떤 일의 수단이나 도구 또는 까닭을 나타낼 때 예 우리는 책을 읽음으로써 지혜를 얻는다.

10 (1), (2)는 수단이나 도구 또는 까닭을 나타내므로 '로써', (3)은 신분이나 지위 또는 자격을 나타내므로 '로서'를 써야 합니다.

16~18쪽 단원 평가 ❷회

1 선과 지아 2 ② 3 ① 4 예 주인공인 선에게 편지를 써서 느낀 점을 표현하였습니다. 5 (1) 예고편 (2) 인상 (3) 느낀 점 6 원천강 7 ⑤ 8 ㉰ 9 ① 10 (1) 예 매일이가 책을 많이 쌓아 놓고 읽는 모습 (2) 예 매일이가 책을 많이 읽는 것이 무척 부러웠습니다. 책을 읽으면서 매일이가 행복했으면 하는 생각을 했습니다. 11 (1) ㉯ (2) ㉮ (3) ㉰ 12 (1) ㉰ (2) ㉮ (3) ㉯ (4) ㉱ 13 ① 14 ③ 15 예 적절한 표정, 몸짓, 말투로 정성을 다해 연기합니다.

1 이 영화의 등장인물은 선과 지아, 보라 등이 있고 사건의 중심이 되는 중심인물은 선과 지아입니다.

2 언제나 외톨이였던 선은 전학생인 지아를 만나 친해졌고, 개학을 하면서 지아와 멀어졌지만 선이 용기를 내서 지아 편을 든다는 내용입니다.

3 선은 피구를 하려고 편을 가르는 장면에서 자신이 선택받지 못하여 실망하는 마음이었다가 전학 온 지아와 친한 사이가 되어 기쁜 마음이 들었을 것입니다.

4 영화 속 주인공에게 편지를 쓴 것입니다.

채점 tip 선에게 편지를 써서 표현하였다는 내용으로 썼으면 정답으로 합니다.

5 제목, 광고지, 예고편 등을 보고 영화 내용을 미리 상상하는 것이 좋고, 영화를 본 뒤에는 기억에 남는 대사나 인상 깊은 장면을 생각합니다. 그리고 느낀 점을 글로 써 두면 영화의 내용을 오래 기억할 수 있습니다.

6 ❶에서 오늘이와 야아, 여의주가 원천강에서 행복하게 살고 있다고 하였습니다.

7 오늘이는 ❸에서 매일이를, ❹에서 연꽃나무를, ❺에서 구름이를, ❻에서 이무기를 차례대로 만났습니다.

8 오늘이가 많은 여의주를 가지고도 용이 되지 못한 이무기를 만났다는 내용 뒤에 이어질 내용으로 알맞은 것은 ⊕입니다.

9 어려움을 이겨 내고 다시 원천강으로 돌아간 오늘이는 용기가 있습니다.

10 만화 영화에서 가장 기억에 남는 장면을 떠올려 그 까닭과 함께 정리하여 씁니다.

11 「독도 수비대 강치」의 등장인물, 장소, 일어난 일을 정리한 내용입니다.

12 등장인물의 고민 내용을 바탕으로 어울리는 해결 방법을 찾아봅니다.

13 앞부분의 내용과 자연스럽게 내용이 어울리도록 이어질 이야기를 지은 다음, 상상하여 지은 이야기의 내용에 어울리는 그림을 그려 넣습니다.

14 야아가 죽어서 슬퍼하는 오늘이를 용이 된 이무기가 등에 태우고 여행을 떠난다는 내용에 알맞지 않은 것을 찾아봅니다.

15 자신의 역할을 잘 이해하고 적절한 표정, 몸짓, 말투로 정성을 다해 연기합니다.

> **이런 답도 가능해!**
> 자신이 맡은 역할을 충분히 이해합니다.

19쪽 **수행 평가**

1 (1) **예** 「머털 도사」 (2) **예** 머털 도사가 도술을 부리는 모습이 멋있었기 때문입니다.　**2** (1) **예** 여름 방학 때 아버지, 형과 함께 보았습니다.　(2) **예** 머털이, 누덕 도사, 묘선, 떠리, 왕질악 도사 등이 나옵니다.　(3) **예** 머털이의 스승 누덕 도사가 머털이를 절벽에서 훈련시키는 장면이 인상 깊습니다.　(4) **예** 수영을 배

우는데 물을 무서워하는 내 짝에게 소개해 주고 싶습니다.　**3** **예** 소연아, 안녕? / 너에게 내가 인상적으로 본 만화 영화인 「머털 도사」를 소개하고 싶어. / 「머털 도사」에는 머털이가 절벽에서 누덕 도사에게 훈련을 받는 장면이 나와. 누덕 도사가 머털이에게 절벽과 절벽 사이의 폭이 좁은 길을 걸어가라고 하는데, 머털이가 주위가 낭떠러지인데 어떻게 가냐고 누덕 도사에게 소리를 쳤어. 그러자 누덕 도사가 뭐라고 한 줄 아니? 길 주위를 낭떠러지가 아니라 풀밭이라고 생각하라고 해. 난 그 말을 듣고 수영을 배우는 너를 생각했어. 물을 너무 무섭게만 생각하지 말고 촉촉한 솜사탕 같은 것이라고 생각하면 어떨까? 너도 이 만화 영화를 재미있게 보면 좋겠다.

1 기억에 남는 까닭을 구체적으로 떠올려서 씁니다.

2 만화 영화나 영화의 내용을 다시 떠올리면서 정리해 봅니다.

3

채점 기준		
	잘함	친근한 표현을 사용하여 까닭이 잘 드러나게 만화 영화나 영화를 소개하는 글을 썼습니다.
	노력 요함	만화 영화나 영화를 소개하는 글을 썼지만, 소개하는 까닭이 분명하지 않습니다.

20쪽 **쉬어가기**

2. 마음을 전하는 글을 써요

22쪽 **개념 확인 문제**

1 ㉮, ㉯   **2** (2) ○ (3) ○   **3** 마음을 전할 사람 / 전하려는 마음 / 마음을 나타내는 표현

1 글을 읽고 글쓴이의 마음을 파악하려면 글쓴이가 마음을 전하려고 사용한 표현이 무엇인지, 글쓴이가 전하려는 마음이 무엇인지 살펴야 합니다.

2 마음을 전하는 글에 객관적인 사실만 써야 하는 것은 아닙니다. 글쓴이의 마음을 잘 나타낼 수 있는 표현을 사용하며 읽는 사람의 마음을 고려해 쓰는 것이 중요합니다.

3 마음을 전하는 글에는 '먼 미래에 일어날 일'을 상상하여 쓰는 것이 아니라, '마음을 전할 사람과 있었던 일'을 쓰는 것이 알맞습니다.

23쪽 **어휘·문법 확인 문제**

1 마음   **2** (1) 시범 (2) 낯설게   **3** (2) ○   **4** 박따

1 '마음'은 사람이 다른 대상에 대하여 느끼는 감정이나 생각 등을 뜻하고 '편지'는 안부나 소식 등을 적은 글을 뜻합니다.

2 검도와 어울리는 말은 '시범'이고 평소와 달라서 '낯설게' 느껴진다는 표현이 알맞습니다.

3 '참되다'는 '진실하고 올바르다.'는 뜻으로 '진실하다'와 바꾸어 쓸 수 있습니다.

4 '밝다'는 겹받침 'ㄺ' 다음에 자음자 'ㄷ'이 왔으므로 [박따]로 발음해야 합니다.

24~31쪽 **교과서 독해**

태웅이의 편지 |24쪽| 1 (1) ㉯ (2) ㉰ (3) ㉮   **2** ㉮
3 ②   **4** (1) 예 고마운 (2) 예 미안한

지우의 편지 |25쪽| 5 ⑤   **6** 예 어찌할 바를 모르고 곤란해하는 지우의 모습을 보고 직접 찾아와 도와주셨습니다. / 그릇 만들기를 어려워하는 지우가 따라 해 볼 수 있도록 직접 시범을 보여 주셨습니다.
7 ④, ⑤   **8** (1) 예 고마운 마음 (2) 고맙습니다. 등

엄마의 편지 |26쪽| 9 ④   **10** ②   **11** ③   **12** 예 행복하고 엄마께 잘해 드리고 싶은 마음이 들 것입니다.

안창호 선생의 편지 |27~28쪽| 13 필립   **14** ②   **15** ①
16 ④   **17** ①, ②, ③   **18** 예 좋은 사람이 되려면 진실하고 깨끗해야 하고, 좋은 친구를 가려 사귀어야 하며 좋은 책을 가려 보아야 한다고 했습니다.
19 ④, ⑤   **20** 미연   **21** (1) 아들 (2) 목적 (3) 걱정 (4) 당부

좋은 사람과 사귀려면 좋은 인상을 주어라 |29쪽| 22 상대를 기쁘게 해 주고 싶은 마음   **23** ⑤   **24** ①
25 ②, ⑤

마음 전하기 |30쪽| 26 친구가 싫어하는 별명을 부르며 놀렸기 때문에   **27** ④   **28** ①, ③   **29** (1) 예 함께 블록 놀이를 즐겁게 하던 친구가 전학을 갔습니다. (2) 예 친구야, 그리워. 보고 싶다.

재환이가 겪은 일 |31쪽| 30 (2) ○   **31** ③   **32** ①, ③, ④   **33** (1) 이웃 (2) 예 반가운

1 태웅이가 반 친구들에게 자신의 마음을 전하려고 쓴 편지입니다.

2 함께 달려 주고 응원해 준 것에 고마워하는 글쓴이에게 어떤 말을 하는 것이 좋을지 생각합니다.

3 '두렵다'와 비슷한 뜻의 낱말은 '겁나다', '불안하다' 등이 있습니다.

4 태웅이는 친구들이 힘차게 달리고 싶었을 텐데 자신 때문에 참았을 것 같아 미안하였고, 같이 달려 주고 응원해 준 친구들의 마음이 고마웠습니다.

같이 달려 주고 응원해 준 너희의 따뜻한 마음 잊지 않을게.	⇒	(1) (예 고마운) 마음
힘껏 달리고 싶었을 텐데 나 때문에 참았을 것 같아서 미안한 마음이 들어.	⇒	(2) (예 미안한) 마음

5 지우는 도자기를 만들 때 생각처럼 잘되지 않고, 만든 도자기가 상상했던 모양과 너무 달라서 당황하였습니다.

6 선생님은 그릇 만들기를 어려워하는 지우에게 어떻게 모양을 내는지 시범을 보여 주셨습니다.

채점 tip 선생님께서 지우가 그릇 모양을 잘 만들 수 있도록 도와 주신 모습과 관련하여 썼으면 정답으로 합니다.

7 이 글은 지우가 김하영 선생님께 쓴 편지로, 체험학습 때 선생님께서 도와주신 일에 대해 고마운 마음을 전하고 있습니다.

> **왜 답이 아닐까?**
> 이 글은 편지로 읽는 사람이 정해져 있고, '인사말–전하고 싶은 말–끝인사–쓴 날짜와 쓴 사람' 등의 형식이 있습니다.

8 지우는 선생님께서 도자기를 만들 때 도와주셔서 고마운 마음이 들었고, 이를 '고맙습니다.'라고 표현하였습니다.

전하려는 마음	(1) 예 고마운 마음
마음을 전하려고 사용한 표현	(2) 고맙습니다. 등

9 피아노와 춤을 사랑하는 큰딸의 이름이 '시연'이고, 애교쟁이 작은딸의 이름은 '정연'입니다.

10 엄마는 딸들이 건강하고 훌륭하게 자랄 수 있도록 돕겠다고 밝히며 언제나 사랑한다고 쓰셨습니다.

11 '새삼 실감하곤 한다.'에 딸들에 대한 사랑하는 마음이 드러나 있지는 않습니다.

12 엄마가 딸들을 자랑스러워하고 소중히 생각한다고 하셨으므로 편지를 읽은 시연이와 정연이는 행복한 마음이 들 것입니다.

13 '사랑하는 아들 필립'으로 시작하고 있습니다.

14 글쓴이는 미국 국회 의원들이 동양에 온다고 해서 홍콩으로 왔고, 곧 상하이로 돌아갈 것이라 했습니다.

15 글쓴이는 아들에게 안부를 묻고 당부할 말을 전하기 위해서 이 편지를 썼습니다.

16 ㉠ 앞에 '남을 속이지 않는'이라고 했고, 낱말의 뜻이 '마음에 거짓이 없이 순수하고 바른.'이라고 했으므로 '진실한'이 알맞습니다.

17 글쓴이가 아들이 다친 일을 걱정하는 마음, 한 학년 올라간 일을 축하하는 마음, 스스로 좋은 사람이 되려고 힘쓰길 당부하는 마음이 드러나 있습니다.

18 글에서 글쓴이가 말한 좋은 사람이 되기 위한 조건은 크게 두 가지로 정리할 수 있습니다. 진실하고 깨끗해야 하며 좋은 친구를 가려 사귀어야 한다는 점,

그리고 좋은 책을 가려 보아야 한다고 하였습니다.

채점 tip 좋은 사람이 되는 첫 번째 조건과 두 번째 조건을 직접 밝힌 부분을 찾아 썼으면 정답으로 합니다.

19 글쓴이는 좋은 사람들의 이야기가 담겨 있어 본받을 수 있는 책과 공부에 필요한 지식을 얻기 위한 책을 택하라고 하였습니다.

20 아버지가 아들과 관련된 일을 떠올리며 아들에게 당부하는 말을 쓴 편지입니다.

21 아들에게 안부를 묻고 당부할 말을 전하기 위해 쓴 편지에서 어떤 표현을 사용하여 마음을 전했는지 정리해 봅니다.

글을 쓸 때 고려한 점	• 읽는 사람: (1)(아들) • (2)(목적): 안부를 묻고 당부할 말을 전하기 위해

전하는 마음과 사용한 표현
• 다친 일을 (3)(걱정)하는 마음 → 걱정되는구나.   • 좋은 사람이 되기 위해 힘쓰기를 (4)(당부)하는 마음 → 힘써야 한단다.

22 ㉮에서 상대를 기쁘게 해 주고 싶은 마음이 사람을 사귀는 데 가장 기본이 된다고 하였습니다.

23 동전이 앞면과 뒷면이 같이 있듯이 사람도 단점과 장점을 모두 가지고 있다고 하였습니다.

24 단점은 '잘못되고 모자라는 점.'을 장점은 '좋거나 잘하거나 긍정적인 점.'을 뜻하므로 단점과 장점은 반대말입니다. ①의 '국가 – 나라'는 비슷한말입니다.

> **왜 답이 아닐까?**
> ② 아이(나이가 어린 사람.) ↔ 어른(다 자란 사람.)
> ③ 고음(높은 소리.) ↔ 저음(낮은 소리.)
> ④ 소년(어린 사내아이.) ↔ 소녀(어린 여자아이.)
> ⑤ 길다(잇닿아 있는 물체의 두 끝이 서로 멀다.) ↔ 짧다(두 끝이 가깝다.)

25 글쓴이는 이 글을 읽는 아들이 좋은 인상을 주는 사람이 되기를 바라고, 좋은 친구를 사귀기를 바랍니다.

26 말하는 아이가 한 말을 통해 친구에게 잘못한 일이 무엇인지 알 수 있습니다.

27 남자아이는 학년 달리기 대회에서 상을 받은 여자아이에게 축하하는 마음을 전하는 것이 알맞습니다.

BOOK **1** 개념북

2 단원

28 친구의 병문안을 간 상황이므로 아픈 친구를 걱정하고 위로하는 마음을 전할 수 있는 말을 해야 합니다.

29 그림 ㉣에서 여자아이는 함께 블록 놀이를 하던 친구를 떠올리며 편지를 쓰려고 합니다. 이에 어울리는 있었던 일과 마음을 나타내는 표현을 씁니다.

> **이런 답도 가능해!**
> ⑴ 나와 종종 블록 놀이를 하던 친구 진호가 이사를 갔습니다.
> ⑵ 진호야, 보고 싶다. 자주 놀러 와. 우리 또 즐겁게 놀자.

30 재환이는 이사 와서 이웃에게 인사도 하고, 자신의 소식도 알리기 위해 편지를 써서 아파트의 승강기 안에 붙였습니다.

31 승강기를 탄 이웃 사람들이 재환이의 편지를 보고 마음을 담은 쪽지를 붙였다고 하였습니다.

32 '낯설다'는 '사물이 눈에 익지 않다.'의 뜻이므로 반대되는 뜻의 낱말은 '사물이 눈에 익다.'는 뜻의 '낯익다, 친숙하다, 익숙하다' 등이 있습니다.

33 재환이는 편지에 이웃과 잘 지내고 싶은 마음을, 이웃 사람들은 쪽지에 재환이를 환영하고 반가워하는 마음을 전했습니다.

재환이	⑴(이웃)와/과 잘 지내고 싶은 마음
이웃 사람들	재환이를 환영하는 마음, 이사 온 재환이가 ⑵(㉓ 반가운) 마음

32~33쪽 단원 평가 ❶회

1 ⑴ ㉐ ⑵ ㉑ ⑶ ㉒ **2** ①, ②, ⑤ **3** ㉓ 고마운 마음 **4** ③, ⑤ **5** ⑤ **6** ⑵ ○ **7** ①, ③ **8** ②, ③ **9** ⑴ 막찌 ⑵ 발끼도 **10** ⑴ 물꼬 ⑵ 북찌 ⑶ 일끼

---

1 태웅이는 달리기를 할 때면 부끄러운 마음에 숨고 싶었고, 친구들이 힘차게 달리고 싶었을 텐데 자신 때문에 참았을 것 같아 미안하였고, 같이 달려 주고 응원해 준 친구들의 따뜻한 마음에 고마워하였습니다.

2 태웅이의 편지에는 '쑥스러워서', '미안한', '고마워'와 같은 마음을 나타내는 낱말이 쓰였습니다.

3 지우는 선생님께 그릇 만드는 일을 도와주셔서 고마운 마음을 전하고 있습니다.

4 선생님께서는 그릇 만들기를 어려워하는 지우에게 직접 찾아와 시범을 보여 주셨습니다.

5 글쓴이는 아내의 편지를 받고, 아들이 넘어져 팔을 다쳤다는 소식을 들어 매우 걱정된다고 썼습니다.

6 글에는 아들이 다친 일을 걱정하는 마음이 '걱정되는구나.'라는 표현에 잘 드러나 있습니다.

7 친구의 병문안을 간 상황이므로, 아픈 친구를 걱정하고 위로하는 마음을 전하는 것이 알맞습니다.

8 댓글을 쓸 때에는 읽는 사람의 처지를 생각하며 쓰고, 직접 보지 않고 대화하는 온라인 게시판이라고 하여 거짓말을 하거나 나쁜 말을 하지 않습니다.

9 겹받침 'ㄺ' 다음에 자음자 'ㄱ'이 오면 겹받침 'ㄺ'은 [ㄹ]로 소리 나고, 'ㄱ'을 뺀 나머지 자음자와 만나면 겹받침 'ㄺ'은 [ㄱ]만 소리 납니다. 그러므로 '맑지'는 [막찌]로 발음하고, '밝기도'는 [발끼도]로 발음합니다.

> **문법 문제 tip** 겹받침 'ㄺ'을 [ㄹ]로 발음할 때가 많은데, 특히 자주 틀리는 '늙다[늑따]', '묽다[묵따]', '굵다[국따]'의 경우 주의하여 발음하도록 합니다.

10 ⑴과 ⑶은 겹받침 'ㄺ' 다음에 자음자 'ㄱ'이 왔으므로 [물꼬], [일끼]로 읽고, ⑵는 'ㄺ'이 [ㄱ]으로 소리 나므로 [북찌]라고 읽습니다.

34~36쪽 단원 평가 ❷회

1 ㉓ 고마운 마음 **2** ④ **3** ② **4** ㉓ 힘차게 달리는 것보다 느려도 함께 가는 것이 더 보람 있었어. **5** ㉓ 고맙습니다 **6** 엄마, 딸들(두 딸) **7** 수연 **8** ③ **9** ㉓ 스스로 좋은 사람이 되기 위해 힘써야 한다. **10** ①, ③, ④ **11** ⑴ ㉑ ⑵ ㉒ ⑶ ㉐ **12** ㉓ 매일 우리 집에서 함께 줄넘기도 하고 숙제도 한 슬이가 멀리 이사를 갔습니다. 슬이에게 편지로 그리운 마음을 전하고 싶습니다. **13** ⑤ **14** ⑤ **15** ③, ④

---

1 전시 해설사 선생님 덕분에 많은 것을 알게 되었다고 하였으므로 고마운 마음을 전할 것입니다.

2 태웅이는 오늘 운동회에서 같이 달려 준 반 친구들에게 고마운 마음을 전하기 위해 편지를 썼습니다.

3 같이 달려 주고 응원해 준 친구들에게 고마운 마음이 든다고 하였습니다.

4 반 친구들이 태웅이에게 마음을 전하는 어떤 말을 했을지 생각해 씁니다.

> **이런 답도 가능해!**
> 나도 함께 뛸 수 있어서 참 행복했어.

5 글쓴이는 선생님께서 도자기를 만들 때 도와주셔서 고마운 마음이 들었을 것입니다.

6 '우리 딸들의 깔깔대는 웃음소리를 들을 때마다 엄마는 힘이 솟고 행복감을 느낀단다. 엄마에게 너희는 세상 무엇과도 바꿀 수 없는 소중한 보물이야.'라는 표현에서 엄마가 딸들에게 쓴 편지임을 알 수 있습니다.

7 글쓴이가 두 딸에게 사랑하는 마음을 전하고 있습니다.

8 글쓴이가 자신의 아들 필립에게 쓴 편지입니다.

9 글쓴이는 아들에게 스스로 좋은 사람이 되기 위해 힘쓰기를 당부하고 있습니다.

10 글쓴이는 아들이 다친 일을 걱정하고, 한 학년 올라간 일을 축하하며 아들이 좋은 사람이 되기 위해 힘쓰길 당부하고 있습니다.

11 그림 ㉮에서 친구의 별명을 부르며 놀려서 미안한 마음을, 그림 ㉯에서 달리기 대회에서 상을 받은 것을 축하하는 마음을, 그림 ㉰에서 아픈 친구를 위로하는 마음을 전하는 것이 알맞습니다.

12 친구와 함께한 일을 쓰고, 친구에게 어떤 마음을 전하고 싶은지 씁니다.

> **채점 tip** 친구와 함께한 일을 쓰고, 상황에 맞는 알맞은 마음을 썼으면 정답으로 합니다.

13 표현하고 싶은 마음, 일어난 일, 그 일에 대한 생각이나 느낌을 자세히 씁니다.

14 '신기한 일'이란, 승강기를 탄 이웃 사람들이 재환이의 편지를 보고 마음을 담은 쪽지를 붙인 일입니다.

15 쪽지 내용으로 보아 반갑고 고마운 마음이 들었을 것입니다.

37쪽 **수행 평가**

1 (1) **예** 아들 필립 (2) **예** 좋은 사람이 되기 위해 힘쓰기를 당부하기 위해서입니다. **2** **예** 좋은 사람이 되려면 진실하고 깨끗해야 하고, 좋은 친구를 가려 사귀어야 하며 좋은 책을 가려 보아야 한다고 했습니다. **3** **예** 아버지께 / 아버지, 몸 건강히 잘 계

신지요? / 아버지께서 당부하신 대로 좋은 사람이 되기 위해 노력하겠습니다. 항상 진실하고 깨끗하게 생활하고, 좋은 친구와 책을 가려서 접하도록 하겠습니다. 좋은 사람이 되기 위한 방법을 자세히 알려 주셔서 고맙습니다. / 자주 편지로 안부 인사 드릴게요. 안녕히 계세요. / ○월 ○일 / 아들 필립 올림

1 글의 처음에 키가 크고 몸이 커지는 만큼 스스로 좋은 사람이 되려고 힘써야 한다고 말하면서 좋은 사람이 되려면 어떻게 해야 하는지 썼습니다.

2 글에서 글쓴이가 말한 좋은 사람이 되는 조건은 크게 두 가지로 찾아 정리할 수 있습니다. 좋은 사람이 되려면 진실하고 깨끗해야 하며 좋은 친구를 가려 사귀고 좋은 책을 가려 보아야 한다고 하였습니다.

3

채점 기준	잘함	세 가지 조건 을 모두 충족하여 글쓴이에게 답장을 알맞게 썼습니다.
	보통	세 가지 조건 중 두 가지만 충족하여 글쓴이에게 답장을 썼습니다.
	노력 요함	세 가지 조건 중 한 가지만 충족하여 편지를 썼거나, 답장의 내용이 글쓴이가 보낸 편지의 내용과 어울리지 않습니다.

38쪽 **쉬어가기**

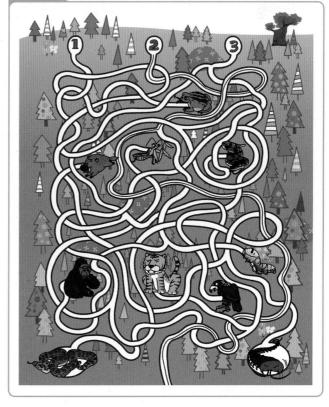

3. 바르고 공손하게

40쪽 개념 확인 문제

1 소민 **2** (1) ○ (2) ○ **3** (1) 예의 (2) 신중 (3) 그림말

1 소민이는 예의 바른 말을 사용하여 친구에게 고마운 마음을 전하였습니다.

2 의견을 말할 때에는 손을 들어 말할 기회를 얻어 발표하고, 회의와 같은 공식적인 상황에서는 높임말을 사용해야 합니다.

3 온라인 대화를 할 때에는 뜻을 알 수 없는 말은 사용하지 않고, 신중하게 생각하고 글을 입력합니다.

41쪽 어휘·문법 확인 문제

1 말씨 **2** (1) ○ (2) × (3) ○ **3** 섭섭하다 **4** (1) 진지 (2) 오셨어요 (3) 여쭈어볼

1 '예절'은 사회생활에서 지켜야 하는 바르고 공손한 말씨와 몸가짐을 뜻합니다.

2 '경고나 충고하기 위하여 일깨워 주는 것.'은 '주의'의 뜻입니다. '성급하다'는 '성질이 급하다.'는 뜻입니다.

3 '서운하다'는 '(무엇이) 생각했던 것만큼 되지 않아서 아쉬운 느낌이 있다.'의 뜻으로, '섭섭하다'와 뜻이 비슷합니다.

4 '밥'은 '진지', '오다'는 '오시다', '묻다'는 '여쭈다/여쭙다'로 씁니다.

42~51쪽 교과서 독해

박바우와 박 서방 |42쪽| **1** (1) ㉮ (2) ㉯ **2** ⑤ **3** (3) ○ **4** (1) 윗마을 양반 (2) 아랫마을 양반 (3) 고기를 많이 줌 (4) 말투

오늘 아침 민수네 교실에서 있었던 일 |43쪽| **5** 영철, 채은 **6** ④ **7** ⑤ **8** 예 민수야, 어서 와.

대화 예절을 지키며 대화하는 방법 |44쪽| **9** ① **10** (3) ○ **11** 예 남자아이입니다. 왜냐하면 웃어른께 "수고하셨어요."라고 말씀드리는 것은 예절에 어긋나기 때문입니다. **12** 예 고맙습니다.

신유의 생일잔치 |45~46쪽| **13** 신유 **14** ⑤ **15** (1) 신유 어머니 (2) 예 바른 **16** ③, ⑤ **17** ⑤ **18** ④ **19** ② **20** ㉮

역할극을 하며 상대의 기분 알기 |47쪽| **21** (1) ㉯ (2) ㉮ (3) ㉰ **22** ⑤ **23** (1) ○ **24** (1) 예 "미안해. 네 말이 끝날 때까지 기다릴게." (2) 예 "기분을 상하게 해서 미안해. 이제 그만할게." (3) 예 "그래, 다른 친구부터 하고 나서 할게."

예절에 맞게 말하기 |48쪽| **25** ⑤ **26** ⑤ **27** 예 괜찮아. 많이 다치지 않았어. / 그래, 괜찮아. 다음에는 더 조심하면 좋겠어. **28** ⑤

우리 반 회의 시간 |49~50쪽| **29** 사회자 **30** 다수결 **31** "친구들과 사이좋게 지내자." **32** ② **33** ㉮, ㉰ **34** ④ **35** ⑤ **36** (1) 경청 (2) 끼어들지 (3) 말할 기회 (4) 높임말

온라인 대화 |51쪽| **37** ⑤ **38** (2) ○ **39** 예 대화가 잘 안될 것 같습니다. / 무슨 뜻인지 몰라서 오해가 생길 것 같습니다. **40** (1) 대화명 (2) 예 적절하게

1 윗마을 양반은 "바우야, 쇠고기 한 근만 줘라."라고 말하였고, 아랫마을 양반은 "박 서방, 쇠고기 한 근만 주게."라고 말하였습니다.

2 두 양반 중 아랫마을 양반만 '박 서방'이라 부르며 박 노인을 존중하였습니다.

3 두 양반의 말에 따라 달라진 박 노인의 반응을 통해, 대화를 할 때 말을 신중하게 해야 함을 일깨워 주는 속담이 어울립니다. (1)은 권력이 대단하여 모든 일을 제 마음대로 할 수 있는 상태를 비유적으로 이르는 말이고, (2)는 기역자 모양으로 생긴 낫을 놓고도 기역자를 모른다는 뜻으로, 사람이 글자를 모르거나 아주 무식함을 비유적으로 이르는 말입니다.

4 두 양반의 말투에 따라 박 노인의 태도가 어떻게 달라졌는지 알맞게 정리하여 씁니다.

바우	(1)(윗마을 양반)의 말에 박 노인은 기분이 나빠서 고기를 적게 줌.	똑같은 이야기라도 말하는 사람의 (4)(말투)에 따라 듣는 이의 태도가 달라짐.
박 서방	(2)(아랫마을 양반)의 말에 박 노인은 기분이 좋아서 (3)(고기를 많이 줌).	

5 영철이는 민수에게 "어이, 키다리! 왔냐?", 채은이는 "민수야, 안녕?"이라고 인사를 하였습니다.

6 영철이의 말을 들은 민수가 "뭐야, 아침부터 듣기 싫은 별명을 부르고……."라고 말한 것에서 민수의 기분이 나빠진 까닭을 알 수 있습니다.

7 별명 대신 이름을 불러 주길 바라는 자신의 마음을 예의 바르게 표현한 민수에게 영철이는 미안한 마음이 들 것입니다.

8 아침에 교실에서 나누기 알맞은 인사말을 생각하여 씁니다.

채점 tip 민수를 배려한 인사말을 썼으면 정답으로 합니다.

9 어른 앞에서는 여자아이처럼 '제가'라는 표현을 사용하는 것이 예절에 맞습니다.

10 '제가'라는 표현을 넣어서 할머니를 도와드리겠다고 말씀드려야 합니다.

11 웃어른께는 "수고하셨어요."라고 말하는 것이 대화 예절에 어긋난다는 점을 까닭으로 들어 씁니다.

12 아저씨께서 도와주고 계시므로 "고맙습니다."라고 마음을 직접적으로 표현하는 것이 알맞습니다.

13 친구들이 신유의 생일을 축하하기 위해 신유네 집에 갔습니다.

14 신유의 친구들은 신유 어머니께 인사를 제대로 하지 않고 집 안으로 뛰어들어 갔습니다.

15 신유의 집에 들어갔을 때 신유 어머니께서 맞이해 주셨으므로 공손한 자세로 인사를 드려야 합니다.

16 '성급하다'는 '성질이 급하다.'의 뜻이므로 '여유가 있다.'의 뜻인 '여유롭다'와 '마음에 흡족하여 여유가 있고 넉넉하다.'의 뜻인 '느긋하다'와 뜻이 반대입니다.

왜 답이 아닐까?
① 빠르다: 어떤 동작을 하는 데 걸리는 시간이 짧다.
② 바쁘다: 일이 많거나 또는 서둘러서 해야 할 일로 인하여 딴 겨를이 없다.
④ 조급하다: 참을성이 없이 몹시 급하다.

17 신유는 친구들이 자신만 빼고 귓속말로 비밀 이야기를 하는 것 같아서 기분이 나쁘다고 말하였습니다.

18 친구 앞에서 귓속말을 하지 않아야 합니다.

19 신유는 친구들이 자신을 따돌리는 것 같아 기분이 나쁘다고 하였으므로 서운한 목소리로 말하는 것이 알맞습니다.

20 어른께서 준비해 주신 음식을 먹을 때에는 "고맙습니다." 등의 감사 인사를 드려야 하고, 친구 앞에서 귓속말하는 것을 삼가는 것이 좋습니다.

21 사슴, 거북, 사자가 한 말과 행동을 살펴 그림 속 상황을 이해합니다.

22 토끼는 자신이 말할 기회를 뺏기고 거친 말을 들어 무시당한 기분이 들 것입니다.

23 친구와 예절을 지키며 대화를 주고받으면 친구에게 배려받는 것 같아 친구와의 사이가 더 좋아집니다.

24 상대의 기분이 상하지 않게 예의 바르게 고쳐 씁니다.

㉠	(1) **예** "미안해. 네 말이 끝날 때까지 기다릴게."
㉡	(2) **예** "기분을 상하게 해서 미안해. 이제 그만할게."
㉢	(3) **예** "그래, 다른 친구부터 하고 나서 할게."

25 어머니의 심부름을 가서 웃어른과 대화하는 상황이므로, 알맞은 높임 표현을 사용하여 말해야 합니다. 또, 웃어른의 대답에 어울리는 말이 들어가야 합니다.

26 현지가 운동장을 지나다가 친구가 찬 축구공에 맞았고, 친구의 사과를 받은 상황입니다.

27 친구가 실수한 것에 대해 미안하다고 말했으므로 사과를 받아 주는 말을 하는 것이 알맞습니다.

채점 tip 듣는 사람의 마음을 헤아려 예절에 맞게 썼으면 정답으로 합니다.

28 시간과 장소에 따라서 목소리 크기는 적절하게 조절하여 대화를 주고받아야 합니다.

29 학급 회의를 할 때 사회자가 하는 일을 설명한 것입니다.

30 많은 사람이 찬성하는 의견으로 결정하는 것을 '다수결'이라고 합니다. 다수결로 의견을 정할 때에도 소수 의견을 존중해야 합니다.

31 회의 주제는 다수결의 원칙에 따라 "친구들과 사이 좋게 지내자."로 정하였습니다.

32 희정이가 의견을 말하는 중에 찬우가 끼어들어서 자신의 의견을 말하였기 때문입니다.

33 경희는 말할 기회를 얻지 않고 말하였고, 높임말도 사용하지 않았습니다.

BOOK ❶ 개념북

3 단원

34 찬민이는 다른 사람의 의견을 잘 듣지 않아서 자신 없게 "고운 말? 뭐였지?"라고 말하였습니다. 회의할 때에는 다른 사람의 의견을 잘 들으며 존중하는 태도를 가져야 합니다.

35 ㉠과 ①~④에서 '주의'는 '경고나 훈계의 뜻으로 일깨움.'의 뜻으로 쓰였고, ⑤에서 '주의'는 '굳게 지키는 주장이나 방침.'의 뜻으로 쓰였습니다.

36 회의할 때 높임말을 사용하고, 다른 사람이 발표할 때 끼어들지 않고 말할 기회를 얻어 말하며, 다른 사람 의견을 경청해야 합니다.

37 영철이가 대화명을 이름이 아닌 것으로 썼기 때문에 지혜는 '@.@'가 누구인지 알지 못했습니다.

38 그림말은 기분을 더 잘 표현해 줄 수도 있지만 너무 많이 사용하면 장난스러운 대화가 될 수도 있습니다.

39 영철이와 지혜의 대화를 바탕으로 줄임 말을 지나치게 사용했을 때 어떤 문제가 있을지 써 봅니다.

> **이런 답도 가능해!**
> • 항상 새로운 말의 뜻을 배워야 할 것 같습니다.
> • 무슨 뜻인지 몰라서 대화가 어려울 것 같습니다.

40 지혜가 친구들과 나눈 온라인 대화를 바탕으로 올바른 대화 예절을 완성합니다.

대화명을 사용할 때	자신을 잘 표현하는 (1)(대화명) 사용하기
줄임 말이나 그림말을 사용할 때	상황이나 상대에 따라 되도록 사용을 줄이거나 꼭 필요한 경우에만 (2)(예 적절하게) 사용하기

52~53쪽 · 단원 평가 ❶회

1 (1) 바우 (2) 박 서방 **2** ④ **3** ㉮ **4** ① **5** ② **6** ⑤ **7** (1) 강찬우 (2) 박태영 **8** ⑤ **9** (1) 집, 밥, 먹다 (2) 댁, 진지, 드시다 **10** 선생님께서 정우를 감싸 주셨습니다.

1 윗마을 양반은 '바우야'라고 불렸고, 아랫마을 양반은 깍듯이 부탁하는 말투로 '박 서방'이라고 불렸습니다.

2 박 노인은 자신을 박 서방이라고 부른 아랫마을 양

반에게 더 좋은 고기를 훨씬 많이 주었습니다.

3 똑같은 이야기라도 말하는 사람의 말투에 따라 듣는 사람의 태도가 달라질 수 있음을 알 수 있는 이야기입니다.

4 원우, 현영, 지혜는 신유의 방에 책이 많다고 이야기했습니다.

5 신유는 친구들이 자신만 빼고 귓속말을 해서 기분이 나쁘다고 하였습니다. 친구 앞에서는 귓속말을 하지 않아야 합니다.

6 토끼의 말이 다 끝나지 않았는데 사슴이 끼어들어 말한 것이므로 사슴이 사과하는 말을 해야 합니다.

7 태영이는 기분이 나빠지면 서로 사이좋게 지내기가 어려워지기 때문에 "듣기 싫은 별명으로 부르지 말자."고 하였고, 찬우는 장난이 심해져서 싸우는 경우가 많기 때문에 "심한 장난을 하지 말자."고 하였습니다.

8 회의할 때 다른 사람이 평소에 잘못 행동한 것을 비난하는 것은 바람직하지 않습니다.

9 예사말은 친구나 동생처럼 또래나 아랫사람에게 사용하는 말로, '집, 밥, 먹다'가 예사말입니다. '댁, 진지, 드시다'는 웃어른을 공경하는 마음을 담아서 하는 높임말에 해당합니다.

10 '선생님이'는 '선생님께서'로, 높임을 나타내는 '-시-'를 넣어야 하므로 '주었습니다'는 '주셨습니다'로 고쳐 써야 합니다.

문법 문제 tip 높임말을 사용할 때에는 높이는 대상이 누구인지 잘 살펴야 합니다. 자기 자신이나 사람이 아닌 대상을 높이지 않도록 주의합니다.

54~56쪽 · 단원 평가 ❷회

1 ④ **2** (1) ㉯ (2) ㉮ **3** 예 "그렇게 부르지 마. 이름으로 불러 줘."라고 했을 것 같습니다. **4** 내가, 제가 **5** (3) ○ **6** ㉰ **7** 예 아주머니, 맛있는 음식을 준비해 주셔서 고맙습니다. 잘 먹겠습니다. **8** ①, ③ **9** ③ **10** 설윤, 준호 **11** @.@ **12** ⑤ **13** ⑤ **14** (1) 조사한 대상 (2) 조사한 내용 (3) 느낀 점 **15** (1) 예 자나 깨나 예절 바른 말 (2) 예 언제나 대화 예절을 잘 지키자는 내용을 표현하고 싶었기 때문입니다.

1 박 노인은 아랫마을 양반이 자신을 더 존중해 주는 느낌이 들어 고기를 더 많이 주었습니다.

2 박 노인은 '바우'라고 부르는 말을 듣고 건성으로 대답하였고, '박 서방'이라고 부르는 말을 듣고 웃으며 대답하였습니다.

3 민수는 영철이가 듣기 싫은 별명으로 인사를 해서 기분이 나빴을 것입니다. 그러므로 "그렇게 부르면 기분이 나빠. 이름으로 불러 줘." 등이 어울립니다.

4 남자아이가 말한 내용 중 '내가'라고 말한 부분이 대화 예절에 어긋나는 부분입니다. 어른 앞에서는 '제가'라고 표현하는 것이 예절에 맞기 때문입니다.

5 승강기 문이 닫히지 않게 버튼을 눌러 주신 아저씨께 고마운 마음을 전하는 인사말을 해야 합니다.

6 신유의 생일잔치에 온 친구들은 신유 어머니께 대충 인사하고 바로 신유에게 생일 축하한다며 성급하게 굴었습니다. 예절을 지키기 위해 신유 어머니의 얼굴을 바라보며 바른 자세로 인사해야 합니다.

7 어른께서 준비해 주신 음식을 먹는 상황이므로 "고맙습니다.", "잘 먹겠습니다."라고 말씀드립니다.

채점 tip 신유 어머니께 고마운 마음을 표현하는 말을 알맞게 지어 썼으면 정답으로 합니다.

8 다른 사람이 말하는 중에 끼어들지 않아야 하며, 자신이 관심 없는 이야기더라도 일단은 듣는 것이 예절에 맞습니다.

9 찬우는 희정이가 말하고 있는데 끼어들어 말했습니다.

10 경희는 말할 기회를 얻지 않고 의견을 말하였고, 공식적인 상황에서 높임말을 사용하지도 않았습니다.

11 지혜가 대화명 '@.@'을 보고 누구냐고 묻자, 자신은 영철이라고 대답하였습니다.

12 그림말은 기분을 잘 표현해 줄 수도 있지만 너무 많이 사용하면 장난스러운 대화가 될 수도 있고, 다른 사람의 기분을 상하게 만들 수 있습니다.

13 온라인 대화를 할 때에는 시간과 상황에 어울리는 대화를 하는 것이 알맞습니다.

14 대화 예절을 조사한 다음 조사한 대상, 조사한 내용, 느낀 점을 차례로 정리한 내용의 표입니다.

15 말조심을 항상 해야 한다는 내용을 담은 표어를 만들어 쓰는 것이 알맞습니다.

채점 tip (1)에 말을 할 때 항상 주의해야 한다는 뜻을 담은 표어를 지어 쓰고, (2)에 그 까닭을 알맞게 썼으면 정답으로 합니다.

57쪽 **수행 평가**

1 **예** 친구들이 자기만 빼고 귓속말로 비밀 이야기를 하는 것 같았기 때문입니다.　2 **예** 친구 앞에서 귓속말을 하지 않습니다.　3 **예** 학교에 가려고 문을 열었을 때 복도에서 옆집 할아버지와 마주쳤습니다. 내가 먼저 할아버지께 "안녕하세요?"라고 인사를 했고, 할아버지는 "그래. 인사를 참 잘하는구나."라고 칭찬해 주셨습니다. 인사를 하는 것은 당연하다고 생각했는데 칭찬을 들으니 기분이 좋았습니다.

1 신유는 친구들이 자신만 빼고 귓속말로 비밀 이야기를 하는 것 같아서 기분이 나쁘다고 말하였습니다.

2 친구 앞에서 귓속말하는 것을 삼가야 합니다.

3 웃어른 또는 친구와 대화할 때 예절을 잘 지킨 경험을 떠올려 그때의 상황과 내가 한 말, 느낀 점 등이 잘 드러나게 씁니다.

채점 기준	잘함	예절을 잘 지켜 말한 상황과 자신이 한 말, 그때의 마음이 잘 드러나게 썼습니다.
	보통	대화 상황과 예절을 지켜서 한 말을 썼지만, 그때 어떤 마음이 들었는지 쓰지 못했습니다.
	노력 요함	대화 상황과 예절을 지켜서 한 말을 제대로 쓰지 못했습니다.

58쪽 **쉬어가기**

4. 이야기 속 세상

60쪽 개념 확인 문제

1 배경 **2** (2) ◯ **3** ㉯, ㉰, ㉱

1 이야기의 구성 요소 중 '배경'에 대해 설명하고 있습니다.

2 미안하다고 사과해야 하는데도 혀만 내밀고 도망가는 행동에서 창훈이가 장난스럽고 배려심이 없는 성격임을 알 수 있습니다.

3 사건의 흐름을 생각하며 이야기를 읽을 때에는 인물에게 일어난 일을 차례대로 정리해 보고, 인물의 성격이 달라지면 인물의 행동과 그에 따른 사건의 결과가 어떻게 달라질지 살펴봅니다. 또, 인물의 행동에 따라 이어질 이야기가 어떻게 달라질지 예측합니다.

61쪽 어휘·문법 확인 문제

1 (1) ◯ **2** (1) 작정 (2) 자격 (3) 억울하다 (4) 갸웃하였다 **3** (2) ◯ **4** (1) ㉯ (2) ㉮

1 '인물', '사건', '배경'의 뜻을 정확하게 파악합니다.

2 '작정'과 '자격', '억울하다'와 '갸웃하다'의 뜻에 알맞게 씁니다.

3 문장 속 '심통'은 '마땅치 않게 여기는 나쁜 마음.'입니다.

4 '선선하다'는 '시원한 느낌이 있다.'의 뜻이고, '달음질치다'는 '급히 뛰어 달려가다.'의 뜻입니다.

62~75쪽 교과서 독해

사라, 버스를 타다 | 62~65쪽 **1** ③ **2** 어느 날 아침 **3** ③ **4** ①, ③ **5** ③ **6** 예 흑인은 버스 뒷자리에 앉아야 한다는 것입니다. **7** 경찰서 **8** ①, ④ **9** (3) ◯ **10** (1) ㉰ (2) ㉮ (3) ㉯ **11** 예 사라와 어머니는 버스를 타지 않기로 하였고, 사람들이 사라를 뒤따라 걸었습니다. **12** ③ **13** ① **14** ③ **15** (1) 사라 (2) 경찰서 (3) 버스 (4) 버스 안 (5) 앞자리 **주인 잃은 옷 | 66쪽** **16** 한복 만드는 집 **17** ④ **18** 예 '나'는 기품 있는 여인네나 고운 신부의 옷이 되는 꿈을 꾸었는데 그 꿈이 이루어지지 않았기 때문입니다. **19** ⑤

우진이는 정말 멋져! | 67~70쪽 **20** 공기놀이 **21** ⑤ **22** ② **23** ③ **24** ④ **25** (1) ㉮ (2) ㉯ **26** ①, ⑤ **27** (1) 예 소심하고 겁이 많습니다. (2) 예 윤아가 '벌레'라고 말하자마자 벌레가 있을까 봐 무서워서 사물함 밑에서 손을 뺐기 때문입니다. **28** ③ **29** (1) 우진 (2) 윤아 **30** ② **31** 성민 **32** ⑤ **33** ① **34** 예 저는 소극적이고 부끄러움이 많은 성격이어서 이야기 속의 '나'처럼 우진이가 내민 나비 핀을 보고도 선뜻 손을 내밀지 못했을 것입니다. **35** (1) 공기놀이 (2) 공기 알 (3) 나비 핀 (4) 멋진 아이

젓가락 달인 | 71~74쪽 **36** (1) 또랑또랑한 (2) 김해 김씨 **37** ④ **38** (1) ◯ **39** ③, ⑤ **40** ② **41** (1) 야채 (2) 점포, 상점 **42** ④, ⑤ **43** ② **44** ③ **45** (1) 예 손으로 음식 먹는 것은 야만인이나 원시인이 하는 행동입니다. (2) 예 손으로 먹는 것이 그 나라 풍습이고 문화이기 때문에 나쁘다거나 야만인이라고 하면 안 됩니다. **46** ⑤ **47** (3) ◯ **48** ⑤ **49** (1) ◯ **50** 예 젓가락질에 집중하지 못한 우봉이가 주은이에게 지지만 기분 나빠하지 않고 주은이를 진심으로 축하해 줄 것입니다. **51** (1) 주은이 (2) 젓가락질 (3) 손 (4) 우봉이

비 오는 날 | 75쪽 **52** (1) ㉯ (2) ㉰ (3) ㉮ **53** (3) ◯ **54** 영우 **55** (1) 자전거 (2) 아버지 (3) 학교

1 사라는 백인이 아니어서 늘 버스 뒷자리에 앉았습니다.

2 시간적 배경은 '어느 날 아침'으로, 글 ㉯의 앞부분에 제시되었습니다.

3 ㉮ 앞의 문장은 학교까지 걸어가는 것은 그리 어렵지 않다는 것이고, ㉮ 뒤의 문장은 걷기에는 꽤 멀다는 것이므로 서로 반대되는 내용입니다. 그러므로 '그러나', '하지만' 등의 이어 주는 말이 어울립니다.

> **왜 답이 아닐까?**
> '그리고, 그러나, 그래서'와 같이 문장의 내용을 이어 주는 낱말을 이어 주는 말이라고 합니다. '그리고'는 앞의 문장에 덧붙이는 내용이 이어질 때, '그래서'와 '그러므로'는 앞의 내용이 원인이고 뒤의 내용이 결과일 때, '왜냐하면'은 앞의 내용이 결과이고 뒤의 내용이 원인일 때 씁니다.

4 사라는 자신이 옳다고 생각하는 것을 굽히지 않는 용감하고 당당한 성격입니다.

5 버스 뒷자리에 앉아야 하는 사람은 흑인들이었습니다.

6 경찰관은 사라에게 법에는 흑인들이 버스 뒷자리에 앉아야 한다고 나와 있다고 하였습니다.

채점 tip 흑인은 버스 뒷자리에 앉아야 한다는 법의 내용을 그대로 썼으면 정답으로 합니다.

7 경찰관이 어머께 전화하고 사라가 커다란 책상 앞에 앉아 있었다는 내용으로 보아, 경찰서에 있음을 알 수 있습니다.

8 많은 사람이 여기저기에서 사라를 보러 왔고, 사라가 과자를 반쯤 먹었을 때 어머께서 오셔서 사라를 데려가셨습니다.

9 어머니는 사라에게 모든 법이 다 좋은 것은 아니며 사라가 특별한 아이라고 말씀하셨습니다.

10 글 ᆱ에서 인물과 배경을 나타내는 표현을 찾아봅니다.

11 버스 정류장 앞에서 일어난 일을 정리하여 씁니다.

채점 tip 사라와 어머니가 버스를 타지 않기로 했다는 내용, 사람들이 사라를 뒤따라 걸었다는 내용을 모두 썼으면 정답으로 합니다.

12 사라와 어머니는 백인과 흑인을 차별하는 법이 잘못되었다는 것을 알리기 위해 버스를 타지 않고 걸어간 것이라고도 볼 수 있습니다.

13 여러 날 동안 어떤 흑인도 버스를 타지 않자 마침내 '흑인은 버스 앞자리에 앉지 못한다.'는 내용의 법이 바뀌게 되었습니다.

14 사라가 버스 앞자리에 앉을 수 있는 '자격'이 있는 사람이라는 내용이 어울립니다.

15 이야기 속 장소의 변화와 각 장소에서 사라에게 일어난 일을 간단하게 정리합니다.

버스 안	(2)(경찰서)	사라의 방
(1)(사라)이/가 버스 앞자리에 앉았다.	사라가 경찰서에 잡혀갔고, 많은 사람이 사라를 보러 왔다.	어머께서 법은 언젠가는 바뀐다며 사라를 위로하셨다.

버스 정류장 앞	(4)(버스 안)
사라는 (3)(버스)을/를 타지 않기로 하고, 사람들도 사라와 함께 버스를 타지 않았다.	사람들이 마침내 법을 바꾸고 사라는 버스 (5)(앞자리)에 앉게 되었다.

16 글 ᆱ는 옷감 파는 집에서, ᆰ는 한복 만드는 집에서, ᆳ는 할아버지 집에서 일어난 일을 쓴 것입니다.

17 세모시 옷감인 '나'는 할아버지의 어머니이신 백칠세 되는 할머니의 옷이 되었습니다.

18 '나'는 꿈이 이루어지지 않아 속상하고 슬퍼 한숨을 쉬고 눈물을 글썽였습니다.

19 세모시 옷감인 '나'는 할아버지에게 팔려 한복 만드는 집에 맡겨져서 백칠세 되는 할머니의 옷이 되었습니다.

20 '나'는 교실에서 윤아와 공기놀이를 하기로 했습니다.

21 '나'는 우진이가 나타나자 자꾸만 실수를 했고, 우진이 칭찬을 듣고 윤아만 기분이 좋은 것 같아 심통이 났습니다.

22 샘이 많은 '나'는 자신이 좋아하는 우진이에게 칭찬을 듣고 웃는 윤아가 얄밉게 느껴졌습니다.

23 '심통'은 '마땅치 않게 여기는 나쁜 마음.'의 뜻으로, '심술'과 바꾸어 쓸 수 있습니다.

24 창훈이가 공기놀이하던 윤아와 부딪치면서 윤아 손등에 있던 공기 알이 사물함 밑으로 굴러 들어갔습니다.

25 윤아와 '나'는 창훈이에게 소리쳤지만, 소리친 까닭은 서로 달랐습니다.

26 창훈이는 미안하다는 소리 대신 혀만 쏙 내밀고 획 도망갔다고 하였으므로 장난스럽고 배려심이 부족하다는 것을 알 수 있습니다.

27 윤아가 '벌레'라고 말하자마자 '내'가 사물함 밑에서 손을 뺀 행동으로 보아, 소심하고 내성적이며 겁이 많은 성격임을 짐작할 수 있습니다.

28 우진이의 다정다감한 성격이 잘 드러나게 표현하는 것이 알맞습니다.

29 '나'는 우진이의 성의를 무시하고 우진이가 건넨 핀을 더럽다며 면박을 준 윤아가 얄미워서 윤아를 한 대 콩 쥐어박고 싶었지만 참았습니다.

30 윤아가 우진이의 성의를 무시하고 면박을 주었기 때문에 우진이는 부끄러운 마음이 들었을 것입니다.

31 창훈이가 잘못한 점을 바로잡으려는 것으로 보아, 우진이는 의로운 성격입니다.

왜 답이 아닐까? ⓒ에는 윤아의 깔끔하고 남을 배려하지 않는 성격이 드러나 있고, ⓒ에는 창훈이의 장난이 심한 성격이 나타나 있습니다.

32 창훈이가 애교 부리는 것을 보면 장난을 좋아하는 성격임을 알 수 있습니다.

33 '나'는 우진이가 참 멋진 아이라며 누구든 우진이를 좋아할 것이라고 생각하였습니다.

34 자신이 작품 속 '나'와 같은 상황이었다면 어떻게 행동했을지 써 봅니다.

채점 tip 친구가 머리 핀을 주려고 했을 때 어떻게 행동할지 자신의 성격에 맞게 썼으면 정답으로 합니다.

35 이 이야기에 나오는 네 명의 인물이 한 일을 중심으로 사건을 정리합니다.

> '나'는 (1)(공기놀이)을/를 그만두려다 우진이의 부탁으로 함께 공기놀이를 하였고, 창훈이가 윤아와 부딪치면서 (2)(공기 알)이/가 사물함 밑으로 굴러감.
>
> ▼
>
> 우진이가 공기 알과 (3)(나비 핀)을/를 꺼냈고, 공기 알은 '나'에게 주고 나비 핀은 버림.
>
> ▼
>
> '나'는 창훈이의 잘못을 바로잡으려는 우진이를 보며 참 (4)(멋진 아이)(이)라고 생각함.

36 또랑또랑한 목소리로 성은 김해 김씨이고, 이름은 주은이라며 잘 부탁한다고 말했습니다.

37 우봉이가 전학 온 주은이와 짝이 된 것이 글 ㉮의 중심 사건입니다.

38 '갸웃하다'는 '(사람이 고개나 몸을) 한쪽으로 살짝 기울이다.'의 뜻으로 '고개를 갸웃하다'는 이해하기 어렵거나 잘 모를 때 하는 행동입니다.

39 열심히 젓가락질을 연습하는 모습에서 우봉이의 성실하고 지기 싫어하는 성격을 알 수 있습니다.

40 집에 있던 우봉이는 어머니의 심부름으로 두부를 사기 위해 할아버지와 함께 시장에 갔습니다.

41 '채소'와 '야채'가 뜻이 비슷한 낱말이고, '가게'와 '점포', '상점'이 뜻이 비슷한 낱말입니다.

42 우봉이는 채소 가게 안에서 젓가락질 연습을 하고 있는 주은이와 그 옆에서 손으로 음식을 드시는 주은이 어머니를 보았습니다.

43 주은이는 손으로 음식을 드시는 어머니를 창피하게 생각하였습니다.

44 우봉이가 시장에서 주은이 어머니가 손으로 밥을 먹

는 모습을 보고 이와 관련한 이야기를 꺼냈습니다.

45 손으로 음식 먹는 문화에 대한 우봉이와 할아버지의 생각을 잘 정리하여 표에 나타냅니다.

46 우봉이는 다른 문화에 편견을 가졌기 때문에 손으로 음식을 먹는 것은 야만인이나 원시인이 하는 행동이라고 생각하며 융통성이 없습니다.

47 우봉이와 주은이가 젓가락왕을 가리는 결승전에서 겨루게 되었습니다.

48 친구를 이길 생각만 하는 젓가락 달인보다 더 좋은 것은 따로 있다던 할아버지의 말씀과 상품권을 타서 젓가락과 머리핀을 사고 싶다던 주은이의 일기가 생각났기 때문입니다.

49 '잠잠하다'는 '소리가 없이 조용하다.'의 뜻입니다.

50 우봉이는 인정 많은 성격 때문에 지기 싫으면서도 젓가락질에 집중하지 못하고 고민하고 있습니다. 그 결과가 어떻게 될지 이어질 내용을 상상하여 씁니다.

> **이런 답도 가능해!**
> 우봉이가 경기에 이겨도 주은이에게 미안한 마음에 크게 기뻐하지 못할 것 같습니다.

51 우봉이와 주은이가 짝이 된 일부터 젓가락 달인 결승전에서 만나 겨루게 되기까지의 일을 사건의 흐름에 맞게 정리해 봅니다.

> 우봉이가 전학 온 (1)(주은이)와/과 짝이 되고, 할아버지의 도움을 받아 (2)(젓가락질) 연습을 함.
>
> ➡ 우봉이가 주은이 어머니께서 (3)(손)으로 음식 드시는 것을 봄.
> ➡ 우봉이네 가족이 손으로 음식 먹는 것에 대해 이야기함.
>
> ➡ (4)(우봉이)와/과 주은이가 젓가락 달인 결승전에서 겨루게 됨.

52 누가 언제 어디에서 무슨 일을 겪었는지 살펴보면 이야기의 구성 요소인 인물, 사건, 배경을 알 수 있습니다.

53 영란이는 아이들 앞에서 할아버지 같은 아버지 모습을 보이고 싶지 않아서 아버지와 빨리 헤어지고 싶어 한 것입니다.

54 영란이는 할아버지 같은 아버지 모습이 부끄러워 친

구들에게 아버지를 보이고 싶어 하지 않습니다. 그
러므로 아버지 몰래 혼자 집으로 돌아가는 것이 이
어질 내용으로 알맞습니다.

55 글 ㉮와 ㉯에서 일어난 일은 무엇인지 찾아보고, 그
때 영란이의 마음은 어떠했는지 함께 정리해 봅니다.

일어난 일	아버지께서 (1)(자전거)(으)로 영란이를 데려다주심.	아버지께서 영란이를 데리러(3)(학교)에 오심.
영란이의 마음	늙은 (2)(아버지)이/가 부끄러움.	아버지와 집에 가고 싶지 않음.

1 ④ **2** ② **3** ② **4** (1) 사물함 (2) 공기
알 **5** (1) ㉯ (2) ㉮ **6** 할아버지, 아버지, 어머니
7 (2) ○ **8** 우봉(이) **9** 맵다, 얼큰하다 / 무덥다,
후텁지근하다 **10** (1) 무덥다 (2) 매콤하다

1 이야기를 읽고 재미있었던 점을 쓴 것으로 보아, 장
면에 대한 자신의 생각을 정리한 내용입니다.

2 사람들이 사라를 뒤따라 걸었을 때 사라는 마음이
뿌듯하다고 했습니다.

3 흑인은 버스 뒷자리에 앉아야 한다는 법을 바꾸고
싶은 생각에서 흑인들은 버스를 타지 않았습니다.

4 창훈이가 윤아와 부딪치면서 윤아 손등에 있던 공기
알이 사물함 밑으로 굴러 들어갔습니다.

5 창훈이의 행동을 통해 장난스럽고 배려심이 없는 성
격임을, 윤아의 말을 통해 조심성이 많고 깔끔한 성
격임을 짐작할 수 있습니다.

6 저녁때 우봉이는 할아버지, 아버지, 어머니와 함께
식사를 하며 대화를 나누었습니다.

7 우봉이는 젓가락 연습이 되는 것만 골라서 반찬으로
먹었습니다.

8 우봉이는 다른 문화에 대한 편견을 가졌기 때문에
손으로 음식을 먹는 것은 야만인이나 원시인이 하는
행동이라고 생각하였습니다.

9 '맵다', '얼큰하다'는 둘 다 매운맛을 나타낼 때 쓰는
말이고, '무덥다', '후텁지근하다'는 여름에 더운 날씨

를 표현할 때 쓰는 말입니다.

문법 문제 tip '맵다–얼큰하다', '무덥다–후텁지근하다', '서점–책
방'과 같이 소리는 다르지만 그 뜻이 비슷한 말을 '유의어'라고 합
니다.

10 (1) '무덥다'는 '습도와 온도가 매우 높아 찌는 듯 견
디기 어렵게 덥다.'로, '덥다', '후텁지근하다'와 뜻이
비슷합니다. (2) '매콤하다'는 '냄새나 맛이 약간 맵
다.'로 '맵다', '맵싸하다'와 뜻이 비슷합니다.

1 (1) ㉯ (2) ㉮ (3) ㉯ **2** ⑤ **3** (1) ㉢, ㉣ (2) ㉠
(3) ㉡ **4** ③ **5** ⑩ 사람은 누구나 평등한데 사람
을 피부색에 따라 차별하는 일이 있었다는 사실이 놀
라워. **6** ⑤ **7** (1) 들판(북녘땅이 보이는 곳) (2)
⑩ '나'는 주발을 만남. **8** '나', 우진, 창훈, 윤아
9 ④ **10** (1) ⑩ 한 번만 봐 달라고 우진이에게 애
교 섞인 말과 행동을 하였습니다. (2) ⑩ 장난스러
운 성격입니다. **11** ①, ③, ④ **12** ④ **13** ②
14 ④ **15** (1) ⑩ 「혹부리 영감」 (2) ⑩ 혹부리 영감
(3) ⑩ 착하지만 겁이 많고 소극적인 성격입니다. (4)
⑩ 정직하고 적극적인 성격으로 바꾸고 싶습니다.

1 인물, 사건, 배경은 이야기를 구성하는 데 꼭 필요한
요소입니다. '인물'은 이야기에서 어떤 일을 겪는 사
람이나 사물, '사건'은 이야기에서 일어나는 일, '배
경'은 이야기가 펼쳐지는 시간과 장소입니다.

2 지금껏 흑인은 백인으로부터 차별을 받아 버스 뒷자
리에 앉아야 했습니다.

3 '사라'와 '운전사'는 이야기에서 어떤 일을 겪는 사람,
'어느 날 아침'은 이야기가 펼쳐지는 시간, '버스'는
이야기가 펼쳐지는 장소에 해당합니다.

4 이 글에서는 사라가 버스 앞자리에 앉은 일이 가장
중요한 일입니다.

5 사라의 용감한 행동, 사라가 살았던 시대적 배경 등
이야기의 내용과 관련지어 자신의 생각을 정리하여
씁니다.

이런 답도 가능해!
다른 사람을 피부색이나 성별, 외모로 차별하면 안 되겠다는
생각을 했어.

6 '곱디고운 세모시 한복으로 태어나서 사람의 몸에 한 번 걸쳐지지도 못하고 후르르 단번에 타고야 말았습니다.'에서 '내'가 세모시 한복임을 알 수 있습니다.

7 이 글에는 '내'가 들판, 하늘, 나무 울타리 밑으로 이동하며 겪은 일이 차례대로 드러나 있습니다.

8 '나', 우진, 창훈, 윤아가 겪은 일을 쓴 이야기입니다.

9 공기 알과 나비 핀을 가지겠냐고 물어보는 말에서 다정다감한 성격임을, 창훈이의 잘못을 바로잡는 말에서 정의로운 성격임을 알 수 있습니다.

10 인물이 한 말이나 행동으로 인물의 성격을 짐작할 수 있습니다. 창훈이가 윤아와 '나'를 밀치고 난 다음 한 번만 봐 달라고 애교를 부리는 것을 보면 창훈이는 장난을 좋아하는 성격입니다.

11 '가게'는 작은 규모로 물건을 파는 집을 뜻하는 낱말로, '점포, 상점, 점방'과 뜻이 비슷합니다.

12 우봉이는 채소 가게 안에서 주은이 어머니께서 손으로 음식 드시는 것을 보았습니다.

13 주은이는 엄마께 손으로 조몰락조몰락하며 먹지 말라고 하였고, 우봉이는 주은이 어머니께서 손으로 음식 드시는 모습을 보고 속이 메스껍다고 했습니다.

14 이 글에는 아버지 몰래 영란이가 혼자 집으로 돌아온 일과 아버지께서 술을 드시고 집으로 돌아온 일이 차례대로 나타나 있습니다.

15 읽었던 이야기의 제목, 성격을 바꾸고 싶은 인물, 인물의 원래 성격을 정리한 다음, 인물의 새로운 성격을 생각하여 씁니다.

> **채점 tip** 이야기의 제목, 등장인물, 그 인물의 원래 성격과 새로운 성격을 정리하여 썼으면 정답으로 합니다.

수행 평가

1 (1) '나', 윤아, 창훈, 우진 (2) **예** 창훈이가 '나'와 윤아를 또 밀치고 지나가자 우진이가 사과하라고 다그침.　**2** **예** 자신이 당한 일도 아닌데 창훈이한테 사과하라고 말한 것을 보면 우진이의 성격은 의로운 것 같고, 선생님께 이른다는 말에 화를 내거나 겁먹지 않고 한 번만 봐 달라고 애교를 부리는 것을 보면 창훈이는 장난을 좋아하는 것 같습니다.　**3** **예** 저는 의로운 성격이라 우진이처럼 행동했을 것입니다. 친

구가 잘못을 했으면 바로잡아야 한다고 생각하기 때문입니다. / 저는 소심한 성격이라 우진이처럼 바로 그 자리에서 창훈이에게 사과하라고 다그치지는 못했을 것입니다. 하지만 회장에게 도움을 청해서 창훈이가 장난을 치지 않도록 주의를 줄 것입니다.

1 이 이야기에서 인물은 '나', '윤아', '창훈', '우진'이고, 창훈이가 또 친구들을 밀치고 지나가자 우진이가 창훈이에게 사과하라고 다그친 일을 사건으로 정리할 수 있습니다.

2 인물의 말과 행동을 바탕으로 하여 인물의 성격을 짐작하여 씁니다. 우진이는 정의로운 성격 또는 의로운 성격으로, 창훈이는 장난을 좋아하는 성격, 조심성 없이 함부로 행동하는 성격 등으로 파악할 수 있습니다.

3 자신의 성격을 쓰고, 그에 따라 어떻게 행동했을지 씁니다.

채점 기준	잘함	친구가 잘못한 경우에 자신이라면 어떻게 행동할지 자신의 성격과 어울리게 썼습니다.
	노력 요함	자신의 성격과 친구가 잘못한 경우에 할 행동이 서로 어울리지 않습니다.

쉬어가기

5. 의견이 드러나게 글을 써요

84쪽 개념 확인 문제

1 (1) ○ **2** 짜임, 이해 **3** (1) 목화 장수들이 (2) 고양이를 샀다. **4** ㉢

1 '누가/무엇이＋어찌하다'에서 '어찌하다'는 '달리다, 먹는다' 등과 같이 움직임을 나타냅니다.

2 문장의 짜임을 알면 글을 이해하기 쉽습니다.

3 '누가'에 해당하는 부분인 '목화 장수들이'와 '어찌하다'에 해당하는 부분인 '고양이를 샀다.'로 나눌 수 있습니다.

4 자신의 의견을 제시하는 글에는 문제 상황, 자신의 의견, 그 의견을 뒷받침하는 까닭을 써야 합니다.

85쪽 어휘·문법 확인 문제

1 짜임 **2** (1) ○ (3) ○ **3** 관용 **4** 먹다, 자다, 공부하다

1 '여러 가지가 모여 하나를 이루는 것.'이라는 뜻의 낱말은 '짜임'입니다.

2 '아주 가늘게 내리는 비.'는 '이슬비'입니다. '폭우'는 '갑자기 세차게 쏟아지는 비.'입니다.

3 낱말의 뜻을 생각하면서 문장에 알맞은 낱말을 넣어 봅니다.

4 '먹다', '자다', '공부하다'는 '어찌하다'에 해당하는 말입니다.

86~93쪽 교과서 독해

문장의 짜임 **86쪽** **1** ④ **2** (1) 세 아들은 (2) 밭으로 달려갔습니다. **3** ① **4** (1) 부지런한 현서는 (2) 예 열심히 공부를 합니다.

목홧값을 누가 물어야 하나? **87~88쪽** **5** ③ **6** ⑤ **7** ⑤ **8** ② **9** (1) 목화 장수들은 (2) 고양이 때문에 큰 손해를 입어 투덜거렸다. **10** ⑤ **11** (1) 예 고양이의 아픈 다리를 맡았던 목화 장수 (2) 예 고양이 다리에 불이 잘 붙는 산초기름을 발라 주었기 때문입니다. **12** (1) 산초기름 (2) 목홧값 (3) 광

효은이의 편지 **89쪽** **13** ② **14** ④ **15** (1) ○ **16** (1) 반대 (2) 숲 (3) 물고기들 (4) 고향

댐 건설 기관 담당자의 편지 **90쪽** **17** ① **18** ㉴ **19** 예 댐 건설에 반대합니다. 댐을 건설하면 자연환경이 파괴되고, 상수리 주민들이 정든 고향을 떠나 강제로 이사를 가야 하기 때문입니다. **20** (1) 건설 (2) 폭우 (3) 피해

자신의 의견을 제시하는 글 쓰기 **91쪽** **21** (1) ㉠ (2) ㉡ **22** (2) ○ **23** ㉢ **24** ⑤

함께 사는 다문화, 왜 중요할까요? **92쪽** **25** 관용 **26** 규연 **27** 예 나와 다른 사람을 특별 대우 하는 것이 아니라, 길거리에서 만나도 신기하지 않은 평범한 이웃이나 친구로 대하는 것입니다. **28** (1) 다문화 (2) 화합 (3) 선진

학급 신문에 의견을 제시하는 글 쓰기 **93쪽** **29** ②, ④ **30** ③ **31** (2) ○ **32** ③

1 '누가'에 해당하는 '늙은 농부의 세 아들은'과 '어떠하다'에 해당하는 '게을렀습니다.'로 나눌 수 있습니다.

2 ㉡은 '누가'에 해당하는 '세 아들은'과 '어찌하다'에 해당하는 '밭으로 달려갔습니다.'로 나눌 수 있습니다.

3 ㉢에는 '어떠하다'가 들어가야 하므로 '친절합니다.'가 알맞습니다. ②, ③은 '무엇이다'에 해당하고, ④, ⑤는 '어찌하다'에 해당합니다.

4 (1)에는 '누가'에 해당하는 말이 들어가야 하고, 앞 문장의 뒷부분 내용과 연결되어야 하므로 '부지런한 현서는'이 들어가야 합니다. (2)에는 '어찌하다'에 해당하는 말을 한 가지 생각하여 써넣도록 합니다.
채점 tip '누가'에 '부지런한 현서는'을 쓰고, '어찌하다'에 해당하는 말을 바르게 썼으면 정답으로 합니다.

5 '장수'는 '장사하는 사람.'이라는 뜻으로, 비슷한 말로 '상인'이 있습니다. '상인'의 뜻은 '장사를 직업으로 하는 사람.'입니다.

6 목화 장수 네 사람은 고양이를 사서 다리 하나씩을 각자 몫으로 정하고 보살피기로 했습니다.

7 고양이의 다친 다리를 맡은 목화 장수는 고양이 다리에 산초기름을 발라 주었습니다.

8 다리에 불이 붙은 고양이가 광 속으로 도망쳐서 목화 더미 위에서 구르자, 순식간에 목화 더미에 불이 번져 광 속의 목화가 몽땅 타 버리고 말았습니다.

9 '누가'에 해당하는 부분은 '목화 장수들은'이고, '어찌하다'에 해당하는 부분은 '고양이 때문에 큰 손해를 입어 투덜거렸다.'입니다.

10 목화 장수 네 사람은 서로 목홧값을 물어야 한다며 싸우다가 아무리 싸워도 해결이 나지 않자, 고을 사또를 찾아가 판결을 부탁하기로 했습니다.

11 인물의 의견과 까닭을 살펴보고, 자신의 의견은 어떠한지 그 까닭과 함께 써 봅니다.

> **이런 답도 가능해!**
> (1) 고양이의 성한 다리를 맡았던 목화 장수
> (2) 불이 붙은 고양이가 광으로 도망칠 때는 성한 다리로 도망쳤기 때문입니다.

12 목홧값을 누가 물어야 하는지에 대해 등장인물들이 어떤 의견을 제시하였는지 정리해 봅니다.

목화 장수 세 명		나머지 목화 장수
이번 불은 순전히 고양이의 아픈 다리에 불이 잘 붙는 (1)(산초기름)을/를 발라 준 목화 장수 때문이다. 그러니 (2)(목홧값)은/는 그 사람이 물어야 한다.	⬌	다리에 불이 붙은 고양이가 (3)(광)(으)로 도망칠 때는 성한 세 다리로 도망쳤으니 광에 불이 난 것은 순전히 세 목화 장수가 맡은 세 다리 때문이다.

13 하루에도 수십 명의 관광객이 방문한다는 내용은 이 편지에 나타나 있지 않습니다.

14 '토종'은 본디부터 그곳에서 나는 종자를 뜻하고, '외래종'은 다른 나라에서 들어온 씨나 품종을 뜻합니다.

> **왜 답이 아닐까?**
> ① 멸종: 생물의 한 종류가 아주 없어짐.
> ② 어류: 물속에서 살며 아가미로 호흡을 하는 모든 물고기 종류.
> ③ 토박이: 대대로 그 땅에서 나서 오래도록 살아 내려오는 사람.
> ⑤ 재래종: 어떤 지역에서 오랜 세월 동안 다른 품종과 섞이지 않아 본래의 특징을 그대로 가지고 있는 품종. ⑪ 토종.

15 글쓴이는 댐 건설 기관 담당자에게 상수리에 댐을 건설하려는 계획을 취소해 주기를 부탁하려고 이 편지를 썼습니다.

16 글쓴이는 상수리에 댐을 건설하는 것을 반대하면서 세 가지 까닭을 들고 있습니다.

의견	상수리에 댐을 건설하는 것을 (1)(반대)한다.
까닭	• (2)(숲)에 사는 동물들이 살 곳을 잃기 때문이다. • 만강의 (3)(물고기들)을/를 다시는 볼 수 없기 때문이다. • 마을 어른들께서 평생 살아온 (4)(고향)을/를 떠나셔야 하기 때문이다.

17 '폭우'의 뜻으로 알맞은 것은 ①입니다. ②는 '가뭄', ③은 '홍수', ④는 '저수지', ⑤는 '산사태'의 뜻입니다.

18 상수리 주변에 사는 주민들이 홍수로 겪는 정신적·물질적 피해가 해마다 늘어나고 있다는 것이 이 글에 나타난 문제 상황입니다.

19 댐 건설에 대한 자신의 의견을 쓰고, 그 의견을 뒷받침하는 까닭을 구체적으로 써 봅니다.

> **이런 답도 가능해!**
> 댐 건설에 찬성합니다. 상수리 주변에 사는 주민들이 홍수로 겪는 피해가 늘어나고 있는데 댐을 건설하면 이러한 피해를 막을 수 있기 때문입니다.

20 글쓴이는 상수리에 댐을 건설해야 한다고 말하면서 두 가지 까닭을 들고 있습니다.

의견	상수리에 댐을 (1)(건설)해야 한다.
까닭	• (2)(폭우)(으)로 생기는 문제를 막을 수 있기 때문이다. • 홍수로 인한 (3)(피해)을/를 막을 수 있기 때문이다.

21 그림 **②**는 꽃밭에 쓰레기가 버려져 있는 상황, 그림 **④**는 검색한 내용을 그대로 베껴 쓰는 상황입니다.

22 휴대 전화를 보며 횡단보도를 건너는 문제 상황을 해결할 수 있는 의견으로 적절한 것은 (2)입니다.

23 ㉠과 ㉡은 의견 제시가 필요한 문제 상황으로 적절하지 않습니다.

24 읽는 사람이 윗사람이나 여러 사람인 경우 높임말을 사용해 써야 합니다.

25 다문화 사회에서 다른 문화와 민족을 받아들이고 화합하기 위해 가장 필요한 것은 바로 '관용'의 자세입니다.

26 외국인 노동자들도 사회의 발전을 함께 이끄는 구성

원으로 받아들이는 사회야말로 진정한 선진 국가라고 할 수 있습니다.

27 다문화를 받아들이는 올바른 방법은 특별 대우 하는 것이 아니라, 길거리에서 만나도 신기하지 않은 평범한 이웃이나 친구가 되게 하는 것입니다.

채점 tip '특별 대우 하는 것이 아니다.', '평범한 이웃이나 친구' 등과 같은 말이 들어가게 썼으면 정답으로 합니다.

28 글쓴이는 우리가 다문화 사회를 준비하며 관용의 자세를 가져야 한다고 하였습니다.

의견	우리는 (1)(다문화) 사회를 준비하며 관용의 자세로 다른 문화와 민족을 받아들이고 (2)(화합)하는 법을 배워야 한다.
까닭	다른 문화와 민족을 받아들이는 국가야말로 열려 있는 사회이며 우리가 만들어가야 할 (3)(선진) 국가의 모습이기 때문이다.

29 두 친구는 학급 신문의 주제로 각각 '환경'과 '건강'을 말했습니다.

30 학급 신문의 주제, 학급 신문의 주제를 정한 까닭, 학급 신문의 이름, 학급 신문에 실을 자신의 의견과 까닭 등을 생각해 보아야 합니다.

31 학급 신문의 이름은 학급 신문의 주제와 어울리게 지어야 합니다.

32 읽는 사람이 문제 상황이 무엇인지 이해하기 쉽도록 구체적으로 써야 합니다.

94~95쪽 단원 평가 ❶회

1 ⑤ **2** (1) 늙은 농부는 (2) 세 아들에게 밭에 보물이 있다고 말해 주었습니다. **3** ② **4** (1) 목화 장수들이 (2) 고양이를 샀다. **5** ㉠ **6** (1) 발 없는 말이 (2) 천 리 간다. **7** ① **8** ①, ② **9** (1) 찌 (2) 떠 (3) 떠 **10** (1) 무엇이 (2) 어떠하다

1 늙은 농부의 세 아들은 아버지께서 밭에 묻어 두신 보물인, 주렁주렁 열린 포도송이를 발견했습니다.

2 '누가'에 해당하는 '늙은 농부는'과 '어찌하다'에 해당하는 '세 아들에게 밭에 보물이 있다고 말해 주었습니다.'로 나눌 수 있습니다.

3 '무엇이다'는 앞에서 말한 '누가/무엇이'를 가리키는 것으로, 김예지는 '내 친구입니다.'가 알맞습니다. ①은 '어떠하다', ③, ④, ⑤는 '어찌하다'에 해당합니다.

4 '누가'에 해당하는 부분은 '목화 장수들이'이고, '어찌하다'에 해당하는 부분은 '고양이를 샀다.'입니다.

5 제시된 내용은 고양이의 성한 다리를 맡았던 목화 장수 세 명의 의견과 그 까닭입니다.

6 '누가/무엇이'에 해당하는 '발 없는 말이'와 '무엇이다/어찌하다/어떠하다'에 해당하는 '천 리 간다.'로 나눌 수 있습니다.

7 이 글을 쓴 사람인 댐 건설 기관 담당자는 상수리에 댐을 건설해야 한다는 의견입니다.

8 글쓴이는 폭우로 생기는 문제와 홍수로 인한 피해를 막을 수 있기 때문에 상수리에 댐을 건설해야 한다고 했습니다.

9 '어찌하다'는 사람이나 사물의 움직임을 나타내는 말이고, '어떠하다'는 사람이나 사물의 성질이나 상태를 나타내는 말입니다.

문법 문제 tip '어찌하다'와 '어떠하다'를 구별하기 힘들 때에는 낱말에 '-는다/-ㄴ다'를 붙여 현재를 나타내는 말로 바꾸어 봅니다. '가다-간다', '먹다-먹는다', '사랑하다-사랑한다'와 같이 자연스러우면 '어찌하다'이고, '예쁘다-예쁜다'처럼 어색하면 '어떠하다'입니다.

10 '가을 하늘이'는 '무엇이'에 해당하는 부분이고, '푸르다.'는 '어떠하다'에 해당하는 부분입니다.

96~98쪽 단원 평가 ❷회

1 ①, ③ **2** ① **3** ③, ④, ⑤ **4** (1) 예 고양이의 아픈 다리를 맡았던 목화 장수가 목홧값을 물어야 한다. (2) 예 고양이의 아픈 다리에 불이 잘 붙는 산초기름을 발라 주었기 때문이다. **5** ② **6** (1) ㉠ (2) ㉡ **7** (1) 바늘 도둑이 (2) 소도둑 된다. **8** 예 만강에 댐을 건설할 수 있는지 알아보려고 방문하였습니다. **9** (1) ㉲ (2) ㉮, ㉯, ㉴ **10** (1) ○ **11** 예 홍수로 인한 피해 **12** 제성, 진규 **13** 휴대 전화 **14** (1) 예 횡단보도를 건널 때에는 휴대 전화를 보지 말고 손을 들고 좌우를 살피며 건너야 합니다. (2) 예 휴대 전화를 보고 횡단보도를 건너다가 위험한 사고를 당할 수 있기 때문입니다. **15** ㉯, ㉳, ㉵, ㉰, ㉮

BOOK ❶ 개념북

5 단원

1 '밭으로 달려갔습니다.'는 움직임을 나타내는 '어찌하다'에 해당하는 부분입니다.

2 '부지런합니다.'는 '어떠하다'에 해당하는 말입니다.

3 문장을 길게 쓸 수 있고, 문장의 뒷부분을 읽지 않아도 내용을 알 수 있다는 것은 문장의 짜임을 알면 좋은 점으로 적절하지 않습니다.

4 고양이의 성한 다리를 맡았던 목화 장수 세 명이 한 말에서 의견과 까닭을 구분하여 써 봅니다.

   채점 tip (1)에 고양이의 아픈 다리를 맡았던 목화 장수가 목홧값을 물어야 한다고 쓰고, (2)에 고양이의 다리에 산초기름을 발라 주었기 때문이라는 내용으로 쓴 경우 정답으로 합니다.

5 '누가'에 해당하는 '목화 장수들은'과 '어찌하다'에 해당하는 '사또에게 판결을 부탁했다.'로 나누는 것이 알맞습니다.

6 ㉮에 해당하는 속담은 '빈 수레가 요란하다.'이고, ㉯에 해당하는 속담은 '발 없는 말이 천 리 간다.'입니다.

7 제시된 글에 해당하는 속담은 '바늘 도둑이 소도둑 된다.'로, '바늘 도둑이'와 '소도둑 된다.'로 나눌 수 있습니다.

8 댐 건설 기관 담당자들이 어제 만강에 댐을 건설할 수 있는지 알아보려고 상수리를 방문했다고 했습니다.

9 댐 건설에 대한 효은이의 의견을 찾아보고, 그렇게 생각한 까닭 세 가지를 골라 기호를 써 봅니다.

10 ㉠은 문제 상황이 자세히 나타나 있는 부분입니다.

11 글쓴이는 댐을 건설해야 하는 까닭으로 폭우로 생기는 문제와 홍수로 인한 피해를 막을 수 있기 때문이라고 했습니다.

12 자신의 의견을 분명하게 제시했는지 살펴봐야 합니다.

13 친구들이 휴대 전화를 보며 횡단보도를 걷는 위험한 상황입니다.

14 그림에 나타난 문제 상황을 해결할 수 있는 의견과 그 의견을 뒷받침하는 까닭을 구체적으로 써 봅니다.

   이런 답도 가능해!
   (1) 횡단보도를 건널 때에는 휴대 전화를 보지 말아야 합니다.
   (2) 횡단보도를 건널 때에는 좌우를 살피며 건너야 위험한 사고를 예방할 수 있기 때문입니다.

15 학급 신문의 주제를 먼저 정한 뒤, 그 주제와 어울리게 학급 신문의 이름을 정해야 합니다.

99쪽 수행 평가

1 (1) **예** 지구 환경 살리기 (2) **예** 환경 보호를 위해 우리가 해야 할 일을 정하고 싶었기 때문입니다. **2** (1) **예** 일회용품 사용을 줄여야 합니다. (2) **예** • 일회용품을 쓰면 쓰레기가 많아집니다. • 일회용품을 많이 쓰면 자원이 낭비됩니다. **3** **예** 우리는 사용하기 편리하고 간편하다는 이유로 생활 속에서 다양한 일회용품을 사용합니다. 그러나 일회용품을 많이 사용하는 것은 좋지 않습니다. / 일회용품 사용을 줄입시다. 일회용품을 쓰면 쓰레기가 많아지고, 자원이 낭비되기 때문입니다. / 우리가 살아갈 지구의 환경을 위해 오늘부터라도 일회용품 사용을 줄이기 위해 노력합시다.

1 학급 신문의 주제를 무엇으로 하고 싶은지 정하고, 그렇게 정한 까닭을 정리하여 써 봅니다.

2 학급 신문의 주제에 관해 어떤 내용을 신문에 싣고 싶은지 생각해 보고, 의견과 까닭을 정리하여 씁니다.

3

채점 기준		
	잘함	문제 2번에서 쓴 의견과 까닭을 바탕으로 문장의 짜임에 맞게 글을 썼습니다.
	노력 요함	알맞은 까닭을 들어 의견을 쓰지 못했습니다.

100쪽 쉬어가기

6. 본받고 싶은 인물을 찾아봐요

102쪽 개념 확인 문제

1 재호 **2** (1) ○ (3) ○ **3** ㉠, ㉡, ㉣

1 본받고 싶은 인물을 소개할 때에는 본받고 싶은 까닭, 인물이 살았던 시대 상황, 인물이 한 일을 중심으로 말하면 좋습니다.

2 전기문은 인물의 삶을 사실에 근거해 쓴 글입니다.

3 전기문에는 인물이 살았던 시대 상황, 인물이 한 일, 인물의 가치관 등이 나타나 있으므로 이 세 가지를 중심으로 요약하는 것이 좋습니다.

103쪽 어휘·문법 확인 문제

1 (2) ○ **2** (1) 흥정 (2) 의사소통 (3) 오류 **3** 광활한 **4** 눈물, 봄비, 불빛

1 '전기문'은 인물의 삶을 사실에 근거해 기록한 글입니다.

2 낱말의 뜻을 생각하면서 문장에 알맞은 낱말을 넣어 봅니다.

3 '광활하다'는 막힌 데가 없이 트이고 넓다는 뜻이고, '장황하다'는 매우 길고 번거롭다는 뜻입니다.

4 '눈물'은 '눈＋물'로, '봄비'는 '봄＋비'로, '불빛'은 '불＋빛'으로 쪼갤 수 있습니다.

104~117쪽 교과서 독해

본받고 싶은 인물 소개하기 | 104쪽 **1** 전기문 **2** (1) ○ **3** ⑤ **4** ①, ②, ⑤

김만덕 | 105~108쪽 **5** ① **6** 예 자신의 이름이 기안에서 지워지고 양민의 신분을 되찾아 새로운 인생을 살 수 있게 되었기 때문입니다. **7** ② **8** ① **9** ②, ③, ④ **10** ⑤ **11** 곡식 이만 석 **12** 서연 **13** ㉤ **14** ⑤ **15** ④ **16** 예 나라면 재산을 전부 내놓기는 힘들 것 같습니다. / 나도 김만덕처럼 남에게 봉사할 것 같습니다. **17** 예 임금의 용안을 뵙는 것과 금강산 구경입니다. **18** ③, ④ **19** 가치관 **20** (1) 절약 (2) 검소 (3) 곡식 (4) 베푸는

임금님을 공부시킨 책벌레 | 109쪽 **21** ④ **22** ⑤ **23** ⑤ **24** (1) 선조 (2) 편찬 (3) 오류

정약용 | 110~112쪽 **25** (1) 1762년 (2) (경기도 남양주에 있는) 마재 **26** ⑤ **27** ⑤ **28** ③ **29** ⑤ **30** ① **31** 예 정약용이 만든 기계의 이름은 거중기로, 거중기 덕분에 백성은 성을 짓는 일에 자주 나오지 않아도 되어 마음 편히 농사를 지을 수 있었습니다. **32** ⑤ **33** 예 지방 관리가 어떤 마음을 가져야 하는지 깊이 생각했습니다. **34** ③, ⑤ **35** (1) 백성 (2) 거중기 (3) 암행어사 (4) 도움

시인 허난설헌 | 113쪽 **36** ①, ④ **37** ⑤ **38** 동무 **39** (1) 남자 (2) 시 (3) 동무

헬렌 켈러 | 114~117쪽 **40** 유경 **41** ⑤ **42** ⑤ **43** 예 시력을 잃어 다시는 세상을 볼 수 없다면 매우 절망적이고 슬플 것입니다. **44** 의사소통 **45** ⑤ **46** ① **47** ① **48** ⑤ **49** (1) ○ **50** 입으로 말하는 법 **51** 세영, 진우 **52** ④, ⑤ **53** (3) ○ **54** 예 저는 하루만이라도 세상을 볼 수 있으면 좋겠다고 생각합니다. 여러분은 매일매일 세상을 볼 수 있으니 참 좋겠습니다. **55** (1) 토미 (2) 기쁨 (3) 장애

1 인물의 삶을 사실대로 기록한 글을 전기문이라고 합니다.

2 주시경 선생님이 살았던 당시에는 글을 읽지 못하는 사람들이 대부분이었는데, 주시경 선생님의 노력 덕분에 지금은 우리글을 쉽게 배울 수 있게 되었습니다.

3 주시경 선생님은 우리나라가 외세의 침략을 받지 않고 잘 살려면 우리글을 모두가 알아야 한다고 생각했기 때문에 우리글을 쉽게 배울 수 있도록 노력했습니다.

4 자신이 본받고 싶은 인물을 소개할 때에는 본받고 싶은 까닭, 인물이 살았던 시대 상황, 인물이 한 일을 중심으로 말해야 합니다.

5 김만덕은 제주 목사에게 자신의 억울한 사정을 헤아려 양민의 신분으로 되돌려 줄 것을 부탁했습니다.

6 김만덕은 기안에서 이름이 지워지고 양민의 신분을 되찾아 자유의 몸이 되어 새로운 인생을 살게 되었습니다.

채점 tip 자신의 이름이 기안에서 지워지고 양민의 신분을 되찾았기 때문이라는 내용을 썼으면 정답으로 합니다.

7 김만덕이 육지 상인들에게 돈을 빌려주었다는 내용은 이 글에 나타나 있지 않습니다.

8 김만덕이 기생의 수양딸이 되었다가 스물세 살에 양민의 신분을 되찾았다는 것으로 보아, 김만덕이 살았던 시대에는 신분 제도가 있었음을 짐작할 수 있습니다.

9 김만덕은 '이익을 적게 남기고 많이 팔 것, 적당한 가격에 물건을 사고팔 것, 반드시 신용을 지키고 정직한 거래를 할 것'을 장사 원칙으로 정하고 철저하게 지켰습니다.

10 제주 목사는 태풍으로 올해 농사를 망쳐 제주도 사람 모두가 굶어 죽을 위기에 처했다는 사정을 편지로 써서 조정에 알렸습니다.

11 제주 목사는 태풍 때문에 굶어 죽을 위기에 처한 제주도 사람들의 사정을 전하며 곡식 이만 석을 급히 보내 달라고 청했습니다.

12 김만덕은 자신이 정한 장사 원칙 세 가지를 철저하게 지켰고, 늘 절약하고 검소한 생활을 했습니다.

13 '화등잔'은 놀라거나 두려워 커다래진 눈을 비유적으로 이르는 말입니다. 이 글에서 임금이 제주 목사의 편지를 받고 눈이 화등잔만 해졌다는 것은, 제주 목사의 편지를 받고 깜짝 놀랐다는 의미입니다.

14 김만덕은 배가 침몰하였다는 소식을 듣고, 자신의 전 재산을 들여 육지에서 곡식을 사와 굶주린 사람들에게 나누어 주었습니다.

15 임금은 김만덕이 전 재산을 내놓아 굶주린 사람들을 살렸다는 편지를 받고 김만덕의 소원을 들어주겠다고 했습니다.

16 제주도 사람 모두가 굶어 죽을 위기에 처했을 때 전 재산을 들여 곡식을 사 오게 하고, 그것을 굶주린 사람들에게 나누어 준 김만덕의 모습과 비교하여 자신이라면 어떤 행동을 했을 것 같은지 상상해 봅니다.

채점 tip 제주도 사람 모두가 굶어 죽을 위기에 처했을 때 자신이라면 어떻게 했을지 생각하여 썼으면 정답으로 합니다.

17 김만덕은 임금의 용안을 뵙는 것과 금강산 구경을 자신의 소원으로 말하였습니다.

채점 tip '임금의 용안을 뵙는 것'과 '금강산 구경' 두 가지를 모두 알맞게 썼으면 정답으로 합니다.

18 김만덕이 살았던 당시에는 양민의 신분으로는 임금을 만날 수 없었고, 제주도 여자는 제주도를 떠날 수 없었다고 하였습니다. 김만덕이 임금을 만나고 금강산을 구경할 수 있었던 것은 임금이 특별히 김만덕의 소원을 들어주었기 때문입니다.

19 가치관은 사람이 어떤 행동이나 일을 선택하고 실천하는 데 바탕이 되는 생각을 말합니다.

20 제주도 사람 모두가 굶어 죽을 위기에 처했을 때 전 재산을 들여 육지에서 곡식을 사 오게 하고, 그것을 굶주린 사람들에게 나누어 준 행동을 통해 김만덕의 가치관을 짐작할 수 있습니다.

말	"풍년에는 흉년을 생각하여 더욱 (1)(절약)해야 돼. 그리고 편안히 사는 사람은 어렵게 사는 사람을 생각하여 하늘의 은혜에 감사하며 (2)(검소)하게 살아야 하고……."
행동	김만덕은 전 재산을 들여 육지에서 (3)(곡식)을/를 사 오게 하였다.
가치관	자신이 가진 것을 나누고 (4)(베푸는) 삶을 중요하게 생각한다.

21 '광활하다'는 막힌 데가 없이 트이고 넓다는 뜻으로, '드넓다'와 뜻이 비슷합니다.

22 선조는 자신이 책을 잡고 어엿한 왕이 되려고 마음먹은 데는 유희춘의 공로가 크기 때문에 유배 가 있는 유희춘을 불러오라고 했습니다.

23 유희춘은 명종 대에 간신배들에 맞서 바른 뜻을 굽히지 않다가 정적들의 모함으로 제주도에 유배를 가게 되었습니다.

24 유희춘이 한 일을 떠올려 보고, 한 일 가운데에서 가장 중요한 일을 찾아봅니다.

유희춘의 업적	(1)(선조)에게 책의 재미를 깨닫게 했으며, 이미 (2)(편찬)된 책들의 (3)(오류)을/를 바로잡고 새로이 찍어 냈다.

25 정약용은 1762년 지금의 경기도 남양주에 있는 마재에서 태어났습니다.

26 정약용은 백성이 이른 아침부터 해가 떨어질 때까지 한시도 쉬지 않고 일하는데 늘 배불리 먹지 못하는 것을 이상하게 생각했습니다.

27 정약용은 열다섯 살 때 아버지를 따라 한양으로 가서 많은 사람을 만나 학문을 배우고 익혔습니다.

28 백성이 잘 사는 데 도움이 되는 학문을 '실학'이라고 합니다. '성리학'은 사람이 바르게 사는 도리를 따지는 학문입니다.

29 성을 짓는 데 드는 돈을 줄이면서 백성의 수고도 덜 수 있는 방법을 찾아보라고 했습니다.

30 정약용이 생각하기에 성을 쌓을 때 가장 큰 문제는 돌을 옮기는 일이었습니다.

31 거중기 덕분에 백성은 성을 짓는 일에 자주 나오지 않아도 되어 마음 편히 농사를 지을 수 있었습니다.

> **채점 tip** '거중기'라는 기계의 이름과, 성을 짓는 일에 자주 나오지 않아도 되어 마음 편히 농사를 지을 수 있었다는 내용을 모두 썼으면 정답으로 합니다.

32 서른세 살 때 정약용은 정조의 비밀 명령을 받고 암행어사가 되었습니다.

33 정약용은 암행어사로 일하는 동안 지방 관리가 어떤 마음을 가져야 하는지에 대해 깊이 생각했습니다.

> **채점 tip** 지방 관리가 어떤 마음을 가져야 하는지에 대해 생각했다고 썼으면 정답으로 합니다.

34 문단 ❻에 정약용이 『목민심서』를 펴낸 까닭이 잘 나타나 있습니다.

35 전기문을 요약할 때에는 인물의 생각, 인물이 한 일에서 인물의 가치관을 정리하면 좋습니다.

전기문의 특성을 살려 내용 요약하기	
인물이 살았던 시대 상황 정리하기	정약용이 살았던 시대의 (1)(백성)은/는 이른 아침부터 해가 떨어질 때까지 한시도 쉬지 않고 일했지만 늘 배불리 먹지 못했다.
인물이 한 일 정리하기	• (2)(거중기)을/를 발명했다. • (3)(암행어사)이/가 되었다. • 『목민심서』를 펴냈다.
짐작할 수 있는 인물의 가치관 정리하기	정약용은 백성의 어려운 삶을 지켜보면서 백성에게 (4)(도움)이/가 되려고 맡은 일을 열심히 했다.

36 초희는 성현들의 넓고 깊은 학문과 지혜를 배우고 싶고, 시도 짓고 싶기 때문에 글을 읽고 쓸 줄 알면서도 스승을 두고 배우려고 했습니다.

37 초희는 이달 선비가 여자인 자신이 감히 글을 배우고 시를 짓고 싶다는 꿈을 꾸는 것이 말이 안 된다고 할까 봐 걱정하였으므로 당시에는 여자는 글을 배우고 시를 지을 필요가 없다고 생각했다는 것을 짐작할 수 있습니다.

38 '동무'는 '어떤 일을 짝이 되어 함께 하는 사람.' 또는 '늘 친하게 어울리는 사람.'의 뜻입니다.

39 허난설헌이 살았던 시대 상황과 허난설헌이 한 일을 떠올려 보고, 이를 중심으로 글의 내용을 간추려 봅니다.

> 글공부를 하거나 시를 짓는 것을 (1)(남자)들만 할 수 있는 일이라고 여겼던 시대 상황에서도 허난설헌은 학문과 지혜를 배우고 (2)(시)을/를 짓고 싶어 했다.
>
> ▼
>
> 허난설헌은 스승님과 오라버니와 글방 (3)(동무)이/가 되어 함께 책을 읽고 시를 지을 수 있게 되어서 무척 기뻤다.

40 헬렌에게 장애가 생긴 것을 알게 된 것은 열이 내리고 난 뒤의 일입니다.

41 헬렌이 열병 때문에 시력을 잃어서 엄마가 헬렌의 얼굴 가까이에 램프를 비춰 보았지만 반응이 없었던 것입니다.

42 헬렌이 듣는 능력까지 잃게 되었다는 사실을 알고 엄마는 또 한 번 큰 충격을 받았습니다.

43 헬렌과 같이 시력이나 듣는 능력을 잃으면 어떤 생각이나 느낌이 들지 자유롭게 써 봅니다.

> **채점 tip** 시력이나 듣는 능력을 잃게 된 상황에 처한다면 어떤 생각이나 느낌이 들지 솔직하게 썼으면 정답으로 합니다.

44 '의사소통'은 가지고 있는 생각이나 뜻이 서로 통한다는 뜻의 낱말입니다.

45 헬렌의 부모는 헬렌을 치료하기 위해 먼 곳까지 여행하면서 의사들을 찾아다녔습니다.

46 1887년 3월 3일, 헬렌은 자신의 운명을 바꾸어 놓은 앤 설리번 선생님을 만나게 되었습니다.

47 헬렌은 앤 설리번 선생님이 낯설어 안기려 하지 않고 몸을 빼려고 하였습니다.

48 앤 선생님은 펌프를 이용해 '물'이라는 낱말의 관계를 실감 나게 알려 줄 수 있을 것이라는 생각을 했습니다.

49 물을 나타내는 낱말이 'water'이고, 세상의 모든 것은 각각 이름을 가지고 있다는 것을 깨달은 헬렌은 배우고 싶다는 뜨거운 마음이 생겼습니다.

50 헬렌은 퍼킨스학교에 머무는 동안 시각·청각·언어 장애를 지닌 노르웨이의 한 소녀가 입으로 말하는 법을 배웠다는 소식을 들었습니다.

51 헬렌은 하루 종일 글을 쓰고, 말하기를 배우는 것을 포기하지 않고 노력하여 마침내 다른 사람에게 자기 생각을 전할 수 있게 되었습니다.

52 헬렌은 토미가 학교에 다닐 수 있도록 도와 달라는 글을 여러 사람과 신문사에 보냈고, 자신도 사치스러운 물건을 사지 않고 돈을 보냈습니다.

53 '사치스러운'은 필요 이상의 돈이나 물건을 쓰거나 분수에 지나친 생활을 하는 데가 있다는 뜻의 낱말입니다.

54 장애를 겪는 사람의 마음이 어떠할지 이해해 보도록 합니다.

채점 tip 자신이 시각 장애인이라고 상상하고 장애인이 아닌 사람들에게 하고 싶은 말을 썼으면 정답으로 합니다.

55 헬렌 켈러는 자신도 장애 때문에 배우는 것이 힘든데도, 남을 돕는 데 발 벗고 나섰습니다.

- 헬렌은 ⑴(토미)이/가 퍼킨스학교에 다닐 수 있도록 도와 달라는 글을 여러 사람과 신문사에 보냈다.
- 헬렌은 남을 도우면 큰 ⑵(기쁨)을/를 누릴 수 있다는 깨달음을 얻었다.

▼

헬렌 켈러에게서 본받을 점

자신도 ⑶(장애) 때문에 배우는 것이 힘든데도, 남을 도와주는 것을 기뻐했다.

118~119쪽 **단원 평가 ❶회**

1 ② **2** ㉮ **3** ⑴ 특산물 ⑵ 가격 **4** ⑵ ○
5 ⑤ **6** ⑴ 백성 ⑵ 도움 **7** ⑵ ○ **8** 기명, 원준 **9** ③ **10** ⑴ 책, 벌레 ⑵ 열, 병

1 제주에서 가장 유명한 기생이었다는 내용은 이 글에 나타나 있지 않습니다.

2 글 ㉮에서 김만덕이 기생의 수양딸이 되었다가 스물세 살에 기생의 신분에서 벗어났다는 것으로 보아, 김만덕이 살았던 시대에는 신분 제도가 있었음을 짐작할 수 있습니다.

3 육지 상인들은 제주도의 특산물을 적당한 가격에 사들일 수 있어 김만덕의 객줏집으로 몰려들었습니다.

4 글 ㉰에서 전 재산을 들여 굶주린 사람들을 돕는 것으로 보아, 김만덕은 자신이 가진 것을 나누고 베푸는 삶을 중요하게 생각한다는 것을 알 수 있습니다.

5 정약용이 연천 지역을 돌다가 주막에서 들은 내용에서 연천 현감 김양직이 저지른 악행이 나타나 있습니다.

6 정약용의 생각이 드러난 곳을 찾아보거나 정약용이 한 일의 까닭을 찾아 가치관을 알맞게 짐작해 봅니다.

7 헬렌은 말하기를 배우는 것이 너무 힘들었지만 희망을 버리지 않고 끊임없이 노력해 마침내 말을 할 수 있게 되었습니다.

8 헬렌이 점자를 발명한 것은 아닙니다.

9 '사과'는 사과나무의 열매를 뜻하는 낱말로, 더 작은 부분으로 쪼갤 수 없는 하나의 낱말입니다.

문법 문제 tip '옷+장', '비+옷', '손+목', '꿀+떡'과 같이 쪼갤 수 있습니다.

10 '책벌레'는 '책'과 '벌레'로, '열병'은 '열'과 '병'으로 나눌 수 있습니다.

120~122쪽 **단원 평가 ❷회**

1 ③ **2** ②, ④ **3** ④ **4** 희윤 **5** ⓔ 제주도 사람들이 굶어 죽을 위기에 처하지 않았다면 재산을 어디에 썼을 것인지 알고 싶습니다. **6** ⑵ ○
7 실학 **8** ④, ⑤ **9** 지방 관리 **10** ⑴ ⓔ 임금의 명으로 거중기를 만들었음. ⑵ ⓔ 『목민심서』라는 책을 펴냈음. **11** ④ **12** 정준 **13** 입으로 말하는 법(말하기) **14** ⑤ **15** ⓔ 자신도 장애 때문에 배우는 것이 힘든데도, 남을 도와주는 것을 기뻐한 점을 본받고 싶습니다.

1 기생의 수양딸이 되었다가 기생의 신분에서 벗어났다는 말로 보아, 김만덕이 살았던 시대에는 신분 제도가 있었음을 짐작할 수 있습니다.

2 김만덕이 장사를 하면서 지킨 세 가지 원칙으로 미루어 보아, 김만덕은 정직을 중요하게 생각하고, 돈보다 사람을 중요하게 생각하는 가치관을 가지고 있음을 짐작할 수 있습니다.

3 임금이 한 말을 통해 제주도 사람들이 모이기만 하면 김만덕을 칭찬한 까닭이 전 재산을 내놓아 굶주린 사람들을 살렸기 때문임을 짐작할 수 있습니다.

4 여자는 제주도를 떠날 수 없다는 규범을 깬 것으로 보아, 김만덕은 도전하는 가치관을 가졌음을 짐작할 수 있습니다.

5 김만덕에게 묻고 싶은 것이 무엇인지 자유롭게 써 봅니다.

> **채점 tip** 김만덕이 한 일과 관련하여 김만덕에게 묻고 싶은 내용을 썼으면 정답으로 합니다.

6 글 ㉮에 정약용이 살았던 시대 상황이 나타나 있습니다.

7 정약용은 이익의 책을 읽고 난 다음, 백성이 잘 사는 데 도움이 되는 실학에 관심을 갖게 되었습니다.

8 정약용은 수원에 성을 짓는 데 드는 돈을 줄이면서 백성의 수고도 덜 수 있는 방법을 고민하며 거중기를 만들었습니다.

9 정약용은 암행어사로 일하는 동안 지방 관리가 어떤 마음을 가져야 하는지 깊이 생각했고, 이러한 생각을 담아『목민심서』라는 책을 펴냈습니다.

10 정약용이 한 일의 차례를 알 수 있는 말에 따라 내용을 차례대로 정리하여 써 봅니다.

11 허난설헌은 불행한 삶 속에서도 꾸준히 시를 지었고, 이후 그 시들은 명나라에 알려져 큰 인기를 끌게 되었습니다.

12 여자는 글을 배우고 지을 필요가 없다고 생각했던 시대 상황에 굴복하지 않고 훌륭한 시인이 된 허난설헌에게서 본받을 점을 알맞게 말한 친구는 정준입니다.

13 헬렌은 시각·청각·언어 장애를 지닌 노르웨이의 한 소녀가 입으로 말하는 법을 배웠다는 소식을 듣고 자신도 말하기를 배우기로 결심했습니다.

14 헬렌이 토미가 퍼킨스학교에서 교육을 받을 수 있게 모금을 했습니다.

15 헬렌이 장애를 극복한 과정과 토미를 돕기 위해 한 노력에서 본받을 점을 찾아 써 봅니다.

> **채점 tip** 어려움을 이겨 내고 끊임없이 노력한 점이나 다른 사람을 돕는 일에 나선 점 등을 썼으면 정답으로 합니다.

---

1 예 •환경 오염으로 오존층이 파괴된다. •지구의 기후가 변하고 사람들의 건강이 나빠진다. •대체 에너지 개발이 필요해진다. **2** 예 대체 에너지 개발에 성공한 과학자로 세상에 알려지고 싶습니다. 어려움이 있어도 포기하지 않고 대체 에너지를 개발해 지구의 물과 공기를 맑게 만드는 데 힘쓰는 과학자가 되고 싶습니다. **3** (1) 예 환경 오염으로 오존층이 파괴되어 지구의 기후가 변하고 사람들의 건강이 나빠져서 대체 에너지 개발이 필요해짐. (2) 예 대체 에너지 개발에 필요한 사람과 돈이 적어 개발에 어려움을 겪음. (3) 예 대체 에너지 개발에 뜻이 있는 사람들을 모으고, 전 세계 사람들에게 연구비를 모금함. (4) 예 오랜 시간 동안 어려움을 참고 견디어 대체 에너지를 개발해 깨끗한 환경을 만들어 주어서 고맙다는 평가를 받음.

1 20년 뒤의 미래를 상상해 보고, 자신이 어떤 시대 상황에 있을지 구체적으로 떠올려 봅니다.

2 문제 1번에서 떠올린 미래의 시대 상황을 고려하여, 변화된 미래에 어떤 일을 하고 싶은지 써 봅니다.

3 문제 2번에서 답한 자신이 하고 싶은 일을 어떻게 이루어 갈지 미래의 시대 상황, 내가 겪을 어려움, 어려움을 이겨 내는 방법, 내가 이루어 낸 일로 각각 구분하여 정리해 봅니다.

채점 기준	잘함	미래에 자신이 하고 싶은 일을 떠올려 (1)~(4)에 모두 적절한 내용을 썼습니다.
	보통	미래에 자신이 하고 싶은 일을 떠올려 (1)~(4) 중 두세 가지에 적절한 내용을 썼습니다.
	노력 요함	미래에 자신이 하고 싶은 일을 떠올려 (1)~(4) 중 한 가지 이하에 적절한 내용을 썼습니다.

7. 독서 감상문을 써요

126쪽
개념 확인 문제

1 (1) ○ (3) ○ **2** 태규, 규호 **3** ㉢

1 독서 감상문을 쓸 책을 정할 때에는 읽으면서 여러 가지 생각을 한 책, 새롭게 안 내용이 많은 책을 골라야 합니다.

2 기쁨, 슬픔, 화남, 즐거움 같은 감정을 강하게 느낀 부분을 찾아야 합니다.

3 독서 감상문을 쓴 장소는 독서 감상문에 들어갈 내용으로 알맞지 않습니다.

127쪽
어휘·문법 확인 문제

1 감상문 **2** (1) 이슬받이 (2) 더불어 (3) 풍속 **3** ㉡
4 ×

1 '감상문'은 어떤 사물이나 현상을 보고 느낀 바를 쓴 글을 뜻합니다. '전기문'은 인물의 삶을 사실대로 기록한 글입니다.

2 낱말의 뜻을 생각하면서 문장에 알맞은 낱말을 넣어 봅니다.

3 '한복판'은 일정한 공간이나 사물의 한가운데를 가리키므로, 도형의 한가운데에 위치한 ㉡이 '한복판'에 해당합니다. ㉠은 도형의 바깥에 위치해 있고, ㉢은 도형의 구석에 위치해 있습니다.

4 '어떡해'는 '어떻게 해'가 줄어든 말로, 제시된 문장에서는 '어떻게'라고 써야 알맞습니다.

128~137쪽
교과서 독해

시후가 쓴 독서 감상문 |128~129쪽| **1** ⑤ **2** ③ **3** 동지 **4** ⑤ **5** ④ **6** (1) 예 내가 몰랐던 동지 (2) 예 동지와 관련해 글쓴이가 몰랐던 내용을 새롭게 알 수 있었기 때문입니다. **7** (1) 생각 (2) 새롭게 **8** (1) 동기(까닭) (2) 내용 (3) 생각 (4) 느낀

어머니의 이슬 털이 |130~132쪽| **9** (2) ○ **10** ⑤ **11** ④ **12** ⑤ **13** 선주 **14** (3) ○ **15** 이슬받이 **16** ② **17** ①, ③ **18** ① **19** 예 마지막에 아들이 다음부터 혼자 학교에 가겠다고 하는 장면입니다. 아들이 어머니께 죄송한 마음을 느낀 것 같았기 때문입니다. **20** (1) 학교 (2) 어머니 (3) 양말 (4) 아들
책을 읽고 생각이나 느낌 표현하기 |133~134쪽| **21** 석민 **22** ⑤ **23** ⑤ **24** ② **25** (2) ○ **26** ④ **27** 예 책을 읽으면서 재미있었던 장면을 만화로 표현하고 싶습니다. **28** (1) 시 (2) 경험 (3) 일기 (4) 편지
투발루에게 수영을 가르칠 걸 그랬어! |135~137쪽| **29** 한가운데 **30** ③ **31** ③ **32** ⑤ **33** (2) ○ **34** ⑤ **35** ② **36** 주희 **37** ⑤ **38** ④ **39** 예 사람들이 환경을 오염시키지 않는 것입니다. **40** (1) 로자 (2) 예 위로 (3) 예 편지

1 글쓴이가 읽은 『세시 풍속』이라는 책은 우리 조상이 농사일로 고된 일상 속에서 빼먹지 않고 지켜 오던 일 년의 세시 풍속이 담겨 있습니다.

2 '계절'은 규칙적으로 되풀이되는 자연 현상에 따라서 일 년을 구분한 것으로, 봄, 여름, 가을, 겨울의 네 계절을 포함합니다.

> **왜 답이 아닐까?**
> ① 풍속: 옛날부터 그 사회에 전해 오는 생활 전반에 걸친 습관 등을 이르는 말입니다.
> ② 일상: 날마다 반복되는 생활을 뜻합니다.
> ④ 동지: 이십사절기의 하나로, 12월 22일이나 23일경입니다. 일 년 중 낮이 가장 짧고 밤이 가장 긴 날입니다.
> ⑤ 음력: 우리나라의 전통 역법으로, 1896년에 양력으로 역법이 고쳐지기 전까지 우리나라에서 공식적으로 사용하였습니다. 현재에도 설, 추석과 같은 명절 등의 날짜를 정할 때 사용합니다.

3 겨울의 세시 풍속 가운데에서 인상 깊었던 것은 동지의 풍속이라고 하였습니다.

4 동지에 팥죽을 먹는 풍습은 병을 옮기는 나쁜 귀신이 못 오게 하려고, 귀신이 싫어하는 팥으로 만든 죽을 집 앞에 뿌리던 것에서 시작되었습니다.

5 우리 조상은 동지가 낮이 길어지기 시작하는 날이기 때문에 동지부터 태양의 기운이 회복된다고 생각했습니다.

6 『세시 풍속』이라는 책 제목이나 글쓴이가 책을 읽고 생각한 점이 잘 드러나는 제목, 독서 감상문의 형식이 돋보이는 제목을 붙일 수 있습니다.

채점 tip (1)에 독서 감상문 내용에 어울리는 제목을 쓰고, (2)에 그런 제목을 붙인 까닭을 적절하게 썼으면 정답으로 합니다.

7 독서 감상문을 쓸 책을 정할 때에는 읽으면서 여러 가지 생각을 한 책이나 새롭게 안 내용이 많은 책을 고르는 것이 좋습니다.

8 시후가 쓴 독서 감상문에 나오는 문장의 내용이, 독서 감상문을 구성하는 내용 중 무엇에 해당하는지 생각해 봅니다.

독서 감상문에 나오는 문장의 내용	구성
학교 도서관에서 책을 고르다가 『세시 풍속』이라는 책을 읽었습니다.	책을 읽은 (1)(동기) (까닭)
옛날 사람들은 병을 옮기는 나쁜 귀신이 팥을 싫어한다고 믿었답니다. 그래서 동지에 팥으로 죽을 만들어 귀신이 못 오게 집 앞에 뿌렸답니다. 이 일에서 동지에 팥죽을 먹는 풍습이 생겼답니다.	책 (2)(내용)
계절의 변화 하나하나에 의미를 부여하고 삶을 즐겁게 보내려는 마음을 듬뿍 느꼈습니다.	책을 읽고 (3)(생각)하거나 (4)(느낀) 점

9 '나'는 학교로 가는 길 중간에 산에 올라가 아무 산소 가에나 가방을 놓고 앉아 멀리 대관령을 바라보다가 점심때가 되면 그곳에서 혼자 도시락을 까먹기도 했습니다.

10 '나'는 공부도 재미가 없고, 학교 가는 것도 재미가 없다고 말했습니다.

11 ㉠은 '내'가 학교에 가기 싫은데 어머니께서 학교에 가라고 하셔서 귀찮고 짜증이 나는 마음에 한 말입니다.

12 '나'는 한 번도 자신을 때린 적이 없었던 어머니께서 자신을 때리려고 지겟작대기를 들고 서 계신 줄 알고 그런 어머니의 모습이 낯설기도 하고 무섭기도 해서 봉당에서 한참 동안 멈칫거렸습니다.

13 '내'가 학교에 가기 싫어하는 까닭은 공부와 학교 다니는 것이 재미가 없기 때문입니다. 선생님께 꾸중

을 들었다는 내용은 이 글에 나타나 있지 않습니다.

14 어머니께서는 학교에 가기 싫어하는 아들의 마음을 되돌리려고 아들의 옷에 이슬이 묻지 않도록 이슬을 털며 아들의 앞에 서서 산길을 걸으셨습니다.

15 '이슬받이'는 양쪽에 이슬 맺힌 풀이 우거진 좁은 길을 뜻하는 말입니다.

16 다른 친구들이 아니라 자신이 감동을 느낀 부분을 찾아야 합니다.

17 어머니께서는 품속에 넣어 온 새 양말과 새 신발을 꺼내 '나'에게 갈아 신기셨습니다.

18 자신을 위해 앞장서서 이슬을 털어 주시고 새 양말과 새 신발을 꺼내 갈아 신기시는 어머니의 모습을 보고, '나'는 죄송하고 고마운 마음을 느꼈을 것입니다.

19 일어난 일, 인물의 행동, 인물의 마음 등에서 자신이 감동을 느낀 부분을 찾고, 그 부분이 감동적인 까닭을 써 봅니다.

채점 tip 이 글의 내용 중에서 감동받은 부분과 그 까닭을 모두 적절하게 썼으면 정답으로 합니다.

20 이 글에서 감동을 느낄 만한 부분이 어느 부분인지 찾아봅니다.

감동받은 부분	감동받은 까닭
어머니께서 아들을 (1)(학교)에 보내려고 달래시는 장면	자식을 바른길로 이끌려는 (2)(어머니)의 노력을 알 수 있었기 때문이다.
어머니께서 품속에 넣어 온 새 (3)(양말)와/과 새 신발을 아들에게 갈아 신기신 장면	(4)(아들)에게 좋은 것만 주고 싶은 어머니의 마음이 느껴졌기 때문이다.

21 글 ㉮의 글쓴이는 책을 읽고 등수나 이기는 것보다 더 중요한 것이 있음을 알게 되었다는 생각을 시를 통해 표현했습니다.

22 글 ㉯는 글쓴이가 『나무 그늘을 산 총각』을 읽고 책 속 인물인 욕심쟁이 영감이 되어 쓴 일기입니다.

23 글 ㉯의 글쓴이는 총각이 다른 사람들과 더불어 행복을 느끼는 일이 훨씬 더 가치 있고 소중한 것임을 일깨워 주었다고 했습니다.

24 ⊙에 들어갈 낱말은 '둘 이상의 사람이 함께하여.'라는 뜻을 지닌 '더불어'입니다.

25 글 ㉯의 글쓴이가 꽃담이가 초록 고양이가 데려간 엄마를 냄새로 찾을 수 있었던 것은, 꽃담이가 늘 엄마에게 관심과 애정이 있었기 때문이라고 하였습니다.

26 글 ㉯의 글쓴이는 꽃담이가 가족의 소중함을 일깨워 주어서 정말 고맙다고 했습니다.

27 글에 대한 생각이나 느낌을 표현하는 여러 가지 형식을 생각해 자유롭게 써 봅니다.

채점 tip 시, 일기, 편지, 만화 등의 여러 가지 형식 중 한 가지를 골라 표현하고 싶다고 썼으면 정답으로 합니다.

28 글 ㉮~㉰가 책을 읽고 나서 생각이나 느낌을 각각 어떤 형식으로 표현한 글인지 파악해 봅니다.

글 ㉮	책을 읽고 자신의 생각이나 느낌을 재미있는 표현을 사용해 (1)(시)의 형식으로 썼다.
글 ㉯	책을 읽고 책 속 인물이 되어 자신의 생각이나 느낌을 자신의 (2)(경험)와/과 관련지어 (3)(일기)의 형식으로 썼다.
글 ㉰	책을 읽고 자신의 생각이나 느낌을 책 속 인물에게 말하듯이 (4)(편지) 형식으로 썼다.

29 '한복판'은 '일정한 공간이나 사물의 한가운데.'라는 뜻의 낱말입니다.

30 투발루는 물을 너무 싫어하기 때문에 로자가 수영을 할 때에는 야자나무 숲으로 들어간다고 했습니다.

31 둥근달이 떠오르는 보름이 되자 바닷물이 로자네 집 마당으로 들이닥쳤습니다.

32 지구가 더워져서 빙하가 녹아내리기 때문에 바닷물이 자꾸 불어나는 것입니다.

33 ⊙에서 '잠기다'는 '물속에 물체가 넣어지거나 가라앉게 되다.'라는 뜻으로 쓰였습니다. 이와 같은 뜻으로 쓰인 것은 (2)의 문장입니다. (1)에서는 '어떤 한 가지 일이나 생각에 열중하다.', (3)에서는 '어떤 기분 상태에 놓이게 되다.'라는 뜻으로 쓰였습니다.

34 바닷물이 자꾸 불어나서 곧 나라 전체가 물에 잠기게 될 것이기 때문에 로자네 가족은 투발루섬을 떠

나기로 했습니다.

35 ⓛ은 로자가 투발루를 데려가자고 아빠께 간절히 애원하며 한 말입니다.

36 투발루가 사라져서 찾고 있는 로자의 상황에 대해 자신의 생각이나 느낌을 알맞게 말한 친구는 주희입니다.

37 로자는 창밖으로 작아지는 투발루를 보며 투발루에게 수영을 가르치지 않은 것을 후회하고 또 후회했습니다.

38 이 글의 마지막 부분에 로자가 간절히 빈 소원의 내용이 나타나 있습니다.

39 로자의 아빠께서는 사람들이 환경을 오염시키지 않으면 로자네 가족이 다시 투발루섬으로 돌아올 수 있다고 하셨습니다.

채점 tip 사람들이 환경을 오염시키지 않아야 한다고 썼으면 정답으로 합니다.

40 글을 읽고 인물에게 내 마음이나 생각을 전하고 싶을 때는 편지 형식으로 쓰는 것이 적절합니다.

투발루섬을 떠나는 (1)(로자)의 슬픈 마음이 안타깝게 느껴져서 로자를 (2)(예 위로)해 주고 싶은 마음이 들었다.
▼
로자를 위로하는 내용으로 (3)(예 편지) 형식의 글을 써서 생각이나 느낌을 표현하면 좋다.

138~139쪽	단원 평가 ❶회

1 나연 **2** ㉠, ㉡ **3** (1) ㉮ (2) ㉯ **4** ④ **5** ④
6 ④ **7** (2) ○ **8** ⑤ **9** 어떻게 **10** ①, ⑤

1 상윤이는 읽은 책에 대한 자신의 생각이나 느낌이 아닌, 책의 내용에 대해서만 말했습니다.

2 ㉡은 글쓴이가 책을 읽고 새롭게 안 내용입니다.

3 ㉮에 책을 읽은 동기가, ㉯에 책 내용이 나타나 있습니다.

4 선생님께서 추천해 주신 책이라서 책을 골랐다고 말하지는 않았습니다.

5 '나'는 자신의 것은 뭐든지 혼자 써도 된다고 생각했다고 했습니다.

6 글쓴이는 이제 욕심쟁이가 아니라 가진 것을 이웃들과 나눌 줄 아는 사람이 되었다고 했습니다.

7 로자는 투발루가 수영을 못하기 때문에 물이 불어나면 물에 빠져 죽을 것이라고 생각합니다. 그래서 투발루를 꼭 데려가야 한다고 애원하였습니다.

8 이야기 속 인물에게 직접 마음을 전하고 싶다면 그 인물에게 편지를 쓰면 좋습니다.

9 '어떻게'는 '상태나 성질 등이 어찌 되어 있다.'를 뜻하는 '어떻다'의 '어떻–'에 '–게'가 합쳐진 말입니다.

문법 문제 tip '어떡해'는 '어떻게 해'가 줄어든 말이므로 '어떻게'와 혼동하여 잘못 사용하지 않도록 주의합니다.

10 '어떡하지'는 '어떻게 하지'가 줄어든 말이므로 두 표현은 뜻이 같습니다. '어떻하지', '어떠케 하지', '어떡해 하지'는 잘못된 표현입니다.

140~142쪽 **단원 평가 2회**

1 ② 2 (1) ㉮ (2) ㉯ 3 예 감명 깊게 읽은 부분이나 인상 깊은 장면을 기억할 수 있습니다. 4 ③
5 건우 6 ⑤ 7 ㉣ 8 예 자신의 경험이나 생각이 글 내용과 비슷해 공감할 수 있는 부분을 찾습니다. 9 ① 10 ⑤ 11 (1) ㉠ (2) ㉡ 12 ③
13 투발루 14 ① 15 예 투발루섬을 떠나는 로자를 위로하고 싶고, 사람들이 환경을 오염시키지 않아서 얼른 다시 투발루섬으로 돌아가기를 바란다는 마음을 전하고 싶습니다.

1 동지는 밤이 가장 길고 낮이 가장 짧은 날입니다.

왜 답이 아닐까?
① 동지는 음력 십일월이라고 했습니다.
③ 동지의 세시 풍속으로 팥죽을 끓여 먹는다고 했습니다.
④ 동지는 낮이 길어지기 시작하는 날로, 우리 조상은 태양의 기운이 다시 살아나면서 낮이 길어지는 것이라고 생각했다고 했습니다.
⑤ 옛날 사람들은 병을 옮기는 나쁜 귀신이 팥을 싫어한다고 믿어서 동지에 팥으로 죽을 만들어 귀신이 못 오게 뿌렸으며, 이 일에서 동지에 팥죽 먹는 풍습이 생겼다고 했습니다.

2 ㉠은 책 내용, ㉡은 책을 읽고 생각하거나 느낀 점에

해당합니다.

3 독서 감상문을 쓰면 어떤 좋은 점이 있을지 생각하여 봅니다.

이런 답도 가능해!
읽은 책의 내용을 다시 한번 생각할 수 있습니다. / 책을 읽은 동기와 책 내용, 읽고 난 뒤의 생각이나 느낌 등을 정리할 수 있습니다. / 글을 읽고 느낀 재미나 감동을 다른 사람과 함께 나눌 수 있습니다.

채점 tip 독서 감상문을 쓰면 좋은 점으로 적절한 내용을 썼으면 정답으로 합니다.

4 '나'는 공부와 학교 다니는 것이 재미가 없어 학교에 가지 않겠다고 했고, 어머니께서는 그런 '나'를 신작로까지 데려다주겠다며 설득하셨습니다.

5 '나'는 공부도 재미가 없고 학교 다니는 것도 재미가 없어 학교에 가지 않겠다고 한 것입니다.

6 어머니께서는 학교에 가기 싫어하는 아들을 위해 아들의 옷에 이슬이 묻지 않도록 아들 앞에 서서 이슬을 털며 걸으셨습니다.

7 ㉠, ㉡, ㉢은 아들에 대한 어머니의 사랑을 느낄 수 있는 말이나 행동입니다.

8 일어난 일, 인물의 행동, 인물의 마음 등에서 자신이 인상 깊게 느끼는 부분이 있는지 생각해 봅니다.

이런 답도 가능해!
인물의 행동이나 말에서 교훈을 얻을 수 있는 부분을 찾습니다. / 질문이나 생각이 많이 생기는 내용을 찾습니다. / 기쁨, 슬픔, 화남, 즐거움 같은 감정을 강하게 느낀 부분을 찾습니다.

채점 tip 글에서 감동받은 부분을 찾는 방법으로 적절한 내용을 썼으면 정답으로 합니다.

9 잠자리 애벌레는 물방개나 장구애비한테 잡아먹히기도 합니다.

10 어른이 된 고추좀잠자리는 먼 산꼭대기로 간다고 했습니다.

11 글 ㉮는 책에 대한 생각이나 느낌을 시로, 글 ㉯는 주인공에게 쓰는 편지 형식으로 표현했습니다.

12 『초록 고양이』를 읽고 부모님에게 좀 더 많은 관심을 가져야겠다고 생각했고, 가족의 소중함을 일깨워 준 꽃담이에게 정말 고맙다고 했습니다.

13 로자는 고양이 투발루를 애타게 찾았습니다.

14 ㉠은 투발루와 함께 다시 투발루섬에서 살고 싶은 로자의 간절한 마음이 느껴지는 말입니다.

15 누구에게 어떤 마음을 전하고 싶은지 정하여 자유롭게 써 봅니다.

> 채점 tip 글 속의 어떤 인물에게 어떤 마음을 전하고 싶은지 썼으면 정답으로 합니다.

143쪽 수행 평가

1 (1) 예 『지구와 달』 (2) 예 표지에 있는 지구와 달 사진을 보고 책 내용에 관심이 생겼기 때문입니다.
2 (1) 예 과학책 (2) 예 지구와 달에 대해 관심 있는 친구들이 내 독서 감상문을 읽고 관련 있는 책을 찾아 읽도록 하기 위해서입니다. (3) 예 달의 크기가 지구의 약 4분의 1 정도이고, 태양의 약 400분의 1 정도라는 사실을 쓰고 싶습니다. (4) 예 이 책을 읽고 달에 대한 새로운 사실을 알게 되어서 기분이 무척 좋았습니다.
3 예 제목: 달의 크기

　『지구와 달』이라는 책을 읽었다. 표지에 있는 지구와 달 사진을 보고 책 내용에 관심이 생겼기 때문이다.

　이 책을 읽고 새롭게 안 사실은 달의 크기가 지구의 약 4분의 1 정도이며, 태양의 약 400분의 1 정도라는 사실이었다. 우리가 눈으로 보기에는 작은 달이 이렇게 크다는 사실이 믿기지 않았다. 우리가 눈으로만 보는 사실이 꼭 옳지만은 않다는 것이 놀라웠다. 이 책을 읽고 달에 대한 새로운 사실을 알게 되어서 기분이 무척 좋았다.

　'지구와 달'과 관련해 내가 모르는 과학적인 사실이 더 많이 있을 것이다. 앞으로 다른 책을 많이 읽어서 지구와 달에 대해 내가 모르는 여러 가지 과학적인 사실을 더 많이 알고 싶다.

1 독서 감상문을 쓸 책을 한 권 정하여 책의 제목과 책을 고른 까닭을 정리하여 써 봅니다.

> 채점 tip (1)에 독서 감상문을 쓸 책을 한 권 정하여 책의 제목을 쓰고, (2)에 그 책을 고른 까닭이 무엇인지 정리하여 썼으면 정답으로 합니다.

2 문제 1번에서 정한 책에 대해 떠올려 보고, 독서 감상문에 어떤 내용을 쓸지 생각해 봅니다.

채점 기준	잘함	문제 1번에서 자신이 정한 책에 대하여 떠올린 후 (1)~(4) 모두에 적절한 내용을 정리하여 썼습니다.
	보통	문제 1번에서 자신이 정한 책에 대하여 떠올린 후 (1)~(4) 중 두세 가지에 적절한 내용을 정리하여 썼습니다.
	노력 요함	문제 1번에서 자신이 정한 책에 대하여 떠올린 후 (1)~(4) 중 한 가지 이하에 적절한 내용을 정리하여 썼습니다.

3 문제 1, 2번에서 정리한 내용을 바탕으로 책에서 인상 깊게 읽은 부분을 포함하여 독서 감상문을 써 봅니다. 독서 감상문의 제목은 쓸 내용에 어울리게 붙여야 합니다.

채점 기준	잘함	인상 깊게 읽은 부분이 드러나게 독서 감상문을 썼고, 어울리는 제목을 붙였습니다.
	보통	인상 깊게 읽은 부분이 드러나게 독서 감상문을 썼으나, 어울리는 제목을 붙이지 못했습니다.
	노력 요함	인상 깊게 읽은 부분이 드러나게 독서 감상문을 쓰지 못했고, 어울리는 제목도 붙이지 못했습니다.

144쪽 쉬어가기

8. 생각하며 읽어요

개념 확인 문제

1 호준 **2** (1) ○ (2) ○ (3) ○ (4) × **3** ㉡

1 사람마다 생각이 다르기 때문에 의견이 적절한지 판단해야 합니다.

2 뒷받침 내용이 사실이고, 믿을 만한지 확인해야 합니다.

3 동생이 아닌 전문가에게 물어보아야 합니다.

어휘·문법 확인 문제

1 (2) ○ **2** (1) 구속 (2) 호통 (3) 개방 **3** (2) ○
4 (1) ㉯ (2) ㉮

1 '의견'은 '어떤 대상에 대하여 가지는 생각.'이라는 뜻입니다. '사물을 인식하여 논리나 기준 등에 따라 판정을 내림.'이라는 뜻의 낱말은 '판단'입니다.

2 제시된 뜻에 해당하는 낱말을 찾아봅니다.

3 '새가 알을 낳거나 깃들이는 곳.'을 뜻하는 말은 '둥지'입니다. '우리'는 '짐승을 가두어 기르는 곳.'을 뜻합니다.

4 '고깔'은 표준어이고, '꼬깔'은 방언입니다.

교과서 독해

당나귀를 팔러 간 아버지와 아이 | 148~149쪽 | **1** 아낙 **2**
④ **3** (1) 청년 (2) 농부 (3) 아낙 (4) 노인 **4** (2) ○
5 세현 **6** ⑤ **7** 예 적절하지 않습니다. 다른 사람의 의견을 받아들이기 전에 그 의견이 적절한지 판단해 보지 않았기 때문입니다. **8** (1) 사람 (2) 아버지 (3) 둘 다 (4) 당나귀

바람직한 독서 방법 | 150쪽 | **9** 도연 **10** (1) ○ (2) ×
11 예 한 분야의 책만 읽게 됩니다. / 한 가지 문제만 생각해 다양한 사고를 할 수 없습니다. **12** (1) 주제 (2) 분야 (3) 의견

문화재를 개방해야 하는가 | 151쪽 | **13** 개방 **14** (3) ○
15 (1) 개방 (2) 조상 (3) 보호 (4) 훼손

숲을 보호합시다 | 152쪽 | **16** ④ **17** 예 사람들이 숲에서 생활에 필요한 여러 가지 물건을 얻어서입니다.
18 보금자리 **19** (1) 숲 (2) 낭비 (3) 최소화 (4) 주제

자유가 뭐예요? | 153쪽 | **20** ①, ②, ③ **21** (2) ○ **22**
혜원 **23** (1) 자유 (2) 제한 (3) 침해

1 '아낙'은 남의 집 부녀자를 일반적으로 이르는 말입니다.

2 노인은 어른인 아버지는 걷게 하고 아이 혼자 편하게 당나귀를 타고 가는 것을 보고 호통을 쳤습니다.

3 맨 처음에 만난 농부는 당나귀를 타고 가야 한다고 했고, 그 다음에 만난 노인은 아이 대신 아버지가 당나귀를 타고 가야 한다고 했습니다. 그리고 아낙은 둘 다 당나귀를 타고 가야 한다고 했고, 청년은 당나귀를 메고 가야 한다고 했습니다.

4 아버지와 아이는 농부, 노인, 아낙의 의견이 적절한지 판단하지 않고 그대로 따랐습니다.

5 청년의 말을 들은 아버지와 아이는 이대로 가다가는 시장에 가기도 전에 당나귀가 지쳐 쓰러져 버릴 것이라는 생각이 들었습니다.

6 아버지와 아이는 청년의 의견대로 당나귀를 메고 가다가 외나무다리에서 놓치는 바람에 당나귀를 잃어버렸습니다.

7 아버지와 아이가 농부, 노인, 아낙, 청년의 의견을 듣고 어떻게 행동했는지 생각하며 적절한지 판단해 봅니다.

채점 tip 아버지와 아이의 행동이 적절하지 않다고 판단하고, 다른 사람의 의견이 적절한지 판단해 보지 않고 받아들였기 때문이라고 까닭을 썼으면 정답으로 합니다.

8 농부, 노인, 아낙, 청년의 의견을 각각 파악하고, 아버지와 아이가 네 인물의 의견을 받아들인 까닭이 무엇인지 찾아봅니다.

농부	노인
당나귀는 원래 짐을 싣거나 (1)(사람)을/를 태우는 동물이므로 당나귀를 타고 가야 한다.	어른인 (2)(아버지)이/가 우선이므로 아이 대신 아버지가 당나귀를 타고 가야 한다.

BOOK ❶ 개념북

8 단원

아낙	청년
당나귀에 둘 다 탈 수 있으므로 (3)(둘 다) 당나귀를 타고 가야 한다.	시장에 가기 전에 당나귀가 지쳐 쓰러질 것이므로 (4)(당나귀)을/를 메고 가야 한다.

9 도서관의 편의 시설을 늘리는 것은 '바람직한 독서 방법'이라는 주제와 관련이 없습니다. 바람직한 독서 방법은 책을 읽는 방법이나 태도와 관련된 내용이어야 하기 때문입니다.

10 민서의 글에서 뒷받침 내용 2는 민서의 개인적인 경험이므로 믿을 만한 내용으로 보기 어렵습니다.

11 준우의 의견처럼 자신이 좋아하는 책만 읽었을 경우 생길 수 있는 문제를 떠올려 자유롭게 써 봅니다.
채점 tip 자신이 좋아하는 책만 읽었을 경우에 생길 수 있는 문제를 적절하게 썼으면 정답으로 합니다.

12 의견이 적절한지 평가할 때 의견이 주제와 관련 있는지, 의견을 골랐을 때 문제를 해결할 수 있는지, 의견을 뒷받침하는 내용이 믿을 만한지 등을 확인해야 합니다.

인물	의견	평가
혜원	바람직한 독서 방법은 도서관의 편의 시설을 늘리는 것이다.	의견이 (1)(주제)와/과 관련이 없어서 적절하지 않다.
민서	바람직한 독서 방법은 여러 (2)(분야)의 책을 읽는 것이다.	뒷받침 내용이 믿을 만한 내용이 아니어서 적절하지 않다.
준우	바람직한 독서 방법은 자신이 좋아하는 책만 읽는 것이다.	(3)(의견)대로 하면 문제가 생길 수 있어서 적절하지 않다.

13 '개방'은 '문이나 어떠한 공간 등을 열어 자유롭게 드나들고 이용하게 함.'이라는 뜻이므로 '폐쇄'와 뜻이 반대되는 낱말로 볼 수 있습니다.

14 글쓴이의 의견에 대한 뒷받침 내용 세 가지가 모두 사실이며 믿을 만하기 때문이라고 하였으므로 (3)의 기준으로 평가한 것입니다.

15 먼저 글쓴이의 의견과 뒷받침 내용을 파악해 봅니다. 그리고 그 의견이 적절하다고 보는 평가와 적절하지 않다고 보는 평가, 두 가지 경우 모두를 생각해 봅니다.

의견	문화재를 (1)(개방)해야 한다.
뒷받침 내용	• 옛 (2)(조상)이/가 살았던 때를 생생하게 느낄 수 있다. • 여름 장마철에 생기는 문화재 훼손을 막을 수 있다. • 문화재를 개방하면 자신이 체험한 문화재를 (3)(보호)하려고 노력하는 사람이 늘어날 것이다.

문화재는 예전에 살았던 사람들의 모습이 담긴 것이기 때문에 관람객이 직접 체험해야 더 가치 있으므로 적절하다.	많은 사람이 관람하다가 (4)(훼손)된 문화재는 복원하기 어렵기 때문에 적절하지 않다.

16 이 글의 글쓴이는 숲이 파괴되고 생물들의 보금자리가 사라지는 문제 상황을 언급한 다음, 이를 해결하기 위해서 숲을 보호하고 생물들의 보금자리를 지켜 주어야 한다는 의견을 제시하였습니다.

17 사람들이 숲에서 생활에 필요한 여러 가지 물건을 얻어서 숲이 파괴되고 생물들의 보금자리가 사라진다고 했습니다.
채점 tip 사람들이 숲에서 생활에 필요한 여러 가지 물건을 얻어서라고 썼으면 정답으로 합니다.

18 '보금자리'는 지내기에 매우 포근하고 아늑한 곳을 뜻하는 말입니다.

19 글쓴이의 의견과 뒷받침 내용을 정리하고, 그 의견이 적절한지 판단을 해 봅니다.

의견	(1)(숲)을/를 보호하고 생물들의 보금자리를 지켜 주어야 한다.
뒷받침 내용	• 자원의 (2)(낭비)을/를 막아야 한다. • 나무를 베어 낸 숲은 다시 가꾸어야 한다. • 숲의 파괴를 (3)(최소화)해야 한다.

의견이 (4)(주제)와/과 관련 있고 문제 상황을 해결할 수 있으며, 뒷받침 내용이 의견과 관련 있고 믿을 만하므로 적절하다.

20 공공장소에서 조용히 하는 것과 이웃 어른께 공손히 인사하는 것은 해야 할 행동입니다.

21 어른들의 간섭을 받을 때 아이들은 자유를 방해받는다고 느끼지만 사실은 여러 사람과 더불어 살면서 진정으로 자유롭기 위한 훈련을 받고 있는 것이라고 했습니다.

22 한밤중에 아파트에서 피아노를 치는 것은 이웃 사람들이 편안히 쉬는 자유를 침해하는 잘못된 행동입니다.

23 글쓴이가 글에서 어떤 의견을 제시하고 있는지, 그 의견을 뒷받침하는 내용은 무엇인지 찾아봅니다.

의견	다른 사람의 (1)(자유)을/를 위해서 자신의 자유를 조금 (2)(제한)하고 상대방을 존중해야 한다.
뒷받침 내용	나의 자유를 누리기 위해서 남의 자유를 (3)(침해)한다면 남도 자신의 자유를 위해서 나의 자유를 침해할 것이다.

154~155쪽　단원 평가 ❶회

1 바람직한 독서 방법　**2** (1) 민서 (2) 준우 (3) 혜원　**3** (1) ○ (2) × (3) ×　**4** ②　**5** ②, ④, ⑤　**6** ㉮　**7** 수아　**8** ③　**9** (1) 등 (2) 가장자리　**10** 할아버지

1 혜원, 민서, 준우는 '바람직한 독서 방법'에 대해 자신의 의견을 밝힌 글을 썼습니다.

2 (1)은 민서, (2)는 준우, (3)은 혜원이의 의견입니다.

3 제시한 의견대로 하면 문제가 생길 수 있는 것은 준우이고, 뒷받침 내용이 개인적인 경험이어서 믿을 만하지 않은 것은 민서입니다.

4 글쓴이는 '문화재를 개방해야 하는가'라는 주제에 대하여 문화재를 개방해야 한다는 의견을 제시했습니다.

5 글쓴이는 옛 조상이 살았던 때를 생생하게 느낄 수 있고, 여름 장마철에 생기는 문화재 훼손을 막을 수 있으며, 자신이 체험한 문화재를 보호하려고 노력하는 사람이 늘어날 것이기 때문에 문화재를 개방해야 한다고 생각합니다.

6 ㉮는 문화재를 개방해야 한다는 글쓴이의 의견이 적절하다고 평가할 수 있는 근거이고, ㉯는 적절하지 않다고 평가할 수 있는 근거입니다.

7 '편식'에 대한 의견을 바르게 말한 친구는 수아입니다.

8 '부모님 말씀 잘 듣기'는 즐겁고 행복한 학교를 만들기 위해 우리가 할 수 있는 일에 해당하지 않습니다.

9 '사람이나 동물의 몸통에서 가슴과 배의 반대쪽 부분.'을 뜻하는 표준어는 '등'이고, '등어리'는 '등'의 방언입니다. 그리고 '둘레나 끝에 해당되는 부분.'을 뜻하는 표준어는 '가장자리'이고, '가생이'는 '가장자리'의 방언입니다.

> **문법 문제 ⓣⓘⓟ** '등', '가생이'와 같은 표준어는 교육적·문화적 편의를 위하여 한 나라에서 표준으로 정한 말을 가리킵니다.

10 표준어 '할아버지'의 방언으로는 '할아바이(함경도)', '할버이(강원도)', '할압시(전라도)', '할배(경상도)', '하르방(제주도)' 등이 있습니다.

156~158쪽　단원 평가 ❷회

1 시장　**2** 예 당나귀는 원래 짐을 싣거나 사람을 태우는 동물이라서　**3** ⑤　**4** ②　**5** 예 아무도 타지 않고 당나귀를 끌고 갔을 것입니다. 왜냐하면 당나귀가 힘들어 지치면 팔리지 않을 수 있기 때문입니다.　**6** 소라　**7** (1) ○　**8** ④, ⑤　**9** 예 적절하지 않습니다. 자신이 좋아하는 분야의 책만 읽어야겠다고 생각하면 다른 분야의 책은 전혀 읽지 않을 것이기 때문입니다.　**10** (1) 주제 (2) 뒷받침 (3) 사실 (4) 문제 상황　**11** ③　**12** 개방　**13** ㉯　**14** ①　**15** (1) 예 ㉮ (2) 예 말싸움을 하다가 다른 큰 싸움으로 번지는 경우가 많기 때문입니다.

1 아버지와 아이는 당나귀를 끌고 시장에 가고 있었습니다.

2 당나귀를 타고 가라는 농부의 의견을 듣고 아버지는 당나귀가 원래 짐을 싣거나 사람을 태우는 동물이라고 생각해서 아이를 당나귀에 태웠습니다.

3 아버지와 아이는 농부와 노인의 의견을 받아들이기 전에 그 의견이 적절한지 판단해 보지 않았습니다.

4 청년은 당나귀가 두 명이나 태우고 가느라 힘이 다 빠졌기 때문에 당나귀를 메고 가야 한다고 말했습니다.

5 자신이 아버지와 아이라면 당나귀를 어떻게 시장까지 데리고 갈지 생각하여 써 봅니다.

> **채점 ⓣⓘⓟ** 자신이 아버지와 아이라면 당나귀를 어떻게 시장까지 데리고 갈지 자유롭게 상상하여 썼으면 정답으로 합니다.

6 '도서관의 편의 시설을 늘려야 한다.'라는 의견은 바람직한 독서 방법과 관련이 없습니다.

BOOK ❶ 개념북

8 단원

7 ⓒ은 글쓴이의 개인적인 경험일 뿐 그렇지 않다고 생각하는 사람도 많기 때문에 믿을 만하지 못합니다.

8 글쓴이가 자신이 좋아하는 책만 읽는 것이 바람직한 독서 방법이라고 한 까닭 두 가지를 찾아봅니다.

9 의견이 주제와 관련 있는지, 의견과 뒷받침 내용이 관련 있는지, 뒷받침 내용이 사실이고 믿을 만한지, 의견이 문제 상황을 해결할 수 있는지 등을 확인해 봅니다.

> 채점 tip 글쓴이의 의견이 적절하지 않다고 평가하고, 자신이 좋아하는 책만 읽었을 때에 생길 수 있는 문제점을 까닭으로 들어 썼으면 정답으로 합니다.

10 글쓴이의 의견이 적절한지 평가하는 방법 네 가지를 생각하며 빈칸에 알맞은 낱말을 차례대로 써 봅니다.

11 문화재 개방에 대한 의견과 까닭을 쓴 글이므로 글의 주제로 알맞은 것은 ③입니다.

12 문화재를 개방하면 좋은 점을 까닭으로 든 것으로 보아, 글쓴이는 문화재를 개방해야 한다고 생각합니다.

13 주영이는 글쓴이의 의견을 ⓐ의 기준으로 평가하여 적절하지 않다고 했습니다.

14 글쓴이의 의견은 숲을 보호하고 생물들의 보금자리를 지켜 주어야 한다는 것입니다.

15 제시된 의견 중 '즐겁고 행복한 학교 만들기'에 가장 적절하다고 생각하는 의견을 고르고, 그렇게 생각한 까닭을 구체적으로 써 봅니다.

> 채점 tip ㉮~㉺ 중 하나를 고르고, 고른 의견이 가장 적절하다고 생각한 까닭을 알맞게 썼으면 정답으로 합니다.

159쪽 수행 평가

1 (1) 예 개인의 선택임. (2) 예 영양소를 불균형하게 섭취할 수밖에 없음. (3) 예 부모님께서 걱정하심.
2 (1) 예 편식해도 됩니다. (2) 예 좋아하는 음식 위주로 다양하게 먹어도 충분히 영양소를 섭취할 수 있습니다. **3** 예 편식을 해도 된다고 생각합니다. 먹고 싶은 음식을 먹는 것은 개인의 선택이라고 생각하기 때문입니다. 먹기 싫은 음식을 억지로 먹다가 오히려 스트레스를 받아 건강을 해칠 수도 있습니다. 그리고 좋아하는 음식 위주로 다양하게 먹어도 충분히 영양소를 섭취할 수 있습니다. 따라서 싫어하는 음식을 억지로 먹기보다는 좋아하는 음식 위주로 다양하게 먹도록 노력합시다.

---

1 편식과 관련한 경험을 떠올려 보고, 편식에 대해 어떤 생각이 드는지 정리합니다.

2 편식과 관련하여 자신의 의견을 정한 후, 그 의견을 뒷받침할 수 있는 내용을 찾아봅니다. 관련 있는 책 읽기, 믿을 만한 누리집 찾아보기, 전문가에게 물어보기 등의 방법으로 자신의 의견을 뒷받침할 수 있는 내용을 찾을 수 있습니다.

> **이런 답도 가능해!**
> (1) 편식하면 안 됩니다. (2) 편식하지 않고 골고루 먹으면 여러 가지 영양소를 균형 있게 섭취할 수 있어서 건강해집니다.

3 문제 **2**번에서 정리한 내용을 바탕으로 주어진 조건에 맞게 의견이 드러나는 글을 써 봅니다.

채점 기준	잘함	편식을 주제로 자신의 의견을 분명히 밝히고, 의견을 뒷받침하는 내용도 알맞게 썼습니다.
	보통	편식을 주제로 자신의 의견을 분명히 밝혔으나, 의견을 뒷받침하기 위해 제시한 내용 중 부족한 부분이 있습니다.
	노력 요함	편식을 주제로 자신의 의견을 분명히 밝히지 못했고, 의견을 뒷받침하는 내용도 알맞게 쓰지 못했습니다.

160쪽 쉬어가기

---

9. 감동을 나누며 읽어요

개념 확인 문제

> 1 ㉰, ㉯, ㉮ 2 예 낭독하기 3 (1) 일 (2) 행동
> 4 (1) ○

1 시에 대한 느낌을 떠올릴 때 시 속의 인물과 면담을 하면 느낌이 잘 떠오릅니다. 누구와 면담할지 정하기, 물음 만들기, 면담하기의 순서로 면담을 할 수 있습니다.

2 예시 답 외에 노랫말 만들기, 역할극 하기, 장면을 이야기로 들려주기 등의 방법이 있습니다.

3 이야기를 보고 내용에 대한 생각을 나눌 때에는 이야기에서 어떤 일이 일어났는지 살펴보고, 인물의 행동에 대한 자신의 생각을 글로 써 보도록 합니다.

4 이야기에서 강조하고 싶은 부분이 어디인지 정하고, 인물의 특성에 따라 표정과 말투, 행동 등을 다르게 표현해야 실감 납니다.

어휘·문법 확인 문제

> 1 면담 2 (1) 치솟아서 (2) 아우성 (3) 꿈풀이 3 (1)
> 참을 만큼 (2) 차례대로 4 ×

1 '서로 만나서 이야기함.'이라는 뜻의 낱말은 '면담'입니다.

> **왜 답이 아닐까?**
> • '전화'는 '공간적으로 떨어져 있는 사람이 서로 이야기할 수 있게 만든 기계.' 또는 '전화기를 이용하여 말을 주고받음.'을 뜻하는 낱말입니다.
> • '편지'는 '안부, 소식, 용무 등을 적어 보내는 글.'을 뜻하는 낱말입니다.

2 낱말의 뜻을 생각하며 문장의 의미에 어울리는 낱말을 넣어 봅니다.

3 '참을'은 형태가 바뀌는 낱말이고 'ㄹ'로 끝나므로 '참을 만큼'으로 띄어 씁니다. '차례'는 사람이나 사물의 이름을 나타내는 낱말이므로 '차례대로'와 같이 붙여 씁니다.

4 '마을'은 사람이나 사물의 이름을 나타내는 낱말이므로 '뿐'과 함께 쓸 때 '마을뿐'과 같이 붙여 씁니다.

교과서 독해

> 온통 비행기 164쪽 1 (1) ㉠ (2) ㉡, ㉢, ㉣ 2 주희
> 3 예 동물을 좋아해 여러 동물을 그렸던 경험이 생각 납니다. 4 (1) 스케치북 (2) 조종석 (3) 엄마 (4) 비행기
> 지하 주차장 165쪽 5 지하 주차장 6 ⑤ 7 ④
> 8 (1) 지하 주차장 (2) 동굴 (3) 헤매고
> 제기차기 166쪽 9 ① 10 예 아이들이 골목에서 신나게 제기를 차며 소리를 지르는 모습이 떠오릅니다.
> 11 솟구친다 12 (1) 제기 (2) 아우성 (3) 하늘
> 김밥 167쪽 13 (달걀이 들어간) 김밥 14 ① 15 예 동숙이가 넘어져서 달걀이 깨지는 바람에 그토록 먹고 싶었던 달걀이 들어간 김밥을 먹지 못해 무척 서운할 것 같습니다. 16 (2) ○
> 멸치 대왕의 꿈 168~169쪽 17 ② 18 ② 19 ①
> 20 예 넓적 가자미가 힘들게 망둥 할멈을 데려왔는데 멸치 대왕이 넓적 가자미에게는 알은척도 하지 않고 먹을 것도 주지 않기 때문입니다. 21 (1) ㉠
> (2) ㉡ 22 ④ 23 ④ 24 예 분노해 큰 목소리로 말합니다.

1 '항공기에서 조종사가 앉는 자리.'를 뜻하는 낱말은 '조종석'으로, 3연에서 조종석에는 '내'가 앉는다고 하였습니다. '자동차나 항공기 등 운전석의 옆자리.'를 뜻하는 낱말은 '조수석'으로, 4연에서 조수석에는 엄마, 동생, 송이가 앉는다고 하였습니다.

2 이 시는 비행기 생각으로 가득 찬 말하는 이의 마음이 잘 드러난 작품이므로, 비행기를 상상하며 웃음 짓는 얼굴을 떠올리는 것이 알맞습니다.

3 이 시의 말하는 이처럼 자신이 가장 많은 관심을 두고 한 일을 떠올려 써 봅니다.

> **채점 tip** 자신이 가장 많은 관심을 두고 한 일을 한 가지 떠올려 썼으면 정답으로 합니다.

4 시를 다시 읽고, 1연부터 6연까지의 내용을 순서대로 정리해 봅니다.

'솟구치다'와 뜻이 비슷합니다.

1연 내 (1)(스케치북)에는 비행기가 낢.

▼

2연 필통, 지우개에도 비행기가 낢.

▼

3연 (2)(조종석)에는 언제나 내가 앉아 있음.

▼

4연 조수석에는 (3)(엄마), 동생, 송이, 우리 집 개가 앉음.

▼

5연 난 비행기가 좋음.

▼

6연 내 마음에는 (4)(비행기)이/가 낢.

---

5 이 시는 지하 주차장에서 일어난 일을 바탕으로 하여 쓴 시입니다.

6 아빠께서는 차를 어디에 두었는지 기억나지 않아 이리저리 찾아다니다가 한참 만에 차를 몰고 나오셨을 것입니다.

7 아빠께서 진짜 발을 헛디뎌 넘어지신 것은 아니기 때문에 직접 지하 주차장 계단에서 넘어져 보는 방법은 적절하지 않습니다.

8 시를 다시 읽고, 1연부터 3연까지의 내용을 순서대로 정리해 봅니다.

1연 (1)(지하 주차장)에 내려가신 아빠께서 한참 만에 차를 몰고 나오심.

▼

2연 아빠께서는 (2)(동굴) 속으로 떨어져 호빗이 사는 마을에 다녀왔다고 하심.

▼

3연 '나'는 아빠께서 지하 주차장을 (3)(헤매고) 다니느라 늦으셨다고 생각함.

---

9 말하는 이는 골목에서 아이들이 제기를 차고 있는 모습을 보았습니다.

10 이 시를 읽고 떠오르는 장면을 자유롭게 써 봅니다.

채점 tip 시의 내용에 어울리게 시를 읽고 떠오르는 장면을 썼으면 정답으로 합니다.

11 '치솟다'는 '위쪽으로 힘차게 솟다.'라는 뜻의 낱말로,

12 시를 다시 읽고, 1연부터 5연까지의 내용을 순서대로 정리해 봅니다.

1연 아이들이 골목에 모여 (1)(제기)을/를 참.

▼

2연 아이들은 제기를 차며 신이 남.

▼

3연 아이들의 (2)(아우성)이/가 골목에 가득함.

▼

4연 아이들이 찬 제기가 (3)(하늘)까지 치솟음.

▼

5연 얼어붙은 골목에서 아이들은 제기를 참.

---

13 동숙이는 소풍에 달걀이 들어간 김밥을 가져가고 싶다고 했습니다.

14 동숙이는 달걀을 살 돈을 마련하기 위해 장에 나가 쑥을 팔았습니다.

15 동숙이가 선생님 김밥을 싸야 한다고 엄마께 말씀드린 것, 달걀 한 줄을 사 오다가 넘어진 것 등에 대한 자신의 생각을 자유롭게 써 봅니다.

채점 tip 동숙이가 선생님 김밥을 싸야 한다고 엄마께 말씀드려서 아버지 병원비로 달걀 한 줄을 샀지만, 돌부리에 걸려 넘어지면서 달걀이 깨지고 말았던 일에 대한 자신의 생각이나 느낌을 자유롭게 썼으면 정답으로 합니다.

16 선생님께서는 김밥을 못 먹고 있는 동숙이가 안쓰러워서 동숙이에게 자신의 김밥을 주려고 배탈이 났다고 거짓말을 하셨습니다.

17 멸치 대왕은 이상한 꿈을 꾸고 그 꿈이 무슨 꿈인지 궁금해서 꿈풀이를 잘한다는 망둥 할멈을 데려오라고 했습니다.

18 망둥 할멈은 멸치 대왕이 용이 될 꿈이라고 풀이했습니다.

19 멸치 대왕은 망둥 할멈의 꿈풀이를 듣고 기분이 좋은 상황입니다.

20 넓적 가자미는 힘들게 망둥 할멈을 데려왔는데 멸치 대왕이 자기에게는 알은척도 하지 않고 먹을 것도 주지 않아서 화가 났습니다.

채점 tip 넓적 가자미가 힘들게 망둥 할멈을 데려왔는데 멸치 대왕이 넓적 가자미에게는 알은척도 하지 않고 먹을 것도 주지 않았기 때문이라는 내용으로 썼으면 정답으로 합니다.

21 '모락모락'은 '연기나 냄새, 김 등이 계속 조금씩 피어오르는 모양.'을 뜻하고, '찰싹'은 '작은 물체가 매우 끈기 있게 부딪치거나 달라붙는 소리. 또는 그 모양.'을 뜻합니다.

22 꿈풀이를 듣자마자 화가 나서 넓적 가자미의 뺨을 때리는 행동으로 보아 멸치 대왕은 화를 참지 못하고 기분이 쉽게 변하는 성격임을 짐작할 수 있습니다.

23 멸치 대왕이 넓적 가자미의 뺨을 세게 때려 눈이 한쪽 뺨으로 몰려가 붙게 되었습니다.

> **왜 답이 아닐까?**
> ① 병어의 모습입니다.
> ② 메기의 모습입니다.
> ③ 멸치 대왕의 모습입니다.
> ⑤ 망둥 할멈의 모습입니다.

24 표정, 말투, 행동과 같은 인물의 특성을 생각하며 인물이 한 말을 실감 나게 표현해 봅니다.

상황	넓적 가자미의 꿈풀이를 들은 멸치 대왕
인물의 말	"뭐라고? 너 이놈! 감히 그런 꿈풀이를 하다니. 괘씸하다!"
표현 방법	예 분노해 큰 목소리로 말합니다.

170~171쪽 단원 평가 ❶회

1 ③ **2** 지안 **3** ③ **4** ⑤ **5** (1) ○ **6** (3) ○
7 ③ **8** (1) 겪은 일 (2) 생생하게 (3) 느낌 **9** (1) 운동장만큼 (2) 셋뿐 (3) 주는 대로 **10** (1) × (2) × (3) ○

1 말하는 이는 비행기를 좋아해서 자신의 물건에 비행기를 그리고, 비행기를 조종하는 상상을 합니다.

2 말하는 이처럼 자신이 가장 많은 관심을 두고 한 일을 떠올린 친구의 이름을 씁니다.

3 ㉠'한 다발 / 하얀 / 바람'은 아이들이 차올린 '제기'를 가리킵니다.

4 아이들은 한껏 부푼, 신이 난 마음으로 소리를 지르며 제기를 차고 있습니다.

5 이 시에는 골목에 모인 아이들이 신나게 제기를 차는 모습이 담겨 있습니다.

6 멸치 대왕이 자신을 반갑게 맞이한 것에 고마운 마음을 표현하는 것이 알맞습니다.

7 넓적 가자미는 멸치 대왕이 자신의 수고를 알아주지 않고 푸대접하자 서운하였을 것입니다.

8 시를 써서 그림과 함께 꾸미는 방법과 주의할 점을 정리합니다.

9 '만큼', '대로', '뿐'은 혼자서는 쓰일 수 없고 앞에 오는 다른 낱말과 함께 써야 합니다. 그러나 '주는'과 같이 형태가 바뀌는 낱말이면서 '-ㄴ'으로 끝나는 말 뒤에서는 띄어 써야 합니다.

10 각각 '할 뿐', '친구대로', '우리만큼'이 맞는 표기입니다.
> **문법 문제 tip** (1)의 '할'은 형태가 바뀌는 낱말이면서 '-ㄹ'로 끝나는 말이므로 '할 뿐'과 같이 띄어 씁니다. (2)의 '친구'와 (3)의 '우리'는 사람이나 사물의 이름을 나타내는 말이므로 '친구대로', '우리만큼'과 같이 붙여 씁니다.

172~174쪽 단원 평가 ❷회

1 ⑤ **2** ③, ⑤ **3** ③ **4** 예 지하 주차장에서 겪었다는 일이 정말입니까? / 어제 무슨 일이 있었기에 주차한 곳을 못 찾은 겁니까? **5** 영주 **6** (2) ○
7 ① **8** 예 동숙이가 김밥을 먹을 수 있게 배려해 주신 선생님의 마음이 따뜻하다고 생각했습니다.
9 ③ **10** 선화 **11** ③, ④ **12** ② **13** ③
14 ② **15** (1) ㉯ (2) ㉮ (3) ㉰

1 말하는 이는 비행기와 관련된 일을 하고 싶어 하고, 온통 비행기 생각뿐입니다. 따라서 말하는 이가 다른 친구에게 커서 뭐가 되고 싶으냐고 물어보는 장면은 이 시와 어울리지 않습니다.

2 말하는 이는 아직은 비행기를 순수하게 좋아하고 싶거나 물어볼 필요 없이 정해져 있기 때문에 ㉠과 같이 말했을 것입니다.

3 아빠께서는 아이가 기다리고 있는데 차를 어디에 주차했는지 몰라서 걱정되고 다급하셨을 것입니다.

4 시에 나오는 장면을 떠올리며 시 속의 아빠께 드리고 싶은 질문을 자유롭게 써 봅니다.
> **채점 tip** 시의 내용에 어울리게 시 속 아빠께 묻고 싶은 질문을 한 가지 썼으면 정답으로 합니다.

5 시의 내용을 파악하고 자신의 느낌을 알맞게 말한 친구는 영주입니다.

6 동숙이는 선생님 김밥을 싸야 한다고 엄마께 말씀드려서 아버지 병원비로 달걀 한 줄을 살 수 있었습니다.

7 동숙이가 넘어져서 달걀이 깨지는 바람에 달걀이 들어간 김밥을 먹지 못하게 됐으므로 무척 속상할 것입니다.

8 선생님의 행동에 대한 자신의 생각을 자유롭게 써 봅니다.
채점 tip 김밥을 못 먹고 있는 동숙이가 안쓰러운 마음에 배탈이 났다고 말씀하시며 자신의 김밥을 동숙이에게 주신 선생님의 행동에 대한 자신의 생각을 자유롭게 썼으면 정답으로 합니다.

9 한 할머니가 차장에게 기차를 세우라고 하는 것으로 보아 기차 안에서 아기가 태어났음을 알 수 있습니다.

10 시대적 상황 때문에 기차 안에서 아기를 낳을 수밖에 없었던 것은 아닙니다.

11 글 ㉮에 멸치 대왕이 꾼 꿈의 내용이 나타나 있습니다.

12 넓적 가자미가 고생해서 망둥 할멈을 데려왔는데 멸치 대왕이 자신을 알은척도 하지 않아 화가 난 상황에서는 ②와 같이 말하는 것이 가장 적절합니다.

13 멸치 대왕의 꿈을 좋게 풀이한 것으로 보아 아부를 잘하는 성격임을 짐작할 수 있습니다.

14 넓적 가자미의 꿈풀이를 듣고 화가 난 멸치 대왕의 상황을 실감 나게 표현하는 방법을 찾아봅니다.

15 글 ㉰의 마지막 부분에 인물들의 모습이 나타나 있습니다.

175쪽　수행 평가

1 (1) 예 「놀이터」 (2) 예 시에서 말하는 이가 느끼는 감정과 비슷한 감정을 저도 느낀 적이 있어서 공감했기 때문입니다. 　2 예 엄마 아빠가 안 계셔서 외로워하는 장면이 떠오릅니다. / 친구들과 재미있게 놀다가 해가 져서 친구들이 돌아가려고 하자, 더 놀자고 친구들에게 말하는 장면입니다. 　3 예 시에서 말하는 이가 느꼈을 외로움에 공감하였습니다. / 엄마가 친척 집에 가서서 집에 할머니와 함께 있었던 경험이 떠올랐습니다.

---

1 경험을 떠올리며 마음에 드는 시를 하나 골라 써 봅니다.
채점 tip (1)에 자신이 좋아하는 시를 하나 골라서 시의 제목을 쓰고, (2)에 그 시를 고른 까닭이 무엇인지 정리하여 썼으면 정답으로 합니다.

2 자신이 고른 시에서 어떤 장면이 가장 인상적으로 떠오르는지 구체적으로 써 봅니다.

채점 기준	잘함	문제 1번에서 고른 시에서 떠오르는 장면을 구체적으로 썼습니다.
	노력 요함	문제 1번에서 고른 시에서 떠오르는 장면을 구체적으로 쓰지 못했습니다.

3 문제 2번에서 답한 장면을 떠올렸을 때, 어떤 생각이나 느낌이 들었는지 정리해 봅니다.

채점 기준	잘함	시를 읽고 장면을 떠올리며 어떤 생각이나 느낌이 들었는지 솔직하게 썼습니다.
	보통	시를 읽고 장면을 떠올리며 어떤 생각이나 느낌이 들었는지 썼으나, 다소 부족한 부분이 있습니다.
	노력 요함	시를 읽고 장면을 떠올리며 어떤 생각이나 느낌이 들었는지 솔직하게 쓰지 못했습니다.

176쪽　쉬어가기

1. 이어질 장면을 생각해요

2~5쪽   단원 평가

1 ① 　 2 「니모를 찾아서」 　 3 ⑩ 아버지는 아빠 물고기가 니모를 무척 사랑한다고 생각합니다. 　 4 ⑩ 선택을 받지 못해 실망했을 것입니다.
5 ⑤ 　 6 지원 　 7 원천강 　 8 ⑤ 　 9 ① 　 10 ㉰
11 오늘이 　 12 ⑤ 　 13 ㉰ 　 14 ① 　 15 「임금님 귀는 당나귀 귀」 　 16 ④, ⑤ 　 17 ⑩ 임금님은 큰 귀를 백성의 소리에 귀를 기울이는 어진 임금이 되라는 뜻으로 받아들였다. 　 18 ④ 　 19 ㉱, ㉰, ㉲ 　 20 (1) ○ (2) ○

2 그림 ❸에서 한꺼번에 너무 많이 물으시는 아버지가 꼭 「니모를 찾아서」에 나오는 아빠 물고기 같다고 하였습니다.

4 **채점 tip** 선택을 받지 못해 실망했을 것이라는 내용으로 썼으면 정답으로 합니다.

6 지원이는 지아 편을 든 선에 대해 느낀 점을 말했습니다.

> **왜 답이 아닐까?**
> • 선우: 지아가 보라 편을 들면서 선을 외면한 영화 내용을 그대로 말했습니다.
> • 형민: 언제나 혼자였던 아이는 보라가 아니라 선입니다.

10 낯선 사람들이 원천강에서 오늘이를 먼 곳으로 데려다 놓았는데 여러 인물의 도움으로 다시 원천강으로 돌아가는 것으로 보아, 어려운 일에도 결코 포기하지 않고 목표를 이루어 내는 성격임을 알 수 있습니다.

13 많은 여의주를 가지고도 용이 되지 못한 까닭을 몰랐던 이무기의 고민에 어울리는 해결 방법은 ㉰입니다.

14 이어질 이야기에 새로운 인물을 등장시켜서 사건을 전개할 수도 있지만 새로운 인물만 등장하도록 하는 것은 알맞지 않습니다.

17 큰 귀를 부끄럽게 생각했던 임금님은 마지막에 백성의 소리에 귀를 기울이는 어진 임금이 되라는 뜻으로 받아들였습니다.

18 야아가 용을 데리고 와서 빛을 잃어버린 해에게 불을 뿜어서 햇빛이 돌아오도록 한 것이므로 ④는 알맞지 않습니다.

20 다른 모둠이 발표할 때에는 조용히 봐 주어야 합니다.

6쪽   수행 평가 연습

1단계 ⑩ 전학생인 지아를 만나 친구가 됩니다.
2단계 ⑩ 피구를 하려고 편을 나눌 때 선의 표정이 점점 변해 가는 것이 가장 인상 깊었습니다.
3단계 ⑩ 선에게 / 선아, 안녕? 나도 너처럼 초등학교 4학년 학생이야. 지금은 지아랑 잘 지내니? 개학을 하고 지아가 학교에서 한 행동 때문에 많이 힘들고 슬펐지? 지아가 전에 다녔던 학교에서처럼 또 힘든 시간을 보낼까 봐 걱정이 돼서 그랬던 것 같아. 지아도 그동안 많이 괴로웠을 거야. 서로 힘들었던 일들 다 이겨 내고 너와 지아가 이전보다 더 친하게 지내길 바랄게. / 20○○년 ○월 ○일 / 소영이가

1단계 언제나 혼자인 외톨이 선은 여름 방학을 시작하는 날, 전학생인 지아를 만나 친구가 됩니다.
3단계 선에게 하고 싶은 말을 편지 형식을 갖춰 씁니다.

7쪽   수행 평가 실전

1 ⑩ 어려움을 이겨 내고 원천강으로 돌아간 것으로 보아 용기와 끈기가 있습니다. 　 2 ⑩ 매일이가 책을 많이 쌓아 놓고 읽고 있는 모습이 인상 깊었습니다. 매일이가 책을 많이 읽는 것이 무척 부러웠기 때문입니다. 　 3 ⑩ 오늘이의 친구인 매일이가 병이 들어 오늘이는 매일이의 병을 고치기 위해 치료법 책을 찾아야 합니다. 그래서 연꽃나무와 구름이, 용이 된 이무기와 함께 모험을 떠나고, 결국 원천강에서 치료법 책을 찾아 매일이를 살립니다.

1 오늘이는 원천강으로 돌아가는 것을 포기하지 않고 어려움을 이겨 내는 인물입니다. 인물의 행동을 보고 성격을 짐작할 수 있습니다.

2 가장 기억에 남는 장면 또는 가장 좋아하는 장면 등을 떠올려 까닭과 함께 정리해 봅니다.

3 앞부분의 내용과 자연스럽게 이어지도록 이어질 이야기를 상상합니다. 새로운 인물이 등장해서 사건을 전개할 수도 있습니다.

채점 기준	잘함	중심인물에게 일어날 일과 해결 과정을 알맞게 썼습니다.
	노력 요함	중심인물에게 일어날 일과 해결 과정이 자연스럽지 않습니다.

2. 마음을 전하는 글을 써요

8~11쪽 **단원 평가**

1 전시 해설사 선생님　**2** ①　**3** ②　**4** 반 친구들　**5** ①, ②, ④　**6** (1) ㉰ (2) ㉯ (3) ㉮　**7** ③, ④, ⑤　**8** ①　**9** ⓓ 생각처럼 도자기 만드는 일이 잘되지 않아서 당황스러웠는데 선생님께서 시범을 보여 주셔서 따라 했더니 신기하게도 그릇 모양이 잘 만들어졌습니다.　**10** ③　**11** ②, ④, ⑤　**12** (1) 아버지(안창호 선생) (2) 아들(필립)　**13** (1) 넘어져 팔을 다쳤습니다. (2) 한 학년 올라가게 되었습니다.　**14** ④, ⑤　**15** ②　**16** ⑤　**17** ③, ⑤　**18** 재홍　**19** ㉯　**20** ⓓ 환영해요! 이렇게 먼저 인사해 줘서 고마워요. 참 예쁜 마음씨네요.

3 여자아이는 언니와 함께한 잠자리 잡기가 재미있었다고 하였으므로 즐거운 마음을 전하는 것이 알맞습니다.

5 태웅이는 달리기를 하다 넘어졌고, 친구들이 다시 돌아와 태웅이를 일으켜 주고 같이 달려 주었습니다.

7 친구들에게 고마운 마음을 전한 태웅이의 편지 내용에 맞게 마음을 전해야 합니다.

9 **채점 tip** 선생님의 도움으로 그릇을 잘 만들었다는 내용으로 썼으면 정답으로 합니다.

10 '받는 사람 - 첫인사 - 전하고 싶은 말 - 끝인사 - 쓴 날짜 - 쓴 사람'의 형식으로 편지를 씁니다.

11 마음을 전하는 글에는 누가 누구에게 보내는 글인지 쓰고, 일어난 일과 일어난 일에 대한 생각이나 느낌, 그리고 표현하고 싶은 마음이 드러나게 씁니다.

> **왜 답이 아닐까?**
> ① 친구나 동생에게도 마음을 전하는 글을 쓸 수 있으므로 항상 높임말로 써야 하는 것은 아닙니다.
> ③ 마음을 전하는 대상이 있어야 하므로 보통 읽는 사람이 정해져 있습니다.

15 이 글에는 축하하는 마음과 기뻐하는 마음, 걱정하는 마음, 당부하는 마음 등이 담겨 있으며 '상하이로 돌아갈 거란다.'에는 마음이 드러나 있지 않습니다.

17 글쓴이는 아들이 좋은 인상을 주는 사람이 되기를 바라고 좋은 친구를 사귀기를 바라고 있습니다.

20 **채점 tip** 새로 이사 온 재환이를 환영하는 말이나 자신을 소개하는 말 등을 간단하게 썼으면 정답으로 합니다.

12쪽 **수행 평가 연습**

1단계 ⓓ 곤란해하는 지우를 도와주고 싶은 마음입니다. / 어찌할 바를 모르고 있는 지우를 걱정하고 배려하는 마음입니다.
2단계 (1) ⓓ 고마운 마음 (2) ⓓ 고맙습니다.
3단계 ⓓ 읽는 사람이 정해져 있는 편지 형식의 글로, 지우가 김하영 선생님께 고마운 마음을 전하는 글입니다.

1단계 선생님께서는 그릇 만들기를 어려워하는 지우를 도와 시범을 보여 주시며 친절하게 가르쳐 주셨습니다.
2단계 선생님께서 마음에 드는 그릇을 만들도록 도와주셔서 고마운 마음을 전하고 있습니다.
3단계 글의 형식과 누가 누구에게 어떤 마음을 전하는 글인지 밝혀 글의 특징을 분석하여 씁니다.

13쪽 **수행 평가 실전**

1 (1) ⓓ 반 친구들에게 고마운 마음을 전하고 있습니다. (2) ⓓ 아들 필립에게 걱정하는 마음과 축하하는 마음을 전하고 있습니다.　**2** ⓓ 마음을 잘 나타낼 수 있는 표현을 사용합니다.　**3** (1) ⓓ 우리 동네 소방관 아저씨 (2) ⓓ 지난 안전 교육 시간에 화재가 발생했을 때 어떻게 행동해야 하는지를 친절하게 알려 주셨습니다. (3) ⓓ 고마운 마음

1 글 ㉮에서 글쓴이는 반 친구들에게 고마운 마음을, 글 ㉯에서는 팔을 다친 아들을 걱정하는 마음과 아들이 한 학년 올라가게 된 것을 축하하는 마음을 전하고 있습니다.

2 ㉠~㉣은 모두 글쓴이가 마음을 전하려고 사용한 표현들입니다.

3 마음을 전할 사람과 있었던 일을 떠올려 전하고 싶은 마음을 써 봅니다.

채점 기준	잘함	마음을 전할 사람을 생각하여 쓰고, 있었던 일과 전하고 싶은 마음을 알맞게 썼습니다.
	보통	마음을 전할 사람과 전하고 싶은 마음은 썼지만, 있었던 일을 제대로 쓰지 못했습니다.
	노력 요함	마음을 전할 사람만 썼습니다.

3. 바르고 공손하게

14~17쪽 단원 평가

1 (1) 바우 (2) 박 서방   **2** ⑤   **3** 가는 말이 고 와야 오는 말이 곱다.   **4** 영철   **5** (3) ○   **6** ①   **7** 신유   **8** ④   **9** 예 신유 어머니께 "고맙습니 다."라고 말합니다. / 신유 어머니께 "감사합니다. 잘 먹겠습니다."라고 말합니다.   **10** ㉯   **11** ⑤   **12** 친구들과 사이좋게 지내자.   **13** ②   **14** 선강   **15** ③   **16** 영철   **17** ③   **18** 예 항상 새로운 말 의 뜻을 배워야 할 것 같습니다. / 대화가 잘 안될 것 같습니다. / 무슨 뜻인지 몰라서 오해가 생기거나 대 화가 어려울 것 같습니다.   **19** ①   **20** ㉯

2 박 노인은 자신을 '박 서방'이라고 불러 주는 아랫마 을 양반이 자신을 더 존중해 주는 느낌이 들어서 고 기를 더 많이 주었습니다.

5 자신의 이름을 불러 달라고 예의 바르게 말한 민수의 대답에 영철이도 예의 바르게 답하였을 것입니다.

8 친구들은 신유네 집 현관에서 신유 어머니께 대충 인사하고 집 안으로 뛰어들어 갔습니다.

9 채점 tip 신유 어머니께 "고맙습니다. 잘 먹겠습니다." 등의 인사 를 드린다고 썼으면 정답으로 합니다.

10 원우의 말을 들은 신유 어머니께서 원우에게 예의 바르다고 칭찬하셨으므로 대화 예절에 맞는 말이 어 울립니다.

11 예절을 지키며 대화하는 방법에는 눈을 마주치며 인 사하기, 친구 앞에서 귓속말 하지 않기, 거친 말 하 지 않기, 싫어하는 별명 부르지 않기 등이 있습니다.

12 장면 ❶에서 사회자가 회의 주제를 말하였습니다.

15 다른 사람의 의견을 잘 경청하고, 자신이 발표했거 나 투표한 의견과 다른 의견이 결정되더라도 모두가 정한 것이니 잘 실천해야 합니다.

17 영철이는 대화명을 이름이 아닌 다른 것으로 썼습니 다. 이와 같이 온라인 대화에서는 자신의 이름 대신 대화명으로 자신을 표현하는 말이나 이름을 대신하 는 별칭 등을 사용하기도 합니다.

18 채점 tip '대화가 잘 안될 것 같다.', '오해가 생길 수 있다.' 등의 내용으로 썼으면 정답으로 합니다.

20 표어란 '주의, 주장 등을 강렬하게 나타낸 짧은 말'을 뜻합니다. 대화 예절과 관련 없는 표어를 찾아봅니다.

18쪽 수행 평가 연습

1단계 예 무시당하는 기분이 들어서 속상할 것입니다.   **2단계** (1) 예 "미안해. 네 말이 끝날 때까지 기다릴 게." (2) 예 "기분을 상하게 해서 미안해. 이제 그만할 게." (3) 예 "그래, 다른 친구부터 하고 나서 할게."   **3단계** 예 친구에게 배려받는 것 같아서 친구와 사이가 더 좋아집니다. / 서로 존중하고 인정해 주는 진정한 대 화를 할 수 있습니다.

1단계 토끼가 말하는 중에 사슴이 끼어들어 말을 하고 있습니다. 대화 예절을 지키지 않은 사슴 때문에 무시당 하는 기분이 들 것입니다.

2단계 각 상황에서 동물들이 했던 예의 바르지 않은 말 들을 상대의 기분을 고려하여 예의 바른 말로 고쳐 씁니다.

3단계 친구나 이웃, 부모님과 예절을 지키며 대화했던 경험을 떠올려 보고 어떤 점이 좋았는지 정리합니다.

19쪽 수행 평가 실전

1 예 영철이가 대화명을 이름이 아닌 다른 것으로 썼 기 때문입니다.   **2** 예 친구들이 그림말을 정신없이 너무 많이 사용했기 때문입니다.   **3** 예 자신을 잘 표현하는 대화명을 사용하고, 온라인 대화 예절을 생 각해 줄임 말이나 그림말은 꼭 필요한 경우에만 적절 하게 사용합니다.

1 영철이가 대화명을 이름이 아닌 다른 것으로 썼기 때문에 지혜는 '@.@'가 누구인지 알지 못했습니다.

2 현영이는 정신없다며 친구들에게 장난하고 있냐고 화를 냈습니다.

3 지혜가 영철이를 알아보지 못한 것과 영철이가 'ㅇㅈ' 의 뜻을 모른 것, 그리고 현영이가 화가 난 까닭 등 을 생각하여 온라인 대화에서 지켜야 할 예절을 정 리합니다.

채점 기준	잘함	문제 1번과 2번에서 쓴 답을 활용하여 온라인 대 화 예절을 알맞게 썼습니다.
	보통	온라인 대화 예절을 썼지만, 문제 1번과 2번에서 쓴 답을 활용하지 못했습니다.
	노력 요함	온라인 대화 예절을 알맞게 쓰지 못했습니다.

4. 이야기 속 세상

1 인물 **2** ②, ⑤ **3** 예 차별 **4** ⑤ **5** ⑤ **6** ② **7** 예 잘못된 법을 따르고 싶지 않았기 때문입니다. / 잘못된 법을 바꾸고 싶었기 때문입니다. **8** 경찰(서), 버스, 법 **9** ⑤ **10** 한복 만드는 집 **11** '나', 윤아, 우진 **12** 예 우진이가 기다란 자를 가지고 사물함 밑을 더듬거려 공기 알을 꺼내 주었습니다. **13** ④ **14** ㉮, ㉯ **15** ②, ③, ④ **16** 예 또랑또랑한 목소리로 성은 김해 김씨이고 이름은 주은이라며 잘 부탁한다고 말했습니다. **17** (1) ○ (3) ○ **18** ⑤ **19** ① **20** 예 우봉이네 가족이 손으로 음식 먹는 것에 대해 이야기함.

2 이 글에는 흑인인 사라가 아침마다 버스를 타며, 백인 아이들과 사이가 좋지 않고, 버스의 뒷자리에만 앉아야 하는 상황이 나타나 있습니다.

3 그전에는 더 심하게 백인과 흑인의 차별을 겪었기 때문에 지금처럼 자리에 앉을 수 있는 것만으로도 만족해야 한다고 말씀하신 것입니다.

7 흑인과 백인을 차별하는 법을 따르고 싶지 않았기 때문에 흑인들은 버스를 타지 않았습니다.
채점tip '잘못된 법을 따르고 싶지 않아서' 등의 내용으로 썼으면 정답으로 합니다.

9 '나'는 세모시 옷감으로 할아버지께 팔렸고, 할아버지는 '나'로 옷을 지어 어머니께 선물하려고 합니다.

12 글 ㉯에서 우진이는 바닥에 엎드려 자로 사물함 밑을 더듬거려 공기 알을 찾았습니다.

14 인물이 한 말이나 행동으로 인물의 성격을 짐작할 수 있습니다.

15 ㉠에서 샘이 많은 성격임을 알 수 있고, ㉡에서 소심하고 내성적인 성격임을 알 수 있습니다.

16 **채점tip** 성은 김해 김씨이고 이름은 주은이라고 또랑또랑하게 말했다는 내용으로 썼으면 정답으로 합니다.

17 글 ㉯에서 우봉이는 주은이가 채소 가게 안에서 젓가락질 연습을 하는 모습과 주은이 어머니께서 '카오리아오'라는 음식을 손으로 드시는 모습을 보았습니다.

19 '채소'와 뜻이 비슷한 낱말은 '야채', '가게'와 뜻이 비슷한 낱말은 '점포, 상점, 점방' 등이 있습니다.

1단계 어느 날 아침, 사라는 버스 앞쪽 자리가 얼마나 좋은 곳인지 알아보기로 마음먹었습니다.
2단계 예 사라가 버스 앞자리에 앉았고, 그 일로 경찰서에 잡혀갔습니다.
3단계 예 사라가 자신이 옳다고 생각한 바를 굽히지 않는 모습을 보며 '사라는 참 용감하구나.' 하는 생각이 들었습니다.

1단계 이 글에 쓰인 시간적 배경은 '어느 날 아침'입니다. '어느 날 아침'이 들어간 문장을 찾아 그대로 씁니다.
2단계 사라에게 일어난 일을 중심으로 정리합니다.
3단계 흑인은 버스 뒷자리에만 앉아야 하는 차별과 싸운 사라를 보고 어떤 생각이나 느낌이 들었는지 씁니다.

채점 기준	잘함	이 글을 읽고 생각하거나 느낀 점을 사라가 한 일을 중심으로 높임말을 사용하여 나타냈습니다.
	보통	이 글을 읽고 생각하거나 느낀 점을 썼지만, 사라가 한 일을 중심으로 쓰지 않았습니다.
	노력 요함	사라가 한 일만 나타냈습니다.

1 예 집 (안)에서 시장으로 바뀌었습니다. **2** 예 우봉이는 심부름을 갔다가 시장에서 주은이 어머니께서 손으로 음식 드시는 것을 우연히 보게 되었습니다. **3** 예 우봉이가 주은이 어머니께 인사를 하고, 주은이 어머니께서 드시던 카오리아오에 대해 관심을 가지고 이것저것 여쭈어보았을 것입니다.

1 우봉이는 두부를 사러 시장에 갔습니다.

2 우봉이는 시장에서 주은이 어머니께서 손으로 음식 드시는 것을 보고 더럽다고 생각했습니다.

3 인물의 성격이 바뀌면 이야기에서 일어나는 일도 바뀝니다. 우봉이가 융통성 없는 성격에서 다른 문화에 대한 편견이 없는 개방적인 성격으로 바뀌면 어떤 일이 일어날지 생각해 봅니다.

| 채점 기준 | 잘함 | 우봉이의 바뀐 성격에 맞게 이야기 속에서 일어난 일을 바꾸어 썼습니다. |
| | 노력 요함 | 우봉이의 바뀐 성격과 일어난 일이 어울리지 않습니다. |

5. 의견이 드러나게 글을 써요

1 (1) 늙은 농부는 (2) 세 아들에게 밭에 보물이 있다고 말해 주었습니다.　**2** ①, ②, ⑤　**3** ③　**4** 고양이　**5** ⑤　**6** (2) ○　**7** 고을 사또　**8** (1) 목화 장수들은 (2) 고양이 때문에 큰 손해를 입어 투덜거렸다.　**9** (1) 발 없는 말이 (2) 천 리 간다.　**10** ③　**11** ⑤　**12** 상수리에 댐을 건설하는 것을 반대합니다.　**13** ③, ④, ⑤　**14** (1) 댐 건설 기관 담당자 (2) 김효은 학생　**15** ③　**16** (1) ○　**17** ㉰　**18** ④　**19** 예 나와 다른 사람을 특별 대우 하는 것이 아니라, 길거리에서 만나도 신기하지 않은 평범한 이웃이나 친구로 대하는 것입니다.　**20** ㉢, ㉣, ㉤, ㉪, ㉢, ㉠

2

> **왜 답이 아닐까?**
> ①, ②는 '누가', ⑤는 '무엇이'에 해당하며 ③은 '무엇이다', ④는 '어찌하다'에 해당합니다.

3 문장의 짜임을 알면 문장을 이해하기 쉽고 앞뒤 연결이 자연스러운지 생각하며 글을 쓸 수 있습니다. 또 문장의 뒷부분을 살피면서 앞부분의 어색한 문장을 자연스럽게 고칠 수 있습니다.

6 고양이의 아픈 다리를 맡은 목화 장수는 광에 불이 난 까닭이 다른 목화 장수 세 명이 맡은 세 다리 때문이라고 하였습니다.

9 말은 비록 발이 없지만 천 리 밖까지도 순식간에 퍼진다는 뜻의 속담은 '발 없는 말이 천 리 간다.'입니다. 이 속담을 '무엇이+어찌하다'의 짜임에 맞게 씁니다.

12 효은이는 상수리에 댐을 건설하는 것을 반대합니다.

15 여름철 폭우로 강 하류의 강물이 넘쳐서 논밭이 빗물에 잠기고 집과 길이 부서지며 사람이 목숨까지 잃을 만큼 위험하다고 했습니다.

18 의견을 제시하는 글을 쓸 때에는 문제 상황을 제시하고, 자신의 의견과 그렇게 생각한 까닭을 써야 합니다. 또 읽는 사람을 생각하며 문장의 짜임을 자연스럽게 씁니다.

19 **채점 tip** 특별 대우 하는 것이 아닌, 길거리에서 만나도 신기하지 않은 이웃이나 친구로 대하는 것이라는 내용으로 썼으면 정답으로 합니다.

1단계 예 목화를 보관한 광에 쥐가 많아 목화를 어지럽히기도 하고 오줌을 싸기도 했기 때문입니다.

2단계 예 고양이 때문에 목화가 다 타서 손해를 입자 세 명의 목화 장수가 고양이의 다친 다리를 맡은 목화 장수에게 목홧값을 물어내라고 했다.

3단계 예 목홧값을 고양이의 아픈 다리를 맡은 목화 장수가 물어야 합니다. 왜냐하면 고양이 다리에 불이 잘 붙는 산초기름을 발라 주었기 때문입니다.

1단계 글 ㉮에 목화 장수 네 사람이 고양이를 산 까닭이 나와 있습니다.

3단계 고양이의 아픈 다리를 맡은 목화 장수가 목홧값을 물어야 할지, 고양이의 성한 다리를 맡은 목화 장수 세 명이 물어야 할지를 알맞은 까닭을 들어 씁니다.

1 (1) 예 상수리에 댐을 건설하는 것을 반대한다. (2) 예 숲에 사는 동물들이 살 곳을 잃기 때문이다. / 만강의 물고기들을 다시는 볼 수 없기 때문이다. / 마을 어른들께서 평생 살아온 고향을 떠나셔야 하기 때문이다.　**2** (1) 예 상수리에 댐을 건설해야 한다. (2) 예 폭우로 생기는 문제를 막을 수 있다. / 홍수로 인한 피해를 막을 수 있다.　**3** 예 찬성 / 폭우나 홍수로 인해 사람이 목숨까지 잃을 수 있는데, 사람의 목숨보다 중요한 것은 없다고 생각하기

1 글 ㉮에서는 몇 가지 근거를 들면서 상수리에 댐을 건설하는 것을 반대하고 있습니다.

2 글 ㉯에서는 상수리에 댐을 건설해야 한다고 주장하고 있으며, 이에 대한 상수리 마을 주민들의 협조를 구하고 있습니다.

3 글 ㉮와 ㉯의 글쓴이의 의견을 비교하여 보고, 더 좋은 의견이라고 생각되는 것이 무엇인지 골라 자신의 의견을 정해 봅니다.

채점 기준		
	잘함	댐 건설에 대한 의견을 쓰고, 그 의견을 뒷받침하는 까닭을 타당하게 썼습니다.
	노력 요함	댐 건설에 대한 의견을 썼지만, 그 의견을 뒷받침하는 까닭이 타당하지 않습니다.

6. 본받고 싶은 인물을 찾아봐요

32~35쪽 단원 평가

1 전기문 **2** (2) ○ **3** 예 우리나라가 외세의 침략을 받지 않고 잘 살려면 우리글을 모두가 알아야 한다고 생각하셨기 때문입니다. **4** ⑤ **5** ① **6** 예 육지의 물건을 제주도 사람들에게 팔기도 하고, 제주도의 특산물을 육지 상인들에게 **7** (1) 적게 (2) 적당한 (3) 정직한 **8** ①, ③ **9** ⑤ **10** ⑤ **11** (1) 사실 (2) 시대 (3) 가치관 **12** (3) ○ **13** ② **14** ⑤ **15** ② **16** ④ **17** 예 말하기를 배우는 것이 너무 힘들었지만 헬렌은 포기하지 않았다. **18** ③ **19** 시대 상황, 어려움, 어려움을 이겨 내려는 노력, 본받고 싶은 것 **20** ②, ④

3 여자아이의 두 번째 말에 주시경 선생님이 우리글을 쉽게 배울 수 있도록 노력하신 까닭이 나와 있습니다.
채점 tip 우리나라가 외세의 침략을 받지 않고 잘 살려면 우리글을 모두가 알아야 한다고 생각하셨기 때문이라고 썼으면 정답으로 합니다.

5 선비 집안에서 태어난 김만덕이 기생의 수양딸이 되었다가 기생의 신분에서 벗어났다는 말로 보아, 김만덕이 살았던 시대에는 신분 제도가 있었습니다.

6 **채점 tip** 육지의 물건을 제주도 사람들에게 팔기도 하고, 제주도의 특산물을 육지 상인들에게 팔기도 했다는 내용을 썼으면 정답으로 합니다.

8 김만덕은 부자가 된 뒤에도 검소한 생활을 했으며, 정직한 상거래를 중요하게 생각했습니다.

10 유희춘이 한 일은 ①, ⑤인데, 그중에서 가장 중요한 일은 책들의 오류를 바로잡고 새로이 찍어 낸 일입니다.

13 글 ❹에서 실학은 백성이 잘 사는 데 도움이 되는 학문이라고 하였습니다. 정조가 성을 짓는 데 드는 비용을 줄이고 백성의 수고를 덜 수 있는 방법을 찾을 때 참고할 책을 보내 준 것이므로 실학에 관련된 책일 것입니다.

17 헬렌은 하루 종일 글자를 썼고, 말을 할 수 있을 것이라는 희망을 버리지 않고 끊임없이 노력해서 다른 사람에게 자기 생각을 전할 수 있게 되었습니다.
채점 tip 말하기를 배우는 것이 너무 힘들었지만 포기하지 않았다는 내용을 썼으면 정답으로 합니다.

36쪽 수행 평가 연습

1단계 예 정약용이 살았던 시대의 백성은 이른 아침부터 해가 떨어질 때까지 한시도 쉬지 않고 일했지만 늘 배불리 먹지 못했습니다.
2단계 예 • 거중기를 발명했습니다. • 암행어사가 되었습니다. •『목민심서』를 펴냈습니다.
3단계 예 백성의 어려운 삶을 지켜보면서 백성에게 도움이 되려고 맡은 일을 열심히 했습니다.

1단계 전기문에는 인물이 살았던 시대 상황이 드러나는 경우가 많습니다. 정약용이 살았던 시대의 백성은 어떤 삶을 살았다고 하였는지 찾아봅니다.

3단계 인물의 가치관을 짐작하려면 인물의 생각이 드러난 곳을 찾아보고, 인물이 한 일의 까닭을 찾아보면 좋습니다.

37쪽 수행 평가 실전

1 예 1790년부터 제주도에 4년 동안 흉년이 들었고, 이듬해 수확을 앞두고 태풍이 몰려와서 큰 피해를 입었습니다. **2** (1) 예 제주도에 흉년이 들어 사람들이 굶어 죽을 위기에 처했을 때 전 재산을 들여 곡식을 사 오게 했고, 그것을 굶주린 사람들에게 나누어 주었습니다. (2) 예 자신이 가진 것을 나누고 베푸는 삶을 중요하게 생각했습니다. **3** 예 나도 김만덕처럼 전 재산을 곡식으로 바꾸어 사람들에게 나누어 줄 것입니다. 돈보다는 사람의 생명이 더 중요하기 때문입니다.

1 1790년부터 4년 동안 제주도에는 흉년이 계속되었고, 이듬해에 농사가 잘되었지만 태풍으로 농산물이 모두 심한 피해를 입어 제주도 사람들은 꼼짝없이 굶어 죽을 지경에 이르렀다고 하였습니다.

2 김만덕은 전 재산을 들여 육지에서 곡식을 사 오게 해 굶주린 사람들에게 나누어 주었습니다.

3

채점 기준	잘함	김만덕이 처했던 상황에서 자신이라면 어떤 행동을 할지 썼고, 그 까닭도 썼습니다.
	보통	김만덕이 처했던 상황에서 자신이라면 어떤 행동을 할지 썼으나, 그 까닭을 쓰지 못했습니다.
	노력 요함	김만덕이 처했던 상황에서 자신이라면 어떤 행동을 할지 쓰지 못했습니다.

7. 독서 감상문을 써요

1 ① **2** 예『피노키오』/ 예 거짓말을 했을 / 예 생각나는 **3**『세시 풍속』 **4** ③ **5** (1) ⓐ (2) ㉮ (3) ㉱ **6** (1) × **7** 독서 감상문을 쓸 책을 골랐습니다. **8** ⑤ **9** 책을 읽은 동기 **10** ④ **11** ① **12** 공부도 학교 가는 것도 재미가 없기 때문입니다. **13** ㉱ **14** 현주, 민서 **15** 예 어머니께서 아들을 위해 이슬을 털어 주시다가 옷을 흠뻑 적신 부분입니다. **16** ⑤ **17** (1) 시 (2) 편지 **18** ② **19** 예 책을 읽으면서 재미있었던 장면을 만화로 표현하고 싶습니다. **20** ㉰, ㉱

1 『심청전』은 심청이 지극한 효성으로 아버지의 눈을 뜨게 하였다는 내용입니다.

2 읽은 책을 떠올려 보고 한 문장으로 소개해 봅니다.

4 글쓴이가 이 책을 읽을 때의 계절이 겨울이었기 때문입니다.

6 독서 감상문을 쓰면 읽은 책의 내용을 다시 한번 생각할 수 있고, 감명 깊게 읽은 부분이나 인상 깊은 장면을 기억할 수 있습니다.

9 글쓴이가『꿈의 다이어리』라는 책을 읽은 동기가 나타나 있습니다.

10 글쓴이는 이 책을 읽고 꿈은 내가 살아가면서 목표를 두고 노력해야 하는 것이라는 사실을 깨달았다고 하였습니다.

11 독서 감상문의 내용에 어울리는 제목을 붙입니다.

14 기쁨, 슬픔, 화남, 즐거움 같은 감정을 강하게 느낀 부분에서 감동을 느끼게 됩니다.

15 채점 tip 이 글에서 자신이 감동받은 부분이나 인상 깊게 느낀 부분을 찾아 썼으면 정답으로 합니다.

16 친구들이 쓴 독서 감상문을 읽고 알맞은 제목을 붙였는지, 생각이나 느낌이 잘 드러나 있는지, 형식이 알맞은지 등을 살펴봅니다.

19 채점 tip 시, 일기, 편지, 만화 등의 여러 가지 형식 중 한 가지를 골라 썼으면 정답으로 합니다.

20 글에 대한 생각이나 느낌을 여러 가지 형식으로 표현하면 읽는 사람이 재미있게 읽을 수 있고, 자신의 생각이나 느낌을 제대로 표현할 수 있습니다.

1단계 (아들의) 새 양말과 새 신발

2단계 (1) 예 어머니께서 학교 가기 싫어한 아들을 꾸중하시지 않고, 아들을 위해 이슬을 털어 주시다가 옷을 흠뻑 적신 부분입니다. (2) 예 아들이 학교 가기 싫어한 마음을 되돌리려고 노력하는 어머니의 마음이 느껴졌기 때문입니다.

3단계 예 이 글을 읽고 학교 가기 싫어하는 아들을 위해 이슬을 털어 주시고 품속에서 새 양말과 새 신발을 꺼내 주시는 어머니의 모습에 감동을 느꼈습니다. 나도 아들과 마찬가지로 아침에 일어나는 것이 힘들어서 학교에 가기 싫을 때가 있습니다. 아침에 잘 일어나지 못하는 나를 매번 깨워 주시는 우리 어머니의 마음도 학교 가기 싫어하는 아들의 마음을 되돌리려고 참된 사랑으로 보듬어 주시는 이 글의 어머니와 같은 마음일 것입니다. 앞으로는 꼭 아침 일찍 스스로 일어나 학교 가는 아이가 되어야겠다고 다짐했습니다.

3단계 2단계에서 답한 감동적인 부분을 자신의 경험과 연관 지어 쓰거나 생각이나 느낌을 더 자세히 씁니다.

1 예 투발루섬을 떠나야 하는 로자의 슬픈 마음이 안타깝게 느껴졌습니다. **2** 예 바닷물이 불어나서 자신이 사는 섬을 떠나게 되어 힘들어하는 로자에게 위로하는 편지를 써서 내 생각을 전하고 싶습니다. **3** 예 로자야, 바닷물이 불어나서 나라 전체가 물에 잠길 위기에 처했다는 이야기를 듣고 무척 걱정스러웠어. 살던 곳을 떠나 다른 곳으로 가야만 하는 너희 가족들의 처지가 몹시 안타까워. 빙하가 더 이상 녹지 않도록 우리 모두가 노력해야 한다는 생각이 들었어.

2 시, 일기, 편지, 만화 등 여러 가지 형식 중에서 하나를 골라 어떤 내용을 담고 싶은지 생각하여 씁니다

3

채점 기준		
	잘함	로자가 처한 상황에 대한 자신의 생각이나 느낌을 로자에게 말을 건네듯이 썼습니다.
	보통	로자가 처한 상황에 대한 자신의 생각이나 느낌을 썼으나, 로자에게 말을 건네듯이 쓰지 못했습니다.
	노력요함	로자가 처한 상황에 대한 자신의 생각이나 느낌을 쓰지 못했습니다.

BOOK ❷ 평가북

6~7단원

8. 생각하며 읽어요

1 시장　2 (1) ㉮ (2) ㉰ (3) ㉯　3 ㉠ 시장에 가기 전에 당나귀가 지쳐 쓰러질 것이기 때문입니다. 4 ⑤　5 ㉠ 적절하지 않습니다. 다른 사람의 의견을 받아들이기 전에 그 의견이 적절한지 판단해 보지 않았기 때문입니다.　6 ②　7 바람직한 독서 방법　8 (2) ○　9 ②, ⑤　10 연우, 수정　11 ㉠ 인터넷을 검색해 정보를 얻는다.　12 ③　13 ① 14 (1) ㉠ 옛 조상이 살았던 때를 생생하게 느낄 수 있습니다. (2) ㉠ 여름 장마철에 생기는 문화재 훼손을 막을 수 있습니다.　15 ④　16 (3) ○　17 ② 18 현수　19 ⑤　20 ③

2 농부는 당나귀를 타고 가라고 했고, 노인은 아이 대신 아버지가 당나귀를 타고 가야 한다고 했으며, 아낙은 둘 다 당나귀를 타고 가야 한다고 말했습니다.

3 채점 tip 시장에 가기 전에 당나귀가 지쳐 쓰러질 것이기 때문이라고 썼으면 정답으로 합니다.

4 아버지와 아이는 농부, 노인, 아낙, 청년의 의견이 적절한지 제대로 판단하지 않고 그대로 따라서 행동했습니다.

5 채점 tip 아버지와 아이의 행동이 적절하지 않다고 판단하고, 다른 사람의 의견이 적절한지 판단해 보지 않고 무조건 받아들였기 때문이라는 내용으로 까닭을 썼으면 정답으로 합니다.

6 사람마다 생각이 다르기 때문에 잘못된 판단을 하지 않도록 의견이 적절한지 판단해야 합니다.

10 글 ㉮는 글쓴이의 의견이 주제와 관련이 없고, 글 ㉯는 두 번째 뒷받침 내용이 개인적인 경험일 뿐 그렇지 않다고 생각하는 사람도 많기 때문에 믿을 만하지 못합니다.

11 관련한 전문 자료를 참고할 수도 있습니다.

14 채점 tip 옛 조상이 살았던 때를 생생하게 느낄 수 있다는 내용과, 여름 장마철에 생기는 문화재 훼손을 막을 수 있다는 내용을 모두 썼으면 정답으로 합니다.

15 20○○년 7월 ○○일, ○○궁에 곰팡이가 번식했다는 내용의 신문 기사를 뒷받침 내용으로 넣었습니다.

18 글쓴이의 의견은 숲이 파괴되고 생물들의 보금자리가 사라지는 문제 상황을 해결하기에 알맞고, 뒷받침 내용과도 관련이 깊습니다.

1단계 ㉠ 자신이 좋아하는 책만 읽는 것입니다.

2단계 ㉠ 적절하지 않습니다. 자신이 좋아하는 분야의 책만 읽어야겠다고 생각하면 다른 분야의 책은 전혀 읽지 않을 것이기 때문입니다.

3단계 ㉠ 바람직한 독서 방법은 관련 있는 책들을 이어서 읽어 나가는 것이라고 생각합니다. 주제에 대해 쓴 다양한 책을 비교해 가며 읽으면 배경지식이 풍부해질 것입니다. 그리고 비슷한 내용이 반복되다 보니 집중력이 좋아질 것입니다.

2단계 의견이 주제와 관련 있는지, 문제 상황을 해결할 수 있는지, 뒷받침 내용이 사실이고 믿을 만한지 등을 살펴봅니다.

1 (1) ㉠ 문화재를 개방해야 합니다. (2) ㉠ • 옛 조상이 살았던 때를 생생하게 느낄 수 있습니다. • 여름 장마철에 생기는 문화재 훼손을 막을 수 있습니다. • 문화재를 개방하면 자신이 체험한 문화재를 보호하려고 노력하는 사람이 늘어날 것입니다.　2 ㉠ 적절하다고 생각합니다. 문화재는 우리가 알고 가꾸어 나가며 후손에게 전해 주어야 할 소중한 민족의 자산이기 때문입니다. / 적절하지 않다고 생각합니다. 문화재는 한번 훼손되면 복원하기 어렵기 때문에 절대 개방해서는 안 된다고 생각합니다.　3 ㉠ 문화재 보호의 중요성을 교육해야 합니다. 학생들에게 우리 문화재의 중요성과 보호 방법을 알려 주면 문화재 훼손을 막을 수 있을 것입니다. 그리고 문화재를 관람하기 전에 관람 예절 교육을 받게 하면 문화재를 함부로 다루는 일이 줄어들 것입니다.

2 글쓴이의 의견과 뒷받침 내용이 관련 있는지, 뒷받침하는 내용이 사실이고 믿을 만한지, 글쓴이의 의견이 문제 상황을 해결할 수 있는지 살펴보도록 합니다.

3

채점 기준	잘함	문화재를 보호하는 방법에 대한 자신의 의견과 뒷받침 내용을 적절하게 썼습니다.
	보통	문화재를 보호하는 방법에 대한 자신의 의견을 썼으나, 뒷받침 내용을 적절하게 쓰지 못했습니다.
	노력 요함	문화재를 보호하는 방법에 대한 자신의 의견과 뒷받침 내용을 적절하게 쓰지 못했습니다.

9. 감동을 나누며 읽어요

50~53쪽 단원 평가

1 비행기 2 ②, ③ 3 현정, 서현 4 지하 주차장 5 예 차를 지하 주차장 어디에 세워 놓았는지 잊어버리셔서 한참을 찾으셨기 때문입니다. 6 (1) ○ 7 ④ 8 예 그림으로 나타내기 / 장면을 이야기로 들려주기 9 예 아이들이 제기차기를 하는 모습 10 ①, ⑤ 11 달걀이 들어간 김밥 12 ① 13 예 동숙이가 넘어져서 달걀이 깨지는 바람에 그토록 먹고 싶었던 달걀이 들어간 김밥을 먹지 못해 무척 서운할 것 같습니다. 14 예 자신의 꿈 15 ①, ⑤ 16 망둥 할멈, 넓적 가자미 17 ②, ④ 18 ㉑ 19 예 아기가 태어나자 사람들이 너도나도 돈을 보태며 자기 일처럼 기뻐하는 장면이 인상 깊습니다. 20 ④

2 말하는 이는 아직은 비행기를 순수하게 좋아하고 싶기 때문에 혹은 비행기를 너무 좋아해서 그와 관련 있는 일을 할 것으로 이미 정해져 있기 때문에 묻지 말라고 말한 것입니다.

3 시에서 말하는 이처럼 자신이 관심을 기울이는 일, 자신의 머릿속에 온통 어떤 생각으로 가득 찼던 경험 등을 말한 친구를 찾아봅니다.

5 **채점 tip** 차를 지하 주차장 어디에 세워 놓았는지 잊어버리셔서 한참을 찾으셨기 때문이라는 내용으로 썼으면 정답으로 합니다.

6 아빠께서는 차를 찾지 못해 걱정되고 다급하셨을 것입니다.

9 말하는 이는 아이들이 제기차기를 하는 모습을 보고 있습니다.

13 **채점 tip** 동숙이의 행동에 대한 자신의 생각을 썼으면 정답으로 합니다.

15 넓적 가자미는 힘들게 망둥 할멈을 데려왔는데 멸치 대왕이 자신은 알은척도 하지 않고 먹을 것도 주지 않아서 화가 난 상황입니다.

17 멸치 대왕이 화가 나서 넓적 가자미의 뺨을 때린 부분에서 화를 참지 못하고 기분이 쉽게 변하는 성격임을 알 수 있습니다.

19 사람들이 기차 안에서 여자아이가 태어나자 자기 일처럼 기뻐하며 너도나도 돈을 보태 준 장면입니다.

54쪽 수행 평가 연습

1단계 예 아빠께서 차를 어디에 두었는지 기억나지 않아 이리저리 찾아다니셨을 것 같습니다.
2단계 (1) 예 솔직히 말하면 꾸며 낸 것입니다. 실수한 것을 들키고 싶지 않았습니다. (2) 예 어제 화장실이 급해서 허둥지둥 주차를 했기 때문인 것 같습니다.
3단계 예 아빠의 처지에서 물음에 답해 보니 아이에게 실수를 들키고 싶지 않은 아빠의 속마음이 느껴졌습니다. 또 아빠가 그런 마음을 느꼈다는 것이 재미있습니다.

2단계 시 속 인물이 되어 인물의 마음을 짐작하며 답변을 해 봅니다.
3단계 2단계에서 아빠가 되어 면담 물음에 답해 본 소감을 솔직하게 적어 봅니다.

55쪽 수행 평가 실전

1 예 "뭐라고? 너 이놈! 감히 그런 꿈풀이를 하다니. 괘씸하다!" 2 (1) 예 넓적합니다. / 눈이 한쪽 뺨에 몰렸습니다. (2) 예 눈이 엉덩이에 있습니다. (3) 예 눈이 툭 튀어나왔습니다. 3 예 꼴뚜기가 겁을 내는 모습이나 망둥 할멈이 깜짝 놀란 모습을 큰 동작으로 표현하고 싶습니다. / 멸치 대왕이 분노한 모습을 크고 화난 목소리로 생생하게 나타내고 싶습니다.

1 넓적 가자미는 멸치 대왕의 꿈이 큰 변을 당할, 아주 나쁜 꿈이라고 했습니다. 이 말을 듣고 멸치 대왕은 화가 나서 얼굴이 붉어졌습니다.

2 멸치 대왕이 넓적 가자미의 뺨을 때려서 눈이 한쪽으로 몰렸다고 하였고, 꼴뚜기는 자기도 맞을까 봐 눈을 떼어서 엉덩이에 붙였다고 하였으며, 망둥 할멈은 너무 놀라 눈이 툭 튀어나왔다고 하였습니다.

3 표정과 말투, 행동 같은 인물의 특성을 생각하며 실감 나게 들려줄 때 강조할 부분을 생각합니다.

채점 기준		
	잘함	강조하고 싶은 이야기의 장면을 썼고, 표정, 말투, 행동 등의 표현 방법을 알맞게 썼습니다.
	보통	강조하고 싶은 이야기의 장면을 썼으나, 표정, 말투, 행동 등의 표현 방법을 쓰지 못했습니다.
	노력 요함	강조하고 싶은 이야기의 장면과 표정, 말투, 행동 등의 행동 방법을 알맞게 쓰지 못했습니다.

1 ⑤　**2** ①　**3** (1) ㉲ (2) ㉮ (3) ㉯　**4** 예 좋은 사람이 되려면 진실하고 깨끗해야 하고, 좋은 친구를 가려 사귀어야 하며 좋은 책을 가려 보아야 한다고 했습니다.　**5** ①, ③, ⑤　**6** (1) "고운 말을 사용하자." (2) 친구들이 나쁜 말을 주고받으면 사이가 안 좋아지는 것을 자주 봤기 때문입니다.　**7** ①, ④　**8** 교실　**9** ⑤　**10** (1) ㉢ (2) 예 샘이 많습니다.　**11** (1) 부지런한 현서는 (2) 예 열심히 공부를 합니다.　**12** ④　**13** ④　**14** (1) ○　**15** 예 자신도 장애 때문에 배우는 것이 힘든데도, 장애를 지닌 어린이를 돕는 일에 나섰습니다.　**16** ①　**17** ②, ④　**18** ③　**19** ④　**20** 예 활짝 웃으며 흥분한 목소리로 용이 훨훨 나는 듯한 몸짓을 합니다.

3 오늘이는 포기하지 않고 원천강으로 돌아가는 것으로 보아 용기와 끈기가 있는 성격이고, 매일이는 매일 책을 성실히 읽는 인물이며 이무기는 위험에 빠진 오늘이를 구해 주는 착한 인물입니다.

4 채점 tip 진실하고 깨끗해야 하고, 좋은 친구를 사귀어야 하며 좋은 책을 가려 보아야 한다는 내용을 썼으면 정답으로 합니다.

6 채점 tip (1)에 "고운 말을 사용하자."라는 의견을, (2)에 친구들이 나쁜 말을 주고받으면 사이가 안 좋아지는 것을 자주 봤기 때문이라는 근거를 썼으면 정답으로 합니다.

10 샘이 많은 '나'는 자신이 좋아하는 우진이에게 칭찬을 듣고 웃는 윤아가 얄밉게 느껴졌습니다.

11 파란색 화살표는 뒷부분을 문장의 앞부분으로 이동하라는 표시이므로, (1)에는 '부지런한 현서는'이 들어가야 합니다. (2)에는 '어찌하다'에 해당하는 내용을 생각하여 봅니다.

15 채점 tip 장애를 지닌 어린이를 돕는 일에 나섰다는 내용을 썼으면 정답으로 합니다.

16 이 글은 책을 읽고 자신의 생각이나 느낌을 재미있는 표현을 사용하여 쓴 시입니다.

17 책에 대한 생각이나 느낌을 여러 가지 형식으로 표현하면 읽는 사람이 재미있게 읽을 수 있고, 자신의 생각이나 느낌을 제대로 표현할 수 있습니다.

19 멸치 대왕의 꿈풀이를 좋게 한 것으로 보아, 망둥 할멈은 윗사람에게 아부를 잘합니다.

20 윗사람에게 아부를 잘하는 망둥 할멈의 성격에 어울리는 표정과 말투, 행동을 떠올려 봅니다.

1 ⑤　**2** ①　**3** 예 영화를 보고 든 생각이나 느낌이 서로 다를 수 있다는 것을 알 수 있습니다.　**4** ③　**5** ①, ④　**6** 예 웃어른께 "수고하셨어요."라고 말씀드리는 것은 예절에 어긋나. "고맙습니다."라고 마음을 표현하는 것이 더 좋겠어.　**7** (1) ㉲ (2) ㉮ (3) ㉯　**8** (3) ○　**9** 우봉이, 할아버지　**10** ②　**11** (2) ○　**12** ②　**13** ④　**14** 예 가치관　**15** (1) 예 『금도끼 은도끼』 (2) 예 연못에서 산신령이 나타나는 부분에서 큰 재미를 느꼈습니다. 산신령이 정직한 나무꾼에게 상으로 도끼 세 개를 모두 주는 장면이 인상 깊었기 때문입니다. 나도 앞으로 정직한 사람이 되어야겠다고 생각했습니다.　**16** (1) ㉲ (2) ㉮ (3) ㉯　**17** ⑤　**18** 예 적절하지 않습니다. 왜냐하면 바람직한 독서 방법은 책을 읽는 방법이나 태도와 관련된 내용이어야 하는데 글쓴이의 의견은 주제와 관련이 없기 때문입니다.　**19** (2) ○　**20** 아빠

5 이웃 사람들이 남긴 쪽지에는 재환이를 환영하는 마음과 이사 온 재환이가 반가운 마음이 담겨 있습니다.

6 채점 tip "수고하셨어요."라는 말은 예절에 어긋나므로 "고맙습니다."와 같이 말하는 것이 좋다고 썼으면 정답으로 합니다.

8 어머니께서는 사라는 어떤 백인 아이 못지않게 착하며 특별한 아이라고 하셨고, 법이라고 다 좋은 것은 아니며 언젠가는 법이 바뀔 것이라고 하셨습니다.

10 젓가락 달인 대회에서 이기려고 열심히 젓가락질을 연습하는 모습에서 우봉이의 성실하고 적극적인 성격을 알 수 있습니다.

13 김만덕이 전 재산을 들여 육지에서 사들인 곡식을 굶주린 사람들에게 나누어 준 것으로 보아, 김만덕은 나눔을 가치 있게 생각합니다.

14 전기문에는 인물이 한 일과 인물의 가치관이 나타납니다.

15 재미있게 읽은 책의 제목을 쓰고 어떤 생각이나 느낌이 들었는지 정리합니다.

18 채점 tip 글쓴이의 의견이 적절하지 않다고 평가하고, 글쓴이의 의견이 주제와 관련 없기 때문이라고 썼으면 정답으로 합니다.

19 차를 가지러 지하 주차장에 가신 아빠께서 한참 만에 차를 몰고 나오셨다고 하였으므로 (1)과 (3)의 추측은 적절하지 않습니다.

동아출판

바른 국어 독해의 빠른시작

초등부터 빠작

바른 독해의 빠른시작 빠작!

비문학 독해·문학 독해 영역별로 깊이 있게
지문 독해·지문 분석·어휘 학습 3단계로 체계적인 독해 훈련
다양한 배경지식·어휘 응용 학습

비문학 독해 1~6단계 　　 **문학 독해** 1~6단계

친절한 해설북

백점 국어 **4·2**

초등학교   학년   반   번   이름